ACCESO GRATIS a la Lectura en la Nube

Para visualizar el libro electrónico en la nube de lectura envíe junto a su nombre y apellidos una fotografía del código de barras situado en la contraportada del libro y otra del ticket de compra a la dirección:

ebooktirant@tirant.com

En un máximo de 72 horas laborales le enviaremos el código de acceso con sus instrucciones.

La visualización del libro en **NUBE DE LECTURA** excluye los usos bibliotecarios y públicos que puedan poner el archivo electrónico a disposición de una comunidad de lectores. Se permite tan solo un uso individual y privado

VIOLENCIA SEXUAL

PROTECCIÓN Y POLÍTICAS PÚBLICAS
ENFOQUE INTERDISCIPLINAR

VIOLENCIA SEXUAL
PROTECCIÓN Y POLÍTICAS PÚBLICAS ENFOQUE INTERDISCIPLINAR

Directoras:
María José Bravo Bosch
Rosa María Ricoy Casas

Coordinadoras:
María Elisabet Barreiro Morales
Ana I. González Fernández

tirant lo blanch
Valencia, 2025

Esta monografía se ha realizado al amparo del Proyecto de investigación entre las Universidade de Vigo y con la Universidade do Minho: "VULNERABILIDADE E EXCLUSIÓN SOCIAL: PROTECCIÓN DAS MULLERES, DOS/AS NENOS/AS E ADOLESCENTES VÍTIMAS DE VIOLENCIA SEXUAL".

Se ha realizado al amparo del Instituto Universitario Xustiza e Xénero de la Universidade de Vigo.

EDITA: TIRANT LO BLANCH
C/ Artes Gráficas, 14 - 46010 - Valencia
TELFS.: 96/361 00 48 - 50
FAX: 96/369 41 51
Email: tlb@tirant.com
www.tirant.com
Librería virtual: www.tirant.es
DEPÓSITO LEGAL: V-3601-2025
ISBN: 979-13-7010-664-5

Si tiene alguna queja o sugerencia, envíenos un mail a: *atencioncliente@tirant.com*. En caso de no ser atendida su sugerencia, por favor, lea en *www.tirant.net/index.php/empresa/politicas-de-empresa* nuestro procedimiento de quejas.

Responsabilidad Social Corporativa: http://www.tirant.net/Docs/RSCTirant.pdf

Índice

Autoría

María José Bravo Bosch

María Elisabet Barreiro Morales

Carmen Ruiz Hidalgo

Mónica Siota Álvarez

M.ª Concepción Gimeno Presa

Pablo Raúl Bonorino Ramírez

Margarida Santos

Fernando da Costa Gonçsalves

Santiago Salvador Gimeno

Sara María Torres Outón

Iria Vázquez Silva

Paula Frieiro

Ana María Rodríguez González

Rosa María Ricoy Casas

Ana Isabel González Fernández

Eva María Lantarón Caeiro

Rocío Abalo Núñez

Lorenzo Antonio Justo Cousiño

Prólogo

Estamos ante una monografía que, como el propio título indica, tiene un "enfoque interdisciplinar". Por lo tanto, no espere el lector encontrarse con un libro fácil de seguir de principio a fin. Porque no se trata de un libro sobre un tema concreto, que un investigador es capaz de escribir por sí solo, sino de una serie de temas complementarios que van desde el derecho romano hasta la legislación actual y comparada con otras nacionalidades, como es el caso de Portugal, fruto de proyectos y resultados de trabajos de doctorado dirigidos por la Profa. Bravo Bosch.

Fue así como lo concibieron las coordinadoras de este volumen, la Catedrática de Derecho Romano, María José Bravo Bosch, y la profesora de sociología Rosa María Ricoy-Casas. El resultado es una visión completa del problema, de potente visualización en estos momentos: la violencia sexual, abordando el problema desde la perspectiva jurídica, pero también histórica, sociológica, antropológica, filosófica y hasta terapéutica. De esta forma se alcanzan resultados que permiten conocer las raíces de la desigualdad jurídica femenina desde los tiempos más antiguos de la cultura occidental y compararla con lo que ocurre en la actualidad.

El lector podrá afrontar la lectura en orden cronológico de la antigüedad a nuestros días, o desde la realidad actual al origen del problema ya en el mundo antiguo. Es decir, podemos partir desde la violencia sexual en el mundo actual, como un fenómeno delictivo, y remontarnos al origen del problema, que hunde sus raíces en estructuras históricas de dominación patriarcal, como bien señala el trabajo de la profesora Bravo Bosch.

Es precisamente el enfoque interdisciplinar una de las grandes virtudes de esta obra, superando las visiones individuales o fragmentadas que normalmente se recogen en los trabajos elaborados y publicados por un autor único. Porque en este libro, no solo se describen los hechos, sino que se reflexiona y se compara, de forma que, además de narrar y de dar a conocer los hechos y las circunstancias, sirve de herramienta de transformación social en nuestra época.

Así lo hace la erudición de la profesora Bravo Bosch, remontándose a los orígenes romanos de la cultura occidental, seguida por la profesora Barreiro Morales, en un afán por descubrirnos las raíces de la desigualdad femenina desde los tiempos más remotos de nuestro derecho, entrelazando los aspectos más estrictamente jurídicos con otros históricos y políticos.

Si esto era así en el mundo romano, el lector se preguntará si todo sigue igual o si ha cambiado mucho o poco en el sistema actual de políticas públicas frente a la violencia sexual. De ello se encargan de dar respuesta Carmen Ruiz Hidalgo, Mónica Siota Álvarez, M.ª Concepción Gimeno Presa y Pablo Raúl Bonorino Ramírez.

Tras el análisis de estas expertas en derecho laboral, constitucional y tributario la conclusión es que, todavía en las políticas públicas, persisten importantes carencias, como la insuficiencia presupuestaria o la desconexión entre la legislación laboral y la protección de las víctimas. El lector puede sacar la conclusión de que el sistema tributario y presupuestario pueden convertirse en un apoyo o en un obstáculo en la prevención de la violencia de género y en la reparación debida.

Como decíamos al principio del prólogo, este estudio multidisciplinar va más allá de nuestras fronteras hispanas y se extiende, en este caso, a Portugal.

Tanto Margarida como Fernando da Costa Gonçalves amplían nuestro campo de visión al analizar y comparar la realidad española con la situación portuguesa. En sus análisis podemos descubrir normativas convergentes en mayor o menor grado y desafíos comunes, tratando de encontrar medidas y regulaciones que sirvan para la mejor protección de las víctimas. No cabe duda de que esta participación de la investigadora y el investigador portugués enriquece el valor y el mérito de este libro, dándole una visión transnacional sobre la lucha contra la violencia sexual.

De igual modo, el estudio de Santiago Salvador Gimeno enciende el foco sobre un tema de plena actualidad en este momento, como es todo lo relacionado con el cambio climático. Pero pocos podríamos pensar de manera espontánea sobre un aspecto muy a tener en cuanta en relación con el tema general de este volumen: la repercusión del cambio climático en nuevas formas de violencia de género. Pero así es, y a una reflexión seria sobre la crisis ecológica, sobre los desplazamientos motivados por el cambio climático, que causan nuevas formas de violencia, nos invita el trabajo de Salvador Gimeno.

Esos desplazamientos debidos, entre otras razones, a las causas climáticas motivan que mujeres "racializadas", migrantes o con diversidad funcional tengan que enfrentarse a barreras adicionales, cuando han de acceder a la justicia o quieran construirse espacios seguros en su vida, tal como nos aclara Sara María Torres Autón.

Llegado a este punto, el lector ya se encuentra en el momento de saber si las instituciones han revertido, o están haciendo todo lo posible por revertir la situación de alta vulnerabilidad de la mujer. El capítulo conjunto de Iria Vázquez Silva, Paula Frieiro y Ana María Rodríguez González, en el que nos dan cuenta de la violencia ejercida por individuos acosadores, concluye con una denuncia de las formas de violencia institucional que todavía pervive, incluso en contextos jurídicamente avanzados. Así, tras el análisis de casos concretos, concluyen que hay instituciones que "revictimizan" a quienes denuncian agresiones sexuales, cuestionando su testimonio o mediante su inacción. Es decir que, además de la violencia ejercida por individuos, persiste la institucional, a la que exigen una transformación más profunda, reformas de calado, con cambios substanciales para lograr políticas más justas, como se puede deducir del propio título del capítulo que firman Rosa María Ricoy Casas y Ana Isabel González Fernández: "El acoso sexual y el acoso por razón de sexo/género en el ámbito de la administración general del Estado y sus organismos públicos".

El último capítulo parece el epílogo perfecto a todo este trabajo multidisciplinar: "Ejercicio terapéutico para mejorar la condición física y salud mental en mujeres víctimas de violencia de género. Diseño del programa: "Mujeres en Movimiento", del que son autoras y autor Eva María Lantarón Caeiro, Rocío Abalo Núñez y Lorenzo Antonio Justo Cousiño.

Concluye así este volumen tan interdisciplinar con el método y la experiencia del grupo de investigación Fisioterapia clínica (FS1), de la Universidad de Vigo, que ya en 2024 publicó los resultados de su estudio piloto "Efecto de una intervención de fisioterapia basada en ejercicio terapéutico sobre bienestar psicológico de mujeres víctimas de violencia de género". No deja de ser un enfoque innovador y novedoso este de incorporar una visión de la salud integral para acompañar a las víctimas más allá del proceso judicial. De esta forma, la actividad física se considera en este último capítulo como una herramienta válida para restaurar la dignidad, recuperar fuerza y dar voz a las mujeres que han sufrido acoso y violencia.

Cuando el lector llegue al final, se dará cuenta de que este libro no es una suma de capítulos, sino que, desde el análisis de los fundamentos de nuestro sistema jurídico, tan profundamente analizado por la Catedrática de Derecho Romano, María José Bravo Bosch, fijando a continuación la mirada en cómo se ha construido la relación entre violencia y género y cómo las políticas públicas en distintos países, singularmente en España y Portugal, han gestionado y siguen gestionando el daño causado a las víctimas, es necesario seguir avanzando, porque todavía quedan muchos huecos sin cubrir. La conclusión final es hay que seguir pensando y reflexionando, como se hace en este volumen, pero también actuando. Estoy convencido de que este fue el objetivo de todos los autores y las autoras que he venido mencionando, cada uno y cada una desde su perspectiva, pero todos y todas con la voluntad de incidir en la realidad, convencidos y convencidas de que el derecho ha de ser el camino para la reparación del daño causado a las víctimas de violencia, de cualquier tipo que ésta sea.

Rendido homenaje a quienes nos ofrecen esta magnífica obra, ejemplo de transferencia de conocimiento, para que pueda ser de aplicación en los ámbitos que corresponda, políticos, sociales, educativos, de forma que sea la dignidad de las personas el principio fundamental del derecho

J. EDUARDO LÓPEZ PEREIRA
Catedrático de Filología Clásica
Universidad de Coruña

Capítulo 1.

Vulnerabilidad secular femenina romana y políticas públicas

MARÍA JOSÉ BRAVO BOSCH
Catedrática de Derecho Romano
Universidade de Vigo

I. INTRODUCCIÓN

La situación de las mujeres en la antigua Roma estuvo profundamente marcada por un sistema jurídico que, aunque les asignaba ciertos derechos y roles dentro de la estructura social, lo hacía siempre bajo la premisa de su subordinación al poder masculino. En la práctica, el Derecho Romano no desarrolló políticas públicas diseñadas para proteger a las mujeres, sino que sus leyes, y el conjunto de normas presentes en la vida pública y privada romana, buscaban regular y limitar la autonomía femenina, consolidando el dominio patriarcal que definía las relaciones de poder en la sociedad romana. Bien es cierto que desde un enfoque sincrónico, descriptivo de la perspectiva horizontal relativa al colectivo de las mujeres en la época antigua, la vulnerabilidad femenina no era la más llamativa en el seno de las civilizaciones coetáneas, sino que la evolución jurídica, social y política otorgaba una emancipación mínima a la mujer romana en comparación con otras féminas de sociedades más arcaicas como colectividad. Aun así, no sirve de disculpa la supuesta 'favorable' condición de las mujeres en el mundo romano, por cuanto la sujeción destinada a las mismas como colectivo era determinada, inamovible y repleta de alusiones a las costumbres de los antepasados como escudo frente a las reivindicaciones de las mujeres en cuanto a su estatus.

Desde el punto de vista jurídico, las mujeres romanas eran tratadas como inferiores en comparación con los hombres, especialmente en lo que se refería a sus derechos civiles, políticos y familiares. El sistema de la *potestas* del *paterfamilias*, la figura masculina que detentaba la autoridad sobre la familia, representaba la manifestación más clara de esta estructura patriarcal. Bajo este régimen, las mujeres estaban sometidas a la tutela de los hombres a lo largo de su vida[1]: primero bajo la tutela del padre, luego del esposo, y, en su caso, de los descendientes, siempre por vía masculina. Esta tutela no solo limitaba su capacidad de decidir sobre su vida personal, sino que también restringía su derecho a poseer bienes y a tomar relevantes

---

1 Berger, A., *Encyclopedic Dictionary of Roman Law,* Filadelfia 1953, reimp. 1991, *s.v. tutela mulierum*: "Guardianship over women *sui iuris,* i.e., who were neither that of her husband (*manus*). In the developed stage of the institution the principal function of the *tutor mulieris* was to give his authorization (*auctoritas*) to more important transactions or acts performed by the woman, such as manumission of slaves, acceptance of an inheritance, making a testament, assuming an obligation, alienations, constitution of a dowry, and the like. The women's weakness of sex, lightmindedness, and ignorance of business and courtaffairs are given as grounds for their protection through tutelage. The appointment of a woman' guardian was made in the same way as the *tutela impuberum*: by testament of the person in whose power (paternal or marital) she was, by law (*tutela legitima* of the agnates and of members of the *gens, gentiles,* in earlier times) or by a magistrate (*tutela dativa*); Casado Candelas, M.J., *La tutela de la mujer en Roma,* Valladolid, 1972, pp. 16 ss.; Zannini, P., *Studi sulla tutela mulierum,* II, *Profili strutturali e vicende storiche dell´istituto,* Milán, 1979, *passim;* Treggiari, Susan, *Roman Marriage: Iusti Coniuges from the Time of Cicero to the Time of Ulpian,* Oxford, 1991, sobre la dependencia de la mujer en la toma de decisiones económicas debido a la tutela, pp. 102 ss.; Saller, R. P, *Patriarchy, Property and Death in the Roman Family,* Cambridge, 1994, pp. 120 ss. sobre el papel de la tutela en la transmisión del patrimonio; Barreiro Morales, M.E., *Mujer y derecho en la antigua Roma. Tutela Mulierum,* Barcelona, 2023, pp. 26 ss.

decisiones legales. Las leyes sobre el matrimonio, la herencia y la propiedad reflejaban esta subordinación. El matrimonio, lejos de ser una institución basada en la igualdad, era visto principalmente como una herramienta para establecer alianzas familiares y asegurar la transmisión de la *patria potestas* a través de los hijos varones. Las mujeres casadas, por tanto, quedaban bajo la autoridad de sus esposos y su acceso a la propiedad o a los bienes familiares estaba condicionado por su rol de esposa y madre, sin un reconocimiento pleno de su independencia económica o jurídica. Incluso en aquellos casos donde las mujeres eran *sui iuris*[2], el control sobre sus bienes y decisiones seguía siendo limitado, con un tutor de por vida que ejercía su autoridad a la hora de acometer determinados negocios[3]. De hecho, si bien la *tutela mulierum* se convirtió con el paso de los siglos en un instrumento periclitado, el imaginario jurídico

---

[2] Cantarella, E., *La mujer romana*, Santiago de Compostela, 1991, p. 10, en donde afirma que la mujer *sui iuris* es el principio y el fin de su familia, "en otras palabras, no tiene ningún poder sobre los hijos: una primera y no poco importante discriminación con respecto a las mujeres (por otra parte, sobreentendida en una organización patriarcal) a la que seguían muchas otras".

[3] Gardner, J. F., *Women in Roman Law and Society*, Indiana, 1986, p. 8 ss. sobre la tutela perpetua; Sanz Martín, L., *Fundamentos doctrinales en torno a la tutela mulierum. Naturaleza y esencia de la tutela mulierum*, en *Revista General de Derecho Romano*, 12, 2009, pp. 5-6: "La mujer romana *sui iuris*, cualquiera que fuese su edad, estaba siempre sometida al peso de la tutela: de impúber a la *tutela impuberum*, y de púber y para siempre a la *tutela mulierum*", trayendo a colación los textos de Gayo pertinentes al respecto, 1. 144: *Permissum est itaque parentibus, liberis quos in potestate sua habent testamento tutores dare: masculini quidem sexus inpuberibus, <femini autem sexus cuiscumque aetatis sint et tum quo> que cum nuptae sint. Veteres enim voluerunt feminas, etiamsi perfectae aetatis sint, propter animi levitatem in tutela esse.*, y 1. 145: *Itaque si quis filio filiaque testamento tutorem dederit, et ambo ad pubertatem pervenerint, filius quidem desinit habere tutorem, filia vero nihilo minus in tutela permanet...*".

romano nunca se atrevió a derogarla expresamente[4], dejando a disposición de la administración romana la posibilidad de retomar su aplicación en caso de que fuera necesario, si bien la obliteración justinianea parece dar cuenta de la desaparición de la misma.

La legislación romana en torno a las mujeres no solo respondía a una concepción social profundamente desigual, sino también a la necesidad de proteger y perpetuar el orden patriarcal que organizaba toda la estructura política y social de Roma. Las mujeres tenían pocos derechos en comparación con los hombres, y su autonomía estaba constantemente restringida por las políticas públicas que favorecían la autoridad masculina[5].

II. LEGISLACIÓN HOSTIL FEMENINA

Abundando en esta desigualdad, tenemos un claro ejemplo en el hecho de que las mujeres estaban rotundamente excluidas de desempeñar ciertos roles, conocidos como *officia virilia*, que eran prerrogativas reservadas exclusivamente a los hombres en la sociedad romana. Estas funciones, que incluían la parti-

---

4 Evans Grubbs, J. *Women and the Law in the Roman Empire: A Sourcebook on Marriage, Divorce and widowhood*, Nueva York, 2002, p. 24, en donde afirma que la *tutela mulierum* "has disappeared two centuries before Justinian", y por eso los compiladores de la magna obra de Justiniano omitieron cualquier referencia a la misma en el Digesto, el Código de Justiniano y sus Instituciones, así como en el Código de Justiniano, concluyendo que la única fuente para conocer la tutela de las mujeres en el periodo clásico la representa las Instituciones de Gayo.

5 Hallett, J. P., *Fathers and Daughters in Roman Society: Women and the Elite Family*, Princeton, 1984, pp. 20 ss.; Cantarella, E., *Fathers and Sons in Rome*, en *The Classical World*, 96, 3, 2003, pp. 287 ss.

cipación en la vida política, el ejercicio de cargos públicos, y la capacidad de defender a otros en juicio, estaban estrechamente vinculadas al acervo masculino, que no permitía a las mujeres inmiscuirse en un ámbito considerado netamente patriarcal.

La incapacidad femenina de ejercer los *officia virilia* reflejaba la estructura jerárquica y patriarcal del Derecho Romano, que no reconocía a las mujeres como sujetos plenos de derechos civiles, en especial en lo relativo a la representación pública o el ejercicio de poder. Las mujeres, si bien algunas podían ejercer funciones religiosas o participar en el ámbito privado, estaban vetadas para poder ocupar cargos públicos o intervenir activamente en el ámbito judicial. Este principio se manifestaba particularmente en la incapacidad de las mujeres para poder representar a personas ajenas en juicio, ya que el Derecho Romano entendía que su rol estaba limitado al hogar y no tenían la *auctoritas* necesaria para intervenir en un foro público, especialmente cuando se trataba de un proceso romano.De este modo, existía una exclusión explícita de las mujeres en el protagonismo procesal, en los que solo los hombres podían ejercer el cometido de defensor o acusador. Esta incapacidad se justificaba no solo en términos de su supuesto carácter emocional e irracional, *levitas animi*[6], sino también en función de su rol subordinado dentro de la familia y la sociedad en general. En cuanto a la defensa legal, la exclusión de las mujeres de la capacidad de defender a otras personas en juicio era una realidad incontestable, por lo que la que se atreviese a actuar judicialmente sería condenada socialmente, adjetivándola como desvergonzada, carente de pudor, y representada como antimodelo para las venideras generaciones femeninas,

---

6 Bravo Bosch, M.J., *Levitas animi*, en *Glossae: European Journal of Legal History*, 14, 2017, pp. 1008-1031.

por su falta de ejemplaridad coherente con su realidad biológica como mujer[7].

En este contexto, la vulnerabilidad femenina en la antigua Roma se manifestaba no solo a través de la falta de protección legal frente a los abusos o la violencia, sino también en su imposibilidad de acceder a los mismos derechos y oportunidades que los hombres. La legislación romana, al estar impregnada de una lógica patriarcal, construía un marco legal que no favorecía la emancipación o la protección de las mujeres, sino que consolidaba su rol subordinado dentro de la familia y la sociedad romana. Aunque existieron algunas reformas que permitieron a las mujeres un control limitado sobre sus propiedades o en algunos casos incluso la administración de bienes, estos avances no se traducían en una protección real frente a las estructuras de poder que continuaban relegándolas a un plano de dependencia. En definitiva, el Derecho Romano no desarrolló una perspectiva de políticas públicas que velara por la protección de las mujeres. Su legislación fue un reflejo de una sociedad profundamente jerárquica, donde la subordinación femenina era la norma y el patriarcado era el pilar que sostenía el sistema legal y social de Roma. Esta vulnerabilidad estructural no solo limitaba la libertad de las mujeres, sino que también

7 Beard, M., *Women&Power. A Manifesto,* Londres, 2017, se refiere al pésimo ejemplo de algunas mujeres que fueron repudiadas socialmente por su interés en participar en juicio, lo que les valió una adjetivación sumamente negativa, p. 13: "The first, a woman called Maesia, successfully defended herself in the courts and 'because she really had a man's nature behind the appearance of a woman was called the "androgyne"'. The second, Afrania, used to initiate legal cases herself and was 'impudent' enough to plead in person, so that everyone became tired out with her 'barking' or 'yapping' (she still isn't allowed human 'speech'). We are told that she died in 48 BC, because 'with unnatural freaks like this it's more important to record when they died than when they were born".

aseguraba la perpetuación de un modelo social basado en la desigualdad de género.

En este orden de cosas, vamos a ver a continuación como la presencia social, política y jurídica de las mujeres en el mundo romano se puede resumir en la sumisión aceptada y silente como consecuencia del convencimiento impuesto de aceptar la condición femenina desigual para poder vivir en paz en una comunidad patriarcal. La utopía lícita femenina dirigida a conseguir resolver sus demandas a lo largo de los siglos tuvo respuesta positiva en ocasiones, pero la involución propia del mundo romano las condenó al ostracismo en cuanto se excedían mínimamente en sus exigencias, consideradas como una maldición para el futuro del pueblo romano, lo que hacía de las mujeres las perfectas depositarias del bien común que debían preservar, con su conducta doméstica ejemplar.

En primer lugar, la necesidad de un auténtico ciudadano romano de verse reconocido civil y genéticamente en sus hijos, independientemente del concepto de familia agnaticia, parentesco civil que era más reconocido que el propio parentesco de sangre en la antigua Roma, hacía que las mujeres tuvieran la amenaza de un castigo mortal si cedían a los deseos carnales fuera de la unión conyugal. Los hijos debían cumplir con la máxima *mater semper certa est,* pero especialmente la del *pater certus,* por lo que las matronas debían modelar su comportamiento hasta el punto de que no despertase la más mínima sospecha de una actitud reprochable e indigna frente al poder marital. La esposa pudorosa, pendiente del cónyuge y los hijos, mostraba ante el mundo romano su disposición a preservar pura la descendencia, que representaba la ciudadanía romana y el orden, habitualmente establecido por la oligarquía dominante, los patricios, frente al desorden e impureza de los plebeyos. Por supuesto que la rivalidad entre clases fue cambiando hasta el punto de admitir en el consulado a elementos plebeyos, pero jamás se modificó el criterio de la moralidad intachable de la mujer en defensa de los valores de Roma.

De este modo, ya desde la desde la época de Rómulo[8], una ley regulaba la situación de la mujer adúltera[9], declarando que podía ser castigada con la muerte la mujer que hubiese cometido adulterio, siendo el propio marido la persona competente para juzgarla y condenarla en un juicio familiar con parientes, como nos transmite Dionisio de Halicarnaso[10]. La dureza del castigo no debe sorprendernos aun cuando la reciprocidad en la condición masculina no exista[11]. De este modo, si un hombre era sorprendido en flagrante adulterio no sucedía nada, siempre que no fuese con mujer casada o *ingenuae et honestae*, por cuanto era la mujer la que debía preservar la sangre de los antepasados en la transmisión genética a los hijos, como acaba-

---

8 Vid. en contra de la *communis opinio* de aceptar la autoría de Rómulo como el responsable de la legislación represiva del adulterio, Giunti, P., *Adulterio e leggi regie. Un reato fra storia e propaganda*, Milán, 1990, en donde propone en pp. 155 ss. la probable autoría de Numa Pompilio, a quién la tradición atribuye varias leyes con respecto al matrimonio y a la familia. Según la autora, Dionisio escribe en el momento inmediatamente posterior a la legislación familiar de Augusto, es decir, después del 18 a. C. ya aprobadas la *lex Iulia de maritandis ordinibus* y la *lex Iulia de adulteriis coercendis*, y atribuye la antigua legislación a Rómulo en un intento de identificarlo con el nuevo *Romulus*, es decir, con la figura de Augusto.

9 Guarino, A., *Romolo e l'adulterio*, en *PDR* 4, 1994, p. 54 ss.; *id. Diritto Privato Romano*, 12ª ed., Nápoles, 2001, p. 579, n. 42.2.2: "L'uccisione dell'adultera (non del suo amante) attribuita dalla tradizione ad una *lex Romuli*, era una possibilità implicata dalla *potestas* del marito (o del suo *pater familias*), cui l'*uxor in manu* era sottoposta, nonchè eventualmente dalla *potestas* del padre (se ancora vivo) cui era sottoposta l'*uxor sine manu*".

10 Dion. Hal. 2.25.6.

11 Fayer, C., *La familia romana. Parte Terza. Concubinato. Divorzio.Adulterio*, Roma, 2005, p. 190: "Per il diritto romano solo la donna violava la fedeltà coniugale e si rendeva colpevole di adulterio, mentre, se il marito aveva relazioni extramatrimoniali, purché non con donne sposate o *ingenuae et honestae*, non commetteva adulterio".

mos de ver, y de ahí la severidad en la represión del adulterio para evitar que entrase en la familia como miembro alguien ajeno a la pureza de las raíces de la misma[12]. Así podemos entender un texto de Aulo Gelio[13], en el que confirma la desigualdad entre hombres y mujeres, al recoger las palabras de Catón -pronunciadas siglos después de la ley de Rómulo pero que demuestran la vigencia de la misma- al decirle a un hombre que si es sorprendido por su mujer cometiendo un acto de adulterio, "No puede tocarte ni siquiera con un dedo":

> *De iure autem occidendi ita scriptum: In adulterio uxorem tuam si prehendisses, sine iudicio inpune necares; illa te, si adulterares sive tu adulterarere*[14]*, digito non auderet contingere, neque ius est*[15].

---

12 Rizzelli, G., *In has servandae integritatis custodias nulla libido inrumpet (Sen. Contr. 2.7.3) Donne, passioni, violenza*, en *Violenza sessuale e società antiche*, Lucrezi, F./Botta, F./ Rizzelli G.(eds.), Lecce, 2011, 2 ed., p. 156: "La pretesa vulnerabilità femminile alle passioni, sopratutto a quella erotica, si ripercuote -si crede- gravemente sulla familia e sulla comunità. Sulla familia, in primo luogo, a causa dell'adulterio che altera il corretto riprodursi della stirpe e mette in crisi il matrimonio, strumento, fra l'altro, per stringere alleanze all'interno dei gruppi oligarchici, che rafforzano in tal modo il proprio potere politico ed economico".

13 Aul. Gel., *Noct. Attic.* 10. 23. 5.

14 Peruzzi, E., *Origini di Roma. I. La famiglia*, Florencia, 1970, p. 85: "È chiaro… che, per il fatto stesso di essere una forma passiva, *adulteror* implica l'idea della persona che subisce offesa contro la propia volontà, affermazione che corresponde al vero nel caso che soggetto di *adulterari* sia la donna; l'uomo non può essere costretto da una donna ad un rapporto contro la propia volontà, può esservi però indotto con seduzione e in questo senso va interpretato l'*adulterarere* del passo di Catone riportato da Gellio".

15 Vid. Aul. Gel, *Noct. Attic.* 10.23. 1-4, para comprender todo el discurso de Catón, pronunciado con la clara intención de desvirtuar las inadmisibles pretensiones de las mujeres con respecto a ser iguales que los hombres, recogiendo también la prohibición de beber vino:

Con todo, el jurista Ulpiano apuesta por el equilibrio conyugal, y no duda en afirmar que si un marido acusa a su mujer de adulterio, el juez debe probar los *mores*[16], la moralidad del propio marido para ver si la mujer eran *bonos mores colendi auctor*, un buen ejemplo de cómo debía comportarse ella, ya que parece injusto que un marido exija a su mujer un nivel de

---

Verba ex oratione M. Catonis de mulierum veterum victu et moribus; atque inibi, quod fuerit ius marito in adulterio uxorem deprehensam necare. I. Qui de victu atque cultu populi Romani scripserunt, mulieres Romae atque in Latio aetatem abstemias egisse, hoc est vino semper, quod "temetum" prisca lingua appellabatur, abstinuisse dicunt, institutumque ut cognatis osculum ferrent deprehendendi causa, ut odor indicium faceret, si bibissent. II. Bibere autem solitas ferunt loream, passum, murrinam et quae id genus sapiant potu dulcia. Atque haec quidem in his, quibus dixi, libris pervulgata sunt; III. sed Marcus Cato non solum existimatas, set et multatas quoque a iudice mulieres refert non minus, si vinum in se, quam si probrum et adulterium admisissent. IV. Verba Marci Catonis adscripsi ex oratione, quae inscribitur de dote, in qua id quoque scriptum est in adulterio uxores deprehensas ius fuisse maritis necare: "Vir" inquit "cum divortium fecit, mulieri iudex pro censore est, imperium, quod videtur, habet, si quid perverse taetreque factum est a muliere; multatur, si vinum bibit; si cum alieno viro probri quid fecit, condemnatur."

16 Gioffredi, C., *s.v. mores*, en *NNDI* 10, Turín, 1964, p. 921. "La grande importanza del costume sociale, nel suo conformarsi a dei valori permanente di moralità edi giustizia, é bene avvertita dai Romani della repubblica che vedono in esso uno dei pilastri della soliditá della comunità romana: celebre il verso di Ennio: *moribus antiquis res stat romana virisque* (in Cic. *de rep.* 5.1.1.). ... É nell istituto del *regimen morum*, affidato ai censori, che si precisa il concetto di *mores*, inteso come complesso di comportamenti cui il *civis* é tenuto sul piano morale e sociale, cioè il concetto di *boni mores*. I censori... colpiscono con la loro *nota* chi tenga una condotta riprovevole nella vita pubblica, familiare o provata: cosí ogni mancanza nell'amministrare la cosa pubblica, l'inadempimento dei doveri religiosi, l'abuso nell'esercizio della *patria potestas* o del potere maritale, e ogni atto immorale", añadiendo además que la nota censoria comportaba la *ignominia*.

moralidad del cual él carece. La opinión del insigne jurista se recoge en Digesto 48. 5. 14 (13) 5:

> *Iudex adulterii ante oculos habere debet et inquirere, an maritus pudice vivens mulieri quoque bonos mores colendi auctor fuerit: periniquum enim videtur ese, ut pudicitiam vir ab uxore exigat, quam ipse non exhibeat.*

Pudiera parecer que estamos ante una equivalencia de comportamientos, pero resulta artificial e incierto llegar a tal conclusión. La realidad es que la moral, que jamás debía ser desviada, era exigida mortalmente, en la mayor parte de las ocasiones, única y exclusivamente a las mujeres, considerando propio de la naturaleza masculina los devaneos y relaciones con otras mujeres, que por lo tanto eran rara vez tenidos en cuenta penalmente. Por lo tanto, la vulnerabilidad femenina era extrema, ya que en caso de violación, la prueba debía ser considerada irrefutable, para poder exonerar a una mujer de haber cometido un acto ilícito imperdonable[17]. Aun así, es cierto que el miedo o pavor que paralizase a una mujer en caso de violación era reconocible por el derecho romano, que consideraba en la *actio quod metus causa*[18], acción pretoria introducida hacia el año 80 a.C.[19] por el pretor Octavio –de ahí el nombre de *formula octaviana*- la posibilidad de proteger a la víctima de

17 Vid. al respecto, el caso de Lucrecia: Bravo Bosch, M.J., *El mito de Lucrecia y la familia romana*, en *Mulier. Algunas historias e instituciones de derecho romano* / coord. por Rosalía Rodríguez López, María José Bravo Bosch, 2013; *id.*, *Mujeres y símbolos en la Roma republicana. Análisis jurídico-histórico de Lucrecia y Cornelia*, Madrid, 2017, pp. 65 ss.

18 Calore, E., '*Actio quod metus causa*'. *Tutela della vittima e azione in rem scripta*, Milán, 2011, *passim*.

19 Watson, A., *The Development of the Praetor's Edict*, en *JRS* 60, 1970, p. 105: "An edict on *metus* was issued almost certainly by the Octaves, who was consul in 75 B.C. and hence praetor not later tan 78".

un acto de violencia o *metus*[20], dirigida contra el autor de tal violencia o miedo. No está estrictamente dirigida a proteger la violación femenina, pero se podría extender el ámbito de aplicación, algo que si bien no era una auténtica solución, por lo menos estaba prevista en el ordenamiento jurídico.

Se trataba una acción penal[21], ejercitable durante un año y por la que se podía obtener una condena por el cuádruplo de la prestación realizada o el daño sufrido, siempre considerada dentro de los vicios derivados de un negocio jurídico. También se podía oponer una *exceptio metus* sin limitación temporal frente a la acción ejercitada, y se podía incluso conceder una *in integrum restitutio* frente a los terceros que obtuviesen lucro como consecuencia del miedo ejercido, aunque no fueran ellos los autores del mismo.

---

20 Daremberg C.V./ Saglio, E., *Dictionnaire des antiquités grecques et romaines*, París, 1904, s.*v. metus*: "Expression technique du droit romain pour désigner la contrainte morale appliquée à une personne, a fin de lui faire un certain acte, en la menacant d'un mal imminent"; A. BERGER, *Encyclopedic Dictionary of Roman Law*, cit. *s.v. metus*: "Use of duress in order to compel a person to conclude a transaction, to assume an obligation or to make a payment, is a private crime (*delictum*) which may be prosecuted by the person who acted under duress by a special action, *action quod metus causa*. If sued for the fulfillment of a promise given under duress, he might oppose the *exceptio metus*. Under certain circumstances a *restitution in integrum* was granted".

21 No infamante, como explica D'Ors, A., *El comentario de Ulpiano a los edictos del 'metus'*, en *AHDE* 51, 1981, p. 290: "La acción penal no tiene efecto infamante, pero esto se debe precisamente, no a la suficiente gravedad del *quadruplum*, sino a la posibilidad de que se de contra una persona que no intervino en la coacción. Como hemos dicho, el delito sancionado por la acción *quod metus causa* no es el de coacción violenta, que ya queda castigada por la legislación criminal, sino el de retener algo que el demandante no debería haber perdido. La agravación con *infamia* no era pertinente contra tal demandado".

Posteriormente la compilación justinianea, el *Corpus Iuris Civilis*[22], recogió también la doctrina relativa al *metus* o miedo reconociendo la inexistencia de toda obligación contraída bajo miedo o coacción, lo que nos lleva a considerar esta acción como de carácter general frente a la parálisis corporal por causa de miedo ante el estupro realizado por un hombre. Con todo, el derecho romano no perdía la oportunidad de recordar a las mujeres los sacrificios que debían realizar para preservar el orden en la sociedad romana, y continuamente legislaba restrictivamente con respecto al colectivo femenino. De este modo, y haciendo un uso perverso de su potestad legislativa, hacía perdurar lo máximo posibles normas dictadas con un plazo determinado, pero cuya temporalidad se alargaba innecesariamente, no siendo derogadas cuando desaparecía la necesidad para la que habían sido creadas, con la idea de ir construyendo el hábitat perfecto de limitaciones jurídicas en femenino.

En relación con este argumento, tenemos como testimonio legal a la *lex Voconia*[23], el plebiscito del que incluso Cicerón

---

22 Glover, G., *Metus in the Roman Law of Obligations, Fundamina* 31, 2004, p. 1: "The *Corpus Iuris Civilis* remains our most valuable source of authority with regard to how duress cases were treated in Roman times", aunque critica la descoordinación y la falta de coherencia a la hora de analizar la legislación, así como la existencia de proposiciones legales contradictorias con respecto al *metus* y las coacciones.

23 Guarino, A., *Lex Voconia*, en *Labeo* 28, 1982, pp. 188 ss. en donde manifiesta su opinión con respecto a la condición de la ley como una *lex imperfecta*; Vigneron, R., *L'antifeministe loi Voconia et les Schleichwege des Lebens*, en *Labeo* 29, 1983, pp. 140 ss.; ; S. DIXON, *Breaking the Law to do the Right Thing: The Gradual Erosion of the Voconian Law in Ancient Rome*, en *Adelaide Law Review*, 9, 1983-85, pp. 519 ss.; Sirks, A. J. B., *Sacra, Succession and the Lex Voconia*, en *Latomus*, 53, 1994, pp. 273 ss.; Van Der Meer, J.A., *Made for men. The lex Voconia: mulier heres institui non potest*, Eijsden, 1996; Pölönen, J., *Lex Voconia and Conflicting Ideologies of Succession. Privileging Agnatic Obligation over Cognatic*

dijo que era una injusticia total para las mujeres[24], del año 169 a.C.[25]. Dicho proyecto legislativo fue defendido por Catón el Censor[26], inspirador del proyecto, que restringía los derechos de las mujeres, ya que no podían ser instituidas como herederas por aquellos ciudadanos que, en el último censo, formaran parte de la primera clase. La independencia jurídica mínima, de hecho, pero también de derecho, que habían ido adquiriendo con el tiempo las mujeres, no era aceptada de buen grado por la aristocracia romana más conservadora, que veía disiparse el ambiente respetuoso con los *mores maiorum* para convertirse en un espacio libre para las mujeres, cada vez más

---

Family Feeling, en *Arctos* 33, 1999, pp. 111 ss.; Weishaupt, A., *Die lex Voconia*, Colonia- Weimar-Viena, 1999; A. Mcclintock, *A., Polyb. 31.26-28: la successione di Emilia*, in *Index*, 33, 2005, pp. 317 ss.; *id.*, *The lex Voconia and Cornelia's Jewels*, en *RIDA* 60, 2013, pp. 183 ss.

24 Cic. *De Rep.* 3. 17: ... *Voconia lege data; quae quidem ipsa lex utilitatis virorum gratia rogata in mulieres plena est iniuriae.*

25 Fecha confirmada por Cic. *Cat. Maior* 5. 14; sobre el problema de la datación, Mcclintock, A., *Un analisi guiridica della lex Voconia*, en *Teoria e Storia del Diritto Privato*, 10, 2017, pp. 9 ss., sobre la posibilidad de que la fecha fuese la del 174 a.C.,

26 D'Ors, A., *Derecho Privado Romano*, 9ª ed., Pamplona, 1997, § 278, n. 1: "Aunque sea un plebiscito del tribuno de la plebe Q. Voconio Saxa, su defensor fue el censor M. Porcio Catón, cuyo antifeminismo es conocido por otras actitudes", en relación con el relato de Livio 34. 2. 1 ss. en el que se contiene un conocido discurso de Catón en contra de las mujeres, en donde deja claro que la insubordinación femenina supone una amenaza, por no haber sabido proteger con autoridad los derechos del marido en los hogares, y donde añade posteriormente que ya los antepasados romanos no quisieron que las mujeres participaran en ningún asunto, ni siquiera privado, tan sólo a través de un tutor. La actitud escandalizada del censor protector de los *mores mayores* no evitó el progresivo avance de los derechos de las mujeres, que fue incrementado todavía más con la legislación de Augusto y la liberación formal de todas las sometidas a la tutela mediante el *ius liberorum*. .

independientes en la casa y en el mundo del derecho que antes las tutelaba estrictamente. De este modo, se concretaron una serie de medidas dirigidas a preservar las costumbres y el papel tradicionalmente femenino, y a combatir el lujo y la ostentación[27], aunque seguramente el contraste con la población olvidada por la riqueza, sumida en la pobreza y teniendo que asumir innumerables cargas para poder afrontar los gastos de las continuas guerras, también fuese un motivo del legislador para hacer visible una mayor austeridad.

La *lex Voconia de hereditatibus mulierum* contiene en su propio título la delimitación de su contenido, dirigido sustancialmente a limitar la capacidad sucesoria de la mujer para mantener la preeminencia de poder histórica masculina, preservando la institución de heredero y por lo tanto, la eficacia del testamento -al margen de las limitaciones ya existentes que penalizaban a la mujer en el ámbito de la sucesión *ab intestato*- al establecer que nadie pueda recibir por legado más que los herederos[28]. El

---

27 Lo que se tradujo en las *leges sumptuariae*: La *Lex Metilia de Fullonibus*, del año 217 a.C., dirigida a combatir el lujo de los trajes, y la *Lex Oppia Sumptuaria*, del 215 a.C., represora del lujo excesivo en las mujeres, tanto en los medios de transporte como en su propia vestimenta, prohibiendo además que toda mujer poseyera más de una media onza de oro; posteriormente, se promulgó la *Lex Valeria Fundaria de lege Oppia abroganda*, en el año 195 a.C., para derogar la anterior, así como la *Lex Orchia de Coenis*, del 181 a.C., para limitar el número de invitados a un banquete y los lujos y gastos destinados al mismo; la *Lex Fannia Sumptuaria*, del año 161 a.C., continuó combatiendo el lujo y los gastos suntuarios en las comidas, siendo extendido su ámbito de aplicación a toda Italia mediante la *Lex Didia Sumptuaria* del año 143 a.C.; finalmente, la *Lex Aemilia e Sumptibus et libertinorum suffragiis*, del año 115 a.C., en relación con el derecho de sufragio de los libertos, que limitaba los gastos en vestidos.

28 Limitación ya presente en legislación precedente, como la *Lex Furia Testamentaria*, fechada entre los años 203 y 169 a.C., plebiscito en el que se prohibía, con algunas excepciones, que nadie pudiera reci-

célebre Gayo, en sus Instituciones, 2. 226, nos brinda su testimonio al respecto, refiriéndose al segundo capítulo de la ley[29]:

> *Ideo posta lata est lex Voconia, qua cautum est, ne cui plus legatorum nomine mortisue causa capere liceret, quam heredes caperent. Ex qua lege plane quidem aliquid utique heredes habere videbantur; sed tamen fere uitium simile nascebatur; nam in multas legatariorum personas distributo patrimonio poterat <testator> adeo heredi minimum relinquere, ut non expediret heredi huius lucri gratia totius hereditatis onera sustinere.*

Con todo, el objetivo limitador no tuvo mucho éxito, y poco se consiguió con la promulgación de esta ley, como se desprende del fragmento gayano, ya que su principal objetivo, preservar la posición del heredero en detrimento de los legatarios -a menudo mujeres que obtenían una cuantiosa porción de la herencia- podía obviarse por parte del testador si distribuía su patrimonio entre un gran número de legatarios, ya que así quedaba tan reducida la masa hereditaria que al heredero no le compensaría soportar las cargas hereditarias a cambio de un mínimo beneficio. En definitiva, que la tradición secular de evitar los efectos de la ley mediante mecanismos legales que obstaculicen el éxito de la misma se aprecia claramente en el

---

bir por legado o donación *mortis causa* más de mil ases, cuyo incumplimiento acarreaba la pena al cuádruplo, pero como nos recuerda Gayo, 2. 225, esta ley no consiguió lo que pretendía, pues el que tenía un patrimonio, por ejemplo, de cinco mil ases, podía repartirlo por entero instituyendo cinco legatarios con mil ases cada uno: *Itaque lata est lex Furia, qua, exceptis personis quibusdam, ceteris plus mille assibus legatorum nomine mortisue causa caper permissum non est. Sed et haec lex non perfecit quod uoluit; qui enim uerbi gratia quinque milium aeris patrimonium habebat, poterat quinque hominibus singulis millenos asses legando totum patrimonium erogare.*

29 Las fuentes que nos informan sobre dicha ley se encuentran recogidas por Rotondi, G., *Leges publicae populi Romani*, Hildesheim, 1990, y en Broughton, T. R. S., *The Magistrates of the Roman Republic*, I, Cleveland, 1968, p. 425.

texto de Gayo, cuya intención favorable al heredero se minimizó por medio de innumerables legados que convertían en *capitis deminutio* del heredero los derechos previstos en la legislación. El primer capítulo de la ley establecía, además, una serie de límites concretos a las mujeres, *sui iuris*, para poder ser instituidas herederas de los ciudadanos pertenecientes a la primera clase del censo, los *centenarii*, personas con un patrimonio superior a los 100.000 sestercios[30], de acuerdo con Gayo, 2. 274:

> *Item mulier quae ab eo qui centum milia aeris census est per legem Voconiam heres institui non potest, tamen fideicommisso relictam sibi hereditatem capere potest.*

Pero de nuevo nos encontramos con un subterfugio legal, la posibilidad de adquirir la herencia por fideicomiso, disposición testamentaria confiada por el testador, fideicomitente, a la buena fe y lealtad de una persona de su confianza, denominado heredero fiduciario, para que éste ejecute el encargo consistente en disponer de todo o parte de la herencia, o de bienes determinados de la misma, en favor de un tercero, el fideicomisario. Por lo tanto, a través de un intermediario se salvaba la imposibilidad de ser herederas en femenino, por medio del fideicomiso estatuido, que convertía a la mujer fideicomisaria en dueña de los bienes sin límite alguno, instrumento legal que obviaba por completo la intención legislativa cercenadora de la capacidad de adquirir bienes por parte de las mujeres romanas.

---

30 Cic. *Verres*, 2. 1. 41 habla de los ciudadanos con un patrimonio de 100.000 o más sestercios, mientras que Dión Casio 56. 10 sitúa el límite en 25.000 drachmas, o 100.000 sestercios, siendo el doble la cantidad propuesta en época de Cicerón.

Al margen de estos dos capítulos conocidos, algún autor propone la existencia de un tercer capítulo[31], en el que se habría prohibido dejar más de la mitad de los bienes a una mujer, bien por herencia o mediante un legado, siempre con la intención de no permitir la transmisión de bienes a un ser voluble anímica, jurídica y socialmente como la mujer, que podría dilapidar los bienes por no saber gestionarlos adecuadamente. A mayor abundamiento, el impedimento legal no sólo afectaba a los posibles beneficiarios, sino también al propio causante, que veía limitada su *testamentifactio activa* como consecuencia de las disposiciones de la ley. Es decir, la institución de heredero, pilar central de todo testamento romano, quedaba seriamente afectado por las limitaciones de la *lex Voconia*, que restaba eficacia legal al acto jurídico de última voluntad reconocido como más importante para todo ciudadano romano, el testamento. Con todo, no es menos cierto que la ley, como tantas otras con el único objetivo de priorizar la herencia a parientes de sexo masculino, favorecía incluso la transmisión de bienes a parientes de un grado muy lejano, con tal de evitar la concentración de riqueza en manos femeninas[32].

---

31 Tesis basada en Pseudo-Quintiliano, *Decl.* 264: *ne liceat mulieri nisi dimidiam partem bonorum dare* y planteada por Guarino, A., *Lex Voconia*, en *Labeo* 28, Nápoles, 1982, pp. 188-191; más reciente, sobre dicha declamación: Bettinazzi, M., *La legge nelle declamazioni quintilianee. Una nuova prospettiva per lo studio della lex Voconia, della lex Iunia Norbana e della lex Iulia de adulteriis*, Saarbrücken, 2014, pp. 9 ss.; Mantovani, D., *Declamare le Dodici Tavole. Una parafrasi di XII Tab. V,3 nella Declamatio minor 264*, in *Fundamina*, 20, 2, 2014, pp. 597 ss.

32 Goria, F., *Il dibattito sull'abrogazione della lex Oppia e la condizione giuridica della donna romana*, en *La donna nel mondo antico*, Turín, 1987, p. 288.

De este modo, pronto se mostró la ineficacia de la *lex Voconia,* que poco a poco quedó obsoleta y en desuso[33], superada por la vertiginosa maquinaria socio-política de la República romana -en continua transformación- hasta el advenimiento del Imperio, y por la nueva legislación prevista, como la *lex Falcidia*[34], del año 40 a.C., de acuerdo con las palabras de Gayo 2. 227:

> *Lata est itaque lex Falcidia, qua cautum est, ne plus ei legare liceat quam dodrantem; itaque necesse est, ut heres quartam partem hereditatis habeat; et hoc nunc iure utimur.*

---

33 Aul. Gel. *Noct. Att.* 20. 1. 23: *Quid salubrius visum est rogatione illa Stolonis iugerum de numero praefinito? quid utilius plebisscito Voconio de coercendis mulierum hereditatibus? quid tam necessarium existimatum est propulsandae civium luxuriae quam lex Licinia et Fannia aliaeque item leges sumptuariae? Omnia tamen haec oblitterata et operta sunt civitatis opulentia quasi quibusdam fluctibus exaestuantis*; Dixon, S., *Breaking the Law to do the Right Thing: The Gradual Erosion of the Voconian Law in Ancient Rome*, en *Adelaide Law Review*, 9, 1983-85, pp. 531-532: "These factors rendered the law irreverent as far as the effective prevention of excessive female fortunes was concerned. The rulings on legacies had been superseded by later and superior legislation. To Romans of a later age, the perpretators of the Voconian law were to be revered to their intentions, but rather puzzled their descendants by their quaint notions, which seemed, if anything, somewhat unjust".

34 Urbanik, J., *Dioskoros and the Law (on succession): Lex Falcidia revisited*, en *Les archives de Dioscore d'Aphrodité cent ans après leur découverte. Histoire et culture dans l'Égypte byzantine*, Fournet, J. L., (ed.), París, 2008, p. 128: "This statute allowed the testator to dispose up to three quarters of his substance by the way of bequests (*legata*), at least the quarter was reserved for the instituted heir or heirs. Should the testator transgress the provisions of *Lex Falcidia*, the bequests were to be proportionally diminished, so the *heres institutus* would always get his or her fourth (in terms of civil procedure, should the heir be sued by the legatees for the payment, he or she was condemned to pay only so much, as would result in his or her keeping the quarter share). And thus *quarta Falcidia* or *ratio Falcidiae* was coined".

Esta proliferación de normas hostiles, denominación adecuada con respecto al trato dirigido hacia el colectivo femenino, conocidas por su discurso misógino y antifeminista[35], se produce en un contexto de desconfianza cada vez más creciente por parte de la sociedad y de la organización política romana, protagonizada esencialmente por hombres, que parecen reaccionar de forma desproporcionada frente a una limitada emancipación femenina que no supone una disminución de poder masculino, pero que parece preocupar en exceso al patriarcado dominante, en una época de crisis del orden social[36], por temor a ser superados de alguna manera por las mujeres[37].

---

35 Vigneron, R., *L'antifeministe loi Voconia et lers 'Schleichwege des Lebens'*, en *Labeo* 29, 1983, pp. 140-153.

36 Cid, R. M., *Las matronas y los prodigios. Prácticas religiosas femeninas en los "márgenes"de la religión romana*, en *Norba. Revista de Historia*, 20, 2007, pp. 25-26: "El hecho de que las mujeres adquieran protagonismo en coyunturas de crisis, en las situaciones más perturbadoras del orden social, que influyen decisivamente en los sentimientos de las gentes romanas, es la manifestación más elocuente de su posición marginal en la sociedad. En este sentido, el espacio de la religión, mejor que cualquier otro, revela la concepción ambigua y contradictoria de lo femenino, ya que la mujer, ser ligado a lo caótico, a la vez que manifestación de la ira divina es también el único instrumento para aplacarla. En cualquier caso, en la civilizada Roma de los tiempos republicanos, el sistema religioso siguió evocando la feminidad como símbolo del desorden frente a lo masculino, reflejo del orden, como trasunto de los papeles otorgados a unas y otros en la sociedad; esta oposición no implicó, ni mucho menos, la exclusión de las ciudadanas ni social, ni religiosa, ya que si los prodigios presentan a la mujer como vehículo utilizado por las divinidades para transmitir su malestar a la población romana, también la reconocen como la herramienta más eficaz para recuperar la *pax deorum*. Desde los márgenes de la sociedad romana modelada según normas e intereses masculinos, las mujeres acuden a salvar los intereses de la república".

37 Sirva como ejemplo los procesos judiciales masivos contra mujeres, como el conocido caso de la represión del culto de Baco, en el 186

De este modo, la legislación femenina, aunque no se denominase así ni pareciera estar dirigida única y exclusivamente a las mujeres, tenía como claro objetivo cercenar ese aumento de autonomía personal por parte de las mismas, con la clara intención de devolverlas a los hogares, al ámbito exclusivamente privado, evitando cualquier mínima participación en el mundo del derecho, público o privado, limitando además su capacidad patrimonial[38].

La ausencia prolongada de los maridos en los hogares, como consecuencia de las guerras o de la carrera política en las provincias conquistadas por la República romana, provocó una presencia más activa de las mujeres en el mundo del derecho, antes reservado única y exclusivamente a los hombres. Esta afrenta no fue bien recibida, y la represión por parte de las instituciones fue desproporcionada pero dirigida conscientemente a equilibrar la balanza de la *domus* tradicional: las mujeres en casa y el hombre en el *cursus honorum*, estableciendo que el rol tradicional de dependencia era el correcto y no la asunción progresiva de responsabilidades esencialmente mas-

a.C., con un peligro social evidente porque se aceptaban esclavos, con la consiguiente promiscuidad sexual doblemente inadmisible, o el célebre proceso por envenenamiento que concluyó con la condena a muerte de 2000 matronas romanas en el 180 a.C.; vid. Cantarella, E., *Passato prossimo: donne romane da Tacita a Sulpicia*, 3ª ed., Milán, 2003, p. 72, en donde pone de relieve la progresiva independencia patrimonial femenina, fuente de desazón e inquietud masculina, que frenó desesperadamente la autonomía de las mujeres por considerarla un peligro para el equilibrio del Estado romano.

38 Zanon, G., *La capacità patrimoniale della donna. Tra realtà e apparenza giuridica*, Padua, 2013, p. 102, en donde explica el motivo de las limitaciones con respecto a la capacidad patrimonial de la mujer: El conservar, en la medida de lo posible, la riqueza dentro del grupo familiar agnaticio, evitando que la mujer pueda constituir un peligroso instrumento de dispersión, sobre todo en perjuicio de sus descendientes.

culinas que había ido adquiriendo la mujer. Además, con la excusa del control femenino y la defensa de los fundamentos de la República, se frenaba el ascenso de la nueva oligarquía urbana, formada por los comerciantes que conseguían sustanciosos contratos públicos y comenzaban a demostrar su poder económico real, manteniendo a salvo los intereses de la aristocracia senatorial[39].

La perfecta matrona romana era, asimismo, identificada con la mujer *univira*[40], casada tan sólo una vez en toda su vida[41], con un solo marido durante toda su existencia, que representa la absoluta dedicación a la familia, por lo que será considerada el símbolo perfecto de mujer romana[42], un ejemplo a seguir por todas las generaciones femeninas venideras a fin de per-

39 Kienast, D., *Cato der Censor. Seine Persönlichkeit und seine Zeit*, Heidelberg, 1954, pp. 68 ss.

40 Frey, J. B., *Signification des termes 'monandros' et 'univirae', Recherches de Science Religeuse* 20, 1930, pp. 48-60; Humbert, M., *Le Remariage à Rome: Etude d'histoire juridique et Sociale*, Milán, 1972, pp. 330 ss.

41 Val. Max. 2. 1. 3: *Quae uno contentae matrimonio fuerant corona pudicitiae honorabantur: existimabant enim eum praecipue matronae sincera fide incorruptum esse animum, qui depositae uirginitatis cubile [in publicum] egredi nesciret, multorum matrimoniorum experientiam quasi legitimae cuiusdam intemperantiae signum esse credentes*; Langlands, R., *Sexual morality in Ancient Rome*, Cambridge, 2006, pp. 61-62: "This honour, in the visible form of a crown of *pudicitia* given to women who marry only once, once again associates *pudicitia* with a single marriage. It suggest, more explicitly than the proscriptions on participants in the cult of *pudicitia* itself, that it is the state of being *uniuira* - once-married - that provides evidence of a woman's possession of the quality of *pudicitia*".

42 Pomeroy, S. B., *Goddesses, Whores, Wives and Slaves: Women in Classical Antiquity*, Nueva York, 1975, p. 149: "Among Roman matrons, Cornelia was a paragon. A widow, she remained faithful to the memory of her husband, Tiberius Sempronius Gracchus, to whom she had borne twelve children. She continued to manage her household and was praised for her devotion to her children's education".

petuar la necesidad de mujeres honradas para mayor gloria de Roma. El respeto y la admiración hacia las mujeres que tan sólo contraían una vez en su vida matrimonio y de quedar viudas permanecían en ese estado hasta su muerte ya se observa en la más antigua tradición romana, y no es fruto del influjo del cristianismo sino también de la cultura pagana[43]. La moral tradicional, la *pudicitia* imprescindible para la salvaguarda de los derechos hereditarios de los descendientes del padre, sólo reconocibles por la virtud ejemplar de las madres, otorgaba una posición privilegiada a las mujeres que prodigaban el pudor y el respeto marital como condición indispensable para ser una perfecta matrona romana[44].

Una de las grandes contradicciones existentes en el derecho romano con respecto a la debilidad connatural a las mujeres, es el trato que se dispensa a las mujeres condenadas a la pena de trabajos forzados en las minas. Somos conscientes de que el *ius romanorum* se construyó sobre una visión profundamente patriarcal de la sociedad, en la que las mujeres eran

---

43 Tert. *De exhortatione castitatis*, 13; *id.*, *De monogamia*, 17. 4; Lightman M./ Zeisel, W., *Univira: an Example of Continuity and Change in Roman Society*, en *Church History*, 46, 1, 1977, pp. 19-20, en donde se refleja como en el Principado, los *flamines* de Júpiter tenían mujeres que eran *univirae*, "and traditional wedding ceremonias retained the once-married woman with a living husband as an *univira-pronumba*, a handmaiden to the bride"; en pp. 22-23, hacen referencia a una tumba pagana del período imperial que ofrece evidencias de la difusión social del concepto de *univira*: "The upper-class *matrona-univira*, Cornelia, find echoes in a Roman epitaph to one Fabia", trayendo a colación el epitafio de una mujer hornada por el hecho de ser *univira*, pero que, a diferencia de Cornelia, no pertenecía a la nobleza. Aun así, y a pesar de la diferencia social que las separaba, "the two women were both praised for the same virtues and were both *univirae*".

44 Gagé, J., *Matronalia: essai sur les dévotions et les organisations culturelles des femmes dans l'ancienne Rome*, Berchem, 1963, p. 7.

consideradas seres débiles, carentes de *virtus* y dependientes de la tutela masculina. Sin embargo, esta concepción contrasta fuertemente con la existencia de penas extremadamente duras impuestas a las mujeres, como la *condemnatio ad metalla*[45], es decir, la condena a trabajos forzados en las minas, una de las penas más severas del derecho penal romano. La aplicación de esta sanción a mujeres demuestra una contradicción inherente en la ideología jurídica romana: si las mujeres eran tan frágiles e incapaces de soportar las exigencias de la vida pública y militar, ¿cómo podían ser sometidas a una de las formas más brutales de castigo reservadas generalmente para esclavos y criminales peligrosos?

La pena de trabajos forzados en las minas era considerada una forma de *servitus poenae*, es decir, una esclavitud penal en la que el condenado perdía su *status libertatis* y quedaba sometido a condiciones extremadamente duras. Los condenados eran enviados a minas de oro, plata o plomo, donde trabajaban en condiciones infrahumanas, con altísimas tasas de mortalidad debido al agotamiento, las enfermedades y los accidentes. La cuestión, no baladí, es que esta terrible condena no estuviera limitada al colectivo masculino[46], sino que incluso las mujeres podían ser objeto de tal pena, como se desprende del testimonio que nos brinda Ulpiano en Digesto, 48.19.8.8[47], en donde

---

45 Gardner, J. F., *Women in Roman Law and Society*, cit., pp. 121 ss., da cuenta de cómo la pena *ad metalla* reservada para las mujeres puede entenderse dentro de la lógica del derecho penal romano, que castigaba con particular severidad a aquellas que desafiaban las normas de género establecidas.

46 D. 48.19.8. 12, en donde se recuerda que los esclavos, sin duda alguna, solían ser condenados a las minas.

47 *Ulpianus, libro IX, de oficio Proconsulis: In ministerium metallicorum feminae in perpetuum vel ad tempus damnari solent. Simili modo et in salinas. Et si quidem in perpetuum fuerint damnatae, quasi servae poenae constituuntur: si vero ad tempus damnantur, retinent civitatem.*

afirma que las mujeres solían ser condenadas a perpetuidad, o temporalmente, al servicio de las minas. No solo eso, sino que las salinas eran un destino también posible para ellas, concretando que retenían la ciudadanía si la condena era temporal, pero si eran condenadas a perpetuidad se convertían en esclavas de la pena. Teniendo en cuenta la vulnerabilidad física atribuida secularmente a las mujeres, resulta cuando menos extraño que no se prohíba tamaña punición a un colectivo que difícilmente parecía que pudiese bastarse por sí mismo, por lo que debemos colegir que la condena a las minas abierta a las mujeres significaba en realidad la veda abierta para la muerte de las destinatarias del inhumano correctivo, invisibilizando el discurso tradicional sobre la fragilidad femenina y la necesaria protección patriarcal.

Otro texto significativo se encuentra en el Código Teodosiano[48], cuando se menciona expresamente la condena de mujeres *ad metalla*, lo que indica que esta práctica era real, y que la cruel condena permitía castigar a las mujeres a las minas. La ideología romana insistía en que las mujeres debían estar bajo tutela porque eran débiles y necesitaban protección[49]. Sin embargo, y al mismo tiempo, el sistema penal no tuvo reparos en someterlas a castigos físicos de enorme dureza, lo que pone en entredicho la coherencia de este discurso. La justificación jurídica de la tutela femenina, basada en su supuesta incapacidad para tomar decisiones racionales y resistir la dureza de la vida pública, contrasta con la brutalidad de los castigos a los que podían ser sometidas cuando se les consideraba criminales.

En resumen, el hecho de que las mujeres pudieran ser condenadas a trabajos forzados en las minas demuestra que el discurso romano sobre la debilidad femenina era, en gran medida, un mecanismo ideológico más que una realidad ju-

---

48 *C.Th.* 9.40.3.

49 *Gai.* 1.190-195.

rídica uniforme. Mientras que en el ámbito de la tutela y la participación pública se insistía en su fragilidad y necesidad de protección, en el ámbito penal podían ser tratadas con la misma dureza que los hombres, lo que sugiere que la supuesta debilidad de la mujer no era un argumento absoluto, sino una construcción utilizada de manera selectiva según las necesidades del orden patriarcal. Esta contradicción revela la flexibilidad del derecho romano para reforzar la subordinación femenina: cuando convenía, las mujeres eran débiles y necesitaban tutela; cuando transgredían el orden establecido, podían ser castigadas con penas de extrema dureza, despojadas de cualquier consideración sobre su supuesta fragilidad.

En la misma dirección, otra de las innumerables contradicciones que creemos debe suscitar nuestra atención resulta el rapto de las mujeres, un hecho en absoluto aislado, que merecía una consideración jurídica cuando menos peculiar. El rapto de las mujeres fue un fenómeno recurrente en la historia y mitología romana, desde el célebre *rapto de las sabinas* hasta su regulación jurídica en las codificaciones imperiales. Ahora bien, aunque el derecho romano reconoció el rapto como un delito punible, su tratamiento jurídico varió significativamente según el contexto histórico, reflejando las contradicciones inherentes al sistema normativo romano. Mientras que en la Roma primitiva el rapto podía considerarse un medio legítimo para la obtención de mujeres que hicieran de esposas y ayudasen a concebir una prole distinguida y depositaria de los valores romanos, en época de Justiniano se configuró como un delito grave, aunque persistieran ciertas ambigüedades normativas que revelan la tensión entre las estructuras patriarcales y la protección de la mujer.

Uno de los episodios más emblemáticos de la fundación de Roma fue el *rapto de las sabinas*, narrado por Livio[50] y Plutarco[51]. De acuerdo con la tradición, los romanos, ante la escasez de mujeres en su comunidad, idearon un engaño para secuestrar a las sabinas durante un ritual festivo religioso. Este episodio mítico, que Livio describe como una estrategia para consolidar la sociedad romana, sin tipificar la agresión como un delito de carácter sexual, refleja la concepción de la mujer como un recurso necesario para la perpetuación del Estado, sin autonomía propia. Desde el punto de vista jurídico, en la época más arcaica del derecho romano no existía una tipificación del rapto como crimen autónomo. La institución de la *manus* y el *matrimonium cum manu* permitían la apropiación de una mujer mediante la convivencia continuada durante un año sin interrupción[52], lo que implicaba que, en la práctica, la voluntad femenina era irrelevante en la formalización de una unión matrimonial. Sin embargo, algunos textos sugieren que, aunque el rapto no era inicialmente un crimen per se, en ciertas circunstancias podía dar lugar a represalias. De hecho, los padres y hermanos de las sabinas tomaron las armas para recuperar a sus hijas, lo que indica que el rapto no era completamente aceptado y podía derivar en graves conflictos sociales. Esta tensión entre la apropiación masculina y la protesta familiar ya anticipaba los dilemas jurídicos posteriores sobre el rapto.

En época republicana y altoimperial, el derecho penal romano fue desarrollando una regulación más estricta sobre el rapto. Aunque en un principio el rapto solía tratarse bajo el delito de *furtum* (hurto), dado que la mujer era vista como propiedad del *paterfamilias*, a partir del siglo I a.C. se le dio una consideración jurídica más específica. Con posterioridad,

---

50 *Liv. Ab Urbe condita* 1. 6-9.

51 *Plut. Vita Romuli* 14-19.

52 *Gai.* 1.111-112.

ya en el año 545, Justiniano promulga la Novela 128, en cuyo capítulo 21, hace recaer de nuevo todo el peso de la ley en el hombre que, entre otros actos ilícitos, rapte a una mujer[53]. Se deduce que la insistencia en condenar las conductas contrarias a derecho una y otra vez conculcadas por un sector masculino de la población bizantina dan cuenta de costumbres inveteradas y aceptadas tácitamente por la sociedad bizantina, aunque la legislación las intente reprimir constantemente bajo la amenaza de graves consecuencias penales:

> *Iubemus autem omnes iudices tam militares quam civiles per se requirere eos qui latrocinia aut violentias aut rapinas rerum aut feminarum aut alia quaelibet inlicita in provinciis committunt et supplicia eis legitima inferre, neque pro his causis accipere aliquid consuetudinum nomine, ut omnes undique nostri collatores inlaesi serventur. Non enim permittimus cuilibet maiori aut minori militari iudici aut latronum insecutores aut violentiarum inhibitores aut tribunos pro talibus causis in provinciis ordinare, aut qui debeant aliquos exarmare, ut non per tales occasiones ampliores violentiae inferantur provincialibus.*

De este modo, el emperador legislador ordena que todos los jueces, tanto militares como civiles, busquen a los hombres que en las provincias cometen latrocinios o violencias, o rapiña de cosas o raptos de mujeres, u otras cosas ilícitas, y les impongan los legítimos suplicios, y que por estas causas no reciban cosa alguna a título de costumbre, para mantener ilesos a todos los contribuyentes. Además, no le permite a los juzgadores públicos el que puedan proceder a nombrar perseguidores de ladrones, o encargados de impedir la violencia, o tribunos, o a quienes deban desarmar a otros, para no causar a los provincianos de este modo mayores violencias. Por último, afirma que la inobservancia de este mandato legal conllevará que el juez sea despojado del cíngulo, además de que tendrá que pagar

---

53 Vid. con respecto al rapto, Botta, F., *Per vim inferre: Studi su stuprum violento e raptus nel diritto romano e bizantino*, Cagliari, 2004, p. 90 ss.

una pena de diez libras de oro, y después de ser sometido a tormento y de que se proceda a la confiscación de sus bienes, será desterrado:

> *Si quis autem iudicum haec non custodierit, cognoscat non solum commisso sibi cingulo spoliandum, sed decem librarum auri poenam exsolvere; eo qui praesumpserit talem causam adsumere post tormenta et substantiae confiscationem in exilium dirigendo.*

Otra disposición ejemplarizante y con deseo reformador por parte del soberano insomne, eternamente preocupado por corregir los defectos de las normas preexistentes, se contiene en la Novela 143[54], del año 563, relativa a las mujeres raptadas que contraen matrimonio con sus raptores, *de raptis mulieribus et quae raptoribus nubunt.* Bien es cierto que en este caso el objetivo legal difiere de los anteriores en que la condena del ilícito persigue a la mujer, no al hombre que la rapta, o al proxeneta, o al juez que no actúa debidamente, o al encubridor. Aquí no se aprecia la protección del sujeto vulnerable de forma directa,

54 Igual en su contenido a la Novela 150; como antecedente en tema de rapto podemos traer a colación las disposiciones dictadas por el emperador Constantino, contenidas C. Th 9.24, *De raptu virginum vel viduarum*, así como C. Th. 9.25, *De raptu vel matrimonio sanctimonialium virginum vel viduarum*, recogidas en un único título en C. 9.13.1: *Imperator Justinianus . Raptores virginum honestarum vel ingenuarum, sive iam desponsatae fuerint sive non, vel quarumlibet viduarum feminarum, licet libertinae vel servae alienae sint, pessima criminum peccantes capitis supplicio plectendos decernimus, et maxime si deo fuerint virgines vel viduae dedicatae (quod non solum ad iniuriam hominum, sed ad ipsius omnipotentis dei inreverentiam committitur, maxime cum virginitas vel castitas corrupta restitui non potest): et merito mortis damnantur supplicio, cum nec ab homicidii crimine huiusmodi raptores sint vacui*; ahora la reglamentación justinianea no diferencia entre el rapto de una mujer consagradas y una que no lo esté, fusionando el tratamiento jurídico, y estableciendo la condena a muerte del captor de vírgenes o viudas, así como para los cómplices de tal nefando delito.

sino que la persecución como acto ilícito de la consecución del matrimonio entre una mujer raptada[55], y su raptor parece ser motivo de condena femenina, pero sin embargo esconde un ámbito de protección mucho más real de lo que a primera vista se pueda apreciar. En una pretendida lección moralizante, el emperador legislador recrimina la conducta de la raptada que mancilla su honor mediante la unión matrimonial con su raptor, penalizándola[56], con la imposibilidad de reivindicar para sí misma los bienes de su captor[57], puesto que no puede premiar

---

55 Beaucamp, J., *Le statut de la femme à Byzance I. Le droit imperial*, París, 1990, p. 117: "La Novelle ne mentionne ni les patrons ni les maitres. Cela est logique: L'objet principal du texte est le sort des biens du ravisseur, si la femme enlevée l'épouse, et le ravisseur ne perd ses biens que si la femme est ingénue; il s'ensuit que la Novelle n'envisage pas le cas de l'affranchie ou de l'esclave victimes d'un rapt", dejando claro el objetivo de sancionar la conducta de la mujer *ingenua*, nacida libre, que contrae matrimonio con su captor, sin referirse para nada a la condición de esclavas o libertas víctimas de secuestro.

56 Sitzia, F., *Aspetti della legislazione criminale nelle novelle di Giustiniano: Il problema della giustificazione della pena*, en *Novella Constitutio. Studies in honour of Nicolaas van der Wal*, Groningen 1990, pp. 217-218.

57 Esta posibilidad de reivindicar el dominio de los bienes del raptor, prevista como *premium* en C. 9.13.1.1e-1g, sí concreta el estatus de la mujer a la hora de establecer la atribución de bienes ante la grave ofensa recibida, especificando que si eran esclavas o libertas las que sufrieron el rapto, los raptores serían castigados solamente con la susodicha pena, no debiendo sufrir ninguna disminución sus bienes. Pero si se perpetrase el delito en mujer *ingenua*, nacida libre, se deberían transferir los bienes muebles o inmuebles o semovientes de los raptores y de los que le hubieran ayudado, al dominio de las mujeres libres raptadas, si bien en caso de que contrajesen matrimonio, siempre con un hombre diferente del captor, tales bienes irían en la dote: *1e. Et si quidem ancillae vel libertinae sint quae rapinam passae sunt, raptores tantummodo supra dicta poena plectentur, substantiis eorum nullam deminutionem passuris. 1f. Sin autem in ingenuam personam tale facinus perpetretur, etiam omnes res mobiles seu immobiles et se moventes tam*

la conducta vergonzosa ni el consentimiento sumamente reprobable al contraer nupcias con el hombre que la raptó[58]. Sin

---

raptorum quam etiam eorum, qui eis auxilium praebuerint, ad dominium raptarum mulierum liberarum transferantur providentia iudicum et cura parentum earum vel maritorum vel tutorum seu curatorum.1g . Et si non nuptae mulieres alii cuilibet praeter raptorem legitime coniungentur, in dotem liberarum mulierum easdem res vel quantas ex his voluerint procedere, sive maritum nolentes accipere in sua pudicitia remanere voluerint, pleno dominio eis sancimus applicari, nemine iudice vel alia quacumque persona haec audente contemnere.

58 En el contenido de la Novela 143, se aprecia el asombro de Justiniano con respecto a la actitud de algunos que intentan decir, en contra de la prohibición del matrimonio entre una mujer raptada y su captor, que la mujer, voluntariamente o no, que haya contraído matrimonio con su captor contra lo establecido en la constitución, deba tener derecho a los bienes del raptor, o como premio de la ley, o en virtud de testamento, añadiendo el emperador que los que se atrevieron a decir tales cosas no entendieron el alcance de la ley, que en absoluto permite el matrimonio entre una mujer raptada y su captor, y el premio deriva precisamente de la afrenta recibida, que no se corresponde con una unión matrimonial entre ellos: *Praefatio. Legis interpretationem culmini tantum principali competere nemini venit in dubium, cum promulgandae quoque legis auctoritatem fortunae sibi vindicat eminentia. Meminimus itaque pro raptu mulierum, sive iam desponsatae fuerint vel maritis coniunctae sive non vel etiam si viduae sint, legem ante posuisse, et capitis subiecisse supplicio non tantum raptores, verum comites etiam eorum nec non alios qui eis auxilium tempore invasionis contulisse noscuntur, et non tantum parentibus mulierum, verum consanguineis etiam et tutoribus et curatoribus in huiusmodi dedisse per eandem legem vindictam, et praesertim poenis locum dedisse, si iam nuptae vel desponsatae mulieres rapiantur, cum non solum raptus mulieris, verum adulterium etiam per huiusmodi temeritatem committitur. Et super alias poenas raptoris etiam nec non aliorum qui cum eo fuerint patrimonium raptae mulieri vindicari per eandem legem praecepimus, ut dotis etiam marito dandae legitimo copia per raptoris ei ministraretur substantiam. Illo quoque specialiter adiecto, ut nulla sit mulieri vel virgini raptae licentia raptoris eligere matrimonium, sed cui parentes voluerint excepto raptore legitimo matrimonio copulari, nullo modo nullo tempore licentia mulieri rap-*

embargo, cree factible la reivindicación por parte de los ascendientes de la mujer raptada, siempre y cuando no se pruebe que consintieron las nupcias, puesto que en caso de haber accedido al matrimonio los bienes accederían al fisco, así como los de los cómplices en la comisión de tan nefando delito. En realidad, la pena impuesta a la mujer raptada, que contrae ma-

---

tas permissa raptoris se coniungere matrimonio: sed parentes etiam, si tali consenserint matrimonio, deportari praecepimus. Sed mirati sumus, quod conati sunt aliqui dicere raptam mulierum sive volentem sive nolentem, etsi raptoris amplexa sit matrimonium contra nostrae constitutionis tenorem, debere tamen raptoris eam habere substantiam vel quasi legis praemium vel ex testamento forte, si hoc etiam factum esse contigerit. Qui enim talia dicere praesumpserunt, praedictae legis seriem intellegere non potuerunt. Qui enim tale stare matrimonium, etsi rapta voluerit, prohibuimus et ob hoc parentes raptae mulieris deportationis subiecimus poenae, si huiusmodi consenserint matrimonio, quomodo raptas mulieres raptorum eligentes conubium praemiis honorassemus raptae datis mulieri? Superfluam igitur eorum dubitationem vel in posterum resecantes priorem legem per praesentem interpretari censuimus. CAPUT I. Sancimus itaque, si rapta mulier, cuiuscumque sit condicionis vel aetatis, raptoris nuptias eligendas esse censuerit, harentibus praesertim non consentientibus, nec ex beneficio legis nec ex testamento raptoris hereditatem accipere vel quocumque modo substantiam vindicare, sed praemium quod per legem nostram raptae mulieri datum est, ut raptoris et eorum qui auxilium ei tempore invasionis praebuerint substantiam vindicet, hoc ad parentes, si ambo vel unus supersit, qui nuptiis specialiter non probantur consensisse, ex tempore raptus ipso iure transferri, et patrimonium raptoris non iam raptam habere mulierem quae coniugio se raptoris inquinare non piguit, Sed in personas transferri quas superius nominavimus eius non consentientes coniugio. Nam nefarios huiusmodi coitus poenis corrigi, non praemiis competit honorari. Quodsi parentes iam decesserunt vel huiusmodi sceleri consenserunt, substantia raptoris nec non aliorum qui facinoris fuerunt participes fisci uiribus vindicetur. Quam interpretationem non in futuris tantummodo casibus, verum in praeteritis etiam valere sancimus, tamquam si nostra lex ab initio cum interpretatione tali promulgata fuisset, Areobinde pater karissime atque amantissime. Epilogus Quae igitur per hanc legem nostra statuit aeternitas, celsitudo tua effectui mancipari observarique praecipiat.

trimonio con su captor incide en la nulidad del blanqueamiento de un delito contra la libertad sexual de la mujer, dejando clara su condena y repulsa de la acción cometida, aun cuando la mujer se resigne o acepte de buen grado la unión marital con el autor del ilícito. Esta pena perpetua e irreversible con respecto a la adquisición de los bienes del raptor, protege al resto del colectivo femenino, que no verá ningún premio posterior a una unión desde el principio inmoral e ilegal, sino una condena irrefutable a su comportamiento inmoral. Justiniano defiende así no solo la moral, sino la seguridad jurídica personal de las mujeres, que se verán protegidas incluso de la posibilidad de que sus propios ascendientes permitan el rapto para obtener pingües beneficios patrimoniales posteriores, puesto que el Basileo condenará sin ambages la anuencia de los ascendientes femeninos para procurar tan execrable unión matrimonial, procediendo con su deportación en caso de consentir tales nefandas nupcias. Con todo, el paternalismo subyacente en esta norma justinianea bien pudiera no ser en absoluto protectora de la mujer, sino dirigida a la preservación de la moral exigida y de las buenas costumbres femeninas, por lo que suponer un favoritismo legislativo protofeminista resulta ciertamente exagerado.

A través de la evolución del tratamiento jurídico del rapto de mujeres en Roma hemos podido ver el reflejo de una contradicción fundamental presente en el derecho romano: aunque se fueron estableciendo normas para castigarlo, en muchos casos persistió una concepción de la mujer como objeto de apropiación dentro del orden patriarcal. La tipificación del rapto como delito en época imperial tardía no fue tanto una expresión de un reconocimiento de los derechos femeninos como una forma de reforzar el control del Estado sobre el orden social, en el que las mujeres continuaban desempeñando un papel de absoluta dependencia y supeditación.

III. CONCLUSIONES

El mundo romano no solo estableció un sistema jurídico que regulaba las relaciones sociales y políticas, sino que también construyó una narrativa simbólica que legitimaba la estructura patriarcal[59], a través de la figura preeminente del *paterfamilias*[60], que relegaba a la mujer a una posición de subordinación. A través de mitos fundacionales, augurios y costumbres ancestrales, se creó un modelo en el que la estabilidad del Estado y el éxito de Roma quedaban vinculados a la vigilancia y control de las mujeres. Esta concepción no surgió como un mero accidente de la tradición, sino como un elemento estructural del pensamiento romano, que veía en la sujeción femenina un requisito para el buen funcionamiento de la sociedad.

Los relatos legendarios que sustentaron la identidad de Roma presentan a la mujer como un elemento que debía ser regulado para evitar la discordia y garantizar la prosperidad

---

59 Saller, R.P, *Pater Familias, Mater Familias, and the Gendered Semantics of the Roman Household*, en *Classical Philology*, 94, 2, 1999,

60 D. 50.16.195.2, *Ulpianus 46 ad ed.*: *Familiae appellatio refertur et ad corporis cuiusdam significationem, quod aut iure proprio ipsorum aut communi universae cognationis continetur. iure proprio familiam dicimus plures personas, quae sunt sub unius potestate aut natura aut iure subiectae, ut puta patrem familias, matrem familias, filium familias, filiam familias quique deinceps vicem eorum sequuntur, ut puta nepotes et neptes et deinceps. pater autem familias appellatur, qui in domo dominium habet, recteque hoc nomine appellatur, quamvis filium non habeat: non enim solam personam eius, sed et ius demonstramus: denique et pupillum patrem familias appellamus. et cum pater familias moritur, quotquot capita ei subiecta fuerint, singulas familias incipiunt habere: singuli enim patrum familiarum nomen subeunt. idemque eveniet et in eo qui emancipatus est: nam et hic sui iuris effectus propriam familiam habet. communi iure familiam dicimus omnium adgnatorum: nam etsi patre familias mortuo singuli singulas familias habent, tamen omnes, qui sub unius potestate fuerunt, recte eiusdem familiae appellabuntur, qui ex eadem domo et gente proditi sunt.*

colectiva. Desde la historia de las Sabinas, cuyo rapto fue justificado como una necesidad política para consolidar la comunidad romana hasta el episodio de Lucrecia, cuyo suicidio sirvió como catalizador de un cambio de régimen[61], la mujer aparece en la literatura romana como una figura cuyo destino estaba supeditado al bienestar de la colectividad. Este tipo de relatos no solo reflejaban una visión patriarcal de la sociedad, sino que además cumplían la función de reforzar la idea de que la mujer debía encarnar los valores tradicionales y permanecer dentro de los límites de la *domus*, protegida y vigilada por la autoridad masculina.

La religión y los augurios desempeñaron un papel crucial en la consolidación de este modelo. El mundo divino romano estaba concebido como un reflejo de la organización terrenal, donde la estabilidad dependía de la correcta observancia de los ritos y de la preservación del orden social. En este contexto, la mujer fue convertida en depositaria de las costumbres y de la moral tradicional, pero siempre bajo la supervisión masculina[62]. Aunque algunas mujeres alcanzaron un estatus de relevancia en los ámbitos religiosos, como las vestales[63], su función estaba delimitada por normas estrictas cuyo incumplimiento era castigado con la máxima severidad.

La estructura jurídica romana reforzó esta concepción al establecer mecanismos como la *tutela mulierum*, que impedía a

---

61 Liv. *Ab Urbe Condita*, I.57-59.

62 Arjava, A., *Paternal Power in Late Antiquity*, en *The Journal of Roman Studies*, 88, 1998, pp. 147 ss.

63 Beard, M., *The Sexual Status of Vestal Virgins*, en *The Journal of Roman Studies*, 1980, 70 1980, pp. 12 ss.; Ravizza, M.A., *Pontefici e Vestali nella Roma Repubblicana*, Milán, 2020, especialmente pp. 22 ss.; Barreiro Morales, M.E., *El sacerdocio femenino de las vestales. RIDROM. Revista Internacional De Derecho Romano*, 1(32), 2024, pp. 4 ss. https://doi.org/10.17811/ridrom.1.32.2024.1-23.

las mujeres actuar legalmente sin la intermediación de un tutor. Esta restricción no solo limitaba su capacidad de obrar en el ámbito privado, sino que también las excluía de cualquier participación en la vida política y de la posibilidad de desempeñar *officia virilia*, es decir, funciones propias de los hombres. La justificación filosófica de esta exclusión radicaba en la idea de que las mujeres carecían de *virtus*, entendida como la fortaleza y excelencia moral necesarias para el ejercicio del poder[64]. De este modo, la sociedad romana convirtió a la mujer en un símbolo de la tradición y en un elemento esencial para la perpetuación de las costumbres de los antepasados, pero siempre dentro de los límites impuestos por la autoridad masculina. La estabilidad de Roma se construyó sobre la base de una estricta diferenciación de roles, en la que la mujer debía preservar las costumbres, garantizar la continuidad de la familia y mantener el honor del linaje, pero sin acceso a la esfera pública ni al ejercicio de funciones políticas o jurídicas.

Resultaba muy conveniente esa transmisión generacional de los *mores maiorum*, a fin de perpetuar la sumisión femenina, y eran las propias mujeres las que se vigilaban para procurar el bienestar del pueblo romano, condenando al ostracismo a la fémina que osase contravenir los designios de los antepasados, que decidieron el papel de la mujer en aras de una sociedad superior a cualquier otra civilización. En definitiva, el patriarcado romano no se limitó a imponer restricciones legales a la mujer, sino que elaboró un discurso integral en el que mitos, augurios y símbolos reforzaban la necesidad de su control. La visión de la mujer como depositaria de las costumbres, pero al mismo tiempo como un elemento potencialmente peligroso si no era vigilado, consolidó una estructura de poder que perduró no solo en la Roma antigua, sino que influyó en la configuración de las sociedades posteriores. La subordinación femeni-

---

64 Cic. *De Officiis*, 1.124.

na no fue un mero reflejo de la tradición, sino un instrumento deliberado para la conservación del orden social y político.

En este contexto, las políticas públicas de la antigua Roma no solo no buscaron la protección o liberación de la mujer de su situación de vulnerabilidad, sino que, por el contrario, se diseñaron con el propósito de limitar su libertad y reforzar su subordinación. Las reformas legislativas que afectaron a las mujeres, como la *Lex Oppia* a la que hemos hecho referencia, que restringía su derecho a exhibir riquezas y portar ciertos lujos, o la *Lex Voconia,* también analizada, que les impedía heredar grandes sumas, no fueron medidas encaminadas a su protección, sino instrumentos para garantizar el mantenimiento del orden patriarcal. Incluso cuando en épocas posteriores se introdujeron ciertas reformas, como las disposiciones de Augusto en torno al matrimonio y la natalidad, contenidas en la *Lex Iulia de maritandis ordinibus,* 18 a.C., y en la *Lex Papia Poppaea,* 9 d.C., estas tenían un claro propósito de control social antes que una verdadera voluntad de emancipación femenina.

El derecho romano, lejos de reconocer a las mujeres como sujetos autónomos, las trató como elementos esenciales para la reproducción del orden social, pero siempre bajo una estricta vigilancia. La estructura legal y simbólica del patriarcado romano no solo impidió su acceso a derechos fundamentales, sino que las convirtió en guardianas de las costumbres y en símbolos de la moral tradicional, pero sin capacidad para decidir sobre su propio destino. La concepción romana de la mujer como un ser dependiente, carente de *auctoritas* y de plena capacidad jurídica, consolidó un modelo de subordinación que perduró en la tradición jurídica occidental y cuya influencia, desgraciadamente, aún resuena en muchas de las estructuras normativas actuales.

IV. REFERENCIAS BIBLIOGRÁFICAS

Arjava, A., *Paternal Power in Late Antiquity*, en *The Journal of Roman Studies*, 88, 1998.

Aul. Gel, *Noct. Attic.* 10.23. 1-4; *Att.* 20. 1. 23; *Attic.* 10. 23. 5.

Barreiro Morales, M.E., *El sacerdocio femenino de las vestales. RIDROM. Revista Internacional De Derecho Romano,* 1(32), 2024. https://doi.org/10.17811/ridrom.1.32.2024.1-23

Barreiro Morales, M.E., *Mujer y derecho en la antigua Roma. Tutela Mulierum,* Barcelona, 2023.

Beard, M., *The Sexual Status of Vestal Virgins*, en *The Journal of Roman Studies* , 1980.

Beard, M., *Women&Power. A Manifesto,* Londres, 2017.

Beaucamp, J., *Le statut de la femme à Byzance I. Le droit imperial,* París, 1990.

Berger, A., *Encyclopedic Dictionary of Roman Law,* Filadelfia 1953, reimp. 1991.

Bettinazzi, M., *La legge nelle declamazioni quintilianee. Una nuova prospettiva per lo studio della lex Voconia, della lex Iunia Norbana e della lex Iulia de adulteriis,* Saarbrücken, 2014.

Botta, F., *Per vim inferre: Studi su stuprum violento e raptus nel diritto romano e bizantino,* Cagliari, 2004.

Bravo Bosch, M.J., *El mito de Lucrecia y la familia romana,* en *Mulier. Algunas historias e instituciones de derecho romano* / coord. por Rosalía Rodríguez López, María José Bravo Bosch, 2013; *id.*, *Mujeres y símbolos en la Roma republicana. Análisis jurídico-histórico de Lucrecia y Cornelia,* Madrid, 2017.

Bravo Bosch, M.J., *Levitas animi,* en *Glossae: European Journal of Legal History,* 14, 2017.

C. 9.13.1.1e-1g.

C.Th. 9.40.3.

Calore, E., '*Actio quod metus causa*'. *Tutela della vittima e azione in rem scripta,* Milán, 2011.

Cantarella, E., *La mujer romana,* Santiago de Compostela, 1991.

Cantarella, E., *Passato prossimo: donne romane da Tacita a Sulpicia,* 3ª ed., Milán, 2003,

Casado Candelas, M.J., *La tutela de la mujer en Roma,* Valladolid, 1972, pp. 16 ss.; Zannini, P., *Studi sulla tutela mulierum,* II, *Profili strutturali e vicende storiche dell´istituto,* Milán, 1979.

Cic. *De Officiis,* 1.124.

Cic. *De Rep.* 3. 17.

Cic. *Verres,* 2. 1. 41

Cid, R. M., *Las matronas y los prodigios. Prácticas religiosas femeninas en los "márgenes"de la religión romana,* en *Norba. Revista de Historia,* 20, 2007.

D. 48.19.8. 12; D. 50.16.195.2.

D'Ors, A., *Derecho Privado Romano,* 9ª ed., Pamplona, 1997,

D'Ors, A., *El comentario de Ulpiano a los edictos del 'metus',* en *AHDE* 51, 1981.

Daremberg C.V./ Saglio, E., *Dictionnaire des antiquités grecques et romaines,* París, 1904,

Dion. Hal. 2.25.6.

Dixon, S., *Breaking the Law to do the Right Thing: The Gradual Erosion of the Voconian Law in Ancient Rome,* en *Adelaide Law Review,* 9, 1983-85.

Evans Grubbs, J. *Women and the Law in the Roman Empire: A Sourcebook on Marriage, Divorce and widowhood,* Nueva York, 2002.

Fayer, C., *La familia romana. Parte Terza. Concubinato. Divorzio.Adulterio,* Roma, 2005.

Frey, J. B., *Signification des termes 'monandros' et 'univirae', Recherches de Science Religeuse* 20, 1930.

Gagé, J., *Matronalia: essai sur les dévotions et les organisations culturelles des femmes dans l'ancienne Rome,* Berchem, 1963.

Gai. 1.111-112; *Gai.* 1.190-195.

Gardner, J. F., *Women in Roman Law and Society,* Indiana, 1986,

Gioffredi, C., *s.v. mores,* en *NNDI* 10, Turín, 1964,

Giunti, P., *Adulterio e leggi regie. Un reato fra storia e propaganda,* Milán, 1990,

Glover, G., *Metus in the Roman Law of Obligations, Fundamina* 31, 2004.

Goria, F., *Il dibattito sull'abrogazione della lex Oppia e la condizione giuridica della donna romana,* en *La donna nel mondo antico,* Turín, 1987.

Guarino, A., *Lex Voconia,* en *Labeo* 28, Nápoles, 1982.

Guarino, A., *Romolo e l'adulterio,* en *PDR* 4, 1994, p. 54 ss.; *id. Diritto Privato Romano,* 12ª ed., Nápoles, 2001, p. 579, n. 42.2.2:

Hallett, J. P., *Fathers and Daughters in Roman Society: Women and the Elite Family*, Princeton, 1984, pp. 20 ss.; Cantarella, E., *Fathers and Sons in Rome*, en *The Classical World*, 96, 3, 2003.

Humbert, M., *Le Remariage à Rome: Etude d'histoire juridique et Sociale*, Milán, 1972.

Kienast, D., *Cato der Censor. Seine Persönlichkeit und seine Zeit*, Heidelberg, 1954, pp. 68 ss.

Langlands, R., *Sexual morality in Ancient Rome*, Cambridge, 2006.

Lightman M./ Zeisel, W., *Univira: an Example of Continuity and Change in Roman Society*, en *Church History*, 46, 1, 1977.

Liv. Ab Urbe condita 1. 6-9.

Liv. *Ab Urbe Condita*, I.57-59.

Mantovani, D., *Declamare le Dodici Tavole. Una parafrasi di XII Tab. V,3 nella Declamatio minor 264*, in *Fundamina*, 20, 2, 2014.

Mcclintock, *A., Polyb. 31.26-28: la successione di Emilia*, in *Index*, 33, 2005.

Mcclintock, *A. The lex Voconia and Cornelia's Jewels*, en *RIDA* 60, 2013.

Mcclintock, A., *Un analisi guiridica della lex Voconia*, en *Teoria e Storia del Diritto Privato*, 10, 2017.

Peruzzi, E., *Origini di Roma. I. La famiglia*, Florencia, 1970.

Plut. Vita Romuli 14-19.

Pölönen, J., *Lex Voconia and Conflicting Ideologies of Succession. Privileging Agnatic Obligation over Cognatic Family Feeling*, en *Arctos* 33, 1999, pp. 111 ss.;

Pomeroy, S. B., *Goddesses, Whores, Wives and Slaves: Women in Classical Antiquity*, Nueva York, 1975.

Pseudo-Quintiliano, *Decl.* 264.

Ravizza, M.A., *Pontefici e Vestali nella Roma Repubblicana*, Milán, 2020.

Rizzelli, G., *In has servandae integritatis custodias nulla libido inrumpet (Sen. Contr. 2.7.3) Donne, passioni, violenza*, en *Violenza sessuale e società antiche*, Lucrezi, F./Botta, F./ Rizzelli G.(eds.), Lecce, 2011, 2 ed.,

Rotondi, G., *Leges publicae populi Romani*, Hildesheim, 1990, y en Broughton, T. R. S., *The Magistrates of the Roman Republic*, I, Cleveland, 1968.

S. DIXON, *Breaking the Law to do the Right Thing: The Gradual Erosion of the Voconian Law in Ancient Rome*, en *Adelaide Law Review*, 9, 1983-85.

Saller, R. P, *Patriarchy, Property and Death in the Roman Family*, Cambridge, 1994.

Saller, R.P, *Pater Familias, Mater Familias, and the Gendered Semantics of the Roman Household*, en *Classical Philology*, 94, 2, 1999.

Sanz Martín, L., *Fundamentos doctrinales en torno a la tutela mulierum. Naturaleza y esencia de la tutela mulierum*, en *Revista General de Derecho Romano*, 12, 2009,

Sirks, A. J. B., *Sacra, Succession and the Lex Voconia*, en *Latomus*, 53, 1994, pp. 273 ss.;

Sitzia, F., *Aspetti della legislazione criminale nelle novelle di Giustiniano: Il problema della giustificazione della pena*, en *Novella Constitutio. Studies in honour of Nicolaas van der Wal*, Groningen 1990.

Tert. *De exhortatione castitatis*, 13; *id.*, *De monogamia*, 17. 4.

Treggiari, S. *Roman Marriage: Iusti Coniuges from the Time of Cicero to the Time of Ulpian*, Oxford, 1991.

Ulpianus 46 ad ed.

Ulpianus, libro IX, de oficio Proconsulis.

Urbanik, J., *Dioskoros and the Law (on succession): Lex Falcidia revisited*, en *Les archives de Dioscore d'Aphrodité cent ans après leur découverte. Histoire et culture dans l'Égypte byzantine*, Fournet, J. L., (ed.), París, 2008.

Val. Max. 2. 1. 3.

Van Der Meer, J.A., *Made for men. The lex Voconia: mulier heres institui non potest*, Eijsden, 1996;

Vigneron, R., *L'antifeministe loi Voconia et les Schleichwege des Lebens*, en *Labeo* 29, 1983,

Watson, A., *The Development of the Praetor's Edict*, en *JRS* 60, 1970.

Weishaupt, A., *Die lex Voconia*, Colonia- Weimar-Viena, 1999;

Zanon, G., *La capacità patrimoniale della donna. Tra realtà e apparenza giuridica*, Padua, 2013.

Capítulo 2.

Violencia sexual en el ordenamiento jurídico romano

MARÍA ELISABET BARREIRO MORALES
Profesora Contratada Sustituta
Universidade de Vigo

I. INTRODUCCIÓN

La posición social y jurídica de la mujer en la antigua Roma, circunscrita al ámbito de la *domus* y respeto fiel a los *mores maiorum* y a las normas establecidas por la sociedad para adquirir el reconocimiento de *materfamilias* es de inferioridad absoluta desde el momento de su nacimiento, debido a que el hecho de pertenecer al sexo femenino lleva aparejado una serie de roles sociales y funciones que debían ser desempeñados para encajar en la sociedad, una sociedad patriarcal y machista. Todo ello con la influencia de la religión que marca, de alguna forma, el papel tanto del hombre como eje central de toda familia, ejerciendo sobre todos sus miembros su *patria potestas*, sino que también el lugar de la mujer, como sujeto que debe pertenecer a la *domus* y circunscribirse al ámbito doméstico.

La figura de las *materfamilias* nunca ha estado del todo clara, a diferencia de la del *paterfamilias*. No podemos afirmar que una *materfamilias* sería una figura semejante a la del cabeza de familia, puesto que por el mero hecho de pertenecer al sexo femenino, no tenían la misma capacidad de obrar y no gozaban de los mismos derechos y prerrogativas que un varón *sui iuris*. Es por ello que, desde un punto de vista jurídico, el término *materfamilias* no tiene la misma importancia que el de *paterfamilias*[1].

Su rango se adquiere una vez que la mujer contrae matrimonio y no cuando da a luz, puesto que la matrona debe ser, según nos afirma RODRÍGUEZ LÓPEZ[2], compañera de su marido, tanto en los momentos buenos como en los malos, es decir, que los dos formen una unidad, un matrimonio, hasta que este se disuelva por alguna de las causas previstas por ley o por la naturaleza. La honestidad de la misma está muy ligada a su *pudicitia*[3], la cual está muy valorada en la antigüedad. Una *materfamilias* adquiere su estatus como tal, una vez que contrae matrimonio puesto que es el hecho de unirse a un ciudadano

---

1 FAYER, C.; *La famiglia romana. Aspetti giuridici ed antiquari.*, Vol. I, Roma, 2005, p. 285, en donde nos habla del origen del término *materfamilias*: "Diverse fonti, sia letterarie che giuridiche, attestano che alla donna che aveva compiuto la *conventio in manum* con il proprio marito spetta l'appellativo di *mater familias*; ma il significato di *uxor in manu mariti* non è l'unico di questo appellativo, perché ad esso gli antichi attribuivano altri significati, come quello di donna *sui iuris*, in clamoroso contrasto con il precedente, o di donna che viveva secondo i *boni mores*. In genere di questi significati si ritiene il più antico ed avente una valenza giuridicamente rilevante quello che collega la nozione di *mater familias* con l'appartenenza della donna alla famiglia agnatizia del marito".

2 RODRÍGUEZ LÓPEZ, R., "Nuevos modelos de familia: una mirada a la Roma antigua", en Revista *General de Derecho Romano*, Nº. 29, 2017, p. 4.

3 BERGER, A., *Encyclopedic Dictionary of Roman Law*, Filadelfia, 1953, reimp. 1991, p. 661: "*Pudicitia*: Chastity, a crime against chastity. The *LEX IULIA DE ADULTERIIS* is also called de *pudicitia*. Pudicitia adtemptata = An offence against the reputation of an honest woman committed in public (on a street) by pursuing her constantly or making indecent proposals. It was considered an *iniuria* and persecuted accordingly".

romano, a través de un matrimonio[4], lo que la convierte en una *materfamilias* y conlleva, a su vez, una *dignitas*, honorabilidad y, por supuesto, una *pudicitia*[5]. Esta castidad por parte de la mujer, supone un mayor respeto y honorabilidad para su marido, puesto que es una especie de garantía de la paternidad de sus hijos, aportándole también un mayor respeto y honor a su autoridad. La mujer era la encargada de demostrar su *pudicitia*[6], no solo en su comportamiento y forma de actuar, sino también en su forma de vestir[7]. Ulpiano define *materfamilias*, como una mujer independiente, libre de la *potestas* de su pa-

---

4 FAYER, C.; *La famiglia romana. Aspetti giuridici ed antiquari*, *op. cit.*, p. 291, en donde nos habla que el término *materfamilias* se utilizaba, especialmente, para referirse a la *uxor in manu*, independientemente de la ceremonia que se hubiese realizado al contraer matrimonio: "Ma sulla inesattezza della limitazione nell'uso del tipo dei *mater familias* solo per la *uxor in manu* mediante *coemptio* e non anche mediante *confarreatio* ed *usus* non ci sono dubbi, poiché la tradizione è concorde nel dire che tale titolo spettava alla *uxor in manu*, indipendentemente dal tipo di cerimonia".

5 MARTÍNEZ LÓPEZ, C. "Virginidad-fecundidad: en torno al suplicio de las vestales", *Studia historica. Historia antigua*, Nº 6, 1988, p. 140: "la virginidad en las doncellas y la *pudicitia* en las casadas eran consideradas elementos claves para asegurar el bienestar de la casa, la comunidad o para expiar una situación cuando el mal se ha producido. Para la religión romana la *pudicitia* de la mujer casada no se reducía a la fidelidad para con el marido, sino también a su modestia en los vestidos, la palabra y el conjunto del comportamiento social".

6 MANDAS, A. M. (2023). 'Non matrum familiarum vestitae fuissent'. Alcune considerazioni in tema di pudicitia. *Donne diritti e tutele: tra passato e nuove prospettive* (pp. 117-140). Jovene.

7 SALAZAR REVUELTA, M., "Estatus jurídico y social de la *materfamilias* en el marco de la ciudadanía romana", en *Mulier. Algunas Historias e Instituciones de Derecho Romano*, Dykinson, 2013, pp. 216 y ss., en donde no solo nos habla de la *pudicitia* de toda matrona romana, sino que también nos habla de la vestimenta de toda matrona honorable.

dre y con capacidad para ser titular de bienes y derechos, en analogía a la figura del *paterfamilias* pero, no era del todo así, puesto que siempre estaban en una situación de inferioridad con respecto al *paterfamilias*[8], pilar fundamental de toda familia romana.

A las mujeres romanas se les exigía ser castas, amables, sumisas y recatadas, incluso en cualquier acto público, no podían expresar ninguna muestra de dolor y debían reprimirse muchas veces, y ya las niñas eran educadas de tal manera que el día de mañana fuesen buenas esposas. Parece que la única finalidad de las mujeres era la de ser buenas esposas y, sobre todo, procrear. Sin embargo, gozaban de una cierta independencia, desde un punto de vista económico, puesto que podía gestionar la fortuna de sus hijos, administrar sus bienes, comprar fundos, tenían *testamento activo,* etc. sin embargo, esa ligera independencia no conllevaba, en ningún caso, la adquisición de más derechos y el cambio de su estatus jurídico[9].

---

8 BEAUCAMP, J., "Le vocabulaire de la faiblesse féminine dans les textes juridiques romains du III e au VI e siècle", en *Revue historique de droit français et étranger,* Vol. 54, N° 4, 1976, p. 486 : "La référence à la faiblesse féminine est donc à première vue un phénomène constant dans l'ensemble du droit romain depuis l'époque classique : les grands juristes de l'époque des Sévères la connaissent, la fin du ive siècle en voit d'assez nombreuses mentions; elle n'est pas absente au Ve siècle".

9 SALAZAR REVUELTA, M., "Estatus jurídico y social de la *materfamilias* en el marco de la ciudadanía romana", en *Mulier. Algunas Historias e Instituciones de Derecho Romano, op. cit.*, p. 208.

II. VIOLENCIA SEXUAL EN LA SOCIEDAD ROMANA

Las matronas romanas tenían un reconocimiento social muy importante. Por ello, LÓPEZ GÜETO[10], nos dice, acerca de ellas que: "las matronas eran protegidas por los usos y por el derecho, quedaba prohibido pronunciar en su presencia palabras malsonantes o desnudarse, así como nombrarlas en público o en voz alta, pues, su nombre sólo debía ser pronunciado en la intimidad y por sus parientes. También se les debía ceder el paso en la calle y gozaban del privilegio de vestir la *stola* púrpura y adornarse con alhajas de oro".

En lo que respecta al uso de la *stola*, BRAVO BOSCH afirma que consistía en una prenda *ad talos demissa*, que llegaba al suelo y solo podían usarla, de color púrpura, las matronas que habían tenido tres hijos[11]. Toda matrona romana debía preservar su honor y, una muestra de ello era que sujetaban sus *stolas* con un cinturón para que, si alguien tenía la intención de rasgarla, esta no bajase de la cintura. La *stola* era una prenda de vestir cuya intención era diferenciar a las honorables matronas romanas del resto de mujeres[12], sobre todo de las meretrices. Estas últimas, llevaban una *toga* que solía ser de un color oscuro y, se diferenciaban de las matronas porque sus túnicas eran

---

10 LÓPEZ GÜETO, A. *El derecho romano en femenino singular: historias de mujeres*, Madrid, 2018, p. 84.

11 VALLEJO PÉREZ, G. "Sociedad y Derecho para la mujer romana", en *Feminización y Justicia*, BRAVO BOSCH, M. J., (Ed.), Valencia, 2020, p. 185, en donde afirma que: "La verdadera misión de la matrona, de una auténtica *materfamilias*, es criar y formar a los hijos, y servir de referencia como argumento de valor para los soldados siempre que la patria se viera amenazada, alimentando así los tópicos sobre el papel de la mujer romana en la familia".

12 BRAVO BOSCH, M.J., "Algunas consideraciones sobre el Edictum de *adtemptata pudicitia*", *Dereito: Revista xurídica da Universidade de Santiago de Compostela*, Vol. 5, Nº 2, 1996, p. 52.

cortas. Las túnicas solían ser casi siempre del mismo color, el *albinus*, que es un verde amarillento que no podían usar, de ninguna manera, las matronas[13].

En cuanto a las matronas honorables de la antigua Roma, SALAZAR REVUELTA nos hace la siguiente puntualización[14]: "Las matronas honorables no sólo tienen el respeto incondicional de sus hijos, ejercitando sobre ellos un ascendiente espiritual, sino que tienen el reconocimiento y la honora social, una *maiestas* o superioridad cuasi divina materializada en una serie de comportamientos legendarios respecto de ellas, como, por ejemplo, la prohibición de pronunciar palabras malsonantes o desnudarse en su presencia, que no se pronunciará en público o en voz alta su nombre, que los hombres le cedieron el paso en la calle, además de la permisión del uso de determinados signos de ostentación como son la *stola* púrpura o adornos de oro. Más tarde, ya en la época de Augusto, se les permite comer reclinadas como los hombres y no sentadas en un taburete como era la antigua costumbre, ya que tradicionalmente se consideraba indecoroso que una matrona yaciera acostada, como los hombres, en el *triclinium* durante los banquetes".

En lo que respecta a la indumentaria de las *materfamilias*[15], debemos traer a colación el siguiente texto de Ulpiano, D. 34.2.23.2. Según se manifiesta en el texto ulpianeo, las matro-

---

13 DE LAPUERTA MONTOYA, D., "El elemento subjetivo en el edictum de *adtemptata pudicitia*: la contravención de los *boni mores* como requisito esencial para la existencia de responsabilidad", *Anuario da Facultade de Dereito da Universidade da Coruña*, Nº 2, 1998, p. 250.

14 SALAZAR REVUELTA, M., "Estatus jurídico y social de la *materfamilias* en el marco de la ciudadanía romana", en *Mulier. Algunas Historias e Instituciones de Derecho Romano*, *op. cit.*, p. 210 y ss.

15 GUERRERO, M., "La idea de materfamilias en el edictum de adtemptata pudicitia", en *El derecho de familia: de Roma al derecho actual* / coord. por Ramón López Rosa, Felipe José del Pino Toscano, 2004, p. 303.

nas eran características por vestir la *tunica,* la *stola* y la *palla.* La *stola,* como ya dijimos, solía ser de color púrpura y llegaba hasta el suelo, formando una serie de pliegues. Además, llevaba una franja de color púrpura, con carácter ornamental, formando una especie de volante. En lo que respecta a las otras dos prendas características de las *matronae,* debemos traer a colación la información que nos proporciona DE LAPUERTA MONTOYA[16]: "La *tunica* es el vestido interior, tanto de hombres como de mujeres, caracterizándose la de la mujer por ser más ancha y más larga que la del hombre. [...] En ocasiones se llevaban dos túnicas, una exterior y otra interior, que correspondería a nuestra camiseta. [...] Sobre la *stola* y para salir de casa, las matronas se ponían la *palla.* Con anterioridad a la aparición de esta prenda, las matronas utilizaron el *ricinium,* del que ya se habla en las XII Tablas, que era un manto cuadrado que les cubría sobre todo la espalda y la cabeza".

Como bien dijimos con anterioridad, toda matrona romana debía preservar su honor y pudor y, debido a la gran importancia de ello, en ocasiones, se tipificaban como delitos una serie de actividades que pudiesen atentar contra el pudor. Un ejemplo de ese tipo de actos ilícitos sería una especialidad del delito de injuria[17]. Para esos tipos de delitos, se introdujo un *edictum generale de iniuriis.* Se desconoce de qué fecha es este edicto general pero siguiendo a SANTACRUZ y a D'ORS[18], podemos

---

16 DE LAPUERTA MONTOYA, D., "El elemento subjetivo en el edictum de *adtemptata pudicitia*: la contravención de los boni mores como requisito esencial para la existencia de responsabilidad", *op. cit.*, pp. 248 y ss.

17 ESCUTIA ROMERO, R., "La difamación pública en derecho romano", en Revista Jurídica Universidad Autónoma de Madrid", Nº 22, 2010, p. 69 y ss., en donde nos habla, en profundidad, acerca de las conductas punibles del delito de iniuria.

18 SANTACRUZ TEJERO, J., D'ORS y PÉREZ-PEIX, A., "A propósito de los edictos especiales "de iniuriis", Anuario de historia del dere-

decir que se trataría de una época bastante remota, puesto que incluía la forma *animadvertatem*, anterior a la ley Ebucia, en torno al año 193, puesto que se recogen nuevas acciones que nada tienen que ver con las que se recogían en la Ley de las XII Tablas. La palabra *animadvertatem* se recogía para anunciar la intervención del pretor, por lo que se cree que en ese edicto general, no se recogía ninguna acción ante un caso de injuria[19]. Toda la tipificación de actos ilícitos relacionados con algún caso de injuria tiene su origen en la legislación romana puesto que, para ellos, eran muy importantes las *bonis mores*, la decencia, el honor y el decoro y, cualquier acto en contra de dichos principios, debía ser castigado o penado de alguna forma.

En lo que respecta a las *boni mores*, hay que tener en cuenta que a raíz del modelo masculino, es decir, del *paterfamilias*, se crea un modelo a seguir de comportamiento, un ideal femenino de mujer modelo y que el concepto de *boni mores* está estrechamente relacionado con ese nuevo modelo "ideal" de comportamiento femenino. Esta mujer modelo debe seguir unos cánones de conducta propios de su *status*, siempre teniendo en cuenta que lo más importante es su *pudicitia*, lo que provoca que también se elogien conductas relacionadas con su honor, como puede ser su fidelidad matrimonial o, incluso, su fecundidad. Por lo general, esos cánones de conducta que respetan las buenas costumbres suelen estar relacionados con los de una mujer casada, por lo que se entiende que solo una mujer que sea esposa y madre pueda seguir a la perfección esas pautas de comportamiento apropiadas[20].

---

cho español, Nº 49, 1979, p. 655.

19 BRAVO BOSCH, M.J., "Algunas consideraciones sobre el Edictum de *adtemptata pudicitia*", *op. cit.*, p. 43.

20 CASTRESANA, A., *Catálogo de virtudes femeninas. De la debilidad histórica de ser mujer versus la dignidad de ser esposa y* madre, Madrid, 1993, p. 20.

En el derecho romano, las mujeres honradas, las matronas, debían ser protegidas en todo momento y, sobre todo, cualquier atentado a su honor y su decoro (Gayo 3.220). Es por ello que el delito de *iniuria* tenía una importancia mayor cuando hablamos de las matronas, hasta tal punto que no llegaba con el edicto general[21], sino que se introdujo una nueva cláusula edictal, esta vez de carácter especial. Nos referimos al edicto de *adtemptata pudicitia*, especialmente diseñado para proteger el honor. Este edicto tenía una naturaleza de carácter especial y, a través del mismo, el magistrado competente buscaba la protección de una serie de conductas y comportamientos que atentaban contra el honor de algunas personas.

III. PROTECCIÓN DE LAS VÍCTIMAS DE VIOLENCIA SEXUAL

El delito de *iniuria* tenía una importancia mayor cuando hablamos de las matronas, hasta tal punto que no llegaba con el edicto general, sino que se introdujo una nueva cláusula edictal, esta vez de carácter especial. Nos referimos al edicto de *adtemptata pudicitia*, especialmente diseñado para proteger el honor. Este edicto tenía una naturaleza de carácter especial y, a través del mismo, el magistrado competente buscaba la protección de una serie de conductas y comportamientos que atentaban contra el honor de algunas personas, entre las que se encuentran las *materfamilias* y el *praetextatus* y la *praextata*. Además, se mencionan las conductas sancionadas por el pretor, ya que se entienden como un atentado al pudor de esos sujetos. entre ellas, en primer lugar, podemos mencionar el *abducere*, que

21 Vid. al respecto, MUSUMECI, F., "Quod cum minore... gestum esse dicetur ". Formulazione edittale e sua concreta attuazione in età imperiale", en *Revue historique de droit français et étranger*, Vol. 84, N° 4, 2006, pp. 513-531.

consiste en separar al acompañante, el *appellare,* que supone una seducción, es decir, atentar al pudor de alguien mediante la palabra y, por último, el *adsectari,* que consiste en perseguir a alguien, de forma silenciosa pero insistentemente atentando así contra su fama.

Para el estudio de este edicto especial, debemos partir de uno de los pasajes de Ulpiano, en D. 47.10.15.15-24:

> *Ulpianus libro 77 ad edictum: 15. Si quis virgines appellasset, si tamen ancillari veste vestitas, minus peccare videtur: multo minus, si meretricia veste feminae, non matrum familiarum vestitae fuissententiarum si igitur non matronali habitu femina fuerit et quis eam appellavit vel ei comitem abduxit, iniuriarum tenetur.*
>
> *16. Comitem accipere debemus eum, qui comitetur et sequatur et (ut ait Labeo) sive liberum sive servum sive masculum sive feminam: et ita comitem Labeo definit "qui frequentandi cuiusque causa ut sequeretur destinatus in publico privatove abductus fuerit". Inter comites utique et paedagogi erunt.*
>
> *17. Abduxisse videtur, ut Labeo ait, non qui abducere comitem coepit, sed qui perfecit, ut comes cum eo non esset.*
>
> *18. Abduxisse autem non tantum is videtur, qui per vim abduxit, verum is quoque, qui persuasit comiti, ut eam desereret.*
>
> *19. Tenetur hoc edicto non tantum qui comitem abduxit, verum etiam si quis eorum quem appellavisset adsectatusve est.*
>
> *20. Appellare est blanda oratione alterius pudicitiam adtemptare: hoc enim non est convicium, sed adversus bonos mores adtemptare.*
>
> *21. Qui turpibus verbis utitur, non temptat pudicitiam, sed iniuriarum tenetur.*
>
> *22. Aliud est appellare, aliud adsectari: appellat enim, qui sermone pudicitiam adtemptat, adsectatur, qui tacitus frequenter*

> *sequitur: adsiduo enim frequentia quasi praebet nonnullam infamiam.*
>
> *23. Meminisse autem oportebit non omnem, qui adsectatus est, nec omnem, qui appellavit, hoc edicto conveniri posse (neque enim si quis colludendi, si quis officii honeste faciendi gratia id facit, statim in edictum incidit), sed qui contra bonos mores hoc facit.*
>
> *24. Sponsum quoque ad iniuriarum actionem admittendum puto: etenim spectat ad contumeliam eius iniuria, quaecumque sponsae eius fiat.*

Este texto de Ulpiano no solo añade información adicional, en algunos casos, al fragmento de Gayo 3.220, sino que también indica quiénes serían los sujetos pasivos de dicho edicto. El pretor, a través de este edicto, protege a aquellas mujeres que se conocen como *materfamilias* debido a su honorabilidad. Estas mujeres van con una indumentaria especial lo que permite que sean reconocidas, con gran facilitad, por parte de sus agresores. Ulpiano también destaca que aquellos agresores que cortejen a doncellas que van vestidas como esclavas tienen menor culpa y que, incluso, esta culpa puede ser aún menor en caso de que una madre de familia vistiese como una meretriz[22].

Tomando como punto de partida el minucioso estudio que nos han aportado SANTACRUZ y D'ORS[23], al respecto, debemos tener en cuenta la siguiente aportación: "Este edicto suponía, como posibles víctimas de atentados contra el pudor[24], a

---

22 GUERRERO, M., "La idea de materfamilias en el edictum de adtemptata pudicitia", *op. cit.*, p. 299.

23 SANTACRUZ TEJERO, J., D'ORS y PÉREZ-PEIX, A., "A propósito de los edictos especiales 'de iniuriis'", *op. cit*, p. 657.

24 FERNÁNDEZ DE BUJÁN, A., *Derecho Privado Romano, op. cit.*, p. 195, en donde nos habla, en detalle de la infamia y sus consecuencias en la sociedad romana.

las mujeres honradas (*matresfamilias*) o a los jóvenes de ambos sexos *(praetextatus praetextatave)*, y, según se desprende del comentario de Ulpiano (D. 47.10.15.15-24), tipificaba tres actos distintos que podían constituir tal atentado: el separar, aunque sea sin violencia, al acompañante de la víctima (*comittem abducere)*, y , siempre que fuera contra los *boni mores*, el solicitar con seducción a tales personas (*appellare*) o seguirlas asiduamente por la calle (*adsectari*)". Por todo ello, podemos afirmar que la conducta punible sería apartar a un sirviente o a un acompañante de una matrona, o también en seguir a un joven con el único propósito de molestarle.

Puesto que el contenido íntegro del edicto de adtemptata pudicitia no se conserva, para el estudio del mismo debemos remitirnos a la reconstrucción que se ha hecho de los jurisconsultos. En este sentido, resulta de gran importancia la obra de LENEL y la reconstrucción que él nos aporta del Edicto de *adtemptata pudicitia*[25]:

> *Si quis matrifamilias aut praetextato praetextataeue comitem abduxisse siue quis eum eamue aduersus bonos mores appellasse adsectatusue esse dicetur.*

En este fragmento se recoge quiénes son los sujetos protegidos por el edicto especial. En primer lugar, menciona a las *materfamilias*, después al *praetextatus* y, por último, a la *praetextata*. También se recoge una enumeración de las conductas que se sancionan, entre las que menciona al *abducere*, el *appellare* y el *adsectari*. Tal y como nos indica LEWIS & SHORT[26], *appellare* es "to address one in order to incite him to something bad".

---

[25] LENEL, O., *Das Edictum perpetuum*, Leipzig, 1927, 3ª ed., § 192, pág. 400.

[26] LEWIS & SHORT, *A latin dictionary*, Oxford, 1995, p. 140.

RABER[27], por su parte, nos indica que consiste en dirigir palabras inmorales hacia otra persona, hiriendo así su castidad. DE LAPUERTA MONTOYA, por su parte, nos indica que esa variedad de significados en torno al término appellare, también se manifiesta en los escritores de la antigüedad. A pesar de la gran variedad tan difusa de significados, en torno al término *appellare*, nosotros nos decantamos por definirlo como aquella conducta mediante la cual se intenta seducir o atentar al pudor de alguien mediante la palabra[28]. En lo que respecta al término *adsectari*, en general, consiste en perseguir a alguien, de forma silenciosa e insistente, atentando así contra su fama. LEWIS & SHORT[29], por su parte, nos indican que consiste en "to follow a woman (considered as a wrong)". Por último, RABER[30] manifiesta que consiste en seguir los pasos de alguien.

Por último, el término *abducere* se refiere al comportamiento consistente en separar al acompañante. Para LEWIS & SHORT consiste en "to lead one away, to take or bring with one, to carry off, take or bring away, remove"[31]. Por último, DE LAPUERTA MONTOYA nos indica que "para poder comprender el contenido de este tipo injurioso es necesario recordar que durante un largo período de tiempo era costumbre entre los

---

27 RABER, *Frauentracht und "iniuria" durch „appellare"*, en *Studi Volterra III*, 1971, p. 638-639.

28 DE LAPUERTA MONTOYA, D., *Estudio sobre el "edictum de adtemptata pudicitia"*, Tirant lo Blanch, 1999, p. 78 y ss.: Al igual que ocurría con el *appellare*, para que el *adsectari* pudiera ser sancionable era necesario que atentara contra los *boni mores*. No hay *adsectari* delictivo cuando se persigue simplemente por diversión o broma (*colludendi*) o pretendiendo simplemente rendir homenaje (*officii honeste faciendi gratia id facit*)".

29 LEWIS & SHORT, *A latin dictionary, op. cit.*, p. 177.

30 RABER, *Grundlagen klassicher Injurienansprüche*, VerlagBölau/Wien-Köln-Graz, 1969, p. 52.

31 LEWIS & SHORT, *A latin dictionary, op. cit.*, s.v. *abduco*, p. 6.

pertenecientes a las clases elevadas romanas y, según nos transmiten las fuentes literarias, exclusivamente entre este tipo de gente, que las mujeres y jóvenes no anduvieran solos por la vía pública, sino que fueran acompañados siempre de un siervo o de un familiar, el *comes*"[32].

En lo que respecta al elemento subjetivo de los delitos de injurias, ya hemos mencionado con anterioridad que se dirige, especialmente contra matronas y jóvenes, con la clara intención de importunarles. En este sentido, debemos recordar que la indumentaria era muy importante en aquella época y que incluso, si alguien hubiese cortejado a doncellas, que a su vez iban vestidas con la indumentaria propia de una esclava, cometerían menor culpa, o incluso en aquellos casos en los que las matronas se hubiesen puesto ropa de meretrices y no la *stola* propia de su condición social[33]. En este caso en concreto, cometerían el delito con menor culpa pero, si por el contrario tanto las matronas como las meretrices, como el resto de jóvenes y esclavas llevasen la indumentaria adecuada a sus clases sociales, el autor del delito no podría alegar desconocimiento o ignorancia, puesto que sabía perfectamente a qué estatus social pertenecía su víctima. En cuanto a la acción a ejercitar contra este tipo de delitos, SANTACRUZ y D'ORS[34] abogan por una acción especial, *actio aestiimatoria iniuriarium,* distinta de la propuesta en el edicto general. Sin embargo, Ulpiano, en D. 47.10.1.4-5[35], afirma que el hecho de dirigirse a alguien con

---

32 DE LAPUERTA MONTOYA, D., *Estudio sobre el "edictum de adtemptata pudicitia", op. cit.*, p. 84.

33 BRAVO BOSCH, M.J., "Algunas consideraciones sobre el Edictum de *adtemptata pudicitia*", *op. cit.*, p. 50.

34 SANTACRUZ TEJERO, J., D'ORS y PÉREZ-PEIX, A., "A propósito de los edictos especiales "de *iniuriis*", *op. cit*, p. 658.

35 *Paulus libro 50 ad edictum: 4. Et si forte cadaveri defuncti fit iniuria, cui heredes bonorumve possessores exstitimus, iniuriarum nostro nomine habemus actionem: spectat enim ad existimationem nostram, si qua ei fiat iniu-*

palabras indecentes, no daría lugar a una acción especial, sino a la *actio iniurarium* general[36].

Siguiendo el minucioso trabajo de investigación del mismo que nos ha aportado DE LAPUERTA MONTOYA[37], podemos extraer lo siguiente: "El edicto de *adtemptata pudicitia* contempla tres tipos de conductas punibles: a) cortejar con dulces e insinuantes palabras eróticas (*appellare*), b) seguir por la calle de forma discreta y fastidiosamente insistente (adsectari) y, por último, c) alejar al acompañante (familiar o esclavo =comes) que determinadas personas llevan siempre en sus apariciones en público como escudo protector de su honor". Estas tres actividades punibles solo se podían llevar a cabo en la calle o en un lugar público.

La *materfamiliae*, una vez que contraía matrimonio *cum manu*, salía, desde el punto de vista jurídico, de su familia civil y entraba así en la de su marido. Entraba como hija de familia. Si su marido era *sui* iuris, la *uxor in* manu era considerada como *loco filiae* con respecto a su marido, si su marido estaba sometido a la patria potestad de su padre y era *alieni iuris*, se la consideraba *loco neptis* (con respecto al padre de su marido) y, por último, con respecto a su suegro, es decir, el padre de su

---

ria. Idemque et si fama eius, cui heredes exstitimus, lacessatur; Ulpianus libro 56 ad edictum: 5. Usque adeo autem iniuria, quae fit liberis nostris, nostrum pudorem pertingit, ut etiamsi volentem filium quis vendiderit, patri suo quidem nomine competit iniuriarum actio, filii vero nomine non competit, quia nulla iniuria est, quae in volentem fiat.

36 CRIFÒ, G., "Le obbligazioni da atto illecito. Caratteristiche delle azioni penali", en *Derecho de obligaciones. Homenaje a Murga Gener*, Madrid, 1994, p. 734.

37 DE LAPUERTA MONTOYA, D., "El elemento subjetivo en el edictum de *adtemptata pudicitia*: la contravención de los boni mores como requisito esencial para la existencia de responsabilidad", *op. cit.*, p. 239.

marido, como *loco proneptis*[38]. Ante su propio hijo, la *materfamilias* ocupaba el lugar de una hermana, es decir, *loco sonoris,* tal y como lo podemos ver en Gayo 3.14. CARCATERRA[39] nos remite también a la pluralidad de significados del concepto de *materfamilias,* puesto que no solo se utilizaba para designar a la esposa *in manu,* sino también a la mujer de buenas costumbres o *matrona.* Otro autor que debemos tener en cuenta acerca de las diferentes acepciones del término *materfamilias* es WOLODKIEWICZ[40] quien, a través de su minucioso estudio tanto de fuentes jurídicas como literarias, diferencia hasta seis acepciones distintas para el término: a) mujer *sui iuris,* b) mujer que tiene más de un hijo, c) esposa que ha cumplido la *coemptio,* d) la esposa que pertenece a la familia del marido, e) toda mujer que vive de acuerdo a los *boni mores* y, por último, e) la esposa de un *paterfamilias* que tiene hijos.

Además, LÓPEZ GÜETO indica que existían algunos vocablos sinónimos de *materfamilias,* como podían ser *domina, uxor* y *matrona.* Y que, así mismo, el término *materfamilias* podía llegar a tener hasta siete significados: "Se pueden llegar a enumerar hasta siete significados distintos del término *materfamilias* que abarcaría desde la mujer casada mediante *conventio in manum,* es decir, sometida a su marido o a su suegro, hasta la mujer casada *sui iuris* o aquella mujer que, tras casarse, permanecía en potestad de su padre"[41].

---

38 SIGNORELLI DE MARTÍ, R. *Matrimonio cum manu y sine manu, en la antigua Roma, op. cit.,* p. 36.

39 CARCATERRA, A., "*Materfamilias*", en *Archivo Giuridico Filippo Serafini 123,* Roma, 1940, pp. 113 y ss.

40 WOLODKIEWICZ, W., "Attorno al significato della nozione di *materfamilias*", en *Studi in onore di C. Sanfilippo,* 3, Milán, 1983, pp. 741 y ss.

41 LÓPEZ GÜETO, A. *El derecho romano en femenino singular: historias de mujeres, op. cit.,* p. 85.

Dentro de las diferentes acepciones que podemos encontrar en la actualidad para *materfamilias* están la de "respectable married woman", "matrona", o la de "the mistress of a household"[42]. Algunos autores romanos, como Cicerón[43] o Aulio Gelio[44], intentaron definir a la *mater familias* en contraposición a la *uxor* o a la matrona romana. Para Ulpiano, una *materfamilias* es una mujer que no vive de forma deshonesta y que puede ser casada, viuda, liberta o ingenua, y así nos lo manifiesta en D. 50.16.46. Esta concepción de Ulpiano del concepto de *materfamilias* es muy similar al que nos dejaron las fuentes más primitivas, tanto literarias como históricas y cuya esencia primordial era el respeto por la fidelidad conyugal y por la virginidad de la *mater* (D. 47.10.1.2, *Ulpianus libro 56 ad edictum* y en D. 48.5.10, *Ulpianus libro quarto de adulteriis*). El título de *materfamilias*[45] se adquiere al contraer matrimonio legítimo con un ciudadano romano, conociendo ya su deber

---

42 SALLER, R.P., "*Paterfamilias, Mater Familias,* and the Gendered Semantics of the Roman Household", *Classical Philology*, Vol. 94, Nº 2, 1999, p. 193.

43 CICERÓN, *Topica,* 14: "*A forma generis, quam interdum, quo planius accipiatur, partem licet nominare hoc modo: Si ita Fabiae pecunia legata est a viro, si ei viro materfamilias esset; si ea in manum non convenerat, nihil debetur. Genus enim est uxor; eius duae formae: una matrum familias, eae sunt, quae in manum convenerunt; altera earum, quae tantum modo uxores habentur. Qua in parte cum fuerit Fabia, legatum ei non videtur*".

44 AULIO GELIO, *Noctes Atticae,* 18.6.5.

45 LÓPEZ GÜETO, A. *El derecho romano en femenino singular: historias de mujeres, op. cit.*, p. 103; FAYER, C.; *La famiglia romana. Aspetti giuridici ed antiquari, op. cit.*, p. 299: "La definizione di *materfamilias* indicante la donna che viveva onestamente è attestata nelle fonti letterarie già dal II sec. a.C., soprattutto in contrapposizione fra donna onesta, una *mater familias* o una *matrona,* e donna non onesta, una *paelex* o una *meretrix*; tale qualifica di *mater familias* sottintende sempre una donna sposata; si tratta, quindi, di un'accezione più sociale che giuridica, designante appunto le donne sposate di onorati costumi".

de procrear durante el mismo, e implica una *dignitas* especial dentro de la sociedad, que deriva, a su vez de haber contraído unas *iustae nuptiae*. Fuera del matrimonio no se entiende el estatus jurídico de una *materfamilias*. Toda *materfamilias* debía mantener sus roles domésticos y centrarse en el cuidado de su familia, por lo que todo movimiento o acto que realizase fuera del ámbito familiar era duramente cuestionado y, a veces, hasta castigado.

Por todo ello, a la mujer se le atribuye una posición privilegiada dentro de la casa familiar, como dueña y señora. Sin embargo, este reconocimiento solo tiene lugar dentro de la *domus* y su papel nunca se verá reconocida por el derecho romano, en el que prevalece, ante todo, la autoridad masculina[46]. Dentro de la casa familiar, suponía un apoyo muy importante para las hijas, sobre todo cuando entraban en la edad de casarse y su respectivo *paterfamilias* ya había fallecido. Las *matres*, en estos casos, eran las más interesadas en que sus hijas contrajesen matrimonio y su influencia en este aspecto tenía un gran reconocimiento social[47].

Las *matronae* tenían una función muy importante como consejera o mentora, sobre todo en las clases sociales más altas, puesto que algunas mujeres ya tenían una cierta independencia económica, lo que les permitía ayudar a sus hijos en sus carreras políticas. Por otro lado, también eran transmisoras de los valores cívicos y familiares, los que definían posteriormente

---

46 DIXON, S. *The Roman Mother*, Londres, 1990, p. 41: "The position of respect and authority of the Roman mother emanated in part from her effective power of disposition over her fortune, especially in the case of widows who assumed responsibility for a young family. [...] The position of the mother had no such legal reinforcement but she was ideally the object of respect and affection from her children throughout her life".

47 ARJAWA, A., *Women and Law in Late Antiquity*, Oxford, 1996, p. 36.

a un ciudadano ejemplar. Ellas eran las principales defensoras y guardianas de los mismos, a pesar de ser unos valores basados en una sociedad del todo patriarcal en todos sus ámbitos, ya fuesen jurídicos como en la forma de pensar[48]. Debido a que la matrona podía disfrutar de su patrimonio, fue adquiriendo una cierta visibilidad en el ámbito público, pudiendo incluso, gestionar sus propios bienes[49]. Las matronas, no solo eran las esposas de los *paterfamilias,* sino que eran también las mujeres más privilegiadas dentro de una sociedad esencialmente patriarcal. Sin embargo, no podían gozar de estos privilegios tan fácilmente, puesto que siempre debían cumplir con unos códigos éticos y morales, no solo dentro del entorno familiar, sino también con el Estado, es decir, traer ciudadanos al mundo. Si una mujer, no podía tener hijos, el marido podía repudiarla y así contraer nuevo matrimonio[50].

Sin embargo, el derecho romano siempre buscaba la forma de controlar esa ligera "autonomía femenina" para que así los valores de una sociedad plenamente patrilineal y patriarcal estuviesen a salvo. Es por ello que se promulgó, entre otros mecanismos, la *Lex Oppia*[51], para intentar, de alguna manera, recuperar las tradiciones y así privar a las mujeres de vestir de una forma suntuosa y exagerada. Se pensaba que si una mujer

---

48 VIVAS GARCÍA, G.A., "Mucia Tercia: Matrona romana, mediadora política. Un estado de la cuestión", *Fortunatae: Revista canaria de Filología, Cultura y Humanidades Clásicas,* Nº 29, 2019, p. 170.

49 MOLINA TORRES, M.P., "La matrona ideal según las fuentes grecorromanas de finales de la República al s. I d.C.", *Espacio, tiempo y forma. Serie II, Historia antigua*, Nº 29, 2016, p. 66.

50 AULIO GELIO, *Noctes Atticae,* 4.3.

51 BERGER, A., *Encyclopedic Dictionary of Roman Law, op. cit.*, p. 557: "*Lex Oppia*: Lex Oppia. (215 B.c.) Condemned luxury among women. It introduced restrictions on jewelry and prohibited many-colored dresses. The statute was abolished twenty years later by the Lex Valeria Fundania".

vestía de una forma más austera era más digna de ser una matrona. También se cree que la promulgación de esta ley tenía una finalidad puramente recaudatoria, puesto que la época en la que se aprobó era un período social y político muy difícil, en el que había muchos frentes.

Poco a poco, ya en la época clásica, la figura de las *materfamiliae* fue evolucionando y algunas de ellas ya no estaban sometidas a la *manus* de su marido[52], podían tener su propio patrimonio, tenían pequeñas explotaciones agrícolas que les proporcionaban algunas ganancias, así como sus propios esclavos, etc.[53]. La definición que más nos ha llamado la atención ha sido la que nos aporta Ulpiano en D. 1.6.4, puesto que allí la equipara a la figura del *paterfamilias*, definiéndola como una mujer independiente de la *potestas* de su padre y con la capacidad para tener propiedad. Una *materfamilias* es la mujer de buenas costumbres, honrada por su *dignitas*. No eran, por tanto, meretrices, prostitutas o esclavas. puesto que lo más importante para ellas, y por lo que les era otorgado su estatus social, era la protección y conservación de su *pudicitia*[54].

IV. CONCLUSIONES GENERALES

Dentro del ámbito familiar, debemos destacar también la figura de las *materfamiliae*. Se trata de una figura que nunca ha estado del todo clara, a diferencia de la del *paterfamilias* y,

52 LAMBERTI, F., *La familia romana e i suoi volti. Pagine scelte su diritto e persone in Roma antica*, Turín, 2014, p. 13.

53 SALAZAR REVUELTA, M., "Estatus jurídico y social de la *materfamilias* en el marco de la ciudadanía romana", en *Mulier. Algunas Historias e Instituciones de Derecho Romano, op. cit.*, pp. 202 y ss.

54 SALAZAR REVUELTA, M., "Estatus jurídico y social de la *materfamilias* en el marco de la ciudadanía romana", en *Mulier. Algunas Historias e Instituciones de Derecho Romano, op. cit.*, pp. 221 y ss.

desde un punto de vista jurídico, el término *materfamilias* no tiene la misma importancia que el de *paterfamilias*. Su rango se adquiere una vez que la mujer contrae matrimonio y no cuando da a luz, puesto que la matrona debe ser, compañera de su marido, tanto en los momentos buenos como en los malos, es decir, que los dos formen una unidad, un matrimonio, hasta que este se disuelva por alguna de las causas previstas por ley o por la naturaleza. Una *materfamilias* adquiere su estatus como tal, una vez que contrae matrimonio puesto que es el hecho de unirse a un ciudadano romano, a través de un matrimonio, lo que la convierte en una *materfamilias* y conlleva, a su vez, una *dignitas*, honorabilidad y, por supuesto, una *pudicitia*. Las matronas romanas tenían una consideración social bastante elevada y eran protegidas por los usos e incluso, por el derecho. No se podía pronunciar palabras malsonantes delante de ellas, se les cedía el paso por la calle, gozaban del privilegio de vestir la *stola* y, además, no se las nombraba ni en público ni en voz alta.

Las *matronae* tenían una función muy importante como consejeras o mentoras, sobre todo en las clases sociales más altas, puesto que algunas mujeres ya tenían una cierta independencia económica, lo que les permitía ayudar a sus hijos en sus carreras políticas. Por otro lado, también eran transmisoras de los valores cívicos y familiares, los que definían posteriormente a un ciudadano ejemplar. Ellas eran las principales defensoras y guardianas de los mismos, a pesar de ser unos valores basados en una sociedad del todo patriarcal en todos sus ámbitos, ya fuesen jurídicos como en la forma de pensar. Debido a que la matrona podía disfrutar de su patrimonio, fue adquiriendo una cierta visibilidad en el ámbito público, pudiendo incluso, gestionar sus propios bienes Las matronas, no solo eran las esposas de los *paterfamilias*, sino que eran también las mujeres más privilegiadas dentro de una sociedad esencialmente patriarcal. Sin embargo, no podían gozar de estos privilegios tan fácilmente, puesto que siempre debían cumplir con unos códigos éticos y morales, no solo dentro del entorno familiar, sino también con el Estado, es decir, traer ciudadanos al mundo.

A pesar de que las *materfamiliae* gozaron de determinados privilegios dentro de la sociedad romana, ellas, a cambio, debían transmitir ciertos valores familiares, ser un ejemplo para sus hijos y, sobre todo, ser el apoyo incondicional de su marido. Por todo ello, esos privilegios no se otorgaban por su mero *status* como *materfamilias* sino que eran a cambio de que ellas cumplieran con una serie de funciones tanto en el ámbito familiar como en la esfera social. Siempre se buscaba la manera de que una mujer estuviese controlada por esa sociedad patriarcal, predominante en la sociedad romana de aquella época.

Una *materfamilias* adquiere su rango una vez que contrae matrimonio. El hecho de unirse a un ciudadano romano, contrayendo matrimonio, es lo que la convierte en una *materfamilias*. Desempeñar la función de *materfamilias* conlleva una serie de obligaciones, es decir, debe mantener una honorabilidad, una *dignitas* y, sobre todo, una *pudicitia*. Esta castidad no sólo la debía demostrar en su comportamiento, sino también en su manera de vestir.

La definición de *materfamilias* que nos aporta Ulpiano, asemejándola a la figura del *paterfamilias*, no la compartimos en absoluto. Este jurista la define como una mujer independiente, libre y con capacidad para ser titular de bienes y derechos. Sin embargo, nuestra postura no concuerda en totalidad con la definición de Ulpiano. No vemos ningún atisbo ni de libertad ni de independencia dentro de la realidad social que vivían las mujeres romanas. Aunque ellas tomaban sus propias decisiones, éstas no eran válidas sin la intervención de su tutor. A pesar de que algunas gozaban de una cierta independencia, sobre todo económica, al poder gestionar, por ejemplo, la fortuna de sus hijos, administrar sus bienes, poder testar, entre otras cuestiones. En los otros campos de la vida diaria, su independencia era nula, sobre todo a la hora de reclamar sus derechos.

Nadie luchaba por sus derechos, puesto que, al estar sumidas en una sociedad plenamente patriarcal, toda la esfera pública estaba formada por personas pertenecientes al sexo masculino, lo que dificultaba mucho esa lucha perpetua en la que se vieron inmersas. A las mujeres romanas se les exigía ser castas, amables, sumisas y recatadas. No podían expresar sus sentimientos e incluso en ocasiones debían reprimirse. La única finalidad para la que eran educadas era para ser buenas esposas y tener hijos. Como el pudor y el honor era de gran importancia para toda matrona romana, en ocasiones, se tipificaban como delitos alguna serie de comportamientos que pudiesen perjudicar el pudor de las matronas.

Es así como el delito de *iniuria* se vio tipificado y adaptado a aquellos comportamientos que atentasen el pudor y honor de una matrona. Para ello, se promulgó el edicto de *adtemptata pudicitia*, especialmente configurado para proteger el honor. Toda la tipificación de actos ilícitos relacionados con algún caso de injuria tiene su origen en la legislación romana puesto que, para ellos, eran muy importantes las *bonis mores*, la decencia, el honor y el decoro y, cualquier acto en contra de dichos principios, debía ser castigado o penado de alguna forma.

Es por ello que el delito de *iniuria* tenía una importancia mayor cuando hablamos de las matronas, hasta tal punto que no llegaba con el edicto general, sino que se introdujo ese nue vo edicto, con carácter especial, para proteger el honor de las matronas. A través de esta nueva cláusula edictal, se perseguían todos aquellos comportamientos que atentasen contra el honor de las matronas, es decir, cortejarlas, seguirlas por la calle o alejar a su acompañante, son algunas de las conductas punibles con este edicto.

Nos resulta obvio que la única finalidad que tenían los legisladores romanos con este edicto, era la de mantener a salvo la continuación de las estirpes y linajes familiares y que la mujer se ciñese a su única misión, procrear todo lo que pudiese.

V. REFERENCIAS BIBLIOGRÁFICAS

Arjawa, A. (1996). *Women and Law in Late Antiquity*, Oxford.

Beaucamp, J. (1976). "Le vocabulaire de la faiblesse féminine dans les textes juridiques romains du III e au VI e siècle". *Revue historique de droit français et étranger*, Vol. 54, Nº 4.

Berger, A. (1953, reimp. 1991). *Encyclopedic Dictionary of Roman Law*, Filadelfia.

Bravo Bosch, M.J.(1996). "Algunas consideraciones sobre el Edictum de *adtemptata pudicitia*". *Dereito: Revista xurídica da Universidade de Santiago de Compostela*, Vol. 5, Nº 2.

Carcaterra, A. (1940) "*Materfamilias*". *Archivo Giuridico Filippo Serafini 123*, Roma.

Crifò, G. (1994). "Le obbligazioni da atto illecito. Caratteristiche delle azioni penali". *Derecho de obligaciones. Homenaje a Murga Gener*, Madrid.

De Lapuerta Montoya, D.,

(1998). "El elemento subjetivo en el edictum de *adtemptata pudicitia*: la contravención de los *boni mores* como requisito esencial para la existencia de responsabilidad". *Anuario da Facultade de Dereito da Universidade da Coruña*, Nº 2.

(1999). *Estudio sobre el "edictum de adtemptata pudicitia"*, Tirant lo Blanch.

Dixon, S. (1990). *The Roman Mother*, Londres.

Escutia Romero, R. (2010). "La difamación pública en derecho romano". R*evista Jurídica Universidad Autónoma de Madrid*, Nº 22.

Fernández De Buján, A.,

(2022). *Derecho Privado Romano*, Iustel, 10ª ed., Madrid.

(1988). Fernández De Buján, A., "Observaciones acerca de las nociones de ignonimia e infamia en derecho romano". *Homenaje a Juan Berchmans Vallet de Goytisolo* / Juan B. Vallet de Goytisolo (hom.), Vol. 4.

Fayer, C.:

(2005). *La famiglia romana. Aspetti giuridici ed antiquari*, Vol. I, Roma.

(1971). *Frauentracht und "iniuria" durch „appellare". Studi Volterra III.*

(1969). *Grundlagen klassicher Injurienansprüche*, VerlagBölau/Wien-Köln-Graz.

Guerrero, M. (2004). "La idea de *materfamilias* en el *edictum de adtemptata pudicitia*". *El derecho de familia: de Roma al derecho actual* / coord. por Ramón López Rosa, Felipe José del Pino Toscano.

Lamberti, F. (2014). *La familia romana e i suoi volti. Pagine scelte su diritto e persone in Roma antica*, Turín.

Lenel, O. (1927). *Das Edictum perpetuum*, Leipzig, 3ª ed..

Lewis & Short. (1995). *A latin dictionary*, Oxford.

López Güeto, A. (2018). *El derecho romano en femenino singular: historias de mujeres*, Madrid.

Mandas, A. M. (2023). 'Non matrum familiarum vestitae fuissent'. Alcune considerazioni in tema di pudicitia. *Donne diritti e tutele: tra passato e nuove prospettive* (pp. 117-140). Jovene.

Mártinez López, C. (1988). "Virginidad-fecundidad: en torno al suplicio de las vestales", *Studia historica. Historia antigua*, Nº 6.

Molina Torres, M.P. 2016). "La matrona ideal según las fuentes grecorromanas de finales de la República al s. I d.C.". *Espacio, tiempo y forma. Serie II, Historia antigua*, Nº 29.

Raber,F. (1971). "*Frauentracht und "iniuria" durch „appellare"*". *Studi Volterra III.*

Rodríguez López, R. (2017). "Nuevos modelos de familia: una mirada a la Roma antigua". *Revista General de Derecho Romano*, Nº. 29.

Salazar Revuelta, M. (2013). "Estatus jurídico y social de la *materfamilias* en el marco de la ciudadanía romana". *Mulier. Algunas Historias e Instituciones de Derecho Romano*, Dykinson.

Saller, R.P. (1999). "*Paterfamilias, Mater Familias*, and the Gendered Semantics of the Roman Household", *Classical Philology*, Vol. 94, Nº 2.

Santacruz Tejero, J., D'ors y Pérez-Peix, A. (1979). "A propósito de los edictos especiales "de iniuriis". *Anuario de historia del derecho español*, Nº 49.

Vallejo Pérez, G. (2020). "Sociedad y Derecho para la mujer romana". *Feminización y Justicia*, Bravo Bosch, M. J., (Ed.), Valencia.

Vivas García, G.A. (2019). "Mucia Tercia: Matrona romana, mediadora política. Un estado de la cuestión". *Fortunatae: Revista canaria de Filología, Cultura y Humanidades Clásicas*, Nº 29.

Wolodkiewicz, W. (1983). "Attorno al significato della nozione di *materfamilias"*. *Studi in onore di C. Sanfilippo*, 3, Milán.

Las políticas públicas y presupuestarias ante la violencia de género

CARMEN RUIZ HIDALGO
Catedrática de Derecho Financiero y Tributario
Universidade de Vigo

I. INTRODUCCIÓN

Resulta de acervo común que la igualdad entre mujeres y hombres se considera como un principio jurídico universal, tal y como aparece reconocido en distintos textos internacionales circunscritos a la regulación sobre derechos humanos. Los avances que en esta materia se han materializado en los ordenamientos jurídicos de los Estados de nuestro entorno, así como la sensibilidad de la sociedad ante las situaciones de violencia ejercida sobre las mujeres, han sido gracias a las Conferencias Mundiales sobre las mujeres patrocinadas por Naciones Unidas[1], que se han convertido en pilares de aquellas políticas sobre igualdad en la Unión Europea.

Desde los inicios de la Unión Europea, la igualdad se considera como uno de los principios fundacionales consagrado en el Tratado de la Unión Europea[2], el Tratado de Funcionamiento de la Unión Europea[3] y en la Carta de los Derechos Fundamentales[4]. En concreto, el artículo 153 del TFUE per-

---

1 Nos referimos a las celebradas en Méjico (1975), Copenhague (1980), Nairobi (1985) y Pekín (1995).

2 Artículos 2 y 3 del TUE.

3 Artículos 8, 10, 19 153 y 157 TFUE.

4 Artículo 21 y 23.

mite a la Unión actuar en un ámbito tan amplio como es la igualdad de oportunidades y de trato en materia de empleo, y, dentro de este marco, el artículo 157 del TFUE autoriza todas las acciones positivas por parte de la Unión y de los Estados para empoderar a las mujeres. Además, el artículo 19 del TFUE prevé expresamente que el Consejo de la Unión Europa adopte medidas legislativas para luchar contra todas las formas de discriminación, también por motivos de sexo. Pues bien, en atención a todo lo anterior, en la actualidad, las políticas comunitarias que se van a seguir en los próximos años se encuentran definidas en la Comunicación de la Comisión al Parlamento Europeo, al Consejo, al Comité Económico y Social Europeo y al Comité de las Regiones "Una unión de la igualdad: estrategia para la Igualdad de Género 2020-2025".

La estrategia establece los objetivos claves y las acciones de acompañamiento que deben llevar a cabo la Comisión, el Consejo de la Unión Europea y los Estados miembros de la Unión Europea. Para ello, se ha creado un Grupo de Trabajo con la finalidad de que integre la perspectiva de género en todas las iniciativas que adopten los anteriores actores. Los puntos clave de los objetivos y acciones son los siguientes:

1. Combatir la violencia contra las mujeres y los estereotipos de género.
2. La igualdad de género en la economía, garantizando la conciliación de la vida privada y la actividad profesional.
3. La igualdad de oportunidades en los puestos de mando y misma representación en la toma de decisiones empresariales.
4. Potenciar la política de género adoptada en la UE en el exterior.

No obstante, la consecución real de la estrategia planteada por la Comisión solo resulta posible si todas estas propuestas se contemplan en el marco financiero plurianual 2021-2027, donde se prevén determinadas partidas de gasto relacionadas con inversiones en instalaciones de asistencia a las mujeres o, por ejemplo, fomento de la iniciativa empresarial[5]. A mayor abundamiento, y es aquí donde queremos poner el acento, se dispone financiación específica para proyectos presentados tanto por instituciones públicas como organizaciones no gubernamentales que lleven a cabo acciones concretas, incluidas aquellas iniciativas de prevención y lucha contra la violencia de género.La violencia ejercida sobre las mujeres provoca una fractura de la igualdad entre hombres y mujeres que se considera como uno de los principios fundamentales de una sociedad democrática. No es necesario recordar que cualquier tipo de violencia sobre las mujeres es execrable en cualquier sociedad. Lo preocupante es que en la actualidad se puede decir que nos hallamos ante un mal endémico que existe en las sociedades a nivel mundial, con independencia de que sean Estados del primer mundo como del tercer mundo, y del nivel económico de las mujeres.

Hasta hace pocos años, la lucha contra la erradicación de la violencia de género se focalizó en la asignación de recursos que permitió la creación y financiación de servicios públicos y privados de ayuda, normalmente, *ex post.* Sin embargo, en el estadio actual en el que nos encontramos, la erradicación de la violencia de género tiene que ser también preventiva y para ello, los poderes públicos tienen la obligación de promover diversas clases de políticas que pueden ser desde la educación como servicios de asesoramiento, entre otros, pero, para ello, resulta primordial medir la eficacia de estas políticas en la consecución del resultado perseguido. De ahí que el Derecho Financiero y Tributario tenga un papel primordial, tanto la vertiente tributaria como presupuestaria, para poder hacer efec-

---

5 Reglamento nº 2093/2020, tras la aprobación del Parlamento Europeo de 17 de diciembre de 2020

tivas todas aquellas medidas necesarias para la erradicación de la violencia contra las mujeres.

II. LA VIOLENCIA DE GÉNERO DESDE EL DERECHO FINANCIERO Y TRIBUTARIO

No hace falta ninguna explicación científica para comprender que cuando una mujer es víctima de cualquier tipo de violencia, física o psíquica, también se sufre violencia económica por parte de la pareja, lo que, en muchas ocasiones, contribuye a aumentar la vulnerabilidad de las mujeres situándolas en la mayoría de los casos en zonas de exclusión social[6]. Los poderes públicos cuentan con diversos instrumentos sociales y jurídicos para corregir, erradicar y, sobre todo, no agravar más estas situaciones e impedir que tanto mujeres como menores sufran cualquier tipo de violencia y evitar la exclusión social. No obstante, y aunque pueda parecer contradictorio, los propios poderes públicos también ejercen cierta violencia contra las mujeres y los niños cuando las políticas públicas resultan ineficaces, insuficientes y se pueden calificar como asistenciales.

A pesar de que se habla menos, no se puede menospreciar la violencia económica que resulta, en muchas ocasiones, sutil respecto a otros tipos de violencia. En efecto, la violencia física, psíquica ejercida contra las mujeres se agrava cuando, además de la vergüenza de mostrar signos físicos o psíquicos, se encuentra imposibilitadas para poder realizar un trabajo o una actividad económica. En muchas ocasiones, los maltratadores impiden que las mujeres puedan acceder a determinados empleos o, directamente, exigen la renuncia a trabajar fuera del

---

6 Cfr. GARCÍA CALVENTE, Y.: "Sistema tributario, gasto público y violencia económica", AA.VV.: *Fiscalidad y sesgos de género,* Tirant lo Blanch, Valencia, 2020, pág. 185.

hogar, lo que implica, que las mujeres no quieran o puedan denunciar la violencia ejercida sobre ellas ante la dependencia económica generada por el maltratador. Además de todo ello, en el momento en el que las mujeres toman la decisión de denunciar, la violencia económica se prolonga no sólo por los gastos que tiene que asumir la mujer mientras que se sustancia el procedimiento judicial, sino porque las políticas públicas a las que pueden acceder son asistenciales y regresivas que, tal y como veremos más adelante, además, "impiden crear las condiciones que pueden hacer posible la autonomía económica de las mujeres"[7].

Todo esto nos lleva a plantearnos si el Derecho Financiero y Tributario debe tener un tratamiento particularizado para las mujeres víctimas de la violencia de género tanto en la dimensión de los ingresos como en la del gasto. El Derecho, a pesar de lo que pueda parecer, no es neutro, sino más bien, es un instrumento que transforma y alienta para que se produzcan cambios sociales en todos los ámbitos y, más particularmente, en la consecución de la igualdad entre mujeres y hombres[8]. Es cierto que en nuestro ordenamiento jurídico, la Constitución Española dispone como valores superiores la libertad, la justicia, el pluralismo político y la igualdad -artículo 1 CE-, a la vez que en el artículo 14 se declara la igualdad entre todos los españoles, "sin que pueda prevalecer discriminación alguna por razón de nacimiento, raza, sexo, religión, opinión o cualquier otra condición o circunstancia personal y social". Todos estos valores se pueden considerar vacíos si, tal y como se dispone en

---

7 Cfr. GARCÍA CALVENTE, Y.: "Sistema tributario, gasto público..", *op. cit.*, pág. 190.

8 Cfr. GARCÍA CALVENTE, Y. y RUIZ GARIJO, M.: "Una lectura de género de las medidas fiscales en España a favor del emprendimiento ¿una nueva oportunidad perdida?", *Nueva Fiscalidad*, nº 2, 2014, págs.. 72-74.

el artículo 9.2 de la Carta Magna, los poderes públicos no promueven "las condiciones para que la libertad y la igualdad del individuo y de los grupos que la integran sean reales y efectivas; remover los obstáculos que impidan o dificulten su plenitud y facilitar la participación de los ciudadanos en la vida política, económica y cultural y social".

La consecución del principio de igualdad y, por tanto, la prohibición de cualquier tipo de discriminación, quedan reflejas en el ámbito del Derecho Financiero y Tributario en el mandato constitucional previsto en el artículo 31 de la Constitución. La actividad financiera se configura como una actividad instrumental dirigida a la obtención de ingresos para la realización de aquellos gastos derivados de los fines que el Estado tiene encomendados. No obstante, el propio artículo 2.1 de la Ley 58/2006, General Tributaria (en adelante, LGT), prevee expresamente que los tributos "además de ser medios para obtener los recursos necesarios para el sostenimiento de los gastos públicos, podrán servir como instrumento de la política económica general y atender a la realización de los principios y fines contenidos en la Constitución". Como ha puntualizado PITA GRANDAL, a lo que se refiere la norma tributaria no es a los fines extrafiscales innominados que son "una consecuencia económica no buscada por la técnica jurídica del tributo", sino que, muy al contrario, el legislador alude a una "actuación legislativa positiva, dirigida a la búsqueda de un resultado distinto del recaudatorio y que, incluso, pudiera ser contradictorio con este"[9]. Por ello, se debe distinguir entre finalidad extrafiscal y los efectos extrafiscales de los tributos.

---

9 Cfr. PITA GRANDAL, A.M.: "El fomento del trabajo de la mujer y el sistema tributario. Fundamentos constitucional", AA.VV: *El trabajo de la mujer: Impuestos y Subvenciones*, Ed. Torculo, Santiago de Compostela, 2004, pág. 33.

Esta distinción no resulta baladí, sino que resulta muy útil para delimitar la constitucionalidad del tributo. Es decir, la configuración del tributo en el que el legislador pretende adecuar el fin extrafiscal perseguido debe atenerse siempre al principio de legalidad previsto en el artículo 31.3 de la Constitución. Por tanto, es posible establecer tributos que, además, de una finalidad recaudatoria propia de la actividad financiera, sirvan para perseguir otros fines queridos por la Constitución y que, además, como ha señalado FERREIRO, dicha consecución "influya o se refleje, directa o indirectamente, en el nivel del gasto público o su distribución"[10].

No obstante, a pesar de la importancia desde la perspectiva de los tributos y la finalidad extrafiscal de los mismos, vamos a poner el acento en el gasto público. El artículo 31.2 de la Constitución recoge el principio de equidad en el gasto público, así como la redistribución de los gastos públicos, y por último los principios de eficiencia y economía. Estos principios constituyen un mandato para todos los poderes públicos, entre los que se incluye el poder legislativo[11]. La equidad en el gasto público

---

10 Cfr. FERREIRO LAPATZA, J.J.: "La definición de tributo", *Revista Latinoamericana de Derecho Tributario,* ILADT, nº 3, 1997, págs. 165-166. Los tributos que tienen fines extrafiscales tienen dos límites; en primer lugar, el principio de capacidad económica y, en segundo lugar, los fines extrafiscales perseguidos deben estar amparados por la Constitución. Así lo ha reconocido el Tribunal Constitucional cuando ha señalado que "el respeto a dicho principio no impide que el legislador pueda configurar el presupuesto de hecho del tributo teniendo en cuenta consideraciones extrafiscales". Sentencia del Tribunal Constitucional 37/1987, de 26 de marzo.

11 Como han señalado FERNANDEZ AMOR y SANCHEZ HUETE, la equidad que se procura en la distribución de recursos públicos no sólo se efectúa a través de una adecuada distribución de los ingresos, sino también en la asignación del gasto. Cfr. FERNÁNDEZ AMOR, J.A. y SANCHEZ HUETE, M.: "La realización del principio de igualdad de género por medio de la extrafiscalidad y el gasto pú-

se configura como aquel criterio que debe atender el poder legislativo cuando se aprueban los presupuestos anuales, más allá de las decisiones políticas que se adopten, pero sin que estas últimas se puedan considerar como los únicos criterios legitimadores del gasto público, como se venía haciendo hasta ahora[12]. Basta recordar que el principio de equidad implica ordenar los recursos que existen para promover y procurar la igualdad, y la efectividad prevista en el artículo 9.2 de la Constitución[13]. Esto supone que la asignación equitativa de los recursos públicos legitima medidas o políticas públicas, por ejemplo, en el caso que nos ocupa, que procuren la igualdad entre mujeres y hombres, en concreto, la erradicación de la violencia ejercida contra las mujeres y los niños[14].

Junto con el principio de equidad, el artículo 31.2 de la Constitución se refiere, como se ha indicado en párrafos anteriores, a otros principios con una naturaleza más económica como son el de eficiencia y economía. Nos referimos a que

---

blico", en AA.VV: *Derecho, género e igualdad: cambios en las estructuras androcéntricas,* UAB, vol. I, 2010, pág. 85.

12 Cfr. SOLER ROCH, M.T.: "Los principios implícitos en el régimen jurídico del gasto público", AA.VV.: *El sistema económico de la CE en XV Jornadas de Estudio de la DGS,* vol. II, 1994, págs. 1848-1849.

13 El TC ha remarcado que "(...) como vinculación positiva, también el legislador habrá de atenerse en este punto a las pautas constitucionales orientadoras del gasto público, porque la acción prestacional de los poderes públicos ha de encaminarse a la procuración de los objetivos de igualdad y efectividad de los derechos que ha consagrado nuestra Constitución". STC 86/1985, de 10 de julio.

14 En efecto, "no puede reputarse discriminatoria y constitucionalmente prohibida -antes, al contrario- la acción de favorecimiento, siquiera temporal, de los Poderes Públicos emprendan en beneficio de determinados colectivos, históricamente desprotegidos y marginados, a fin de que mediante un trato especial más favorable, vean suavizada o compensada su situación de desigualdad sustancia". Sentencias del TC 216/1991 y 28/1992.

las políticas públicas que se diseñen por parte de los poderes públicos deben tener en cuenta que el coste sea mínimo y que el gasto presupuestado sea lo más eficiente posible, pero, eso sí, siempre bajo el amparo del principio de equidad. Como ha destacado SANCHEZ GALIANA "los principios o más bien los criterios económico-financieros (..) están al servicio de la consecución del primero"[15]. De tal modo que, si hubiera una posible colisión entre estos principios, siempre se resolverían "a favor de la equidad por constituir valor superior del ordenamiento jurídico"[16]. Y ello porque la equidad en el gasto se proyecta más bien en el momento inicial de la aprobación del presupuesto y en el resultado final, mientras que la eficiencia y economía se concreta en la programación y ejecución del presupuesto[17].

Por tanto, el principio de equidad exige la elección, autorización y asignación de los recursos necesarios para poder cubrir una política concreta como ocurre en el caso de la violencia ejercida contra las mujeres, que, no olvidemos, supone un claro ataque al principio de igualdad entre mujeres y hombres. Asimismo, para que se produzca una equitativa distribución de los recursos públicos debe verificarse que los recursos públicos se asignan en atención al principio de igualdad, tanto desde una perspectiva horizontal -igualdad de trato en las mismas condiciones salvo que exista una justificación significativa-, como vertical -tratamiento diferenciado cuando las circunstancias de partida son diferentes-.

---

15 Cfr. SÁNCHEZ GALIANA, J.A.: "Los principios constitucionales del gasto público y la estabilidad presupuestaria", *Crónica Presupuestaria,* IEF, nº 3, 2015, pág. 162.

16 Cfr. FERNÁNDEZ AMOR, J.A. y SANCHEZ HUETE, M.: "La realización del principio de igualdad de género…", *op.cit.*, pág. 89.

17 Cfr. SÁNCHEZ GALIANA, J.A.: "Los principios constitucionales del gasto público…", *op. cit.*, pág. 162.

Por tanto, como afirma LUCAS DURAN, habida cuenta de la relación entre una asignación equitativa de los gastos públicos y la igualdad de género, “la programación y ejecución de un gasto público que no persiga activamente la igualdad de género no se encuadra dentro de los criterios de justicia previstos por nuestra Constitución y, por ende, podría reputarse contrario a nuestra Norma Suprema”[18]. De ahí que sea necesario que, por una parte, los presupuestos públicos incorporen un informe de impacto de género, y que, por otra, las acciones positivas que se pretendan desarrollar en la ejecución del presupuesto que beneficien o afecten a las mujeres como colectivo respeten el principio de proporcionalidad para evitar quebrantos en la consecución de la igualdad entre mujeres y hombres[19], como ocurre en la violencia de género.

III. LOS PRESUPUESTOS PÚBLICOS CON PERSPECTIVA DE GÉNERO

Es de todo conocido que tanto la adopción y eficacia de cualquier política o medida que se adopte por el Estado tiene que venir respaldada presupuestariamente. En efecto, el presupuesto se configura como el instrumento jurídico en el que se reflejan las estimaciones de ingresos previstos y las autorizaciones de gastos que se van a acometer en un año, lo que supone la materialización de cualquier decisión política. Por consiguiente, uno de los modos fundamentales para luchar contra

---

18 Cfr. LUCAS DURÁN, M.: “La perspectiva de género en la programación del gasto público”, AA.VV.: *Fiscalidad e igualdad de género*, Dykinson, Madrid, 2012, pág. 207.

19 Vid sobre este tema, GARCÍA FREIRIA, M.: “La perspectiva de género en los presupuestos públicos y en el sistema impositivo español en relación con el emprendimiento femenino”, *Crónica Tributaria*, nº 192, 2024, págs. 50 y ss.

las desigualdades que sufren las mujeres es procurar que el principio de igualdad penetre en el presupuesto público del Estado y de cualquier órgano público.

La aplicación del principio de igualdad en el presupuesto se ha calificado como "presupuestos con perspectiva de género" que abarca, no sólo el presupuesto como norma jurídica, sino todo el procedimiento de aprobación en el parlamento y el posterior control del gasto. La exigencia de la perspectiva de género en el presupuesto público no es nueva en nuestro ordenamiento. Desde hace tiempo, tanto a nivel internacional -la ONU-[20] como a nivel comunitario se vienen insistiendo e instando a los Estados a que promuevan en sus ordenamientos internos la aprobación de los presupuestos con perspectiva de género. Sin embargo, no se le escapa al lector que, a pesar del impulso internacional y comunitario, depende de los Estados Miembros hacer efectiva la igualdad, eliminando todas aquellos hechos o situaciones que resultan discriminatorias para las mujeres, e impulsando medidas igualitarias.

En España, por mor del artículo 9.2 de la Constitución y ante una realidad social más que evidente, se aprobó la Ley 30/2003, de 13 de octubre, sobre medidas para incorporar la valoración del impacto de género en las distintas disposiciones normativas que elaborase el ejecutivo. Esto significa que,

---

[20] Desde la ONU se ha venido insistiendo en la máxima participación de la mujer en todos los ámbitos económicos y sociales. Tanto es así que se incluyó dentro de la Agenda 2030 para el Desarrollo Sostenible como uno de los objetivos -el 5º- lograr que los Estados aprueben leyes y fortalezcan políticas para promover la igualdad de género y el empoderamiento de todas la mujeres y niñas a todos los niveles. Vid. RODRÍGUEZ PEÑA, N.L.: "La necesaria integración de la perspectiva de género en los presupuestos públicos destinados a suprimir la brecha digital entre mujeres y hombres", AA.VV.: *Desafíos éticos, jurídicos y tecnológicos del avance digital*, Iustel, Madrid, 2023, págs. 232 y ss.

a partir de su promulgación, tanto las normas de rango legal como reglamentario deben incluir obligatoriamente un informe sobre el impacto por razón de género para que sea posible su aprobación. Posteriormente, la Ley Orgánica 3/2007, de 22 de marzo, para la igualdad efectiva de mujeres y hombres, en el artículo 15, adoptó expresamente el principio de transversalidad de género en las políticas públicas. En el citado artículo se exige que el Estado, las Comunidades Autónomas y las Corporaciones Locales, definan el principio de igualdad efectiva en las políticas públicas adoptadas y en los presupuestos que financien las citadas políticas. De la dicción de este artículo, a nuestro juicio, se puede inferir que las normas que regulan la elaboración de los presupuestos de las citadas entidades territoriales deben realizarse en atención a la igualdad de mujeres y hombres a través del "informe de impacto de género" que se convierte en un instrumento clave para la transversalidad de las políticas públicas[21]. Sin embargo, a pesar de la exigencia del "informe de impacto de género", al final, la realidad es que ha quedado restringido obligatoriamente a la aprobación de las disposiciones estatales. En el ámbito autonómico han sido las leyes autonómicas relativas a igualdad las que han establecido la necesidad o no del citado informe de impacto de género. Se debe resaltar que ya son varias las Comunidades Autónomas que se han sumado al cumplimiento de este mandato. Más difícil resulta exigir el informe a las Corporaciones Locales para que tengan en cuenta la perspectiva de género en el ámbito municipal, ya que no resultan obligadas por ninguna ley estatal. Lo cierto es que algunos Ayuntamientos como Madrid o Barcelona vienen aprobando sus presupuestos teniendo en cuenta la perspectiva de género.

---

21 Cfr. GARCÍA FREIRIA, M.: "La perspectiva de género en los presupuestos públicos y en el sistema impositivo…", *op. cit.*, pág. 56.

Como se ha indicado anteriormente, la asunción por el Estado del principio de igualdad entre mujeres y hombres implica que las políticas públicas y, por ende, los presupuestos, tienen que estar impregnados de la consecución de este principio. En el ámbito presupuestario, esto significa que el legislador debe evaluar el impacto en el presupuesto, que es el marco de todas las políticas públicas que se adoptan por el Estado en relación con las políticas de igualdad[22]. Por ello, los presupuestos públicos con perspectiva de género se consideran como un instrumento estratégico que provee al gobierno de los medios necesarios para aplicar y, por ello, determinar el efecto de las políticas de ingresos y gastos presupuestarios sobre las mujeres y hombres. Es decir, la aplicación de la transversalidad de género en el ámbito presupuestario conlleva una evaluación del presupuesto basado en el género, incorporando como objetivo el principio de igualdad entre mujeres y hombres. Por consiguiente, tanto el parlamento como el gobierno deben analizar a qué y a quién van dirigidas las normas presupuestarias tanto en lo relativo a los ingresos como los gastos.

Así las cosas, el presupuesto debe tener en consideración ciertos indicadores que permitan evaluarlo y analizarlo desde la perspectiva de género. ¿Qué significa esta aseveración? Pues que un presupuesto con perspectiva de género implica valorar el gasto público, así como la vertiente del ingreso, para localizar las implicaciones y repercusiones que puede tener en mujeres a los efectos de poder contrastarlas con las de los hombres. No obstante, el presupuesto con perspectiva de género no se

---

22 El análisis de los presupuestos de genero fue adoptado en la Conferencia Mundial sobre las mujeres celebrada en Beijing en 1995 y fue tratado de forma profusa en el seno de la Unión Europea a partir de esa fecha. La Resolución General de Beijing urde a los Estados miembros a integrar la perspectiva de género en los presupuestos públicos en todos los niveles de gobierno, lo que incluye también al presupuesto de la Unión Europea.

puede confundir con un presupuesto "de o para las mujeres" para conseguir más fondos públicos destinados a ellas. En realidad, lo que implica es que tanto los poderes públicos como la Administración deben tener en cuenta que tanto los ingresos tributarios como el gasto público tiene un impacto sobre las mujeres y hombres, y en ocasiones, muy diferente para unas y otros. Consecuentemente, esto supone que el principio de igualdad entre mujeres y hombres se debe tener en cuenta en todas las fases del proceso presupuestario. Por esto, resulta imprescindible, por una parte, que se realice una valoración de los ingresos y gastos previstos en el presupuesto incorporando una perspectiva de género en todos los niveles del proceso; y, por otra, la reestructuración de los ingresos y gastos para evitar la discriminación y, por ende, promover la igualdad[23].

Pues bien, más allá de la necesidad del informe del impacto de género que se exige para la aprobación del presupuesto, la ejecución del presupuesto también implica que la Administración valore, allí donde tenga cierta discrecionalidad, que las distintas opciones que se le pueden presentar en la determinación de las partidas de gasto cumplan material y formalmente con el principio de igualdad de género, aunque pueda suponer, en algunos casos, una quiebra formal del principio de igualdad. Por ejemplo, como ha apuntado LUCAS DURÁN, los Ley Orgánica 3/2007 – artículos 33 y 34- han incluido un análisis de género en la contratación pública y en la actividad subvencional, aunque hubiese sido deseable una mayor contundencia en la redacción de la norma[24]. En este sentido, el

---

[23] Sobre cómo conseguir estos objetivos, nos remitimos a SIOTA ALVAREZ, M. y RUIZ HIDALGO, C.: "El Derecho financiero y tributario español ante el emprendimiento femenino y los presupuestos con perspectiva de género", *Revista Lumen*, nº 1, vol 20, 2024

[24] Cfr. LUCAS DURÁN, M.: "La perspectiva de género en la programación...", *op. cit.*, págs.. 196-197.

mismo autor considera que quedarían amparadas por el principio de igualdad aquellas políticas públicas, entre otras acciones positivas, que se adoptasen a favor de las mujeres en tanto que colectivo diferenciado y con necesidades específicas[25], por ejemplo, la financiación de medidas contra la violencia de género. Estas medidas pueden adoptarse tanto con carácter directo como indirecto, por ejemplo, el mantenimiento y ampliación de centros de acogida para mujeres maltratadas, o, medidas formativas dirigidas a mujeres en exclusión social para promover el emprendimiento.

IV. POLÍTICAS PÚBLICAS DESTINADAS A LA ATENCIÓN A LAS MUJERES VÍCTIMAS DE LA VIOLENCIA DE GÉNERO

La legitimación para la adopción de políticas públicas dirigidas a la erradicación y lucha contra la violencia de género se encuentra en la Ley Orgánica 1/2004, de 28 de diciembre, de medidas de protección integral contra la violencia de género, la Ley Orgánica 3/2007, de 22 de marzo, para la igualdad efectiva de mujeres y hombres, el Real Decreto-ley 9/2018, de 3 de agosto, de medidas urgentes para el desarrollo del Pacto de Estado contra la violencia de género, así como la normativa de las diferentes Comunidades Autónomas sobre esta materia. A partir de estas normas, los diferentes poderes públicos han ido perfilando distintas actuaciones dirigidas a las mujeres víctimas de violencia de género. En concreto, se han focalizado en aquellas que les permitan dar el paso esencial en la lucha contra la violencia de género, que no es otra cosa que ganar autonomía en la vivienda y en su propia economía. Para ello,

[25] Cfr. LUCAS DURÁN, M.: "La perspectiva de género en la programación...", *op. cit*, pág. 233.

se prevén una serie de distintas ayudas económicas, sujetas al cumplimiento de determinados requisitos, y que, además de forma acertada, no son excluyentes entre sí. Al contario, se puede acceder a otras ayudas relacionadas con, por ejemplo, la asistencia jurídica gratuita, derechos laborales, en materia de seguridad social[26].

Por supuesto, todas estas políticas públicas tienen un coste que se tiene que recoger en los presupuestos públicos tanto estatales como autonómicos y locales. Como no puede ser de otra manera, en los Presupuestos Generales del Estado y de las Comunidades Autónomas se contemplan estas políticas públicas dirigidas a la erradicación o lucha contra la violencia ejercida sobre las mujeres, además de, como se ha señalado anteriormente, incorporar la perspectiva de género en la ejecución del gasto.

Tal y como indicamos al inicio de este trabajo, la violencia de género se considera como una desigualdad o discriminación, tal y como se entiende por la Ley 1/2004, de 28 de diciembre de Medidas de protección integral contra la violencia de género, que puede provocar situaciones de exclusión social. Por consiguiente, la lucha contra la violencia ejercida sobre las mujeres tiene una entidad tal que, necesariamente, no puede circunscribirse a políticas asistenciales. A nuestro juicio, se tiene que diseñar políticas públicas, atendiendo al nivel compe-

---

26 La Ley Orgánica 1/2004, de 28 de diciembre, de Medidas de Protección Integral contra la Violencia de Género (B.O.E. núm. 313, de 29 de diciembre de 2004), consagra y garantiza a las mujeres que son o han sido víctimas de violencia de género una serie de derechos, con la finalidad de que estas puedan poner fin a la relación violenta y recuperar su proyecto de vida. Estos derechos son universales, en el sentido de que todas las mujeres que sufran o hayan sufrido algún acto de violencia de género tienen garantizados los mismos, con independencia de su origen, religión o cualquier otra condición o circunstancia personal o social

tencial, más amplias que las actuales cuya finalidad sea conseguir la igualdad plena entre mujeres y hombres. Sin embargo, la realidad, tal y como veremos, es que las políticas públicas que están vigentes actualmente se circunscriben a prestaciones económicas dirigidas a las mujeres que sufren violencia de género que no siempre consiguen la finalidad pretendida de igualdad. Tal y como veremos, lamentablemente, las prestaciones diseñadas se quedan muy cortas y focalizadas en mujeres que se encuentran en la gran mayoría de los supuestos en situaciones de exclusión social. Con carácter general, la Ley Orgánica 1/2004, de 28 de diciembre, de Medidas de protección integral contra la violencia de género distingue una serie de derechos económicos en los que nos vamos a centrar en este trabajo por espacio, aunque, volvemos a reiterar que en esta Ley se encuadran otros derechos que también tienen incidencia en el presupuesto.

4.1. Acreditación de la situación de violencia

La Ley Orgánica 1/2004 establece que la violencia de género es aquella cuyo objetivo es causar daño o perjuicio a las mujeres, y se ejerce tanto sobre ellas como con sus familiares o personas cercanas menores de edad, normalmente, por parte de una persona que es o ha sido su cónyuge o que haya estado ligada a la mujer con una relación similar de afectividad, incluso sin convivencia[27]. Esta forma de violencia contra las mujeres se puede calificar como una violación de los derechos humanos y expresión de la discriminación, en la que se pone de manifiesto una situación de desigualdad en las relaciones entre mujeres y hombres. Pero es más, la violencia también

27 Modificación realizada por la Ley Orgánica 8/2021, de 4 de junio, de protección integral a la infancia y la adolescencia frente a la violencia

comprende aquella que se ejerce en los hijos e hijas menores de edad y los/as menores de edad sujetos a su tutela, o guarda y custodia. Por este motivo la Ley Orgánica 1/2004 les reconoce a estos últimos, al igual que a las mujeres, toda una serie de derechos.

Una de las cuestiones que revisten mayor dificultad es la relativa a la acreditación de que la mujer es víctima de violencia de género. Esta acreditación resulta imprescindible para que la administración pueda reconocer los derechos correspondientes que pueden percibirse. El legislador establece un elenco de formas de acreditarla como: una sentencia condenatoria por un delito de violencia de género, una orden de protección o cualquier otra resolución judicial que acuerde una medida cautelar a favor de la víctima, o bien por el informe del Ministerio Fiscal que indique la existencia de indicios de que la demandante es víctima de violencia de género. Además, cabe la posibilidad de que la situación de violencia de género pueda acreditarse mediante informe de los servicios sociales, de los servicios especializados, o de los servicios de acogida destinados a víctimas de violencia de género de la Administración Pública competente. Por último, el legislador deja la posibilidad de que se pruebe por otros medios, con la particularidad de que se establezca en las disposiciones normativas de carácter sectorial que regulen el acceso a cada uno de los derechos y recursos[28].

---

28 El artículo 23 de la Ley Orgánica 1/2004, establece que el Gobierno y las Comunidades Autónomas diseñan un modelo común de acreditación para que las distintas administraciones autonómicas procedan, de manera homogénea, a la acreditación administrativa de la condición de víctima de violencia de género. Esta acreditación permite el acceso de las víctimas de violencia de género a los derechos regulados en el Capítulo II "Derechos laborales y prestaciones de la Seguridad Social" de la Ley Orgánica 1/2004 y a todos los derechos, recursos y servicios reconocidos en la normativa estatal que

No obstante, no se puede perder de vista que hay determinados tipos de violencias que no resultan fáciles de probar. En concreto, nos estamos refiriendo a supuestos de violencia económica, excluyendo expresamente el supuesto de que se verá posteriormente, es decir, cuando la mujer carezca totalmente de rentas que resulta fácil de acreditar. Pero, más allá de este supuesto, la violencia económica resulta muy difícil o casi imposible de demostrar, si no va unida a la violencia física o psíquica, pero, incluso esta última, tiene que ser de una entidad manifiesta para que la mujer pueda acreditar la violencia que se ejerce contra ella y, en su caso, con los menores que formen parte del núcleo familiar. Así las cosas, tal y como se encuentra redactada la norma, una mujer víctima de violencia económica difícilmente puede demostrarla y, por tanto, acceder a este tipo de ayudas económicas. Además de ello, no nos parece muy acertado que, para poder acceder a este tipo de ayudas económicas, previamente la mujer tenga que acreditar que es víctima de violencia de género. Es decir, una vez que una mujer toma la decisión de denunciar la situación de violencia ejercida sobre ella es en ese momento cuando tiene más dificultades económicas, habitacionales y sociales. Lo deseable sería recibir las ayudas económicas a la par que se tramita ante la administración correspondiente la acreditación de ser víctima de violencia de género. Se puede argüir que recibir las ayudas económicas mientras no finaliza el procedimiento judicial o administrativo que acredite la violencia de género puede dar lugar a situaciones de fraude. Pero, aunque creemos que

---

les resulte de aplicación, cuyas disposiciones normativas de carácter sectorial contemplen y regulen el acceso a cada uno de ellos incluyendo, entre los requisitos exigidos, la acreditación de la situación de violencia de género mediante informe de los servicios sociales, de los servicios especializados, o de los servicios de acogida destinados a víctimas de violencia de género de la Administración Pública competente.

serían las menos, la Administración siempre cuenta con los recursos jurídicos suficientes para instar a la devolución de las cantidades debidamente percibidas.

4.2. *Ayuda económica específica para víctimas de violencia de género con especiales dificultades para obtener un empleo*

El artículo 27 de la Ley Orgánica 1/2004 regula una ayuda económica dirigida a las mujeres víctimas de violencia de género, incluyendo también como beneficiarios a las niñas y niños. Esta ayuda no tiene carácter de subvención. Las mujeres pueden solicitarla siempre que reúnan los siguientes requisitos:

a) Carecer de rentas que, en el cómputo mensual, superen el salario mínimo interprofesional vigente excluida la parte proporcional de dos pagas extraordinarias. En el caso de víctimas menores de edad o económicamente dependientes de la unidad familiar, el cómputo mensual de las rentas de la unidad familiar es distinto, en concreto, no puede exceder dos veces el salario mínimo interprofesional, excluida la parte proporcional de dos pagas extraordinarias[29].

---

[29] A efectos de determinar la carencia de rentas superiores a los umbrales previstos en el texto, se consideran rentas o ingresos computables cualesquiera bienes, derechos o rendimientos de que disponga o pueda disponer la victima derivados del trabajo, del capital mobiliario o inmobiliario, incluyendo los incrementos de patrimonio, las actividades económicas y los de naturaleza prestacional, excluyendo por ejemplo, las asignaciones económicas de la Seguridad Social por hijo o hija a cargo, la deducciones fiscales de pago directo por hijo o menores a cargo, subsidio de movilidad... En cualquier caso, lo que se debe destacar es que la lista es cerrado, por lo que, aquellas asignaciones que no estén expresamente comprendidas no podrán excluirse a efectos de determinar la renta.

b) Tener especiales dificultades para obtener un empleo, dada su edad, falta de preparación general o especializada o sus circunstancias sociales, lo que se acredita mediante el informe emitido por el Servicio Público de Empleo correspondiente.

El importe de esta ayuda será equivalente al de seis meses de subsidio por desempleo. Esta ayuda económica se financia a través de los Presupuestos Generales del Estado, aunque la tramitación y aprobación se deriva a las Comunidades Autónomas[30]. Se abona en un pago único, cuyo importe se calcula en función de un número de mensualidades del subsidio por desempleo correspondiente. Asimismo, la cuantía va depender de si la mujer tiene o no familiares a su cargo, y de si la propia mujer y/o los familiares a su cargo tienen reconocido algún un grado de discapacidad. Como ha puesto de manifiesto CARBAJO NOGAL, estaríamos corrigiendo la discriminación múltiple que se pone de manifiesto en el caso de las mujeres con discapacidad[31]. De este modo, si la mujer víctima de violencia tiene reconocida oficialmente una discapacidad en grado igual o superior al 33 por 100, el importe será equivalente a doce meses de subsidio por desempleo. Si la víctima tiene responsabilidades familiares, su importe puede alcanzar el de un período equivalente al de 18 meses de subsidio, o de 24 meses si la víctima o alguno de los familiares que conviven con ella tiene reconocida oficialmente una minusvalía en grado igual o superior al 33 por 100, en los términos que establezcan las

---

30 Cfr. Real Decreto 664/2024, de 9 de julio, por el que se regulan las ayudas económicas a víctimas de violencias sexuales, y por el que se modifica el Real Decreto 1452/2005, de 2 de diciembre, por el que se regula la ayuda económica establecida en el artículo 27 de la Ley Orgánica 1/2004, de 28 de diciembre, de medidas de protección integral contra la violencia de género.

31 Cfr. CARBAJO NOGAL, C.: "Mecanismos fiscales ante la violencia de género", *Quincena Fiscal*, nº 6, 2023 (BIB 2023/441), pág. 7.

disposiciones de desarrollo de la Ley 1/2004. Esta ayuda resulta compatible con las previstas en la Ley 35/1995, de 11 de diciembre, de Ayudas y Asistencia a las Víctimas de Delitos Violentos y contra la Libertad Sexual, así como con cualquier otra ayuda económica de carácter autonómico o local concedida por la situación de violencia de género. En cambio, es incompatible con otras ayudas que cumplan la misma finalidad, así como con la participación en el programa de Renta Activa de Inserción, que pasamos a analizar.

4.3. Protección por desempleo

El Real Decreto-Ley 2/2024, de 21 de mayo por el que se adoptan medidas urgentes para la simplificación y mejora del nivel asistencia de la protección por desempleo, deroga el Real Decreto 1369/2006, de 24 de noviembre, por el que se regulaba se crea el subsidio por desempleo dirigido a este colectivo. La nueva normativa trata de garantizar que los colectivos afectados, protegidos en la actualidad en el ámbito de la protección por desempleo, no vean mermada su protección, en razón de su exclusión o distinto nivel de cobertura en otras fórmulas de protección social. Serán beneficiarias del subsidio por desempleo regulado en esta disposición las personas víctimas de violencia de género o sexual, que, además, reúnan los requisitos siguientes:

a) No tener derecho a la prestación por desempleo de nivel contributivo.

b) No haber sido beneficiarias de los derechos al programa de renta activa de inserción regulados en el Real Decreto 1369/2006, de 24 de noviembre, aunque no se hubieran disfrutado por el periodo de duración máxima de la renta, salvo que, desde la fecha del nacimiento del primero de los derechos hasta la de la solicitud del subsidio regulado en esta disposición, hubieran transcurrido tres o más años.

c) Estar inscritas como demandantes de empleo y haber suscrito el acuerdo de actividad regulado en la Ley 3/2023, de 28 de febrero.

d) Carecer de rentas, salvo en el supuesto de que se tenga cónyuge, pareja de hecho y/o hijos menores de veintiséis años, o mayores con discapacidad, o menores acogidos y acogidas o en guarda con fines de adopción o acogimiento, en cuyo caso, se deberá cumplir el requisito de tenencia de responsabilidades familiares.

En esta ayuda, resulta imprescindible que las mujeres víctimas de violencia acrediten según los establecido en la Ley Orgánica 1/2004, de 28 de diciembre, de Medidas de Protección Integral contra la Violencia de Género. Además, se añade la posibilidad de que puedan acceder a esta ayuda otras víctimas de violencia cuando la ejercen los padres o los hijos. En este supuesto, la situación de violencia se acreditará mediante sentencia o cualquier otra resolución judicial que acuerde una medida cautelar a favor de la víctima, o bien por el informe del Ministerio Fiscal. La fecha del hecho causante para acceder al subsidio regulado en esta disposición es aquella en que se emita por la Administración competente el correspondiente informe que acredite ser víctima de violencia de violencia de género o sexual, aquella en que se emita el informe del Ministerio Fiscal, o la de la notificación a la persona interesada de la correspondiente sentencia o resolución judicial.

La duración máxima del subsidio, en este supuesto, será de treinta meses, salvo que la persona hubiera sido beneficiaria con anterioridad de uno o dos derechos al programa de Renta Activa de Inserción regulada en el Real Decreto 1369/2006, de 24 de noviembre, en cuyo caso, la duración máxima será de veinte y de diez meses, respectivamente. Este subsidio es incompatible con el trabajo por cuenta propia, aunque no implique la inclusión obligatoria en alguno de los regímenes de la Seguridad Social o en alguna mutualidad de previsión social alternativa. Las personas que hayan agotado la duración máxima del subsidio que en cada caso corresponda por ser víctimas de violencia de género o sexual, podrán acceder de nuevo al mismo si lo solicitan, acreditando cumplir los requisitos exigidos, una vez transcurridos tres o más años desde el nacimiento del primer derecho a la renta activa de inserción como víctima de violencia de género o sexual o desde el nacimiento del derecho al subsidio regulado en esta disposición, en caso de no haber percibido previamente la renta activa de inserción como víctima de violencia de género o sexual. Asimismo, se mejora la dinámica del derecho de los subsidios por agotamiento de la prestación contributiva, por cotizaciones insuficientes y para emigrantes retornados y víctimas de violencia de género o sexual, reconociéndolos por periodos trimestrales y exigiendo que los requisitos de carencia de rentas o de responsabilidades familiares se cumplan en el mes natural anterior a la fecha de la solicitud inicial del subsidio y de cada una de sus prórrogas, sin que proceda la revisión del derecho para verificar si se mantiene durante los tres meses reconocidos. El requisito de rentas o responsabilidades familiares se configura como requisito de acceso al derecho inicial y a cada una de las prórrogas o reanudaciones del subsidio, que se acreditará mediante «declaración responsable» de las rentas percibidas en el mes anterior. La veracidad de estos datos se constatará a posteriori mediante las correspondientes declaraciones tributarias. Si en la solicitud inicial o de alguna de las prórrogas del subsidio, el interesado hiciera ocultación de alguna renta, y ésta afectara a su derecho, una vez detectada, se declararán indebidamente percibidas.

4.4. Anticipos por impago de pensiones alimenticias

El Real Decreto 1618/2007, de 7 de diciembre, sobre Organización y Funcionamiento del Fondo de Garantía del Pago de Alimentos, garantiza el pago de alimentos reconocidos e impagados establecidos en convenio judicialmente aprobado, o en resolución judicial, en procesos de separación, divorcio, declaración de nulidad del matrimonio, filiación o alimentos. Este pago tiene la consideración de anticipo. Si bien esta ayuda no va dirigida especialmente a las mujeres víctimas de la violencia de género y, por tanto, pueden solicitarlas todas las personas que tenga la guarda y custodia de los menores, lo cierto es que no se le escapa al lector que una gran parte de las solicitantes serán aquellas mujeres que se encuentren en la situación anteriormente descrita. Aunque la solicitante sea la mujer, las personas beneficiarias de los anticipos son, con carácter general, los hijos titulares de un derecho de alimentos judicialmente reconocido e impagado, que forman parte de una unidad familiar con recursos económicos escasos. En concreto, se exige que los recursos e ingresos económicos se computen anualmente y por todos sus conceptos, y que no superen la cantidad resultante de multiplicar la cuantía anual del Indicador Público de Renta de Efectos Múltiples (IPREM), vigente en el momento de la solicitud del anticipo, por el coeficiente que corresponda en función del número de hijos menores que integren la unidad familiar.

Las personas beneficiarias tienen derecho al anticipo de la cantidad mensual determinada judicialmente en concepto de pago de alimentos, con el límite de 100 euros mensuales, que se podrá percibir durante un plazo máximo de dieciocho meses. Cuando la solicitante sea víctima violencia de género, se entiende que existe una situación de urgente necesidad para reconocer los anticipos del Fondo, por lo que se tramitará el procedimiento de urgencia, que implica que el plazo para resolver y notificar la solicitud será de dos meses.

4.5. Ingreso Mínimo Vital

El Real Decreto-ley 20/2020, de 29 de mayo regula el ingreso mínimo vital como una prestación dirigida a prevenir el riesgo de pobreza y exclusión social de las personas que viven solas o están integradas en una unidad de convivencia y carecen de recursos económicos básicos para cubrir sus necesidades más elementales. Se configura como un derecho subjetivo a una prestación económica, que forma parte de la acción protectora de la Seguridad Social, y garantiza un nivel mínimo de renta a quienes se encuentren en situación de vulnerabilidad económica. Tiene como finalidad mejorar las oportunidades de inclusión social y laboral de las personas. Las mujeres víctimas de violencia de género también podrán ser beneficiarias del ingreso mínimo vital cuya finalidad es prevenir el riesgo de pobreza y exclusión social de las personas que viven solas o están integradas en una unidad de convivencia y carecen de recursos económicos básicos para cubrir sus necesidades básicas, cuando cumplan los requisitos exigidos, pero con algunos matices.

a) No se exige el requisito de edad que, con carácter general, es de al menos tener 23 años. Solo será necesario acreditar la mayoría de edad.

b) No están obligadas a estar unidas por matrimonio o pareja de hecho, ni, en su caso, el de haber iniciado los trámites de separación o divorcio.

c) No se exige el requisito de formar parte de otra unidad de convivencia. Además, se considera una unidad de convivencia la constituida por una persona víctima de violencia de género que haya abandonado su domicilio habitual acompañada de sus hijos/as o menores en régimen de guarda con fines de adopción o acogimiento familiar permanente, y sus familiares hasta el segundo grado por consanguinidad, afinidad o adopción.

d) No es necesario tener la residencia en España cuando acrediten la situación de violencia de género por cualquiera de los medios establecidos en el artículo 23 de la Ley Orgánica 1/2004, de 28 de diciembre.

4.6. Prioridad en el acceso a viviendas protegidas y residencias públicas para mayores

Además de las ayudas anteriores, las mujeres víctimas de violencia de género constituyen un colectivo con derecho a protección preferente en el acceso a la vivienda, que se concreta en:

a) Posibilidad de acogerse a la suspensión de los lanzamientos sobre viviendas habituales, acordados en un proceso judicial o extrajudicial de ejecución hipotecaria.

b) Posibilidad de acceder al Fondo Social de Viviendas.

Asimismo, las mujeres víctimas de la violencia de género tienen prioridad en relación con las ayudas previstas en el Plan Estatal de Vivienda, cuando no dispongan de una vivienda en propiedad o en régimen de usufructo. A estas ayudas recogidas en el Plan Estatal de Vivienda puede acceder con condiciones más beneficiosas todos aquellos que sean hijos o hijas de víctimas de violencia de género. Además, existe un programa de puesta a disposición de viviendas de la SAREB y de entidades públicas para su alquiler como vivienda social. Las viviendas cedidas por la SAREB o entidad pública de que se trate habrán de destinarse con carácter prioritario para satisfacer soluciones habitacionales a las víctimas de violencia de género, víctimas de trata con fines de explotación sexual, víctimas de violencia sexual.

V. CONCLUSIONES

No hay lugar a dudas de que la violencia de género es una situación a la que los poderes públicos deben dar una respuesta contundente que vaya más allá de medidas publicitarias partidistas. Para ello sería recomendable unificar las políticas públicas estatales y autonómicas para conseguir una mayor eficacia en los fines perseguidos como son la erradicación y lucha contra la violencia de género. No tiene sentido que se regulen ayudas públicas, todas ellas financiadas en los presupuestos públicos, y que no se mida la eficacia y eficiencia en la consecución del resultado perseguido. En cualquier caso, la elección de las políticas públicas que se desarrollan en la dotación de servicios públicos específicos dirigidos a la atención de las mujeres víctimas de violencia de género, así como las ayudas directas previstas en distintas normas no sólo debe contar con el informe del impacto de género antes de que se aprueben los presupuestos, sino que debe ir más allá. En concreto, nos referimos a un control posterior del impacto de género que permita conocer la eficacia de los recursos públicos.

A mayor abundamiento, la realidad es que las ayudas económicas recogidas en la Ley Orgánica 1/2004, no son suficientes ni siquiera teniendo en cuenta la posibilidad de que se puede acceder a la par a otro tipo de ayudas generales, como la renta mínima vital, para que una mujer víctima de violencia pueda volver a reiniciar su vida. Es cierto que, desde el Derecho Tributario, en concreto, el Impuesto sobre la Renta de las Personas Físicas establece la exención de estas rentas en el artículo 7.y) lo que, a nuestro juicio, resulta acertado en atención a la finalidad perseguida. No obstante, la exención prevista no exime de calificar estas ayudas como asistenciales, lo que queda lejos del concepto del Estado social previsto en nuestra Constitución.

Si bien, se prevé expresamente que, en el caso de las ayudas económicas a las mujeres que sufren violencia, las Administraciones correspondientes deben garantizar, en todos las fases del procedimiento, la máxima celeridad y simplicidad, tal vez, sería deseable que se pudiera acceder a estas ayudas a la par que se tramita la acreditación judicial o administrativa de ser víctima de violencia de género. Además, se debería facilitar las pruebas que se pueden aportar por parte de las víctimas de violencia de género, para que cuando sufra violencia económica pueda acceder a estas ayudas, aunque sean pírricas. De este modo, mientras que la mujer se somete a las pruebas psicológicas que puedan demostrar la existencia de este tipo de violencia, para que el Ministerio Fiscal pueda considerar que existen indicios de violencia y adopte las medidas cautelares oportunas, lo deseable sería que pueda acceder a esta ayuda para poder alejarse del maltratador e iniciar su proceso de recuperación.

En definitiva, a pesar del tiempo transcurrido desde que se comenzaron estudios presupuestarios relacionados con la eficacia de políticas públicas para erradicar y luchar contra la violencia de género tanto en la vertiente del ingreso como del gasto, tal y como hemos visto, resultan insatisfactorios. Tanto por la cuantía, sino también porque van dirigidas a mujeres con unos niveles de renta muy bajos y, no tienen en cuenta otras mujeres que superan los umbrales, a veces por pequeñas cantidades, y no pueden acceder a ningún tipo de ayuda que le permita salir de la situación de violencia ejercida sobre ellas y, en su caso, los menores que forman parte de la unidad familiar.

VI. REFERENCIAS BIBLIOGRÁFICAS

CARBAJO NOGAL, C.: "Mecanismos fiscales ante la violencia de género", *Quincena Fiscal*, nº 6, 2023 (BIB 2023/441).

FERNÁNDEZ AMOR, J.A. y SANCHEZ HUETE, M.: "La realización del principio de igualdad de género por medio de la extrafiscalidad y el gasto público", en AA.VV: *Derecho, género e igualdad: cambios en las estructuras androcéntricas*, UAB, vol. I, 2010.

FERREIRO LAPATZA, J.J.: "La definición de tributo", *Revista Latinoamericana de Derecho Tributario*, ILADT, nº 3, 1997

GARCÍA CALVENTE, Y. y RUIZ GARIJO, M.: "Una lectura de género de las medidas fiscales en España a favor del emprendimiento ¿una nueva oportunidad perdida?", *Nueva Fiscalidad*, nº 2, 2014.

GARCÍA CALVENTE, Y.: "Sistema tributario, gasto público y violencia económica", AA.VV.: *Fiscalidad y sesgos de género,* Tirant lo Blanch, Valencia, 2020.

GARCÍA FREIRIA, M.: "La perspectiva de género en los presupuestos públicos y en el sistema impositivo español en relación con el emprendimiento femenino", *Crónica Tributaria,* nº 192, 2024.

LUCAS DURÁN, M.: "La perspectiva de género en la programación del gasto público", AA.VV.: *Fiscalidad e igualdad de género,* Dykinson, Madrid, 2012.

PITA GRANDAL, A.M.: "El fomento del trabajo de la mujer y el sistema tributario. Fundamentos constitucionales", AA.VV: *El trabajo de la mujer: Impuestos y Subvenciones,* Ed. Torculo, Santiago de Compostela, 2004.

RODRÍGUEZ PEÑA, N.L.: "La necesaria integración de la perspectiva de género en los presupuestos públicos destinados a suprimir la brecha digital entre mujeres y hombres", AA.VV.: *Desafíos éticos, jurídicos y tecnológicos del avance digital,* Iustel, Madrid, 2023.

SÁNCHEZ GALIANA, J.A.: "Los principios constitucionales del gasto público y la estabilidad presupuestaria", *Crónica Presupuestaria,* IEF, nº 3, 2015.

SIOTA ALVAREZ, M. y RUIZ HIDALGO, C.: "El Derecho financiero y tributario español ante el emprendimiento femenino y los presupuestos con perspectiva de género", *Revista Lumen,* nº 1, vol 20.

SOLER ROCH, M.T.: "Los principios implícitos en el régimen jurídico del gasto público", AA.VV.: *El sistema económico de la CE en XV Jornadas de Estudio de la DGS,* vol. II, 1994.

Capítulo 4.

Derecho tributario y víctimas de violencia de género

MÓNICA SIOTA ÁLVAREZ
Profesora titular de Derecho financiero y tributario
Universidade de Vigo

I. INTRODUCCIÓN

Tal y como se indica en el apartado II de la Exposición de Motivos de la Ley Orgánica 1/2004 de 28 de diciembre, de Medidas de Protección Integral contra la Violencia de Género (en adelante, LOMPIVG), los poderes públicos no pueden ser ajenos a la violencia de género, por constituir dicha violencia "uno de los ataques más flagrantes a derechos fundamentales como la libertad, la igualdad, la vida, la seguridad y la no discriminación proclamados en nuestra Constitución"; además, "esos mismos poderes públicos tienen, conforme a lo dispuesto en el artículo 9.2 de la Constitución, la obligación de adoptar medidas de acción positiva para hacer reales y efectivos dichos derechos, removiendo los obstáculos que impiden o dificultan su plenitud".

El Derecho tributario es, precisamente, una de las herramientas con la que cuentan los poderes públicos para hacer frente a la violencia de género[1]; porque, a través de la finali-

---

1 Como ha señalado MATA SIERRA, "el sistema tributario es uno de los mecanismos que se ponen al servicio de los poderes públicos para corregir las situaciones de desigualdad a las que están sometidos ciertos colectivos, que pueden paliarse de forma efectiva me-

dad extrafiscal de los tributos, es posible establecer medidas de acción positiva, en forma de beneficios fiscales, en favor de las víctimas de violencia de género[2]. Recordemos que la Ley 58/2003, de 17 de diciembre, General Tributaria (en adelante, LGT) establece, en su artículo 2, que el fin primordial de los tributos es obtener los ingresos necesarios para el sostenimiento de los gastos públicos, pudiendo servir, además, como instrumentos de la política económica general y atender a la realización de los principios y fines contenidos en la Constitución. En este sentido, GARCÍA CALVENTE ha considerado que estaría plenamente justificada la utilización del sistema tributario para minimizar los efectos negativos de la exclusión social que sufren algunas víctimas de violencia de género[3]. Asimismo ME-

---

diante la adopción de medidas de discriminación positiva en materia de fiscalidad que, a la postre, influirán de forma favorable en la mejora de la situación de dichos colectivos, lo que redundará en la consecución de la igualdad real y efectiva exigida por el art. 9.2 de la Constitución"; MATA SIERRA, Mª. T. (2009). *El principio de igualdad tributaria.* Thomson Reuters-Aranzadi, pág. 196.

2 Indica CARBAJO NOGAL que la finalidad extrafiscal que se ha reconocido al sistema tributario permite que los diferentes impuestos, además de a los fines recaudatorios y de política económica general, puedan atender al cumplimiento de principios y fines contenidos en la Constitución de carácter social (dependencia, menores, desempleados...etc.), entre los que adquiere una importancia esencial el logro de esa igualdad real residenciada en el artículo 9.2 de la Constitución; CARBAJO NOGAL, C. (2023). "Mecanismos fiscales ante la violencia de género". *Quincena fiscal,* núm. 6, pág. 4.

3 GARCÍA CALVENTE, Y. (2012). "El Derecho financiero y tributario ante la exclusión social por razón de género". *Fiscalidad e igualdad de género.* Dykinson, pág. 91. De hecho, esta autora, en el año 2012, defendía la introducción de una exención en el IRPF que evitase el gravamen de la ayuda económica prevista en la Ley Orgánica 1/2004, de 28 de diciembre, de Medidas de Protección Integral contra la Violencia de Género, ayuda que, en la actualidad, tiene la consideración de renta exenta en virtud del art. 7 y) de la LIRPF.

RINO JARA ha evaluado favorablemente las políticas fiscales específicas de apoyo a la mujer en determinados ámbitos de asistencia social, como por ejemplo, en los supuestos de violencia de género[4]. Aunque, en nuestra opinión, también serían admisibles, debido al carácter extrafiscal del sistema tributario, beneficios fiscales específicos que promoviesen, entre otros, el derecho al trabajo -art. 35 de la Constitución- o el derecho a disfrutar de una vivienda -art. 47 de la Constitución- de las mujeres víctimas de violencia de género[5].

De todos modos, la función del Derecho tributario en relación con dichas víctimas no debe ceñirse a establecer medidas tributarias que promuevan o incentiven determinados objetivos constitucionales de política social y económica, cuya consecución puede convertirse en prioritaria para buena parte de este colectivo, como puede ser su protección social y económica para evitar que sufran riesgo de exclusión social. No debemos de olvidar que el legislador está obligado a configurar el sistema tributario de acuerdo con las exigencias de los principios del art. 31.1 de la Constitución, entre los que se encuentran, la igualdad y la capacidad económica. Por ello, y en la medida en que las víctimas de violencia de género pueden ver afectada su capacidad económica debido a la situación que sufren -tanto por una disminución de ingresos, como por un aumento de gastos-, estaría justificado que el legislador estableciese exenciones, u otros beneficios fiscales, con los que tratar de adecuar la obligación de contribuir al sostenimiento de los gastos públicos de las víctimas de violencia de género a los

---

4 MERINO JARA, I. (2012). "Igualdad de género y Derecho financiero". *Fiscalidad e igualdad de género.* Dykinson, págs. 289 y 290.

5 Véase, MATA SIERRA, M.T. (2015). "Alternativas y respuestas del ordenamiento fiscal para la inserción laboral de las mujeres pertenecientes a grupos con riesgo de exclusión social". *La inserción laboral de las mujeres en riesgo de exclusión social.* Tirant lo Blanch.

requerimientos de los principios de igualdad y de capacidad económica[6]. Y, en efecto, en los últimos años, nuestro ordenamiento ha ido incorporando una serie de medidas tributarias de las que se pueden beneficiar las víctimas de violencia de género, que serán objeto de análisis en las páginas siguientes.

II. VÍCTIMAS DE VIOLENCIA DE GÉNERO: DELIMITACIÓN Y ACREDITACIÓN

Antes de analizar las concretas medidas tributarias aplicables a las víctimas de violencia de género, conviene concretar quiénes pueden tener tal condición y cómo deberán acreditarla para que, en su caso, les resulten de aplicación dichas medidas. Por lo que respecta a la normativa tributaria estatal, la principal norma de referencia será la LOMPIVG. Del art. 1 de la citada ley se desprende que "víctima de violencia de género" es la mujer que ha sido objeto de cualquier acto de violencia física y psicológica[7], incluidas las agresiones a la libertad se-

---

6 En este sentido, CARBAJO NOGAL ha reconocido que el ordenamiento tributario deberá "contener medidas que, bajo la forma de discriminaciones positivas, sirvan para equilibrar una situación indeseable para la mujer que puede tener incidencia negativa en su capacidad económica, consiguiendo en la práctica la igualdad tributaria ante un sistema fiscal que si pretende ser justo deberá respetar la situación económica real del sujeto pasivo llamado a satisfacer los impuestos"; CARBAJO NOGAL, C. (2023). "Mecanismos fiscales..., op. cit., pág. 4.

7 Coincidimos con GARCÍA CALVENTE en que la normativa española debería incluir en el concepto de violencia de género la implicación económica, al ser este tipo de violencia complementaria a la física y a la psicológica. Dicha violencia se ejerce, según esta autora, por el sujeto agresor "aprovechándose de la falta de conocimientos o del desinterés de las mujeres por la faceta económica de sus vidas y se manifiesta en actos diversos, tales como el control, la manipula-

xual, las amenazas, las coacciones o la privación arbitraria de libertad, ejercido sobre ella por parte de quien sea o haya sido su cónyuge o de quien esté o haya estado ligado a ella por relaciones similares de afectividad, aun sin convivencia; así como la que, en dicho marco, y con el objetivo de "causar perjuicio

---

ción, la extorsión, el chantaje o la privación de recursos dinerarios a las mujeres durante su vida en pareja e incluso después de haberse puesto fin al vínculo sentimental, lo que cercena su autonomía, así como de las personas de ellas dependientes, en particular las de hijos e hijas"; GARCÍA CALVENTE, Y. (2020). "Sistema tributario, gasto público y violencia económica". *Fiscalidad y sesgos de género.* Tirant lo Blanch, págs. 187 y188. De hecho, alguna normativa autonómica ha incluido, entre las posibles manifestaciones de la violencia de género, a la económica. Nos referimos, por ejemplo, al art. 1.1 de la Ley 7/2012, de 23 de noviembre, integral contra la violencia sobre la mujer en el ámbito de la Comunitat Valenciana cuando, bajo la rúbrica "concepto de la violencia sobre la mujer", establece: "A los efectos de esta ley, se entiende por violencia sobre la mujer todo comportamiento de acción u omisión por el que un hombre inflige a la mujer daños físicos, sexuales, psicológicos y/o *económicos* basados en la pertenencia de esta al sexo femenino, como resultado de la situación de desigualdad y de las relaciones de poder de los hombres sobre las mujeres; así como las amenazas de tales actos, la coacción o la privación arbitraria de libertad, tanto si se producen en la vida pública como en la privada" (La cursiva es nuestra). Y el art. 4. 4 de esta misma norma dispone que: "se considera violencia económica, a efectos de esta ley, toda limitación, privación no justificada legalmente o discriminación en la disposición de sus bienes, recursos patrimoniales o derechos económicos, comprendidos en el ámbito de convivencia de la pareja o en los casos de ruptura de la relación". También la Ley 11/2007, de 27 de julio, gallega para la prevención y el tratamiento integral de la violencia de género se refiere a la violencia económica como manifestación de la violencia de género.

o daño a las mujeres se ejerza sobre sus familiares o allegados menores de edad”[8].

En consecuencia, uno de los presupuestos necesarios para su concurrencia es que los supuestos de violencia de género “tengan como sujeto activo, en todo caso, a un hombre” y que “el sujeto pasivo sea una mujer”[9]. Si bien, dicho requisito debe relacionarse actualmente con las previsiones de la Ley 4/2023, de 28 de febrero, para la igualdad real y efectiva de las personas trans y para la garantía de los derechos de las personas LGTBI, de manera que, como ha remarcado ROVIRA FERRER, la víctima debe ser una mujer y la violencia debe ser ejercida por un hombre, con la inclusión en ambos casos, de las personas transexuales[10]. Además de las mujeres, en virtud de la Ley Orgánica 8/2015, de 22 de julio, de modificación del sistema de protección a la infancia y a la adolescencia, también han adquirido la condición de “víctimas”: los hijos e hijas menores de edad y

---

8 Así, el art. 1.4 de la LOMPIVG, de acuerdo con la modificación realizada por la Ley Orgánica 8/2021, de 4 de junio, de protección integral a la infancia y la adolescencia frente a la violencia, considera como violencia de género la que, con el objetivo de causar daño o perjuicio a las mujeres, se ejerce sobre sus familiares o personas cercanas menores de edad por parte de una persona que es o haya sido su cónyuge o que haya estado ligada a ella con una relación similar de afectividad, incluso sin convivencia.

9 Así se indica en el punto II.b) de la Instrucción 2/2005 de la Fiscalía General del Estado, sobre la acreditación por el Ministerio Fiscal de las situaciones de violencia de género.

10 Por razones de limitación en la extensión de este trabajo no podemos profundizar en esta cuestión; pero nos remitimos a ROVIRA FERRER, I. (2024). “El nuevo supuesto de no sujeción al IIVTNU relativo a los hijos y sujetos dependientes de mujeres fallecidas por violencia de género: análisis crítico y propuesta de reformulación”. *Revista Crítica de Derecho Inmobiliario*, núm. 803, págs. 1500-1502 para un análisis más detallado y de los problemas aplicativos que puede plantear en la práctica.

los/as menores de edad sujetos a su tutela, o guarda y custodia de las mujeres víctimas de violencia de género. En principio, la normativa tributaria autonómica en la que se haga referencia a la violencia de género deberá de tener como marco jurídico de referencia la normativa estatal que acabamos de señalar. No obstante, también podría remitirse expresamente a normativa autonómica específica[11], en cuyo caso sería ésta la determinante a la hora de verificar si concurren o no los requisitos para que resulte de aplicación la norma tributaria en cuestión.

Cabría, en última instancia, que el legislador tributario, amparado en el principio de autonomía calificadora de esta rama del ordenamiento, calificase de forma autónoma el concepto de "víctima de violencia de género"[12]. Aunque, según se ha se-

---

11 Así, por ejemplo, el art. 4 de Ley de la Comunidad Valenciana 13/1997, de 23 de diciembre, por la que se regula el tramo autonómico del Impuesto sobre la Renta de las Personas Físicas y restantes tributos cedidos, establece una deducción en la cuota íntegra autonómica del IRPF para la que, entre otros requisitos, se exige: "Tener la consideración de víctima de violencia de género según lo dispuesto en la Ley 7/2012, de 23 de noviembre, de la Generalitat, integral contra la violencia sobre la mujer en el ámbito de la Comunitat Valenciana".
También el art. 8. Tres del Decreto Legislativo 1/2011, de 28 de julio, por el que se aprueba el texto refundido de las disposiciones legales de la Comunidad Autónoma de Galicia en materia de tributos cedidos por el Estado, por el que se establece una reducción en la base imponible del Impuesto sobre Donaciones en favor de las víctimas de violencia de género, dispone que: "La acreditación de la situación de violencia de género se hará según lo dispuesto en la Ley 11/2007, de 27 de julio, gallega para la prevención y el tratamiento integral de la violencia de género".

12 En este sentido, el art. 6 de la Ley 5/2021, de 20 de octubre, de Tributos Cedidos de la Comunidad Autónoma de Andalucía, bajo la rúbrica "consideración de víctima de violencia doméstica", dispone: "A los efectos de esta Ley, tendrán la consideración de víctima de violencia doméstica las personas a que se refiere el artículo 173.2

ñalado, recurrir a la autonomía calificadora del Derecho tributario "debe hacerse cuando existan sólidas razones para ello" como, por ejemplo, cuando la novedad de la institución comporte la ausencia de otras definiciones normativas formuladas por otras ramas del Derecho, o para alcanzar determinados objetivos legítimos que son propios de las normas fiscales[13].

Por lo que respecta a la acreditación de la condición de víctima de violencia de género, el art. 23 de la LOMPIVG establece, a los efectos únicamente del reconocimiento de los derechos previstos por dicha norma, las distintas opciones a la hora de probar dicha circunstancia; aunque, es evidente que tales previsiones también se podrían extender al ámbito tributario. Así, y con carácter general, la situación de violencia de género se puede acreditar mediante una sentencia condenatoria por cualquiera de las manifestaciones de la violencia contra las mujeres previstas en la LOMPIVG, por una orden de protección o cualquier otra resolución judicial que acuerde una medida cautelar a favor de la víctima, o bien por el informe del Ministerio Fiscal que indique la existencia de indicios de que la demandante es víctima de violencia de género.

La situación de violencia de género también podrá acreditarse mediante un informe de los servicios sociales, de los servicios especializados, o de los servicios de acogida destinados a víctimas de violencia de género de la Administración Pública competente; o por cualquier otro título, siempre que ello esté

---

de la Ley Orgánica 10/1995, de 23 de noviembre, del Código Penal, que cuenten con orden de protección en vigor e inscrita en el Registro Central para la Protección de las Víctimas de la Violencia Doméstica, o con sentencia judicial firme por tal motivo en los últimos diez años".

13 MARTIN QUERALT, J., LOZANO SERRANO, C., TEJERIZO LÓPEZ, J. M., CASADO OLLERO, G. (2008). *Curso de Derecho financiero y tributario.* Tecnos, págs. 192 y 192.

previsto en las disposiciones normativas de carácter sectorial que regulen el acceso a cada uno de los derechos y recursos[14]. Y, en el caso de víctimas menores de edad, la acreditación podrá realizarse, además, por documentos sanitarios oficiales de comunicación a la Fiscalía o al órgano judicial.

Por lo que respecta a la acreditación de la consideración de víctima de violencia de género, alguna Comunidad Autónoma ha establecido sus propios medios de prueba[15]; si bien, por lo general, coinciden con los que acaban de indicarse de acuerdo con las previsiones de la LOMPIVG. En todo caso, y como ha indicado ROVIRA FERRER, "en el ámbito tributario, parece que los beneficios fiscales reconocidos a las víctimas de violencia de género también deberían proceder ante cualquier situación en la que se constate la realidad que llevó al legislador a su reconocimiento, lo cual debería quedar únicamente

---

14 La Conferencia Sectorial de Igualdad, celebrada el 3 de abril de 2019, aprobó un listado de servicios sociales, servicios especializados, o servicios de acogida destinados a víctimas de violencia de género que tienen capacidad de acreditar la condición de víctima de violencia de género, así como un modelo común de acreditación para que las distintas Administraciones autonómicas procedan, de manera homogénea, a la acreditación administrativa de la condición de víctima de violencia de género. El modelo de acreditación, así como la relación de organismos, recursos y servicios que en cada Comunidad Autónoma puedan emitir dichas acreditaciones fue actualizado en la Conferencia Sectorial de Igualdad, celebrada el 11 de noviembre de 2021 (Resolución de 2 de diciembre de 2021, de la Secretaría de Estado de Igualdad y contra la Violencia de Género).

15 Véase el art. 5 de la Ley 11/2007, de 27 de julio, gallega para la prevención y el tratamiento integral de la violencia género; al que, a su vez se remite la normativa tributaria gallega a los efectos de reconocer ciertos beneficios fiscales a las víctimas de violencia de género. Así lo hace, por ejemplo, el art. 14.8 del Decreto Legislativo 1/2011, de 28 de julio, por el que se aprueba el texto refundido de las disposiciones legales de la Comunidad Autónoma de Galicia en materia de tributos cedidos por el Estado.

supeditado a su acreditación por cualquier método de prueba admitido en Derecho con base en el derecho fundamental a su utilización establecido en el art. 24 de la CE"[16].

III. MEDIDAS TRIBUTARIAS ESTATALES APLICABLES A LAS VÍCTIMAS DE VIOLENCIA DE GÉNERO

3.1.- En el Impuesto sobre la Renta de las Personas Físicas

El Impuesto sobre la Renta de las Personas Físicas (en adelante, IRPF), en principio, contempla la exención de varias prestaciones económicas de distinta naturaleza (ayudas, subvenciones, indemnizaciones, etc.) que pueden percibir las víctimas de violencia de género[17]. En primer lugar, el art. 7 y) de la Ley 35/2006, de 28 de noviembre, del Impuesto sobre la

---

16 ROVIRA FERRER, I. (2024). "El nuevo supuesto de no sujeción..., op. cit., pág. 1502.

17 Como señala SELMA PENALVA, no cabe confundir las ayudas públicas con las indemnizaciones porque su origen y naturaleza jurídica es diferente. Las ayudas públicas responden al principio constitucional de solidaridad y su otorgamiento suele ir vinculado al cumplimiento de un determinado objetivo, a la realización de una actividad o de un determinado proyecto o a la concurrencia de un determinado supuesto de hecho, debiendo cumplir el beneficiario con las obligaciones materiales y formales que se hubieran establecido en la convocatoria de las mismas. En cambio, las indemnizaciones tienen un carácter resarcitorio del daño causado por el culpable del delito, es decir, cumple una función reparadora para la víctima ya sea directa o indirecta; SELMA PENALVA, V. (2020). "La fiscalidad de las prestaciones a las víctimas. Especial referencia a los y las menores víctimas, directas o indirectas, de la violencia familiar y de género". *Victimología y menores: un enfoque transversal.* Universidad de Murcia, Centro de Estudios Europeos (CEEUM), Marcial Pons, pág. 231.

Renta de las Personas Físicas y de modificación parcial de las leyes de los Impuestos sobre Sociedades, sobre la Renta de no Residentes y sobre el Patrimonio (en adelante, LIRPF) prevé la exención de una serie de ayudas o subvenciones que pueden obtener las mujeres víctimas de violencia de género[18].

Así, de acuerdo con el segundo párrafo *-in fine-* del art. 7 y) de la LIRPF, estarán exentas "las ayudas previstas en la Ley Orgánica 1/2004, de 28 de diciembre, de Medidas de Protección Integral contra la Violencia de Género, y demás ayudas públicas satisfechas a víctimas de violencia de género por tal condición". Por tanto, y de acuerdo con esta previsión normativa, las mujeres víctimas de violencia de género, en caso de que percibiesen la ayuda económica específica prevista en el art.27 de la LOMPIVG, no tendrían que imputarla en la base imponible general de su autoliquidación del IRPF[19].

---

[18] Dicha exención fue introducida por el art. 1 del Real Decreto-ley 9/2015, de 10 de julio, de medidas urgentes para reducir la carga tributaria soportada por los contribuyentes del Impuesto sobre la Renta de las Personas Físicas y otras medidas de carácter económico. Aunque se introdujeron modificaciones a la misma por el art. 1 de la Ley 2/2022, de 24 de febrero; y por el art. 1 del Real Decreto-ley 39/2020, de 29 de diciembre.

[19] Véase, Real Decreto 1452/2005, de 2 de diciembre, por el que se regula la ayuda económica establecida en el artículo 27 de la LOMPIVG. Dicha ayuda pueden percibirla las mujeres víctimas de violencia de género que reúnan los siguientes requisitos: carecer de rentas que, en cómputo mensual, superen el 75 por ciento del salario mínimo interprofesional -excluida la parte proporcional de dos pagas extraordinarias-; tener especiales dificultades para obtener un empleo, dada su edad, falta de preparación general o especializada, o sus circunstancias sociales, lo que se acredita mediante el informe emitido por el Servicio Público de Empleo correspondiente. Además, se abona en un único pago, y su importe será equivalente al de seis meses de subsidio por desempleo, que podrá ascender a doce meses de subsidio por desempleo cuando la mujer víctima de vio-

También estaría exenta cualquier otra ayuda pública satisfecha a mujeres víctimas de violencia de género por tal condición como, por ejemplo, las que pudiesen establecerse por parte de las Comunidades Autónomas o de las Entidades Locales[20]. Asimismo, y en virtud del segundo párrafo del art. 7 y) de la LIRPF estarán exentas de gravamen las ayudas concedidas a las víctimas de delitos violentos a las que se refiere la Ley 35/1995, de 11 de diciembre, de ayudas y asistencia a las víctimas de delitos violentos y contra la libertad sexual[21]. Se trata, en este caso, de ayudas públicas en beneficio de las víctimas, directas e indirectas, de delitos dolosos y violentos, cometidos en España, con el resultado de muerte, o de lesiones corporales graves, o de daños graves en la salud física o mental; así como en beneficio de las víctimas de los delitos contra la libertad sexual, aunque se perpetren sin violencia. Las mujeres víctimas de violencia de

---

lencia de género y/o familiares que estén a su cargo tengan reconocido un grado de discapacidad igual o superior al 33%.

Además, esta ayuda es compatible con las previstas en la Ley 35/1995, de 11 de diciembre, de ayudas y asistencia a las víctimas de delitos violentos y contra la libertad sexual, así como con cualquier otra ayuda económica de carácter autonómico o local concedida por la situación de violencia de género. En cambio, es incompatible con otras ayudas que cumplan la misma finalidad, así como con la participación en el programa de Renta Activa de Inserción.

20 En este sentido, la Resolución de la DGT de 5 de marzo de 2024 (Consulta núm. V0291-24) considera exentas, en virtud del art. 7 y) de la LIRPF, las ayudas económicas concedidas con carácter puntual por parte de un Ayuntamiento, y con un importe máximo de 1.500 euros, destinadas a potenciar la autonomía de las mujeres víctimas de violencia de género, así como facilitar que la víctima disponga de unos recursos que le permitan disponer de medios y tiempo para afrontar las dificultades que impiden su recuperación integral, así como cubrir situaciones de necesidad derivada de dicha violencia.

21 Véase, Real Decreto 738/1997, de 23 de mayo, por el que se aprueba el Reglamento de ayudas a las víctimas de delitos violentos y contra la libertad sexual.

género pueden ser beneficiarias de estas ayudas -que, además son compatibles con las previstas en el art.27 de la LOMPIVG- en la medida en que sean víctimas de un delito con una serie de particularidades[22].

El art. 7 y) de la LIRPF, en su primer párrafo, también contempla la exención de la prestación de la Seguridad Social del Ingreso Mínimo Vital[23], cuya finalidad es prevenir el riesgo de

---

22 Con carácter general, pueden acceder a estas ayudas quienes, en el momento de cometerse el delito, sean españolas o nacionales de algún otro Estado miembro de la Unión Europea o quienes, no siéndolo, residan habitualmente en España, o sean nacionales de otro Estado que reconozca ayudas análogas a los españoles en su territorio. No obstante, cuando la víctima del delito tenga la consideración de víctima de violencia de género, y se trate de delitos a consecuencia de un acto de violencia sobre la mujer, podrán acceder a las ayudas las mujeres nacionales de cualquier otro Estado que se hallen en España, cualquiera que sea su situación administrativa.
Pueden concederse ayudas provisionales con anterioridad a que recaiga resolución judicial firme que ponga fin al proceso penal, siempre que quede acreditada la precaria situación económica en que hubiese quedado la víctima o sus beneficiarios. Cuando la víctima del delito tenga la consideración de víctima de violencia de género, podrán concederse las ayudas provisionales cualquiera que sea la situación económica de la víctima o de sus beneficiarios.
El importe de las ayudas no podrá superar en ningún caso la indemnización fijada en la sentencia y se calcula mediante la aplicación de unos criterios en función del tipo de ayuda. En el caso de las víctimas de violencia de género, el importe de las ayudas se incrementará en un veinticinco por ciento. En los casos de muerte, la ayuda también será incrementada en un veinticinco por ciento para beneficiarios hijos menores de edad o mayores incapacitados.

23 La prestación de la Seguridad Social del Ingreso Mínimo Vital está regulada en la Ley 19/2021, de 20 de diciembre. El artículo 11.6 de dicha norma establece un complemento de ayuda para la infancia de aquellas unidades de convivencia que incluyan menores de edad entre sus miembros y cuyos ingresos computables en el año inmediatamente anterior al de la solicitud, sean inferiores al 300 por 100

pobreza y exclusión social de las personas que viven solas o están integradas en una unidad de convivencia y carecen de recursos económicos básicos para cubrir sus necesidades básicas. Dicha prestación no está destinada de forma específica a las mujeres víctimas de violencia de género; pero, en caso de que resulten beneficiarias de la misma por cumplir sus requisitos[24], no tendrían que integrarla en la base imponible general del IRPF, al constituir una renta exenta.

Además, el art. 7 y) de la LIRPF, en su primer párrafo, declara exentas "las prestaciones económicas establecidas por las Comunidades Autónomas en concepto de renta mínima de

---

de la renta garantizada y no superen el 150 por 100 del límite de patrimonio establecido para el ingreso mínimo vital. Dicho complemento consiste en una cuantía mensual por cada menor de edad miembro de la unidad de convivencia, que varía en función de la edad cumplida por el menor el día 1 de enero del correspondiente ejercicio. Véase, más ampliamente, SESMA SÁNCHEZ, B. (2020). "Ingreso mínimo vital: reflexiones sobre un nuevo gasto público social". *Civitas. Revista española de derecho financiero,* núm. 188, págs. 15-30.

24 En ese caso, no se les exigirán ciertos requisitos que sí deberán reunir el resto de beneficiarios de esta prestación como, por ejemplo, el requisito de edad -con carácter general, el Ingreso Mínimo Vital es para personas de, al menos, 23 años-, ya que solo se exigirá que sean mayores de edad. Tampoco tendrán que estar unidas por matrimonio o pareja de hecho; ni, en su caso, haber iniciado los trámites de separación o divorcio. Ni se les exigirá el requisito de formar parte de otra unidad de convivencia, considerándose en estos casos como tal la constituida por una persona víctima de violencia de género que haya abandonado su domicilio habitual acompañada de sus hijos/as o menores en régimen de guarda con fines de adopción o acogimiento familiar permanente, y sus familiares hasta el segundo grado por consanguinidad, afinidad o adopción. Tampoco se les exigirá tener residencia en España cuando acrediten la situación de violencia de género por cualquiera de los medios establecidos en el artículo 23 de la Ley Orgánica 1/2004, de 28 de diciembre.

inserción para garantizar recursos económicos de subsistencia a las personas que carezcan de ellos, así como las demás ayudas establecidas por estas o por entidades locales para atender, con arreglo a su normativa, a colectivos en riesgo de exclusión social, situaciones de emergencia social, necesidades habitacionales de personas sin recursos o necesidades de alimentación, escolarización y demás necesidades básicas de menores o personas con discapacidad cuando ellos y las personas a su cargo, carezcan de medios económicos suficientes". Una vez más, este tipo de prestaciones económicas no están destinadas de forma específica a las víctimas de violencia de género; pero, en la medida en que sean sus beneficiarias, también gozarían de la exención de estas ayudas.

Debe advertirse que el límite exento conjunto aplicable a las anteriores rentas (ingreso mínimo vital y prestaciones económicas de Comunidades autónomas o Entes locales en concepto de renta mínima de inserción para garantizar recursos económicos de subsistencia a las personas que carezcan de ellos) alcanza un importe máximo anual conjunto de 1,5 veces el IPREM, indicador que se actualiza cada año; de manera que el exceso percibido -en su caso- tendrá la consideración de rendimientos de trabajo y sí deberá imputarse en la base imponible general del IRPF. Por otra parte, y en virtud del art. 7 d) de la LIRPF, gozan de exención las indemnizaciones como consecuencia de responsabilidad civil por daños personales, en la cuantía legal o judicialmente reconocida. Por tanto, las indemnizaciones por daños personales que puedan cobrar las víctimas de violencia de género de sus agresores también estarán exentas[25].

---

[25] Cabe recordar, no obstante, los requisitos que tienen que concurrir para que se produzca la exención. Entre otras, la Resolución de la DGT de 30 de enero de 2019 (núm. de consulta V0198-19) señala que: "Conforme con la configuración legal de la exención,

Por último, las víctimas de violencia de género también se pueden beneficiar de la exención de la ganancia patrimonial que se pudiera generar en los casos de dación en pago de su vivienda habitual[26], tal y como prevé la Disposición adicional trigésima sexta de la LIRPF, por encontrarse "la unidad familiar en que exista una víctima de violencia de género" entre los deudores del art. 3.1.b) del Real Decreto-ley 6/2012, de 9 de marzo, de medidas urgentes de protección de deudores hipotecarios sin recursos. Lamentablemente el legislador estatal, por el momento, no ha contemplado otras medidas tributarias de acción positiva en favor de las víctimas de violencia de géne-

---

para que las indemnizaciones por responsabilidad civil tengan la consideración de renta exenta es necesario que se correspondan con daños personales, es decir, daños físicos, psíquicos o morales, y que su cuantía se encuentre legal o judicialmente reconocida.

Respecto a la cuantía legal cabe señalar que tal circunstancia se produce cuando una norma determine la cuantía de la indemnización, amparando la exención esta cuantía, estando sujeto y no exento el exceso que pudiera percibirse.

Por lo que se refiere a la cuantía judicialmente reconocida, este Centro Directivo considera comprendidas en tal expresión dos supuestos:

a) Cuantificación fijada por un juez o tribunal mediante resolución judicial.

b) Fórmulas intermedias. Con esta expresión se hace referencia a aquellos casos en los que existe una aproximación voluntaria en las posturas de las partes en conflicto, siempre que haya algún tipo de intervención judicial. A título de ejemplo, se pueden citar los siguientes: acto de conciliación judicial, allanamiento, renuncia, desistimiento y transacción judicial".

26 Debe de tenerse en cuenta que, si se dan los requisitos previstos en el art. 1 de la Ley 1/2013, de 14 de mayo, de medidas para reforzar la protección a los deudores hipotecarios, reestructuración de deuda y alquiler social, las mujeres víctimas de violencia de género tienen la posibilidad de acogerse a la suspensión de los lanzamientos sobre viviendas habituales, acordados en un proceso judicial o extrajudicial de ejecución hipotecaria.

ro con las que, por ejemplo, se incentive su inserción laboral[27] o se facilite el acceso a vivienda.

3.2. En el Impuesto sobre Transmisiones Patrimoniales Onerosas y Actos Jurídicos Documentados

La Ley Orgánica 2/2022, de 21 de marzo, de mejora de la protección de las personas huérfanas de víctimas de la violencia de género pretende, según se desprende de su preámbulo, "eliminar ciertas incertidumbres normativas y obstáculos a que se enfrentan las huérfanas y huérfanos de la violencia de género, al objeto de paliar, al menos en parte, la situación de extrema vulnerabilidad que para ellos resulta de su condición de víctimas de la violencia de género, y así contribuir a que se den las circunstancias para que puedan desarrollar una vida plena, en condiciones de libertad e igualdad". Por ello, y entre otras medidas, esta norma introduce en nuestro ordenamiento dos beneficios fiscales en favor de este colectivo: una exención en el Impuesto sobre Transmisiones Patrimoniales y Actos Jurídicos Documentados (en adelante, ITPyAJD), que será analizada

---

27 Así, por ejemplo, siguiendo a MATA SIERRA se podrían aplicar a las víctimas de violencia de género ciertas medidas para su inserción laboral que ya se utilizan con las mujeres en riesgo de exclusión social; MATA SIERRA, M.T. (2015). "Alternativas y respuestas del ordenamiento fiscal..., op. cit., págs. 371 y 372.
Por su parte, CARBAJO NOGAL, en caso de que las mujeres víctimas de violencia de género optasen por el autoempleo iniciando alguna actividad profesional o empresarial, es partidario de que se las trate de forma diferenciada y más positiva en lo que respecta a las minoraciones que les correspondan en el cálculo de los rendimientos netos derivados de su actividad económica, como ocurre en el caso de las personas discapacitadas. Y también es partidario de medidas similares en caso de que optasen por el régimen de módulos; CARBAJO NOGAL, C. (2023). "Mecanismos fiscales..., op. cit., pág.10.

en este epígrafe; y un supuesto de no sujeción en el Impuesto que grava el Incremento de Valor de los Terrenos de Naturaleza Urbana (en adelante, IIVTNU), que será estudiada en el epígrafe siguiente.

En concreto, el artículo cuarto de la Ley Orgánica 2/2022, de 21 de marzo, de mejora de la protección de las personas huérfanas de víctimas de la violencia de género introduce un nuevo número 34 en la letra B, apartado I, del artículo 45 del texto refundido de la Ley del Impuesto sobre Transmisiones Patrimoniales y Actos Jurídicos Documentados, aprobado por el Real Decreto Legislativo 1/1993, de 24 de septiembre (en adelante, TRLITPyAJD), cuyo tenor literal es el siguiente: "Las transmisiones por cualquier título de bienes o derechos efectuadas en pago de indemnizaciones, en la cuantía judicialmente reconocida, en beneficio de las hijas, hijos y menores o personas incapacitadas sujetas a tutela o guarda y custodia de mujeres fallecidas como consecuencia de violencia contra la mujer, en los términos en que se defina por la ley o por los instrumentos internacionales ratificados por España". El objetivo de dicha norma es introducir un nuevo beneficio fiscal, consistente en eximir, de la modalidad transmisiones patrimoniales onerosas del ITPyAJD[28] las adjudicaciones en pago de deuda de bienes o derechos en beneficio de huérfanos y huérfanas de

---

[28] De acuerdo con el preámbulo de la Ley Orgánica 2/2022, de 21 de marzo, de mejora de la protección de las personas huérfanas de víctimas de la violencia de género, se trataría de "nuevo beneficio fiscal de naturaleza objetiva, consistente en eximir de las modalidades de gravamen referidas en el artículo 1 del TRLITPyAJD (transmisiones patrimoniales onerosas, operaciones societarias y actos jurídicos documentados)". Pero en nuestra opinión, ni se trataría de una exención objetiva, ya que tiene en cuenta las circunstancias personales de los adquirentes; ni tampoco afectaría a las tres modalidades de gravamen del ITPyAJD, sino únicamente a la modalidad de transmisiones patrimoniales onerosas.

mujeres fallecidas por violencia de género o de personas vinculadas a estas por razón de tutela o guarda y custodia, cualquiera que sea el título en virtud del cual se efectúen, y siempre que sirvan para satisfacer indemnizaciones que hayan sido reconocidas judicialmente.

Como se explica en el preámbulo de la Ley Orgánica 2/2022, de 21 de marzo, de mejora de la protección de las personas huérfanas de víctimas de la violencia de género, es indispensable que los huérfanos de madres fallecidas por violencia de género perciban en su integridad las indemnizaciones de responsabilidad civil derivada del delito, no solo como elemento de reparación, al menos en parte, del daño sufrido, sino también porque constituyen un medio para afrontar, en las mejores condiciones posibles, la situación de vulnerabilidad que deriva de la pérdida de sus madres. Sin embargo, dependiendo del modo en que se satisfacían dichas indemnizaciones, estas podían estar sometidas a gravamen o no. Así, en caso de que la indemnización se abonase en dinero, su percepción, por parte de las huérfanas y huérfanos o de las personas vinculadas por razón de tutela o guardia y custodia a la mujer víctima de violencia de género, estaba -y está- exenta de tributación indirecta, en virtud de la exención prevista en el art. 45.1 B), núm. 4 del TRLITPyAJD. En cambio, si se instrumentaba mediante la adjudicación de otros bienes muebles y/o inmuebles del agresor, las huérfanas y huérfanos o las personas dependientes, como adquirentes, estaban obligados al pago del ITPyAJD, en su modalidad de transmisiones patrimoniales onerosas al producirse una adjudicación en pago de deuda, gravada por el art. 7.2 A) del TRLITPyAJD[29]. Con la introducción del núm.

---

29 De hecho, y según se recoge en el preámbulo de la Ley Orgánica 2/2022, de 21 de marzo, de mejora de la protección de las personas huérfanas de víctimas de la violencia de género: "En la mayoría de los casos, los padres condenados carecen del dinero suficiente para

34 en la letra B, apartado I, del artículo 45 del TRLITPyAJD, se consigue, finalmente, exonerar de gravamen las indemnizaciones en favor de los huérfanos y personas dependientes de víctimas de violencia de género que se instrumentan mediante adjudicación en pago de bienes del agresor (voluntariamente o en ejecución de subasta judicial), evitando así la carga económica que suponía el pago del impuesto en estos supuestos, y equiparando el trato tributario de las indemnizaciones por responsabilidad civil derivadas del delito cuando son cobradas por estos colectivos.

Con carácter general, valoramos positivamente esta medida tributaria; pero, al mismo tiempo, creemos oportuno realizar ciertas consideraciones críticas sobre la misma -algunas de ellas son comunes a las que realizaremos, en las páginas siguientes, en relación con el supuesto de no sujeción del IIVTNU que se introdujo en el apartado 3 del artículo 104 del Real Decreto Legislativo 2/2004, de 5 de marzo, que aprueba el texto refundido de la Ley Reguladora de las Haciendas Locales (en adelante, TRLRHL) por el artículo tercero de la Ley Orgánica 2/2022, de 21 de marzo, de mejora de la protección de las personas huérfanas de víctimas de la violencia de género, dado que el legislador, a la hora de configurar ambas normas, ha empleado ciertos elementos comunes-.

En primer lugar, consideramos problemática la determinación del ámbito de aplicación de la exención prevista en el art.

---

afrontar su responsabilidad, por lo que, generalmente, el abono de las indemnizaciones se instrumenta mediante la adjudicación en pago de otros bienes, ya sea por voluntad del padre o en ejecución de subasta judicial. Ello determina el devengo del impuesto y, en consecuencia, la obligación de pago por parte de las huérfanas y huérfanos adquirentes, lo que supone una importante carga económica para estos, que puede incluso impedir la liquidación de la indemnización, al no poder instrumentarse de este modo".

45.I.B) núm. 34 del TRLITPyAJD, y de los sujetos que pueden beneficiarse de la misma. Así, la genérica referencia a "mujeres fallecidas como consecuencia de violencia contra la mujer" no ha sido acotada o definida en la propia norma, remitiéndose el legislador a "los términos en que se defina por la ley o por los instrumentos internacionales ratificados por España". Parece, por tanto, que "por violencia contra la mujer" habrá que entender la violencia, de acuerdo con lo señalado en el art. 1.1 de la LOMPIVG, "como manifestación de la discriminación, la situación de desigualdad y las relaciones de poder de los hombres sobre las mujeres, se ejerce sobre éstas por parte de quienes sean o hayan sido sus cónyuges o de quienes estén o hayan estado ligados a ellas por relaciones similares de afectividad, aun sin convivencia". Aunque también se pueden generar problemas interpretativos y aplicativos si se relaciona el mencionado art. 1.1 de la LOMPIVG con las previsiones de la Ley 4/2023, de 28 de febrero, para la igualdad real y efectiva de las personas trans y para la garantía de los derechos de las personas LGTBI, de manera a la hora de determinar el sexo, tanto de la víctima como del agresor, habrá que incluir a las personas transexuales.

Por otra parte, el legislador no utiliza una buena técnica legislativa al recoger el elenco de los posibles beneficiarios de la exención prevista en el art. 45. I. B, núm. 34 del TRLITPyAJD. En principio, y además de las hijas e hijos de la mujer fallecida, sin que el legislador distinga entre ellos por razón de edad, serían beneficiarios de la exención otras personas que estuviesen sujetas a tutela o guarda y custodia por parte de las mujeres fallecidas. No parece procedente, en todo caso, la referencia a personas "incapacitadas" tras la entrada en vigor de la Ley 8/2021, de 2 de junio, por la que se reforma la legislación civil y procesal para el apoyo a las personas con discapacidad en el ejercicio de su capacidad jurídica; y, en cambio, habría que considerar incluidas en el ámbito de la exención, por efecto de esta nueva normativa, a las personas discapacitadas sobre las que se hayan establecido judicialmente medidas de apoyo atribuidas a la mujer fallecida víctima de violencia de género[30]. Pero debemos recordar que, de acuerdo con el art. 1.2 de la LOMPIVG, y junto a las mujeres, tienen la condición de víctimas de violencia de género "sus hijos menores y los menores sujetos a su tutela, o guarda y custodia, víctimas de esta violencia"; en consecuencia, parece que el ámbito de aplicación de la exención sería más amplio que el de la categoría de "víctima de violencia género", lo que entraría en contradicción con la circunstancia de que la ley que introduce este supuesto de exención en nuestro ordenamiento es la Ley Orgánica "de mejora de la protección de las personas huérfanas *víctimas* de la violencia de género"[31].

Procedería, en su caso, que la exención fuese aplicable a los hijos e hijas menores de edad, así como a los hijos e hijas mayores de edad con discapacidad o personas sujetas a tutela, a guarda y custodia o a medidas de apoyo a la capacidad atribuidas judicialmente a la mujer fallecida, por la situación de especial vulnerabilidad que todos ellos sufrirían en caso de deceso de la mujer. Sin embargo, creemos que no se justificaría que la exención se aplicase a hijos e hijas mayores de edad, o a hijos

30 Curiosamente, cuando el legislador describe esta nueva exención, en el apartado IV del preámbulo de la Ley Orgánica 2/2022, de 21 de marzo, de mejora de la protección de las personas huérfanas de víctimas de la violencia de género, se refiere a la relación de posibles beneficiarios de la misma de forma mucho más acertada desde un punto de vista jurídico: "se introduce un nuevo beneficio fiscal (...), consistente en eximir (...) a las transmisiones de bienes o derechos en beneficio de hijas, hijos, menores o personas con discapacidad sujetas a patria potestad, tutela o con medidas de apoyo para el adecuado ejercicio de su capacidad jurídica, cuyo ejercicio se llevará a cabo por las mujeres fallecidas como consecuencia de violencia contra la mujer (...)".

31 Las cursivas son nuestras.

e hijas menores de edad emancipados, que no se encontrasen en dichas circunstancias, al no ser merecedores de una especial protección por parte del ordenamiento tributario. Por tanto, el legislador debería acotar el círculo de posibles beneficiarios de la exención a los hijos menores de edad no emancipados o a personas con discapacidad -incluidos los hijos mayores de edad- que dependan de la mujer víctima de violencia de género.

Además, la norma no exige, de forma expresa, que el agresor y obligado a pagar la indemnización sea el padre de los hijos e hijas, o el otro sujeto de referencia en el caso de los sujetos dependientes de mujeres fallecidas víctimas de violencia de género; de hecho, también resultaría de aplicación la exención si el causante de la violencia de género y de la muerte de la mujer fuese otra pareja de la madre, distinta al padre de sus hijos o de la otra persona de referencia en el caso de los sujetos dependientes. Pero considerando el objetivo de especial protección que legitima este tratamiento tributario especial, la exención podría reconocerse exclusivamente a los hijos o sujetos dependientes cuyo progenitor, o el otro sujeto de referencia, estuviese obligado a abonarles la indemnización de responsabilidad civil derivada del delito.

Por último, creemos que este supuesto de exención debería de ampliarse expresamente por parte del legislador a las propias mujeres víctimas de violencia de género en aquellos supuestos en los que reciben de sus agresores bienes o derechos en pago de las indemnizaciones por responsabilidad civil derivadas del delito. Al respecto, recordemos como, en la Resolución de la DGT de 29 de agosto de 2019 (Consulta núm. V2273-19), se indica que, en estos supuestos, no resulta aplicable la exención prevista en el número 4 del artículo 45.I.B) del TRLITPAJD, referida a las entregas de dinero que se verifiquen en pago de indemnizaciones, porque supondría aplicar la analogía al supuesto de hecho, circunstancia que está expresamente prohibida en el ámbito de las exenciones, conforme a lo dispuesto en el artículo 14 de la LGT[32]. En esta misma Resolución de la DGT de 29 de agosto de 2019, la Administración tributaria recuerda que las Comunidades Autónomas tienen competencias normativas para regular deducciones y bonificaciones de la cuota aplicables a la transmisión de bienes muebles e inmuebles, como es el caso de la entrega de bienes muebles o inmuebles en pago de una indemnización (adjudicación en pago de deuda), por lo que sería recomendable dirigirse a la Comunidad Autónoma en la que se produce el pago de la indemnización y consultar si ha aprobado algún beneficio fiscal que resulte aplicable a la adjudicación de bienes en pago de la indemnización objeto de consulta.

En línea con lo señalado por la DGT, estimamos que tampoco se podría considerar exenta, por aplicación del art. 45. I. B, núm. 34 del TRLITPyAJD, la adjudicación de bienes y derechos por parte del agresor a las mujeres víctimas de violencia de género en pago de las indemnizaciones por responsabilidad civil derivadas del delito; porque, una vez más, nos encontraríamos ante una integración analógica de un supuesto de exención, que el art. 14 de la LGT proscribe.

---

32 No compartimos con SELMA PENALVA que, realizando una mera interpretación del art. 45.I.B) núm. 4 del TRLITPAJD conforme a los criterios interpretativos previstos en el art. de la Ley General Tributaria, se pudiesen considerar exentas las adjudicaciones de bienes en pago de la indemnización por responsabilidad civil; SELMA PENALVA, V. (2020). "La fiscalidad de las prestaciones a las víctimas…, op. cit., pág. 241.

3.3. En el Impuesto sobre el Incremento de Valor de los Terrenos de Naturaleza Urbana: el supuesto de no sujeción relativo a ciertos herederos de mujeres fallecidas como consecuencia de violencia contra la mujer

Como señalamos en el epígrafe precedente, la Ley Orgánica 2/2022, de 21 de marzo, de mejora de la protección de las personas huérfanas víctimas de violencia de género, y con la finalidad de mejorar la situación de extrema vulnerabilidad de estas, ha incorporado a nuestro ordenamiento dos medidas tributarias. Corresponde, ahora, referirse a la segunda de estas medidas, cuya articulación se realiza mediante la incorporación de un supuesto de no sujeción adicional dentro del apartado 3 del artículo 104 del TRLRHL. Así, y de acuerdo con el art. 104.3 del TRLRHL, tras la modificación operada por el artículo tercero de la Ley Orgánica 2/2022, de 21 de marzo, de mejora de la protección de las personas huérfanas víctimas de violencia de género, “no se producirá la sujeción al impuesto en los supuestos de transmisiones de bienes inmuebles a título lucrativo en beneficio de las hijas, hijos, menores o personas con discapacidad sujetas a patria potestad, tutela o con medidas de apoyo para el adecuado ejercicio de su capacidad jurídica, cuyo ejercicio se llevará a cabo por las mujeres fallecidas como consecuencia de violencia contra la mujer, en los términos en que se defina por la ley o por los instrumentos internacionales ratificados por España, cuando estas transmisiones lucrativas traigan causa del referido fallecimiento”.

3.3.1.- La deficiente técnica legislativa empleada al no configurarlo como una exención

La realización del hecho imponible de un tributo, tal y como prevé el art. 20 de la LGT, origina el nacimiento de la obligación tributaria principal; y, con ella, la obligación de pagar la cuota del tributo. Pero, en ocasiones, las leyes tributarias contemplan supuestos de no sujeción para evitar dudas sobre hechos cuya sujeción a gravamen pudieran plantearlas o para contribuir a aclarar los límites del hecho imponible; de manera que, en dichos supuestos no se realizará el hecho imponible y no surgirá, por tanto, la obligación de tributar. En cambio, en los supuestos de exención, a pesar de realizarse el hecho imponible, no nace la obligación de contribuir. Por tanto, como señala FERREIRO LAPATZA, "las normas que contienen la exención no son, pues, como las que indican supuestos de no sujeción, normas interpretativas o aclaratorias que sirvan para precisar, aclarar o determinar más fácilmente los contornos del hecho imponible. Son, por el contrario, normas que contienen un mandato muy concreto: privan al hecho imponible de su eficacia para generar la obligación tributaria"[33].

En el supuesto que estamos examinando -y que ha sido configurado por el legislador como de no sujeción- cabe plantearse si, en efecto, no supone la materialización del hecho imponible del IIVTNU, y, consecuentemente, el legislador haciendo uso de una buena técnica legislativa lo ha incorporado a los supuestos de no sujeción; o si, por el contrario, el supuesto de hecho que analizamos sí se puede incluir en la órbita del hecho imponible de este impuesto, debiendo el legislador, en ese caso, haberlo configurado como una exención[34].

---

33 FERREIRO LAPATZA, J. J. (2004). *Curso de Derecho financiero español. Volumen II.* 24ª ed. corregida y puesta al día. Marcial Pons. Madrid-Barcelona, pág. 62.

34 De hecho, ARRIETA MARTÍNEZ DE PISÓN, examinando las distintas leyes tributarias, ha advertido hasta cinco problemas diferentes de delimitación entre supuestos de exención y supuestos de no sujeción por parte del legislador: a) Existen supuestos claramente comprensivos del hecho imponible pero que se exceptúan de la obligación tributaria al declararlos no sujetos en vez de exentos. b) En sentido contrario, existen supuestos que no entran dentro del hecho imponible, pero se les califica como exentos, esto es, su-

Parece claro que, si tal y como dispone el art. 104.1 del TRLRHL, el IIVTNU grava el incremento de valor que experimentan los terrenos de naturaleza urbana que se pone de manifiesto a consecuencia de la transmisión de la propiedad de dichos terrenos por cualquier título o de la constitución o transmisión de cualquier derecho real de goce, limitativo del dominio, sobre los referidos terrenos, ambas circunstancias -que se produzca un incremento de valor de terrenos de naturaleza urbana y que dicho incremento se ponga de manifiesto como consecuencia de la transmisión de su propiedad o de derechos reales de goce sobre dichos terrenos- pueden producirse perfectamente con ocasión de la transmisión lucrativa *mortis causa* de bienes y derechos que las mujeres víctimas de violencia de género realicen en favor de sus descendientes[35]. De hecho, así

---

puestos de no sujeción que se regulan como exentos. c) En tercer lugar, existen también supuestos que, sin cumplir el presupuesto de hecho, se contemplan como sujetos al impuesto. d) La ley también regula supuestos en los que le permite al sujeto pasivo optar entre la sujeción o no sujeción. e) También se produce confusión normativa entre sujeción y no sujeción al comprobar la regulación de mecanismos de devolución en supuestos de no sujeción; ARRIETA MARTÍNEZ DE PISÓN, J. (1999). *Técnicas desgravatorias y deber de contribuir.* McGraw-Hill. Madrid, pág. 18.

35 En este sentido, coincidimos plenamente con ROVIRA FERRER cuando afirma: "Y es que, en tanto que se transmitirá la propiedad de los referidos terrenos, o se constituirán o transmitirán los citados derechos sobre ellos, a favor de los hijos o sujetos dependientes de víctimas fallecidas por violencia contra la mujer, podrá quedar puesta de manifiesto, si fuera el caso, la potencial plusvalía que hubieran experimentado mientras formaron parte del patrimonio de la causante; de modo que, a nivel técnico, no es que estas situaciones, guardando cierta proximidad con el hecho imponible del IIVTNU, queden fuera de su órbita, sino que, incuestionablemente, constituyen su materialización"; ROVIRA FERRER, I. (2024). "El nuevo supuesto de no sujeción al IIVTNU relativo a los hijos y sujetos dependientes de mujeres fallecidas por violencia de género: análisis

lo confirma el propio preámbulo de la Ley Orgánica 2/2022, de 21 de marzo, de mejora de la protección de las personas huérfanas víctimas de violencia de género, cuando, al explicar la introducción del mencionado supuesto no sujeción, indica: "la transmisión de ciertos bienes y derechos de la herencia de sus madres (como, por ejemplo, la vivienda en la que residían) que tiene lugar con ocasión de su fallecimiento, *determina el devengo* del Impuesto sobre el Incremento de Valor de los Terrenos de Naturaleza Urbana y su obligación de pago por las huérfanas y huérfanos adquirentes. Sin duda, esto también supone una significativa carga económica, que puede afectar gravemente a la viabilidad de su adquisición. A tal efecto, *se incluye un nuevo supuesto de no sujeción*, consistente en las transmisiones a título lucrativo realizadas en beneficio de hijas, hijos, menores o personas con discapacidad sujetas a patria potestad, tutela, o con medidas de apoyo para el adecuado ejercicio de su capacidad jurídica, cuyo ejercicio se llevara a cabo por las mujeres fallecidas como consecuencia de violencia contra la mujer, y que traigan causa del referido fallecimiento"[36].

Lo sorprendente, por tanto, es que reconociendo el propio legislador que puede realizarse el hecho imponible de este impuesto con la transmisión de bienes y derechos por parte de madres fallecidas, víctimas de violencia de género, en favor de sus hijos, configure un supuesto de no sujeción cuya característica esencial, como ya hemos indicado, es que no se produce la realización del hecho imponible. Si el legislador pretendía evitar el pago del IIVTNU en los referidos supuestos tendría que haber recurrido a la configuración de una exención. Dicha

crítico y propuesta de reformulación". *Revista Crítica de Derecho Inmobiliario*, núm. 803, pág. 1497.

36 Las cursivas son nuestras.

exención, como afirma ROVIRA FERRER[37], estaría legitimada no solo por la grave situación de vulnerabilidad en la que se encontrarían los adquirentes -manifestándose en una menor o incluso inexistente capacidad económica-, sino también en otros principios e intereses de rango constitucional -especialmente, en virtud del principio de igualdad- que avalarían su tratamiento fiscal favorable.

Pero más allá de poner de manifiesto una mala técnica legislativa a la hora de configurar este beneficio fiscal como un supuesto de no sujeción en lugar de como una exención, esta decisión del legislador puede ocasionar a los herederos de las mujeres fallecidas víctimas de violencia de género, a corto o medio plazo, un efecto tributario contrario al inicialmente buscado con esta medida. Ello se debe a que, en los supuestos de no sujeción del IIVTNU -y a diferencia de lo que sucede con las exenciones-, el legislador dispone expresamente en el art. 107.4 del TRLRHL que, salvo que por ley se indique otra cosa, el periodo de generación del incremento de valor que se somete a gravamen no se interrumpe por las transmisiones que no están sujetas y que, en consecuencia, no originan su devengo. Por otra parte, y aunque el TRLRHL se refiere exclusivamente al periodo de tiempo que debe computarse en la posterior transmisión tras un determinado supuesto de no sujeción, sin que nada se indique respecto de cuál debe ser el valor de adquisición que se tome como referencia cuando la base imponible se determine por estimación directa, coincidimos con MOCHÓN LÓPEZ en que "la coherencia del sistema debe llevar a considerar que la misma lógica que se utiliza para

37 ROVIRA FERRER, I. (2024). "El nuevo supuesto de no sujeción..., op. cit., pág. 1498. Además, como remarca esta misma autora, los demás supuestos de no sujeción previstos en el actual art. 104.3 del TRLRHL estaban configurados como exenciones antes de la modificación del art. 106 de la LRHL por la Ley 21/2002, pág. 1499.

determinar el periodo de generación también sirva para fijar cuál es el valor de adquisición que ha de tenerse presente para determinar si en esa segunda transmisión se puede identificar una plusvalía y, por tanto, queda sujeta o cual es el importe de la base imponible"[38]. Esto es, en el caso de que los hijos de la mujer víctima de violencia de género, una vez realizada la trasmisión *mortis causa* de los bienes no sujeta al IIVTNU por el fallecimiento de la madre, tuviesen la necesidad de transmitirlos de forma onerosa, para hacer frente a problemas de liquidez con los que poder afrontar su propia subsistencia, se encontrarían con que tanto el valor como la fecha de adquisición de dichos bienes, a los efectos de determinar la base imponible del IIVTNU de esta segunda transmisión, serían los relativos a la causante. Por tanto, en esta transmisión que realizasen los herederos -que sí estaría sujeta-, se gravaría la plusvalía generada por el valor, y desde el momento, en que los inmuebles fueron inicialmente adquiridos por la madre fallecida hasta el momento en que se produce esta ulterior transmisión para paliar sus problemas de liquidez[39]. Esta circunstancia, insistimos una vez más, es consecuencia exclusiva de la calificación del supuesto, por parte del legislador, como de no sujeción; si el supuesto hubiese sido configurado como de exención -coincidiendo, por otra parte, con su verdadera naturaleza jurídica-, dicho efecto no se produciría.

---

38 MOCHÓN LÓPEZ, L. (2023). "El Impuesto sobre el Incremento de Valor de los Terrenos de Naturaleza Urbana: la problemática de un tributo definido erróneamente". *Tributos locales*, núm. 162, pág. 43.

39 También ha criticado este efecto paradójico que se produce por efecto de su configuración como supuesto de no sujeción; ROVIRA FERRER, I. (2024). "El nuevo supuesto de no sujeción..., op. cit., pág. 1499.

3.3.2.- Requisitos subjetivos, objetivos y otros aspectos problemáticos del supuesto de no sujeción

Junto a la más que cuestionable configuración técnica del supuesto que estamos analizando como de no sujeción, son varios los problemas interpretativos y aplicativos que suscita esta previsión normativa por lo que se refiere, entre otros aspectos, a su ámbito objetivo y subjetivo de aplicación. En este sentido compartimos la afirmación de que "la desafortunada redacción del precepto constituye un serio obstáculo a su interpretación"[40]. Así, y por lo que se refiere a los aspectos subjetivos, se pueden plantear dudas respecto a los requisitos que tienen que concurrir tanto en el caso de las personas que generan el supuesto de no sujeción, como, sobre todo, a los posibles beneficiarios de la medida.

En cuanto a las personas que generan el supuesto de no sujeción, el art. 104.3 del TRLRHL se refiere a "mujeres fallecidas como consecuencia de violencia contra la mujer", y ya nos hemos referido previamente a los problemas interpretativos que puede generar la falta de concreción de esta expresión, así como a la necesidad de que, a la hora de determinar el sexo tanto de la víctima como del agresor, habrá que incluir a las personas transexuales[41]. Con todo, se han planteado dudas de

---

40 MARIN-BARNUEVO FABO, D. (2021). "La actuación de los ayuntamientos tras la declaración de inconstitucionalidad de la plusvalía municipal". *Anuario de Derecho Municipal*, núm. 15, pág. 102. En concreto compartimos con dicho autor que resulta especialmente complejo desentrañar el significado de la expresión literal "cuyo ejercicio se llevará a cabo por las mujeres fallecidas", contenida en el mencionado art. 104.3 del TRLRHL.

41 Nos remitimos al epígrafe 3.2, dado que el legislador, al configurar la exención del art. 45.I.B. núm. 34 del TRLITPyAJD ha empleado los mismos términos. En todo caso, y por lo que se refiere a este supuesto de no sujeción, véase más ampliamente, ROVIRA FERRER,

constitucionalidad respecto de este supuesto de no sujeción por el hecho de dejar fuera del ámbito de aplicación a los hijos y personas dependientes de las personas homosexuales que, habiendo vivido un contexto de violencia doméstica, pierdan como consecuencia de ésta a sus progenitores o a quien ejercía su patria potestad, tutela o medidas de apoyo para el adecuado ejercicio de su capacidad jurídica[42].

Atendiendo al tenor literal del art. 104.3 del TRLRHL tampoco queda claro quiénes pueden ser los posibles beneficiarios del supuesto de no sujeción. Como ha indicado MARÍN-BARNUEVO FABO, "nos queda la duda de saber si el supuesto se aplicará a los hijos en todo caso, o solo en los supuestos en que son menores o tienen limitada de algún modo su capacidad de obrar"[43]. En principio, y dado que la norma no distingue, parece que la intención del legislador es que resulte aplicable a los hijos sin ningún tipo de limitación -ni de edad, ni de su posible emancipación, o de su posible discapacidad-; aunque, en ese caso, como ha señalado ROVIRA FERRER, "al prescindir de la auténtica necesidad de especial protección de los beneficiarios, quede así deslegitimado el auténtico fin que avala

---

I. (2024). "El nuevo supuesto de no sujeción..., op. cit., págs. 1500-1502.

42 ROVIRA FERRER, I. (2024). "El nuevo supuesto de no sujeción..., op. cit., págs. 1506-1507. De hecho, esta autora defiende que, "considerando el objetivo de especial protección que legitima este tratamiento tributario especial, parece que debería reconocerse a todos los hijos o sujetos dependientes que, viniendo de un entorno de violencia familiar, perdieran a ambos progenitores o sujetos de referencia y debieran afrontar un drástico cambio de vida, lo que también simplificaría la procedencia del nuevo supuesto al no requerir la certeza de que la madre fallecida tuviera la condición de víctima de violencia sobre la mujer".

43 MARIN-BARNUEVO FABO, D. (2021). "La actuación de los ayuntamientos..., op. cit., pág. 102.

este tratamiento fiscal favorable"[44]. Por ello, si atendemos a la especial situación de vulnerabilidad y desamparo que podría provocarles la muerte de la mujer víctima de violencia de género, los únicos beneficiarios de esta norma deberían ser los hijos y personas sujetas a tutela, guarda y custodia o a medidas de apoyo para el adecuado ejercicio de su capacidad jurídica, cuyo ejercicio se llevara a cabo por las mujeres fallecidas, ya sea por ser menores no emancipados o por ser personas con discapacidad[45].

Por lo que se refiere a los requisitos objetivos, es necesario que la mujer que transmite los bienes inmuebles haya fallecido "como consecuencia de violencia contra la mujer". En consecuencia, los beneficiarios podrían verse obligados a probar, por una parte, que la mujer fallecida era víctima de violencia de género; y, por otra parte, que su fallecimiento fue consecuencia de dicha violencia. La primera circunstancia se podrá acreditar si la mujer fallecida contase con alguno de los medios de prueba previstos en el art. 23 de la LOMPIVG. La segunda requerirá, con carácter general, la firmeza de la eventual sentencia condenatoria en la que se reconozca dicha circunstancia; lo cual puede ocasionar problemas aplicativos del beneficio fiscal, porque dicha sentencia podrá retrasarse en el tiempo más allá de los plazos previstos no sólo para declarar o autoliquidar el impuesto, sino también para solicitar una eventual rectificación de la autoliquidación presentada o para instar una devolución de ingresos indebidos[46].

---

44 ROVIRA FERRER, I. (2024). "El nuevo supuesto de no sujeción..., op. cit., pág. 1508.

45 Se pronuncia en el mismo sentido ROVIRA FERRER; *ibidem*, pág. 1510.

46 Sobre esta cuestión y los posibles recursos que podrían instarse en estos supuestos véase: *ibídem*, págs. 1515 y ss.

Por otra parte, y de acuerdo con el tenor literal de la norma, el causante del fallecimiento no tiene que ser, necesariamente, el padre o persona responsable de los posibles beneficiarios; ya que el causante de la violencia y, en última instancia de la muerte de la mujer, podría ser una pareja distinta al padre de sus hijos o a quien ejerciese con ella la tutela, la guarda o custodia o las medidas de apoyo para el adecuado ejercicio de su capacidad jurídica en el supuesto de personas con discapacidad.

Debemos referirnos, por último, a otro aspecto problemático de este supuesto de no sujeción; ya que, debido a las condiciones que debe reunir el sujeto pasivo del IIVTNU en las transmisiones *mortis causa,* puede convertir en ineficaz cualquier tipo de beneficio fiscal que se aplique sobre los causahabientes personas físicas. Recordemos que el art. 106.1 a) del TRLRHL dispone que, en las transmisiones de terrenos o en la constitución o transmisión de derechos reales de goce limitativos del dominio a título lucrativo, será sujeto pasivo, a título de contribuyente, la persona física o jurídica, o la entidad a que se refiere el artículo 35.4 de la LGT, que adquiera el terreno o a cuyo favor se constituya o transmita el derecho real de que se trate. Por tanto, puede ocurrir que, en el momento en que venza el plazo para presentar la correspondiente autoliquidación o declaración del IIVTNU, no se haya producido la aceptación de los terrenos transmitidos por parte del hijo o sujeto dependiente, en cuyo caso el contribuyente será la herencia yacente y no se podrán aplicar los beneficios fiscales de carácter subjetivo a los que tendrían derecho los llamados a la herencia, de haber asumido la condición de herederos.

3.3.3.- La necesaria reformulación de este beneficio fiscal

Teniendo en cuenta las consideraciones que hemos hecho en las páginas precedentes, coincidimos plenamente con RO-

VIRA FERRER[47] en que razones tanto de técnica jurídica como de eficacia hacen imprescindible una completa reformulación del supuesto de no sujeción previsto en el art.104.3 del TRLRHL si se quiere alcanzar la legítima finalidad perseguida con su inclusión en nuestro ordenamiento: proporcionar un trato fiscal más favorable en el IIVTNU a los hijos y sujetos dependientes de mujeres fallecidas como consecuencia de violencia de género, respecto de los bienes y derechos adquiridos mediante herencia.

Así y, por razones de estricta técnica jurídica, y atendiendo a su verdadera naturaleza, debería de configurarse como una exención total del impuesto en lugar de como un supuesto de no sujeción. Además, debería perfilarse mejor el ámbito de aplicación de dicha exención, especificando claramente quienes serían los posibles beneficiaros de la misma, de acuerdo con los principios de justicia tributaria previstos en el art. 31.1 de la Constitución. Respecto de esta última cuestión, y como ya adelantamos, creemos que la exención debería aplicarse exclusivamente a los hijos y personas sujetas a tutela, guarda y custodia o a medidas de apoyo para el adecuado ejercicio de su capacidad jurídica, cuyo ejercicio se llevara a cabo por las mujeres fallecidas, ya sea por ser menores no emancipados o por ser personas con discapacidad. Por último, y para evitar que el tributo se exija a la herencia yacente, debería establecerse una prórroga automática y por un plazo de tiempo superior en periodo voluntario para los supuestos en los que hubiese que presentar declaración o autoliquidación del IIVTNU por parte de los beneficiarios de esta exención.

---

47 *Ibidem*, págs. 1520 y 1521.

IV. MEDIDAS TRIBUTARIAS AUTONÓMICAS APLICABLES A LAS VÍCTIMAS DE VIOLENCIA DE GÉNERO

Entre los recursos financieros con los que cuentan las Comunidades Autónomas de régimen común para hacer frente a sus necesidades de gasto se encuentran, de acuerdo con el art. 157 a) de la Constitución, los impuestos cedidos total o parcialmente por el Estado. Estos se caracterizan, según lo dispuesto en el art. 10 de la Ley Orgánica 8/1980, de 22 de septiembre, de Financiación de las Comunidades Autónomas, por ser tributos establecidos y regulados por el Estado cuya recaudación se transfiere total o parcialmente a la Comunidad Autónoma. En ambos casos, la cesión podrá comprender competencias normativas en los términos que determine la Ley que regule la cesión de tributos.

De acuerdo con estas previsiones normativas, la Ley 22/2009, de 18 de diciembre, por la que se regula el sistema de financiación de las Comunidades Autónomas de régimen común y Ciudades con Estatuto de Autonomía y se modifican determinadas normas tributarias, establece la posibilidad de que las mencionadas Comunidades Autónomas puedan regular distintos elementos esenciales en cada uno de los tributos cedidos. Haciendo uso de esta competencia, algunas de las Comunidades Autónomas de régimen común[48] han aprobado distintas medidas específicas[49], en forma beneficios fiscales en el IRPF,

---

[48] Hasta el momento, las Comunidades Autónomas de régimen común que no han establecido previsiones tributarias específicas en favor de las víctimas de violencia de género son: Baleares, Cantabria, Castilla-La Mancha, Cataluña, Extremadura, La Rioja, Madrid y Murcia.

[49] Las víctimas de violencia de género también pueden aprovecharse indirectamente de otros beneficios fiscales en la medida en que cumplen alguno de los requisitos para su aplicación, como por

en el Impuesto sobre Sucesiones y Donaciones (en adelante, ISD) y en el ITPyAJD, con la finalidad de discriminar positivamente a las víctimas de violencia de género y adecuar su obligación de contribuir al sostenimiento de los gastos públicos a los principios de igualdad y capacidad económica, previstos en el art. 31.1 de la Constitución. Entre ellas, cabe citar a la Comunidad Autónoma de Andalucía[50], aunque su normativa hace referencia a la expresión "violencia doméstica"[51].

Debe señalarse, por otra parte, que algunas Comunidades Autónomas han optado por favorecer, a través de beneficios

---

ejemplo, ser jóvenes, familia numerosa, familia monoparental o formar parte del grupo de contribuyentes con ingresos reducidos; pero, como remarca CARBAJO NOGAL, "no se trata de beneficios fiscales pensados expresamente para ellas como resultaría deseable, entre otras cosas para darles mayor visibilidad y para que puedan sentirse más protegidas por las correspondientes administraciones autonómicas ayudando a conseguir mayores cotas de igualdad real"; CARBAJO NOGAL, C. (2023). "Mecanismos fiscales..., op. cit., pág. 18.

50 De hecho, en la Exposición de Motivos de la Ley 5/2021, de 20 de octubre, de Tributos Cedidos de la Comunidad Autónoma de Andalucía, se indica que uno de los ocho pilares básicos en los que se basa el sistema tributario andaluz es el de desarrollar políticas sociales y de apoyo a las familias, especialmente a jóvenes, incluyendo como colectivo de especial protección a las personas que han sufrido violencia doméstica.

51 Ello se explica, según PALLARÉS RODRÍGUEZ, porque el partido político Vox -que es el que apoya al gobierno autonómico andaluz para aprobar las iniciativas parlamentarias- no acepta la expresión "violencia de género", prefiriendo aludir a la terminología de "violencia doméstica", que no tiene el sesgo de considerar sólo a la mujer como víctima. Compartimos, en todo caso, con esta autora, que la violencia de género está incluida en la violencia doméstica; PALLARÉS RODRÍGUEZ, R. (2022). "La fiscalidad de la vivienda habitual en el IRPF en la Comunidad Autónoma de Andalucía". *Quincena fiscal*, núm.15, pág.12.

fiscales, a los herederos de las víctimas de violencia de género; aunque, podemos adelantar que, en nuestra opinión, la deficiente configuración jurídica de alguna de estas regulaciones puede resultar desproporcionada, e incluso atentar contra los principios de igualdad y generalidad, por otorgar un tratamiento de favor a ciertos sujetos sin que esté justificado, y resultar, en última instancia, discriminatorias. A continuación, haremos un repaso por las principales medidas tributarias adoptadas por las Comunidades Autónomas de régimen común en favor de las víctimas de violencia de género o de sus herederos.

4.1. En el Impuesto sobre la Renta de las Personas Físicas

Las características que presenta este tributo -se trata de un impuesto personal y subjetivo- lo convierten en especialmente propicio para establecer medidas tributarias de discriminación positiva en favor de las víctimas de violencia de género, que no solo faciliten la consecución de ciertos objetivos de política social y económica en favor de este colectivo, sino que, además, permitan adecuar su obligación de contribuir al sostenimiento de los gastos públicos a su capacidad económica. Sin embargo, las previsiones, al respecto, son prácticamente inexistentes[52]. Hasta el momento, sólo dos Comunidades Autónomas han configurado beneficios fiscales para incentivar el acceso al mercado del arrendamiento residencial de las mujeres víctimas de violencia de género, al considerar que se trata de uno de los colectivos que presenta características personales, familiares y económicas particulares que lo colocan en una situación más vulnerable[53].

---

52 Así lo señala CARBAJO NOGAL, C. (2023). "Mecanismos fiscales…, op. cit., pág. 21.

53 Véase QUINTANA FERRER, E. (2024). "El arrendamiento estable y permanente de viviendas: efectos de las políticas públicas, impacto

Así, la Comunidad Autónoma de Valencia ha regulado una deducción en la cuota íntegra autonómica del IRPF relativa al arrendamiento o pago por la cesión en uso de la vivienda habitual[54] de la que se pueden beneficiar, de forma especial, las arrendatarias que sean víctimas de violencia de género. En concreto, el porcentaje y el límite de esta deducción será del 25% de las cantidades satisfechas en el período impositivo, con el límite de 850 euros, cuando el arrendatario reúna una de las siguientes condiciones, o del 30% de dichas cantidades, con el límite de 1.000 euros, si reúne dos o más: tener una edad igual o inferior a 35 años; ser discapacitado físico o sensorial, con un grado de discapacidad igual o superior al 65 por ciento, o psíquico, con un grado de discapacidad igual o superior al 33 por ciento; tener la consideración de víctima de violencia de género, según lo dispuesto en la Ley 7/2012, de 23 de noviembre, de la Generalitat, integral contra la violencia sobre la mujer en el ámbito de la Comunidad valenciana. Además, para el caso de que la arrendataria sea una mujer víctima de violen-

---

de la fiscalidad y promoción a través de beneficios fiscales autonómicos". *Quincena fiscal*, núm.15, pág. 24.

54 De acuerdo con el art. 4 de Ley de la Comunidad Valenciana 13/1997, de 23 de diciembre, por la que se regula el tramo autonómico del Impuesto sobre la Renta de las Personas Físicas y restantes tributos cedidos, entre los requisitos que deben verificarse para que esta deducción pueda aplicarse cabe citar: que se trate del arrendamiento de la vivienda habitual del contribuyente, ocupada efectivamente por el mismo, con fecha de contrato posterior a 23 de abril de 1998; que, al menos, durante la mitad del periodo impositivo, ni el contribuyente ni ninguno de los miembros de su unidad familiar sean titulares, del pleno dominio o del derecho real de uso o disfrute de otra vivienda que diste menos de 50 km de la arrendada, salvo que exista resolución administrativa o judicial que les impida el uso como residencia, y que la suma de la base liquidable general y del ahorro no supere los 25.000 euros en tributación individual y los 40.000 euros en conjunta.

cia de género, y a los efectos de la aplicación de esta deducción, se considerará que no forma parte de la unidad familiar el cónyuge agresor no separado legalmente y no se computará el inmueble que la contribuyente compartía con la persona agresora como residencia habitual.

Andalucía también ha contemplado una deducción en la cuota íntegra autonómica del IRPF por cantidades invertidas en el alquiler de la vivienda habitual cuando, entre otros supuestos, el arrendatario sea una persona víctima de violencia doméstica[55]. La deducción será del 15% de las cantidades satisfechas en el periodo impositivo, con un límite máximo de 600 euros anuales.

Cabe señalar que la Comunidad Autónoma de Extremadura no ha establecido ninguna medida de incentivo que favorezca a las víctimas de violencia de género; pero sí ha utilizado esta circunstancia para configurar beneficios fiscales que afectan a terceros. Concretamente, esta Comunidad Autónoma ha regulado una deducción de 100 euros para contribuyentes viudos[56]. La deducción será de 200 euros en los casos en que el contribuyente viudo tenga, a su cargo, uno o más descendientes que computen a efectos de aplicar el mínimo por descendientes, y que no perciban ningún tipo de rentas. Sin embargo, no ten-

---

55 Dicha deducción se regula en el art. 10 de la Ley 5/2021, de 20 de octubre, de Tributos Cedidos de la Comunidad Autónoma de Andalucía. Y, como requisitos adiciones, exige: a) Que la suma de las bases imponibles general y del ahorro no sea superior a 25.000 euros en tributación individual o a 30.000 euros en caso de tributación conjunta; b) Que el contribuyente identifique al arrendador o arrendadora de la vivienda haciendo constar su número de identificación fiscal (NIF) en la correspondiente autoliquidación.

56 En el art. 7 del Decreto Legislativo 1/2018, de 10 de abril, por el que se aprueba el texto refundido de las disposiciones legales de la Comunidad Autónoma de Extremadura en materia de tributos cedidos por el Estado.

drán derecho a la aplicación de esta deducción los contribuyentes que hubieren sido condenados, en virtud de sentencia firme, por delitos de violencia de género contra el cónyuge fallecido.

A la vista de que, en los últimos años, la lista de deducciones en la cuota íntegra autonómica del IRPF creadas por las Comunidades Autónomas no ha dejado de incrementarse, llama la atención que sólo dos de estas comunidades hayan incorporado instrumentos de acción positiva, en forma de beneficios fiscales, destinados a las víctimas de violencia de género. Sin embargo, consideramos más oportuno que, en su caso, sea el legislador estatal el que se ocupe de configurarlos e incorporarlos a nuestro ordenamiento -y, en particular, cuando se trate de deducciones en la cuota del IRPF-; no sólo porque garantizaría que se aplicasen de forma armonizada en todo el territorio, sino también porque, probablemente, podría hacer un mayor esfuerzo económico a la hora de establecerlos, consiguiendo que fuesen más eficaces y justos. Además, mientras no se modifique el sistema de financiación autonómico, ampliando las competencias normativas de las Comunidades Autónomas de régimen común, no parece aconsejable que éstas puedan aprobar medidas de estímulo al emprendimiento de las víctimas de violencia de género, so pena de ser declaradas inconstitucionales[57].

4.2.- En el Impuesto sobre Sucesiones y Donaciones

Al igual que el IRPF, el Impuesto sobre Sucesiones y Donaciones (tiene naturaleza personal y subjetiva por lo que, una vez más, nos encontraríamos ante un tributo adecuado para

---

[57] Al respecto, véanse las sentencias del Tribunal Constitucional 161/2012, de 20 de septiembre de 2012 y 197/2012, de 6 de noviembre de 2012.

contemplar medidas tributarias en favor de las víctimas de violencia de género; en particular, nos referimos al Impuesto sobre Donaciones. Ya que, en el caso del Impuesto sobre Sucesiones -y con la excepción de las Comunidades Autónomas cuyos derechos forales reconozcan la posibilidad de otorgar pactos sucesorios en favor de la mujer víctima de violencia de género-, los principales favorecidos por este tipo de medidas serán los herederos de la víctima.

Por lo que se refiere al Impuesto sobre Donaciones, es posible identificar los siguientes beneficios fiscales entre la normativa tributaria autonómica: La Comunidad Autónoma de Valencia ha regulado una reducción del 95% de la base imponible del impuesto para donaciones de dinero realizadas a favor de mujeres víctimas de violencia de género, con la finalidad de adquirir una vivienda habitual situada en dicha Comunidad[58]. Además deben de verificarse los siguientes requisitos: la base máxima de la reducción no podrá superar los 60.000 euros por contribuyente, ya sea en una o varias donaciones sucesivas; la adquisición de la vivienda deberá producirse en el plazo de los 12 meses siguientes a la donación; la donataria no podrá ser titular de otra vivienda, salvo que sea la que compartía con la persona agresora; y la donación tendrá que formalizarse en escritura pública, en la que ha de constar la voluntad de destinar el dinero donado a la adquisición de vivienda.

De manera semejante, la Comunidad Autónoma de Galicia ha establecido una reducción del 95 % en la base imponible del impuesto, por donaciones de dinero realizadas a favor de hijas y descendientes que sean mujeres víctimas de violencia de género con la finalidad de que adquieran una vivienda ha-

---

58 Véase, art. 10 bis 7º de la Ley 13/1997, de 23 de diciembre, por la que se regula el tramo autonómico del Impuesto sobre la Renta de las Personas Físicas y restantes tributos cedidos.

bitual en el territorio de dicha Comunidad Autónoma[59]. Como requisitos adicionales deben cumplirse los siguientes: el importe de la donación no podrá superar los 60.000 euros; las donatarias no podrán ser titulares de otra vivienda[60]; la suma de la base imponible total menos el mínimo personal y familiar a efectos del IRPF de la donataria no podrá ser superior a 30.000 euros; la donación debe formalizarse en escritura pública en la que se exprese la voluntad de que el dinero donado se destine a la adquisición de la vivienda; y, la donataria deberá adquirir la vivienda en los 6 meses siguientes a la donación.

La Comunidad Autónoma de Andalucía también ha previsto dos beneficios fiscales en el Impuesto sobre Donaciones para favorecer a donatarios de distintos colectivos, entre los que se hace mención expresa a las víctimas de violencia doméstica. En concreto, se regulan dos reducciones del 99% de la base imponible -que se aplicarán, con carácter general, sobre una base máxima de reducción de 150.000 euros, o 250.000 euros cuando el donatario tenga la consideración de persona con discapacidad- tanto para la donación de dinero a descendientes para la adquisición de la vivienda habitual[61], como para

---

59 Que está regulada en el art. 8 Tres del Decreto Legislativo 1/2011, de 28 de julio, por el que se aprueba el texto refundido de las disposiciones legales de la Comunidad Autónoma de Galicia en materia de tributos cedidos por el Estado.

60 Quizás, a los efectos de este requisito, el legislador debería excluir la que, en su caso, comparta con el agresor.

61 Prevista en el art. 32 de la Ley 5/2021, de 20 de octubre, de Tributos Cedidos de la Comunidad Autónoma de Andalucía. Este precepto exige los siguientes requisitos para que la reducción sea aplicable: que el patrimonio preexistente del donatario esté comprendido en el primer tramo de la escala establecida por el artículo 22 de la Ley 29/1987, de 18 de diciembre, del Impuesto sobre Sucesiones y Donaciones; que el importe íntegro de la donación se destine a la compra de la vivienda habitual; que la vivienda esté situada en el territorio de la Comunidad Autónoma de Andalucía y que el donatario la

la donación del pleno dominio de vivienda habitual a descendientes[62].

En el Impuesto sobre Sucesiones, dos Comunidades Autónomas han configurado beneficios fiscales en favor de los herederos de las mujeres víctimas de violencia de género. En concreto, la Comunidad Autónoma de Aragón ha contemplado una reducción del 100% de la base imponible del impuesto en las adquisiciones hereditarias que correspondan a los descendientes, ascendientes y cónyuge de la causante fallecida como consecuencia de actos de violencia de género[63]. Reducción que, en la Comunidad de Castilla y León, será del 99% para todo tipo de sujetos pasivos del impuesto cuando la

---

mantenga como vivienda habitual durante los tres años siguientes a la fecha de su adquisición; que la adquisición de la vivienda se efectúe dentro del período de autoliquidación del impuesto correspondiente a la donación, debiendo aportar la escritura pública en que se formalice la compraventa. En este documento público deberá hacerse constar la donación recibida y su aplicación al pago del precio de la vivienda habitual.

62 Regulada en el art. 33 de la Ley 5/2021, de 20 de octubre, de Tributos Cedidos de la Comunidad Autónoma de Andalucía. Este precepto exige los siguientes requisitos para que la mencionada reducción sea aplicable: que el patrimonio preexistente del donatario esté comprendido en el primer tramo de la escala establecida por el artículo 22 de la Ley 29/1987, de 18 de diciembre, del Impuesto sobre Sucesiones y Donaciones; que el inmueble adquirido se destine a vivienda habitual del donatario, y que éste mantenga la vivienda habitual durante los 3 años siguientes a la fecha de su adquisición; que se haga constar en la escritura pública en la que se formalice la donación que el inmueble se destine a constituir la vivienda habitual para el donatario y el compromiso de mantenimiento durante los 3 años siguientes a su adquisición.

63 En el art. 133-11 del Decreto Legislativo 1/2005, de 26 de septiembre, del Gobierno de Aragón, por el que se aprueba el texto refundido de las disposiciones dictadas por la Comunidad Autónoma de Aragón en materia de tributos cedidos.

persona causante sea víctima de violencia de género[64]. En estas dos reducciones apreciamos distintos problemas de configuración técnica que, además de dificultar su aplicación en la práctica, pueden convertirlas en discriminatorias por ofrecer un tratamiento fiscal de favor a determinados sujetos sin que esté justificado. Consideramos que, en principio, este tipo de reducciones podrían justificarse con el objetivo de proteger a determinados herederos de la mujer que se encontrarían en una situación de especial vulnerabilidad como consecuencia de su fallecimiento debido a actos de violencia de género.

Por ello, y, en primer lugar, creemos que se debería restringir el ámbito de los posibles beneficiarios de la medida exclusivamente a: descendientes menores de edad que no se encuentren emancipados, y a personas mayores de edad -sean hijos o no de la mujer fallecida- cuando sean personas discapacitadas, que estén sujetas a patria potestad, tutela o a medidas de apoyo para el adecuado ejercicio de su capacidad jurídica; y que, por tanto, dependan de la causante. E, incluso, en estos supuestos, la reducción podría modularse en función del patrimonio preexistente de los causahabientes y del importe de los bienes y derechos adquiridos.

El hecho de que, en particular, la reducción prevista en la normativa de la Comunidad de Castilla y León pueda aplicarse, sin excepción, a cualquier heredero de la causante, podría convertirla en discriminatoria por otorgar un tratamiento de favor a quien, siendo heredero de la mujer víctima de violencia de género, no se encuentre en situación de vulnerabilidad por no tener que afrontar un drástico cambio de vida como consecuencia de su fallecimiento como, por ejemplo, los ascen-

---

64 Así se prevé en el art. 15.4 del Decreto Legislativo 1/2013, de 12 de septiembre, por el que se aprueba el texto refundido de las disposiciones legales de la Comunidad de Castilla y León en materia de tributos propios y cedidos.

dientes o colaterales. Y, en todo caso, solo cabría justificar que el cónyuge de la mujer víctima de violencia de género pudiese beneficiarse de la reducción cuando concurriesen dos circunstancias de forma cumulativa: que no fuese su agresor y que tuviese a su cargo los hijos menores de edad no emancipados o las personas mayores de edad discapacitadas -sean hijos o no de la mujer fallecida- dependientes de la víctima.

También consideramos necesario que la reducción se otorgue a los causahabientes cuya madre o persona de referencia hubiese fallecido a causa de actos de violencia de género; aunque, somos conscientes de que, en estos casos, la efectiva aplicación de la reducción podría demorarse hasta que hubiese una sentencia condenatoria del agresor. En nuestra opinión, no sería suficiente, tal y como se establece en la Comunidad Autónoma de Castilla y León, que la causante fuese víctima de violencia de género; porque, en caso de que falleciese por causas naturales o por circunstancias no relacionadas directamente con actos de violencia de género, la reducción podría considerarse discriminatoria por no estar justificada.

4.3. En el Impuesto sobre Transmisiones Patrimoniales y Actos Jurídicos Documentados

Es precisamente en este impuesto indirecto donde se aprecia que un mayor número de Comunidades Autónomas han realizado un esfuerzo por reconocer beneficios tributarios a las mujeres víctimas de violencia de género con la finalidad de facilitar su acceso a una vivienda en dos de las modalidades impositivas del mismo: en el Impuesto sobre Transmisiones Patrimoniales Onerosas (en adelante, TPO) y en el Impuesto sobre Actos Jurídicos Documentados (en adelante, AJD). En la Comunidad Autónoma gallega, y por lo que refiere a TPO: se ha establecido un tipo de gravamen del 3% para las transmisiones de inmuebles que vayan a constituir la vivienda habitual de víctimas de violencia de género[65]; y, además, una deducción en la cuota del 100 % siempre que se cumplan los requisitos anteriores y la vivienda se encuentre en alguna de las parroquias que tengan la consideración de zonas poco pobladas o áreas rurales[66]. Mientras que, a los efectos de AJD: por una parte, el tipo de gravamen aplicable en la cuota variable de los documentos notariales, en las primeras copias de escrituras que documenten la adquisición de la vivienda habitual de la mujer víctima de violencia de género o la constitución de préstamos o créditos hipotecarios destinados a su financiación, será del 0,5 %[67]; y, además, se prevé una deducción del 100% en la

---

65 De acuerdo con el art. 14 Ocho del Decreto Legislativo 1/2011, de 28 de julio, por el que se aprueba el texto refundido de las disposiciones legales de la Comunidad Autónoma de Galicia en materia de tributos cedidos por el Estado, dichos requisitos serían: que, en la fecha de devengo del impuesto, el adquirente se encuentre en alguna de las situaciones de violencia de género descritas en la Ley 11/2007, de 27 de julio, gallega para la prevención y el tratamiento integral de la violencia de género; que el precio de la vivienda no exceda los 150.000 euros; que la adquisición de la vivienda se documente en escritura pública, en la cual se hará constar expresamente la finalidad de destinarla a constituir su vivienda habitual. Se establece, además, que en caso de que el inmueble haya sido adquirido por varias personas y no se hayan cumplido los requisitos señalados anteriormente en todos los adquirentes, el tipo reducido se aplicará a la parte proporcional de la base liquidable correspondiente al porcentaje de participación en la adquisición de los contribuyentes que sí los cumplan.

66 El art. 16 Siete del Decreto Legislativo 1/2011, de 28 de julio, por el que se aprueba el texto refundido de las disposiciones legales de la Comunidad Autónoma de Galicia en materia de tributos cedidos por el Estado así lo establece.

67 Véase el art. 15 Ocho del Decreto Legislativo 1/2011, de 28 de julio, por el que se aprueba el texto refundido de las disposiciones legales de la Comunidad Autónoma de Galicia en materia de tributos cedidos por el Estado, en el que se exigen los siguientes requisitos para que se aplique este beneficio fiscal: que en la fecha de devengo del

cuota íntegra en la modalidad de AJD cuando, verificándose los requisitos anteriores, la vivienda se encuentre en alguna de las parroquias que tengan la consideración de zonas poco pobladas o áreas rurales[68]. De esta manera no sólo se promueve la adquisición de la vivienda habitual de la mujer víctima de violencia de género, sino que, además, se incentiva que la vivienda se adquiera en determinadas zonas, con la finalidad de evitar la despoblación de las mismas.

La Comunidad Autónoma valenciana también prevé tipos de gravamen reducidos en TPO para la adquisición de la vivienda habitual de mujeres víctimas de violencia de género: el tipo será del 4% siempre que el valor de inmueble exceda de 180.000 euros y la suma de la base liquidable general y de la base liquidable del ahorro del IRPF de la mujer no exceda de 25.000 euros en tributación individual o de 40.000 euros en tributación conjunta; en cambio será del 3% si el valor del inmueble no excede de 180.000 euros[69]. Por su parte, la Comunidad Autónoma de Aragón ha establecido una bonificación del 12,5 % en la cuota íntegra de TPO aplicable a la adquisición de la vivienda habitual de las mujeres víctimas de violencia de gé-

---

impuesto el adquirente se encuentre en alguna de las situaciones de violencia de género descritas en la Ley 11/2007, de 27 de julio, gallega para la prevención y el tratamiento integral de la violencia de género; que el precio de la vivienda no exceda los 150.000 euros; y que la adquisición de la vivienda deberá documentarse en escritura pública, en la cual se hará constar expresamente la finalidad de destinarla a constituir su vivienda habitual.

68 Véase el art. 17 Ocho del Decreto Legislativo 1/2011, de 28 de julio, por el que se aprueba el texto refundido de las disposiciones legales de la Comunidad Autónoma de Galicia en materia de tributos cedidos por el Estado.

69 Véase el art. 13, apartados Cuatro y Cinco de la Ley 13/1997, de 23 de diciembre, de la Comunidad valenciana, por la que se regula el tramo autonómico del Impuesto sobre la Renta de las Personas Físicas y restantes tributos cedidos.

nero siempre y cuando el valor real del inmueble adquirido no exceda de 100.000 euros[70]; bonificación que es compatible con otras equivalentes previstas para menores de 35 años y personas con discapacidad igual o superior al 65%, de manera que si la vivienda es adquirida por una mujer víctima de violencia de género que, además es menor de 35 años, la bonificación en la cuota será del 25%, y si además tiene reconocida una discapacidad igual o superior al 65%, la bonificación en la cuota ascenderá al 37,5%. También en AJD se aplicará una bonificación del 30 % en la cuota íntegra aplicable a la adquisición de su vivienda habitual por parte de una mujer víctima de violencia de género, que se verá incrementada en un 30% más si la mujer es menor de 35 años, y un 30% adicional si la mujer tiene reconocida una discapacidad igual o superior al 65%[71].

En la Comunidad Autónoma de Canarias también se contempla una bonificación del 20% en la cuota de TPO en las adquisiciones de vivienda habitual por parte de una mujer víctima de violencia de género a las que fuese de aplicación el tipo de gravamen reducido del 5%[72], siempre que se trate

---

70 Véase el art. 121-4 del Decreto Legislativo 1/2005, de 26 de septiembre, del Gobierno de Aragón, por el que se aprueba el texto refundido de las disposiciones dictadas por la Comunidad Autónoma de Aragón en materia de tributos cedidos.

71 Véase el art. 122-10 del Decreto Legislativo 1/2005, de 26 de septiembre, del Gobierno de Aragón, por el que se aprueba el texto refundido de las disposiciones dictadas por la Comunidad Autónoma de Aragón en materia de tributos cedidos.

72 Regulado en las letras a) y f) del apartado 1 del artículo 31 del Decreto Legislativo 1/2009 de 21 de abril, por el que se aprueba el Texto Refundido de las disposiciones legales vigentes dictadas por la Comunidad Autónoma de Canarias en materia de tributos cedidos, y que exige: que el bien inmueble vaya a constituir la vivienda habitual del contribuyente; que la base imponible de la transmisión de la vivienda, incluidos los garajes y anexos situados en el mismo edificio que se transmitan conjuntamente, sea inferior o igual a 150.000

de la primera vivienda habitual, y que la mujer no haya sido titular propietario, nudo propietario o usufructuario de otro bien inmueble[73]. En relación a este último requisito, creemos que debería de excluirse la vivienda que, en su caso, hubiese compartido con el agresor. El Principado de Asturias también ha previsto tipos de gravamen reducidos en TPO -del 4% cuando el valor del inmueble no supere los 150.000 €; y, en caso de superar ese importe, del 6%- para la adquisición de vivienda habitual, entre otros colectivos, de las mujeres víctimas de violencia de género. Para la aplicación del tipo reducido, la vivienda deberá habitarse de manera efectiva y con carácter permanente por la adquirente, en un plazo de seis meses, contados a partir de la fecha de adquisición, salvo que medie justa causa y ha de constituir su residencia permanente durante un plazo continuado de, al menos, tres años[74].

Por último, la Comunidad Autónoma de Andalucía también ha dispuesto, en TPO, un tipo de gravamen reducido del 3,5% siempre que el adquirente tenga la consideración de víctima de violencia doméstica, que el inmueble se destine a su vivienda habitual y que el valor de la misma no sea superior a 150.000

---

euros; en el momento del devengo de la entrega de la nueva vivienda, el contribuyente no podrá ser propietario ni nudo propietario ni usufructuario de otra vivienda. En caso de que lo fuera, deberá proceder a la transmisión en escritura pública de dichos bienes o dichos derechos en un plazo de dos años desde el citado devengo.

73 Véase el art. 35 del Decreto-Legislativo 1/2009, de 21 de abril, por el que se aprueba el Texto Refundido de las disposiciones legales vigentes dictadas por la Comunidad Autónoma de Canarias en materia de tributos cedidos.

74 Véase el art. 32 bis del Decreto Legislativo 2/2014, de 22 de octubre, por el que se aprueba el texto refundido de las disposiciones legales del Principado de Asturias en materia de tributos cedidos por el Estado.

euros[75]. De otra parte, en AJD, se aplica un tipo de gravamen reducido del 0,3% siempre que se den los mismos requisitos que se acaban de indicar[76].

V. CONCLUSIONES

El Derecho tributario es uno de los mecanismos con los que cuentan los poderes públicos para proteger a las víctimas de violencia de género de la especial situación de vulnerabilidad que tienen que afrontar. En este sentido, los legisladores tributarios estatal y autonómicos no sólo están obligados a adecuar la contribución al sostenimiento de los gastos públicos de dichas víctimas a los principios de justicia tributaria previstos en el art. 31.1 de la Constitución, sino que también pueden utilizar el sistema tributario con finalidad extrafiscal para promover ciertos fines de política social y económica en favor de este colectivo.

Sin embargo, ni todas las medidas tributarias que se han establecido en los últimos años en favor de las víctimas de violencia de género han alcanzado la corrección técnica necesaria, ni tampoco se ha hecho un especial esfuerzo por articular ciertos beneficios fiscales que les permitirían mejorar sus vidas y que estarían constitucionalmente justificados. Nos referimos, en particular, a la posibilidad de regular medidas de incentivo fiscal a su inserción laboral[77]. Dichas medidas, en nuestra

---

75 Véase el art. 43.1. e) de la Ley 5/2021, de 20 de octubre, de Tributos Cedidos de la Comunidad Autónoma de Andalucía.

76 Véase el art. 50.1.e) de la Ley 5/2021, de 20 de octubre, de Tributos Cedidos de la Comunidad Autónoma de Andalucía.

77 Al respecto, también CARBAJO NOGAL se ha mostrado partidario de incorporar mayores beneficios en el IRPF estatal pensados expresamente en favorecer la empleabilidad de este colectivo. En concreto, este autor aboga por equiparar el tratamiento de las víctimas

opinión, deberían de establecerse por el legislador tributario estatal por varios motivos: no sólo porque se aplicarían de forma armonizada en todo el territorio, sino también porque, probablemente, podría ser más eficaces y justas al contar con una mayor dotación económica; sin olvidar que, con el actual sistema de financiación autonómica, las Comunidades Autónomas de régimen común no tienen competencias para crear medidas de estímulo al emprendimiento de las víctimas de violencia de género en el IRPF, ni tampoco para regular ningún aspecto del Impuesto sobre Sociedades.

Por último, creemos que el legislador tributario debería de esforzarse por lograr una correcta configuración técnica a la hora de implantar beneficios fiscales en favor de las víctimas de violencia de género; ya sean las propias mujeres, ya sean sus hijos e hijas o las personas que dependen de ellas por tener reconocida alguna discapacidad. De lo contrario, dichos beneficios fiscales podrían considerarse no justificados y ser, en consecuencia, discriminatorios. En particular, creemos que es urgente mejorar la técnica legislativa no solo de los dos beneficios fiscales introducidos por la Ley Orgánica 2/2022, de 21 de marzo, de mejora de la protección de las personas huérfanas de víctimas de la violencia de género -una exención en el ITPyAJD y un supuesto de no sujeción IIVTNU-, sino también algunas otras medidas tributarias autonómicas de acción positiva en favor de este colectivo.

---

de violencia de género con las personas discapacitadas. Además, ha defendido que se incorpore a la Ley 27/2014, de 27 de noviembre, del Impuesto sobre Sociedades algún beneficio fiscal para aquellas compañías que potencien la inserción laboral de este este tipo de víctimas; CARBAJO NOGAL, C. (2023). "Mecanismos fiscales…, op. cit., pág. 20.

VI. REFERENCIAS BIBLIOGRÁFICAS

ARRIETA MARTÍNEZ DE PISÓN, J. (1999). *Técnicas desgravatorias y deber de contribuir.* McGraw-Hill.

CARBAJO NOGAL, C. (2023). "Mecanismos fiscales ante la violencia de género". *Quincena fiscal,* núm. 6. Aquí citado según base de datos Aranzadi: BIB\2023\441.

FERREIRO LAPATZA, J. J. (2004). *Curso de Derecho financiero español. Volumen II.* 24ª ed. corregida y puesta al día. Marcial Pons.

GARCÍA CALVENTE, Y. (2012). "El Derecho financiero y tributario ante la exclusión social por razón de género". *Fiscalidad e igualdad de género.* Dykinson

GARCÍA CALVENTE, Y. (2020). "Sistema tributario, gasto público y violencia económica". *Fiscalidad y sesgos de género.* Tirant lo Blanch.

MATA SIERRA, Mª. T. (2009). *El principio de igualdad tributaria.* Thomson Reuters-Aranzadi.

MATA SIERRA, M.T. (2015). "Alternativas y respuestas del ordenamiento fiscal para la inserción laboral de las mujeres pertenecientes a grupos con riesgo de exclusión social". *La inserción laboral de las mujeres en riesgo de exclusión social.* Tirant lo Blanch.

MARIN-BARNUEVO FABO, D. (2021). "La actuación de los ayuntamientos tras la declaración de inconstitucionalidad de la plusvalía municipal". *Anuario de Derecho Municipal,* núm. 15, págs. 77-144.

MARTIN QUERALT, J., LOZANO SERRANO, C., TEJERIZO LÓPEZ, J. M., CASADO OLLERO, G. (2008). *Curso de Derecho financiero y tributario.* Tecnos.

MERINO JARA, I. (2012). "Igualdad de género y Derecho financiero". *Fiscalidad e igualdad de género.* Dykinson

MOCHÓN LÓPEZ, L. (2023). "El Impuesto sobre el Incremento de Valor de los Terrenos de Naturaleza Urbana: la problemática de un tributo definido erróneamente". *Tributos locales,* núm. 162, págs. 7-55.

PALLARÉS RODRÍGUEZ, R. (2022). "La fiscalidad de la vivienda habitual en el IRPF en la Comunidad Autónoma de Andalucía". *Quincena fiscal,* núm.15. Aquí citado según base de datos Aranzadi Instituciones: BIB\2022\3066.

QUINTANA FERRER, E. (2024). "El arrendamiento estable y permanente de viviendas: efectos de las políticas públicas, impacto de la fiscalidad y promoción a través de beneficios fiscales autonómicos".

Quincena fiscal, núm.15. Aquí citado según base de datos Aranzadi Instituciones.

ROVIRA FERRER, I. (2024). "El nuevo supuesto de no sujeción al IIVTNU relativo a los hijos y sujetos dependientes de mujeres fallecidas por violencia de género: análisis crítico y propuesta de reformulación". *Revista Crítica de Derecho Inmobiliario*, núm. 803, págs. 1491-1529.

SELMA PENALVA, V. (2020). "La fiscalidad de las prestaciones a las víctimas. Especial referencia a los y las menores víctimas, directas o indirectas, de la violencia familiar y de género". *Victimología y menores: un enfoque transversal.* Universidad de Murcia, Centro de Estudios Europeos (CEEUM), Marcial Pons.

SESMA SÁNCHEZ, B. (2020). "Ingreso mínimo vital: reflexiones sobre un nuevo gasto público social". *Civitas. Revista española de derecho financiero*, núm. 188, págs. 15-30.

Capítulo 5.

Políticas públicas y justicia: desafíos en la protección laboral de las víctimas de violencia de género[1]

Mª CONCEPCIÓN GIMENO PRESA
Profesora Titular de Teoría y Filosofía del Derecho
Universidad de León

I. INTRODUCCIÓN

Este trabajo tiene como objetivo destacar la importancia de los fallos judiciales en la aplicación efectiva de las políticas públicas y de las normas destinadas a proteger a las víctimas de violencia de género en el ámbito laboral. En particular, se examinan dos cuestiones: por un lado, los desafíos que debe enfrentar un tribunal cuando lo que se solicita es la nulidad de un despido aparentemente justificado en razones objetivas pero que obedece a la situación de violencia de género sufrida por la trabajadora. Por otro lado, se estudia el rol que están teniendo los tribunales a la hora de delimitar el significado de la propia expresión *"víctima de violencia de género"* cuando la pretensión de la mujer, que se encuentra en dicha situación, es poder entrar en el Programa de Renta Activa de Inserción. El

[1] Esta publicación es parte de los siguientes proyectos: Proyecto PID2022-136352NB-I00 financiado por MICIU/AEI/ 10.13039/501100011033 y por "FEDER Una manera de hacer Europa"; Proyecto de I+D+i TED2021-129152B-C44 financiado por MICIU/AEI /10.13039/501100011033 y por la Unión Europea NextGenerationEU/ PRTR.

artículo analiza el marco normativo vigente en estas materias e identifica algunos de los problemas más recurrentes que surgen en su aplicación. Para ilustrar estos aspectos, se estudian dos fallos judiciales y las soluciones adoptadas en ellos[2]. La finalidad última de este análisis es subrayar cómo la inclusión del enfoque de género en sede judicial sigue siendo esencial incluso en situaciones en las que la normativa aplicable ya lo incorpora (Gimeno, 2020; Poyatos, 2022).

En el primer apartado se examina cómo la violencia de género impacta en la estabilidad laboral de las víctimas y se resalta la importancia que están teniendo en España algunas políticas públicas orientadas a promover su reinserción en el mercado de trabajo. En este contexto, se estudian dos medidas diseñadas para conseguir ese objetivo: la declaración de nulidad de los despidos de víctimas de violencia de género, hecho que permite no solo a las víctimas mantener sus empleos, sino también acceder a indemnizaciones que reconozcan el daño moral derivado de la discriminación por razón de género. A continuación, se analiza la posibilidad que tienen las mujeres de ser admitidas en el Programa de Renta Activa de Inserción por su condición de víctima de violencia de género.

El siguiente apartado se centra en los principales obstáculos y desafíos que enfrentan los tribunales al abordar estos casos. Se presta especial atención a cuestiones como el propio concepto de víctima de violencia de género y la prueba de dicha condición, la valoración de algunos medios de prueba específicos, como mensajes privados presentados en juicio, y la demostración del nexo causal entre dicha condición y el despi-

---

2 Ambos fallos, dictados por tribunales superiores de justicia, se eligieron por su relevancia jurídica y porque reflejan problemáticas clave en la inclusión de la perspectiva de género en el ámbito laboral, sirviendo como ejemplo de los desafíos que enfrenta el sistema judicial en la protección efectiva de las víctimas en dicho contexto.

do. A continuación, se examinan dos fallos judiciales emitidos por tribunales superiores de justicia para analizar cómo se han afrontado algunos de los desafíos anteriormente mencionados. Este análisis permite identificar avances y áreas que requieren atención adicional en la interpretación de la normativa vigente. En última instancia este trabajo busca poner en evidencia cómo la perspectiva de género en el ámbito judicial y la implementación de políticas públicas adecuadas pueden contribuir significativamente a la protección de las víctimas de violencia de género en el ámbito laboral, asegurando el respeto a sus derechos y fomentando su reintegración en el mercado de trabajo.

II. LA VIOLENCIA DE GÉNERO Y EL EMPLEO: LA IMPORTANCIA DE LAS POLÍTICAS PÚBLICAS EN LA REINSERCIÓN LABORAL

La eliminación de los actos de violencia contra las mujeres por cuestiones de género constituye un problema estructural en nuestra sociedad. Esto significa que, a pesar de conocer su existencia y de intentar evitar que sucedan actos de esa naturaleza, el problema persiste. Su solución se torna sumamente complicada por varios motivos. Por un lado, las medidas concretas a tomar para erradicarlo dependen de ideologías diversas, al mismo tiempo que su solución exige un consenso de las fuerzas políticas. Hay ideologías que niegan la existencia del problema mismo y otras para las cuales cualquier acto atentatorio contra una mujer conlleva hablar de violencia machista, sexista o de género.

En España, son numerosas las críticas que se esgrimen contra algunas de las normativas especialmente aprobadas para eliminar este tipo de violencia. Algunas de esas críticas tienen su origen en dogmas ideológicos, otras se sostienen en una determinada concepción del derecho. A modo de ejemplo de la falta de consenso a la hora de abordar las políticas en contra de la violencia de género, se pueden citar las controversias originadas por la ley contra la violencia de género y el alegato de que también los hombres pueden ser objeto de este tipo de violencia, hecho que no es recogido en el texto jurídico, de ahí que se le tilde de discriminatorio. También han sido objeto de críticas las medidas preventivas acordadas ante una denuncia presentada por una mujer frente a su pareja alegando ser objeto de actos de violencia física o psicológica. La vulneración del principio de presunción de inocencia es el argumento que, de forma reiterada, se usa para criticar que la sola denuncia ponga en acción la detención del imputado[3].

Por otra parte, es propio de los problemas estructurales el hecho de que sus consecuencias y efectos se diseminen en diferentes ámbitos sociales, así como el hecho de que los daños originados por ellos se mantengan a lo largo de los años (Redorta, 2020). La violencia de género cumple con todos esos extremos, lo que provoca que su eliminación exija medidas de diversa naturaleza, no solo jurídicas y, además, que, dentro de estas últimas, las respuestas a tomar se extiendan más allá del ámbito penal. Los actos de violencia de género obedecen a la aceptación de creencias discriminatorias en torno a los roles o funciones que deben cumplir las mujeres dentro de la sociedad. Estas creencias, denominadas estereotipos de género, influyen en la forma en que interpretamos y damos sentido a todas nuestras prácticas sociales, tanto las que se producen en el ámbito privado (familiar) como en el ámbito público, por ejemplo, en el ámbito laboral. Un acto de violencia de género

---

3 La ley ha sido criticada por definir la violencia de género de manera demasiado restrictiva, ya que solo incluye la violencia de pareja, excluyendo otras formas de violencia como la violación o el acoso. Además, la violencia de género está relacionada con conductas machistas y otras actitudes violentas aprendidas desde temprana edad. (Echeburúa, 2019).

puede, por lo tanto, en el ámbito jurídico, tener repercusiones no solo en el derecho a la integridad física y psicológica, en el derecho a la vida o en el derecho a moverse libremente, sino también en el derecho a tener un trabajo digno, una vivienda, en la guarda y custodia de los hijos o, en el ámbito de la seguridad social, por ejemplo, en las pensiones compensatorias o en la jubilación. Cuando una mujer sufre violencia de género, toda su experiencia vital puede verse alterada y sufrir sus repercusiones a lo largo de toda su vida. La respuesta a los actos de violencia de género debe ser multidimensional, global y duradera en el tiempo. La respuesta desde el ordenamiento jurídico también debe tener esas características[4].

Por último, los problemas estructurales requieren, para ser solucionados, la toma de medidas que sirvan para construir nuevas prácticas sociales y nuevas reglas con las que valorar la justicia y la igualdad, pero también requieren la deconstrucción, cambios y eliminación de otras que se han ido asentando a lo largo de los siglos. En el caso de la violencia de género, su eliminación no pasa únicamente, desde el punto de vista jurídico, por la inclusión de la perspectiva de género en las nuevas políticas legislativas, por ejemplo, sino que se requiere una constante actividad de crítica y valoración de las normas que están en vigor, el significado de estas y su aplicación en el contexto social actual. No es suficiente un plan para evitar que se creen nuevas normas que asienten estereotipos de género, sino también repensar todos los instrumentos que conforman nuestro ordenamiento y nuestras prácticas jurídicas para valorar en qué medida su persistencia puede servir para aceptar,

---

4 En este sentido, Da Fonte (2016) aboga por la implementación de políticas públicas con perspectiva de género a nivel macro y micro social, que sean más efectivas, menos abstractas y orientadas a combatir el sexismo y la violencia contra las mujeres. Estas políticas deben reflejarse en la construcción normativa tanto a nivel nacional como internacional (Da Fonte, 2024: 236).

legitimar y perdurar las creencias que son el origen de dichos actos violentos.

En España, durante las dos últimas décadas, la perspectiva de género ha ido cobrando importancia en la actividad de todos los poderes del Estado. Los cambios han sido propiciados por la normativa internacional y comunitaria, así como por los fallos de los principales órganos judiciales en sede internacional. Los movimientos feministas también han jugado un papel crucial, pese a las discrepancias dentro de su seno en relación con algunas de las medidas adoptadas para incorporar dicho enfoque en la política legislativa. El hecho es que, en la actualidad, esa expresión se encuentra en la agenda de la mayoría de los partidos políticos que buscan la salvaguarda del principio de igualdad y la consecución de los valores constitucionales. Además, su incorporación afecta no solo a las normas penales, sino también a normas civiles y laborales, especialmente. La lucha contra la violencia de género es, sin lugar a duda, el objetivo prioritario a la hora de luchar por la igualdad sustantiva entre hombres y mujeres. Hacerlo implica no solo castigar a los infractores, sino también la protección integral de la víctima. La toma de medidas de reparación integral incluye tener en cuenta las repercusiones que este tipo de actuaciones produce en el ámbito laboral de las víctimas. La independencia económica de las mujeres es un elemento esencial para lograr su rehabilitación, y dicha independencia se consigue en gran medida a través de la consecución de un empleo o renta mínima, o gracias al mantenimiento del ostentado. Los daños psicológicos que una víctima de violencia sufre pueden alterar temporalmente el desempeño laboral, ya sea por la necesidad de acudir a consultas médicas, vistas en el juzgado, tener que modificar su lugar de residencia, etc.

La determinación de la nulidad de un despido adoptado por la condición de violencia de género de la trabajadora y la posibilidad de formar parte de un programa de renta activa son dos de las medidas que el Estado español ha adoptado para lograr esa finalidad: la protección laboral de las víctimas de violencia de género. Pese a su regulación, la aplicación de ambas en sede judicial no está exenta de obstáculos. A continuación, se examinará, en primer lugar, la normativa vigente al respecto, para posteriormente indagar sobre algunos de los problemas que genera la aplicación de dichas normas a la hora de resolver casos concretos ante los tribunales (García Tesal, 2021).

III. MARCO TEÓRICO Y NORMATIVO

La protección del empleo de las víctimas de violencia de género en España se regula especialmente en la Ley Orgánica 1/2004 de 28 de diciembre de Medidas de Protección Integral contra la Violencia de Género (LOVG). Esta ley establece una serie de derechos laborales y de seguridad social para las mujeres víctimas, con el objetivo de facilitar su protección y recuperación integral. Aunque no se regula directamente la nulidad del despido, el texto remite explícitamente al Estatuto de los trabajadores, normativa que menciona expresamente este medio de protección en sus disposiciones. El Programa de Renta Activa de Inserción (RAI), dirigido a desempleados con especiales necesidades económicas y dificultad para encontrar empleo, incluye a las víctimas de violencia de género dentro de ese colectivo. La normativa que regula este programa se encuentra en el Real Decreto 1369/2006, de 24 de noviembre. Para acceder a la RAI, las víctimas de violencia de género deben acreditar su situación mediante sentencia judicial, orden de protección o informe del Ministerio Fiscal que indique la existencia de indicios de que se trata de una víctima de violencia de género.

3.1. El despido nulo y la violencia de género

El ordenamiento jurídico español considera ilegítima cualquier decisión empresarial de despedir a una persona basada en criterios discriminatorios relacionados con su género o sexo. La razón es que este tipo de despido vulnera derechos fundamentales, en particular el derecho a la igualdad y a la no discriminación, consagrado en el artículo 14 de la Constitución Española. Junto al texto constitucional, el artículo 55.5 del Estatuto de los Trabajadores (ET) establece que el despido será nulo si vulnera derechos fundamentales o libertades públicas del trabajador, como la igualdad. Asimismo, el artículo 4.2 de ese mismo corpus prohíbe expresamente cualquier forma de discriminación en el ámbito laboral, incluida por razón de género. La Ley Orgánica 3/2007, para la Igualdad Efectiva de Mujeres y Hombres, por su parte, refuerza la prohibición de discriminación por género en el acceso al empleo, las condiciones laborales, la promoción profesional y el despido.

Los efectos de un despido producido por razones de género son la nulidad, lo que implica que la persona afectada deberá ser readmitida en su puesto de trabajo, y la empresa tiene además la obligación de abonar los salarios dejados de percibir desde la fecha del despido hasta la readmisión. Aunque la discriminación por género afecta en España mayoritariamente a las mujeres, el concepto no se limita exclusivamente a ellas, pudiendo incluir tanto a hombres, cuando los estereotipos de género hayan actuado como causa del despido, por ejemplo, cuando solicitan una baja por paternidad, como a personas no binarias o transgénero, quienes en ocasiones se ven despedidos debido a su transición de género o expresión de género.

En España, las víctimas de violencia de género se encuentran especialmente protegidas contra cualquier medida laboral que implique represalia o discriminación por su situación, conforme al artículo 55.5 del ET y la Ley Orgánica 1/2004 de Violencia de Género. El artículo 21 de la Ley Orgánica otorga una serie de derechos laborales a las trabajadoras que se encuentren en una situación de violencia de género. Entre estos derechos se encuentran: la reducción o reordenación de su tiempo de trabajo, la movilidad geográfica, el cambio de centro de trabajo o la suspensión de la relación laboral con reserva del puesto de trabajo. Los despidos cuya causa sea el uso de esos derechos por parte de una trabajadora son considerados nulos, de acuerdo con el artículo 55.5, b del ET (Gil y Gil, 2024).

Teniendo en cuenta este marco jurídico, una mujer víctima de violencia de género puede impugnar la nulidad de su despido a través de dos vías: una general y otra específica. La primera se puede usar cuando la víctima no ha ejercido los derechos laborales que le concede la LOVG. En este caso, la base jurídica para sustentar la demanda serían el artículo 17 del Estatuto de los Trabajadores (ET), el artículo 14 de la Constitución Española (CE) y el artículo 55.5 del ET (párrafo primero), relativo a la nulidad del despido por vulneración de derechos fundamentales o discriminación. Para que la demanda prospere, la trabajadora despedida debe acreditar su condición de víctima de violencia de género y demostrar que el despido es discriminatorio por razones de género o está relacionado con su situación de violencia. Corresponde a la trabajadora probar ambos aspectos. La acreditación de la condición de víctima se puede realizar mediante la aportación de una orden de protección o a través de un informe del Ministerio Fiscal que certifique la situación de violencia de género. La ley también permite demostrar este extremo con otros documentos probatorios reconocidos por la legislación, como informes de servicios sociales o sanitarios. Para probar la relación entre el despido y su condición de víctima, la parte demandante deberá aportar indicios razonables de que el despido es discriminatorio por razón de género. Por su parte, la empresa deberá demostrar que el despido responde a una causa objetiva y legítima, no relacionada con la violencia de género ni con discriminación.

En un segundo escenario, cuando la trabajadora ha ejercido alguno de los derechos laborales reconocidos por la LOVG, la base jurídica que sustenta la demanda de nulidad del despido es el artículo 55.5.b del ET. Al igual que en los litigios iniciados a través de la vía general, corresponde a la trabajadora acreditar su condición de víctima de violencia de género mediante la documentación probatoria reconocida en la legislación. También deberá demostrar que, en el momento del despido, estaba disfrutando de los derechos laborales protegidos por la normativa y que existen indicios de que el despido es una represalia o está relacionado con el ejercicio de esos derechos. Una vez demostrados los indicios de discriminación, la carga de la prueba de que el despido no tiene relación con la violencia de género ni con el ejercicio de derechos recae en la parte demandada, quien deberá probar la existencia de causas objetivas.

Un aspecto que considerar en todos los casos de despidos donde se alega violencia de género es la carga de la prueba en relación con el conocimiento que la empresa tenía de la situación de la trabajadora. En ambos escenarios, corresponde a la víctima probar este conocimiento. Sin embargo, cuando el despido se justifica por discriminación por razón de género (primera vía), esta prueba es imprescindible, ya que de ella depende vincular el despido con una conducta discriminatoria. Sin demostrar este conocimiento, no podría argumentarse que el despido fue una represalia o consecuencia de la condición de víctima. En el segundo escenario, el ejercicio de los derechos laborales ya implica que la empresa tiene conocimiento de la situación de violencia de género, dado que solicitar estos derechos requiere una acreditación previa (como una orden de protección o informe oficial). En este caso, se presume que la empresa está informada, ya que la trabajadora está ejerciendo derechos protegidos por su condición de víctima. Por lo tanto, el primer escenario exige pruebas claras de que la empresa estaba informada, mientras que, en el segundo, ese conocimiento se considera implícito debido a los procesos administrativos vinculados al ejercicio de los derechos laborales de la LOVG.

3.2. El acceso al programa de renta activa de inserción (RAI) para las víctimas de violencia de género[5]

El Programa de Renta Activa de Inserción data de 2006, aunque ha experimentado modificaciones, algunas de las cua-

---

[5] Además del Programa de Renta Activa de Inserción (RAI), existen otras medidas complementarias destinadas a mujeres víctimas de violencia de género en el ámbito nacional:1.-*Ayuda económica de pago único* (artículo 27 de la Ley Orgánica 1/2004): Dirigida a mujeres con ingresos inferiores al 75% del SMI y dificultades para acceder al empleo. Su cuantía se basa en el subsidio por desempleo y aumenta en casos de discapacidad o responsabilidades familiares. 2.- *Ingreso Mínimo Vital (IMV):* Ayuda diseñada para prevenir la pobreza y la exclusión social. Es compatible con la RAI y contempla flexibilizaciones específicas para víctimas de violencia de género, como la exención de ciertos requisitos. *3.-Incentivos para empresas*: Bonificaciones en las cuotas de la Seguridad Social para empleadores que contraten a víctimas de violencia de género, con incentivos mayores para contratos indefinidos. [4].- *Medidas laborales específicas:* Incluyen derechos como la movilidad geográfica, reducción de jornada, cambios de centro de trabajo y faltas justificadas por motivos de salud física o psicológica derivadas de su situación. Todas estas medidas tienen como objetivo proporcionar apoyo económico inmediato, incentivar la contratación y garantizar derechos laborales que promuevan la autonomía y la reintegración laboral de las víctimas. Por su parte, las CCAA también tienen competencias en la implementación de políticas de protección e inserción laboral para las mujeres víctimas de violencia de género. Aunque el marco normativo básico es estatal. Una de sus principales responsabilidades es la *gestión de ayudas económicas* dirigidas a las víctimas, las cuales pueden ser complementarias a las previstas en la legislación estatal. Además, son responsables de desarrollar *programas de inserción laboral,* que incluyen formación específica, orientación laboral y apoyo para la contratación de las víctimas. Asimismo, las CCAA garantizan la *asistencia*

les tuvieron como finalidad ajustarlo a las necesidades específicas de las víctimas de violencia de género. En el apartado b de su artículo 2, dedicado a los beneficiarios, se incluyen expresamente a estas víctimas, estableciendo que deberán cumplir con tres requisitos para poder formar parte: a) estar inscritas como demandantes de empleo; b) no tener derecho a prestaciones por desempleo contributivas o asistenciales; y c) cumplir con los requisitos específicos de las víctimas de violencia de género, como acreditar su situación. Para cumplir con este último requisito, el artículo 5 especifica que deberá aportarse alguno de los siguientes documentos: a) una orden de protección judicial; b) una sentencia condenatoria contra el agresor; o c) un informe de los servicios sociales especializados o de otros organismos oficiales competentes.

Desde 2006, se han ido ampliando las formas para acreditar la situación de violencia de género. En su redacción original,

---

social integral a través de servicios que incluyen apoyo psicológico, asesoramiento jurídico y programas de acogida. Estos servicios son vitales para la recuperación integral de las víctimas y para garantizar su seguridad. También gestionan el acceso a soluciones habitacionales, como viviendas protegidas, lo que resulta clave para las mujeres que deben abandonar su domicilio por motivos de violencia. Pese a todas estas posibilidades, dadas desde el Estado y las CCAA, existen problemas para que, en toda la geografía española, las beneficiarias de estas ayudas puedan acceder a ellas en igualdad de oportunidades, La implementación de estas medidas dependerá de los recursos económicos de cada CCAA, así como del grado de compromiso que sus gobernantes tengan con la lucha en pro de la igualdad de género. Otro desafío importante es la *falta de coordinación entre las CCAA y el Estado*, lo que puede llevar a que estas medidas resulten dispersas dificultando su eficacia. Además, la sobrecarga de los servicios sociales y la falta de personal especializado dificultan una atención integral, lo que afecta la calidad y rapidez de la intervención. Un análisis de las medidas adoptadas por la Comunidad de Andalucía puede verse en: López Sánchez, C. (2021).

las víctimas solo podían acreditar su situación mediante una orden de protección judicial o una sentencia condenatoria firme contra el agresor. En 2008, se añadió como medio de acreditación válido el informe emitido por los servicios sociales o entidades especializadas en violencia de género. Las posibilidades se incrementaron en 2015, con la reforma de varios artículos de la Ley Orgánica 1/2004, que incluyó como documentación probatoria los informes del Ministerio Fiscal que indiquen la existencia de indicios de violencia de género y las resoluciones judiciales provisionales que decreten medidas de protección para la víctima (como medidas cautelares). El Real Decreto 897/2017, de 6 de octubre, relativo a la protección de consumidores vulnerables de energía, introdujo mejoras indirectas en la acreditación de la condición de víctima de violencia de género. En él se reafirma que la certificación emitida por los servicios sociales especializados o los servicios municipales es suficiente para acreditar la situación en determinados casos, fomentando su uso como prueba válida en programas sociales como la RAI.

En 2021, a través de la Ley Orgánica 8/2021, de 4 de junio, encargada de regular la protección integral de la infancia y la adolescencia frente a la violencia, se ampliaron los medios para acreditar la violencia de género, al incluir la violencia en el ámbito familiar y facilitar el acceso de las víctimas a ayudas como la RAI. Esta nueva norma reafirmó el valor de los informes de los servicios sociales y de los centros de acogida para víctimas de violencia de género. También, la Ley 15/2022, de 12 de julio, integral para la igualdad de trato y no discriminación, promovió indirectamente la aceptación de pruebas alternativas en programas sociales como la RAI.

Tras todas estas modificaciones, las formas actualmente válidas para acreditar la situación de violencia de género son: una orden de protección judicial, una sentencia firme condenatoria, informes de servicios sociales especializados o entidades de acogida, un informe del Ministerio Fiscal que indique los indicios de violencia de género, o una resolución judicial provisional de medidas cautelares. Dado que la finalidad de este programa es apoyar a personas desempleadas con dificultades económicas y laborales específicas, las víctimas de violencia de género que lo soliciten, además de acreditar su condición, deberán estar inscritas como demandantes de empleo (sin que se les exijan 12 meses de inscripción continua) y no tener rentas mensuales superiores al 75% del salario mínimo interprofesional (SMI), excluyendo dos pagas extras.

En cuanto a la duración de este beneficio, se establece una duración máxima de 11 meses (art. 6) y, respecto a la cuantía, ese mismo precepto indica que será el 80% del Indicador Público de Renta de Efectos Múltiples (IPREM) mensual vigente. En casos de cambio de residencia debido a la violencia de género, se puede otorgar un pago único adicional equivalente a tres meses de RAI. Por último, esta ayuda es incompatible con otras ayudas sociales dirigidas a mujeres víctimas de violencia de género que no participen en programas de empleo. Junto a la ayuda económica, el programa incluye otras políticas activas de empleo destinadas a facilitar el retorno al mercado laboral. Estas políticas engloban medidas de formación, orientación y la elaboración de itinerarios personalizados de empleo. El diseño de este programa no está exento de críticas. Entre las más recurrentes figuran su alcance limitado, ya que no aborda de forma integral las necesidades económicas y laborales de las mujeres en situación de violencia; el hecho de ser incompatible con las ayudas proporcionadas en virtud del artículo 27 de la Ley Orgánica 1/2004; y el impacto desigual en la implementación de esta medida debido a las desigualdades existentes entre comunidades autónomas (CCAA).

IV. EL PAPEL DE LOS TRIBUNALES EN LA PROTECCIÓN LABORAL DE LAS VÍCTIMAS DE VIOLENCIA DE GÉNERO EN LOS CASOS DE DESPIDO NULO Y EN EL ACCESO AL PROGRAMA DE RENTA ACTIVA

La existencia de un marco normativo expresamente promulgado para proteger a las víctimas de los efectos que la violencia de género produce en el ámbito laboral no evita la aparición de obstáculos a la hora de resolver los casos específicos que se presentan en sede judicial (Gómez García, 2021). Aunque la base jurídica con la que se fundamentan las demandas ha sido dictada con un enfoque de género, la inclusión de esta perspectiva en los procesos judiciales sigue siendo una necesidad, además de una obligación, si se quiere emitir un fallo conforme con el principio de igualdad en todas sus dimensiones. Son varias las razones que sustentan esta afirmación[6]. En primer lugar, porque la tarea de juzgar va más allá de la mera aplicación de una norma jurídica; esta labor incluye otras actividades que pueden requerir la inclusión del enfoque de género.

La determinación de los hechos relevantes, la admisión de medios de prueba y la valoración del resultado de la prueba practicada son algunas de esas actividades que pueden requerir dicho enfoque. En segundo lugar, porque la aplicación de las normas exige su interpretación. Los problemas de ambigüedad y vaguedad en el lenguaje con el que la norma jurídica se redacta pueden dar lugar a significados diversos de un

---

6 En este sentido, Gómez García examina cómo, a pesar de la existencia de una normativa laboral con perspectiva de género, algunos tribunales no aplican correctamente la nulidad del despido en casos de violencia de género, calificando el despido como improcedente en lugar de nulo, lo que contraviene la protección legal prevista para las víctimas (Gómez García, 2021).

mismo texto. Tener en cuenta la aceptación o reproducción de estereotipos de género discriminatorios en alguno de esos significados es crucial a la hora de elegir el significado que se va a asignar al material normativo. En tercer lugar, los tribunales deben atender a los efectos que la aplicación de una norma tiene en el contexto socio-cultural donde se encuentra en vigor. La posibilidad de caer en discriminaciones indirectas sigue existiendo, a pesar de que la disposición normativa haya sido emitida con la intención del legislador de evitar los efectos de creencias discriminatorias por razón de género (Poyatos, 2022; Molina, 2020).

A los efectos de las cuestiones tratadas en este artículo, los tribunales se enfrentan a varios desafíos a la hora de aplicar la legislación relacionada con los despidos nulos y con la inclusión de las víctimas de violencia de género en el programa de renta activa siendo necesario incluir el enfoque de género a la hora de enfrentarlos. A continuación, se analizarán algunos de estos problemas y cómo han sido resueltos en vía judicial. El objetivo de este epígrafe es mostrar la relevancia de los órganos jurisdiccionales y el cumplimiento del deber de incluir el enfoque de género a la hora de hacer efectiva la legislación dictada para proteger a las víctimas de violencia de género en el ámbito laboral. Se abordarán tres desafíos recurrentes. Dos de ellos afectan especialmente a los casos de despidos nulos por razón de género: la prueba del nexo causal entre el despido y la condición de víctima de violencia de género, y la prueba del conocimiento de la empresa sobre esta condición. El tercero afecta al significado de la expresión "víctima de violencia de género" para acceder al programa de renta activa. El *iter* explicativo de este apartado será el siguiente: en primer lugar, se analizará cómo estas cuestiones generan problemas en sede judicial; a continuación, se examinan algunas sentencias judiciales en las que diferentes tribunales abordan estos desafíos y se explica cómo han sido resueltos. Para ello, se reconstruirá la argumentación de los fallos, lo que permitirá comprobar cómo la perspectiva de género sigue siendo esencial a la hora de motivar los fallos en estos procesos judiciales.

4.1. La prueba del nexo causal entre el despido y la condición de víctima de violencia de género

Uno de los requisitos necesarios para probar que un despido es nulo es demostrar que la causa de este radica esencialmente en la situación de "víctima de violencia de género" de la trabajadora afectada. Esta prueba enfrenta diversos problemas y obstáculos. El primero de ellos se deriva del hecho de que las cartas de despido suelen justificarse con argumentos formales (como falta de rendimiento o razones de reorganización empresarial), los cuales, en apariencia, dotan de objetividad a la extinción del contrato. Este factor complica demostrar la intencionalidad real de la empresa, es decir, que el despido se debe a una represalia y no a una decisión empresarial legítima. Por este motivo, cobra especial importancia la prueba indiciaria, cuya suficiencia está sujeta a la valoración por parte de los tribunales. Aunque existe jurisprudencia al respecto, el Tribunal Constitucional ha reconocido que este tipo de prueba puede ser suficiente para fundamentar la nulidad del despido si los indicios son sólidos y coherentes. La valoración de cuándo cumplen con esas características dependerá de cuáles sean esos indicios en cada caso concreto y de cómo se presenten en sede judicial. Por ejemplo, se suelen considerar indicios razonables la cercanía temporal entre el despido y el conocimiento por parte de la empresa de la condición de víctima de violencia de género. En los supuestos en los que el despido se produce cuando la trabajadora hace uso de los derechos laborales asociados a esa condición, como la reducción de jornada o la movilidad, probar la cercanía temporal entre ambos extremos resulta mucho más sencillo que en los casos en los que se impugna el despido por razones de discriminación por razón de género (Morant, 2022). En este último escenario, la trabajadora debe enfrentarse a dos pruebas complicadas: la de que la empresa conocía su situación y la de la cercanía entre el despido y ese conocimiento.

Otros medios para probar que las razones del despido derivan de la situación de violencia de género son los testimonios de superiores o compañeros que confirmen dicho motivo, así como mensajes, correos electrónicos o comunicaciones empresariales donde se haga referencia directa a la situación de la trabajadora como razón para la decisión. Los cambios en el trato laboral tras el conocimiento por parte de la empresa de la condición de víctima de violencia de género, como la disminución de funciones o el aislamiento de la trabajadora, también pueden ser considerados indicios. A partir de estos indicios, los tribunales pueden justificar que se ha alcanzado un grado suficiente de evidencia para dar la razón a la demandante. Junto a las pruebas documentales y testificales, también se pueden aportar informes periciales psicológicos que recojan el impacto en la trabajadora y la conexión con las actuaciones de la empresa.

Los tribunales, por lo tanto, deben valorar si la trabajadora ha presentado indicios razonables suficientes de que el despido está relacionado con su condición de víctima de violencia de género. Si consideran que es así, se podrá justificar la inversión de la carga de la prueba y exigir a la empresa que demuestre que la decisión no fue discriminatoria. En los casos en los que se recurre el despido demostrando que se ha hecho uso de los derechos laborales reconocidos en la LOVG (reducción de jornada, cambio de centro, etc.), también los tribunales pueden invertir la carga de la prueba, y será la empresa la que deberá probar que la decisión no tiene relación con ese ejercicio. La prueba del nexo causal entre el conocimiento de la empresa y el despido implica un delicado equilibrio probatorio. La trabajadora debe aportar evidencias sólidas o indicios razonables, mientras que la empresa debe justificar la legitimidad de su decisión; pero en todo caso, serán los tribunales los encargados de evaluar si en esa causa concreta están en juego derechos fundamentales, si existe una posible situación de discriminación por razón de género y si es necesario, y por qué, invertir la carga de la prueba. En numerosas ocasiones, los tribunales aplican el principio *pro persona* para justificar algunas de estas decisiones, no solo en lo que afecta a la interpretación del material normativo, sino también a la valoración de algunos medios de prueba. Determinar y justificar cuándo hacer uso de ese principio, cómo hacerlo y cuál es el resultado de su aplicación no está exento de problemas, sobre todo si se tiene en cuenta que los tribunales deben considerar las dinámicas de violencia de género en estas causas, evitando presunciones automáticas de culpabilidad contra el empleador.

4.2. La condición de víctima de violencia de género y el acceso al programa de renta activa

La legislación española (Ley Orgánica 1/2004) define como víctima de violencia de género a una mujer que ha sufrido violencia ejercida por su pareja o expareja masculina. Entiende por actos de violencia "todo acto de violencia física y psicológica, incluidas las agresiones a la libertad sexual, las amenazas, las coacciones o la privación arbitraria de libertad". El significado de la expresión queda, por tanto, reducido en relación con los sujetos que pueden ser víctimas y victimarios. Este hecho originó, en el momento de la promulgación de dicha norma, grandes debates y críticas. Para algunos, se trataba de una definición demasiado estrecha, ya que dejaba fuera de su ámbito de aplicación a los hombres que pudieran sufrir actos de violencia por parte de sus parejas. Para otros, también era demasiado estrecha, pero porque excluía a muchas mujeres que sufrían actos de violencia generados por estereotipos de género discriminatorios propiciados por individuos con los que las víctimas no tenían ni habían tenido ninguna relación sentimental (Garrido, Carmona, 2020).

Fueron numerosos los motivos que propiciaron esa definición normativa. La Ley Orgánica 1/2004 fue diseñada como una respuesta integral y urgente a un problema social específico: la violencia ejercida por hombres contra mujeres en el contexto de relaciones afectivas, que tenía (y sigue teniendo) una prevalencia alarmante en España. Los estereotipos de género se manifiestan de forma particularmente intensa en las relaciones de pareja, donde han generado prácticas basadas en relaciones asimétricas de poder en detrimento de las mujeres y situaciones de control por parte de los hombres. El objetivo primordial de esa norma fue abordar este problema y visibilizar que, bajo la expresión violencia de género, se recoge una realidad que hasta ese momento había pasado desapercibida: que la violencia ejercida por los hombres sobre sus parejas sentimentales no podía ser incluida como una forma más de violencia doméstica, porque aquella es causada por razones diferentes. La violencia de género está ocasionada por conductas sustentadas en creencias estereotipadas relacionadas con el género. Por ello, para poder ser abordada adecuadamente, era necesario tener en cuenta que se trata de una manifestación de la desigualdad estructural sustentada en estereotipos de género discriminatorios.

Otro de los motivos de esa definición restringida lo constituye el contexto social en el que surge la ley. En 2004, el foco social y político estaba en la violencia dentro del ámbito privado, debido al impacto mediático de los casos de feminicidios y abusos por parte de parejas o exparejas masculinas. La definición restrictiva respondía a una percepción social de urgencia en ese ámbito específico. Además, la aprobación de la ley requirió de un amplio consenso político. En un contexto donde no todos los partidos compartían la misma visión sobre el concepto de violencia de género, una definición más restringida pudo ser el resultado de negociaciones para garantizar su aprobación. El significado restrictivo de dicha expresión tuvo algunos aspectos positivos de cara a su aplicación en esos momentos, ya que facilitaba la identificación y acreditación de las víctimas, al mismo tiempo que permitía enfocar recursos en un ámbito de violencia que, en ese momento, era considerado prioritario. Sin embargo, desde el principio de su aplicación, también generaba y lo sigue haciendo grandes inconvenientes. Por un lado, excluye formas de violencia de género reconocidas internacionalmente. Por otro lado, deja desprotegidas a mujeres que no encajan en esta definición limitada, pero que enfrentan situaciones igualmente graves de violencia basada en el género.

A nivel internacional, el ámbito de significado de la expresión víctima de violencia de género es mucho más amplio. La Convención sobre la Eliminación de Todas las Formas de Discriminación contra la Mujer (CEDAW) considera la violencia contra la mujer como "una forma de discriminación que impide gravemente el goce de derechos y libertades en pie de igualdad con el hombre". Este concepto incluye la violencia basada en el sexo, es decir, la violencia dirigida contra la mujer por el hecho de ser mujer o que le afecta de manera desproporcionada. Por su parte, la Organización de las Naciones Unidas (ONU) define la violencia de género como "actos dañinos dirigidos contra una persona o un grupo de personas debido a su género", originados en la desigualdad de género, el abuso de poder y las normas sociales dañinas. Las definiciones en sede internacional abarcan una gama más amplia de perpetradores y contextos, incluyendo la violencia en ámbitos públicos y privados.

La diferencia entre la forma en que se define la violencia de género por la legislación nacional y la internacional origina que, en España, se limite el reconocimiento oficial de ciertas mujeres como víctimas de violencia de género, afectando su acceso a los programas de asistencia, como la renta activa de inserción. Esta situación está provocando que los tribunales se enfrenten a dificultades a la hora de interpretar y aplicar la ley en casos donde la definición nacional no coincide con las normativas internacionales, lo que conlleva el riesgo de decisiones inconsistentes y obstáculos para las víctimas que buscan protección y apoyo. A continuación, se analizan algunos de estos obstáculos y cómo están siendo enfrentados por los tribunales.

V. EL ROL DE LOS TRIBUNALES EN LA REINSERCIÓN LABORAL DE LAS VÍCTIMAS DE VIOLENCIA DE GÉNERO

Este epígrafe aborda dos sentencias clave que destacan el papel de los tribunales en la reinserción laboral de las víctimas de violencia de género, al centrarse en temas fundamentales como el despido discriminatorio y el acceso a ayudas sociales. En el primer subepígrafe, se analiza la sentencia STSJ ICAN 913/2024, que resuelve un caso de despido nulo por discriminación de género. En este caso, se aborda la valoración de la prueba indiciaria para determinar si el despido fue motivado por la condición de víctima de violencia de género, y se resalta la importancia de aplicar la perspectiva de género en la interpretación de los hechos y las pruebas[7].

En el segundo subepígrafe, se examina la sentencia TSJ de Galicia 5654/2022, que ilustra cómo la definición restrictiva de "víctima de violencia de género" en la legislación española excluye a una mujer víctima de trata con fines de explotación sexual de poder acceder al programa de renta activa de inserción. Este caso subraya la necesidad de una interpretación más amplia del concepto de víctima de violencia de género para garantizar el acceso a recursos de reinserción laboral a todas las mujeres afectadas por violencia basada en género. Ambas

---

7 La inclusión de la perspectiva de género en la fase probatoria de los procesos judiciales es un tema relevante que ha sido objeto de análisis en la obra de Rodríguez Álvarez (2024).

sentencias resaltan la importancia de incorporar la perspectiva de género en los procesos judiciales del ámbito social, incluso cuando la normativa aplicable ya ha sido concebida desde ese enfoque.

5.1. La prueba en los casos de despido nulo por cuestiones de género: STSJ ICAN 913/2024 del 14 de marzo del año 2024

Este caso se centra en un despido declarado nulo por discriminación de género debido a la condición de la trabajadora como víctima de violencia de género. La demandante, Dª Palmira, trabajaba como oficial de contabilidad en la empresa La Canaria Hotel Operation S.L. desde el 18 de abril de 2022, con un salario diario de 62,49 euros, que incluía la prorrata de pagas extraordinarias. En su vida personal, enfrentaba una situación de violencia de género y había interpuesto varias denuncias contra su expareja, lo que derivó en diligencias judiciales y una orden de alejamiento.

El 10 de octubre de 2022, fue despedida mediante una carta que alegaba "disminución continuada y voluntaria del rendimiento pactado". Dª Palmira demandó por despido improcedente y discriminación, alegando que su condición de víctima de violencia de género fue la verdadera causa del despido. Además, reclamó daños y perjuicios por la vulneración de sus derechos fundamentales. El Juzgado de lo Social nº 8 de Las Palmas de Gran Canaria declaró el despido nulo, al considerar que no existía una causa real que justificara la terminación de la relación laboral, y que la empresa no había desvirtuado los indicios de discriminación. Como resultado, la empresa fue condenada a readmitir a la trabajadora en las mismas condiciones previas al despido, a abonarle los salarios de tramitación (64,29 euros diarios) y a indemnizarla con 6.251 euros por los daños morales causados.

Ambas partes interpusieron recurso de suplicación ante el Tribunal Superior de Justicia de Canarias. La trabajadora consideró insuficiente la indemnización, mientras que la empresa impugnó tanto la calificación del despido como la procedencia de la indemnización. También intentó cuestionar las pruebas documentales, incluidas las transcripciones de mensajes de WhatsApp que evidenciaban su conocimiento de la condición de víctima de violencia de género de la demandante. El Tribunal Superior de Justicia, tras analizar los recursos, confirmó la nulidad del despido, considerando probada la discriminación por razón de género. Tres fueron las cuestiones controvertidas a resolver: primero, si la empresa conocía la situación personal de la trabajadora; segundo, si ese conocimiento fue la causa del despido; y tercero, si la indemnización por daños morales era adecuada. La prueba de la condición de víctima de violencia de género no fue difícil de probar, ya que la trabajadora presentó una orden de alejamiento que el tribunal consideró suficiente[8]. La valoración de la prueba indiciaria para demostrar la conexión entre la condición de víctima de violencia de género y el despido fue uno de los principales problemas. Frente a la justificación oficial del despido dada por la empresa ("disminución continuada y voluntaria del rendimiento pactado"), la trabajadora presentó como medio de prueba: las transcripciones de conversaciones mantenidas entre ella y algunos de sus compañeros de trabajo a través de WhatsApp.

La parte demandada argumentó en contra de este medio de prueba con dos argumentos: 1.- que los mensajes carecían de autonomía probatoria porque eran simples transcripciones en papel y no se acompañaban de una verificación técnica sobre

---

[8] En este caso la prueba de la condición de víctima de violencia de género no tuvo demasiadas complicaciones al presentar la demandante una orden de alejamiento que fue valorada como suficiente por el tribunal sin ser este un extremo objeto de disputa.

su autenticidad (como un peritaje informático), y 2.- señaló que, a partir de esos escritos, no se podía acreditar la identidad de los interlocutores ni su vinculación directa con la empresa o la decisión de despido. El tribunal sin embargo justificó la admisión de ese medio de prueba sosteniendo que los mensajes debian ser considerados como documentos privados admisibles bajo los principios de prueba en el proceso laboral, conforme al artículo 299 de la Ley de Enjuiciamiento Civil (LEC). Sostuvo además que la tecnología moderna y los medios electrónicos son aceptados como pruebas documentales, siempre que no exista evidencia de manipulación o alteración y que la transcripción de dichos mensajes presentados como medio de prueba no había sido impugnada oportunamente por la empresa durante el juicio por lo que el propio actuar de la empresa había reforzado su validez formal.

Justificada la admisión del medio de prueba en cuestión, el tribunal se enfrentaba a la justificación del peso probatorio que debía otorgar al contenido de esos mensajes para acreditar que a partir de ellos había evidencia suficiente para considerar que la demandante había aportado indicios razonables suficientes de que la empresa conocía su condición de víctima y de que el despido pudo estar motivado por factores discriminatorios. En los mensajes, la trabajadora explicaba su situación a compañeros, indicando que había informado a su jefa inmediata (identificada como "Aida") sobre su condición de víctima de violencia de género y su necesidad de gestionar asuntos legales relacionados. Además, en uno de los mensajes, fechado el día del despido, la trabajadora afirmaba que "Aida era consciente de mi situación y no me pueden despedir, y menos aún como lo hicieron"[9]. El tribunal consideró que esta información con-

9 "Dice la demandante a una compañera de trabajo en un mensaje fechado el 10 de octubre de 2022: "Si yo te contara el motivo de todo esto no darías crédito. Mira, por lo que llevo días bastante mal

tenida en los mensajes era clara y explícita, y que mostraba que la trabajadora había comunicado su situación a su jefa inmediata y que la respuesta que ésta le había dado ("todos tenemos problemas") sugería un ambiente hostil o de desprecio hacia las necesidades de la trabajadora.

Junto al contenido de los WhatsApp aportados, el tribunal valoró la cercanía temporal de algunos de ellos con la carta de despido, también fueron relevantes para considerar que los indicios de discriminación eran sólidos y razonables, el hecho de que la empresa no acudiera al juicio, no impugnara formalmente el contenido de esos mensajes ante el juzgado de lo social y no hubiera aportado en la carta de despido una justificación más detallada de las razones aportadas limitándose a dar una explicación excesivamente vaga y breve del motivo del despido[10]. Todos estos extremos justificaron la inversión de la carga de la prueba. Sin embargo, la empresa no aportó ninguna prueba para justificar que el despido obedecía a razones objetivas, lo que llevó al juzgado a sostener la nulidad de este por ser discriminatorio por razón de género.

El tribunal superior ratificó la sentencia, afirmó que "el panorama indiciario concurre y que siendo nula la actividad de la empresa demandada dirigida a neutralizarlo, los indicios despliegan toda su operatividad para declarar la lesión del propio derecho fundamental (articulo 14 de la Constitución)". Además, el tribunal corrigió la indemnización por daños morales,

---

ha sido porque estoy en medio del juicio contra mi expareja de 8 años, el cual tiene una orden de alejamiento y demás...La cuestión es que la comenté a Aida que estaba mal y algo despistada porque es muy fuerte por lo que estoy pasando...Aida era consciente de mi situación y no me pueden despedir, y menos aún como lo hicieron..." (folios 141 y 142 del procedimiento)

10 En palabras textuales del tribunal el contenido de la carta de despido resultaba "lacónico".

incrementándola a 7.501 euros, tomando como referencia la Ley sobre Infracciones y Sanciones en el Orden Social (LISOS). En este sentido, se mostró disconforme con las pretensiones de la empresa rechazando su propuesta de indemnización simbólica por ser irrazonable y contraria a los fines de resarcimiento y de prevención.

Este fallo judicial incluye el enfoque de género a la hora de valorar la prueba poniendo de manifiesto la relevancia de este en los procesos judiciales incluso a la hora de resolver casos que están regulados con normas redactadas por el legislador con dicha perspectiva. La ley orgánica 1/2004 de medidas de protección integral contra la violencia de género, el articulo 55.5 b del Estatuto de los trabajadores y la doctrina constitucional sobre igualdad y no discriminación constituyen la base normativa con la que se justifica el fallo. Pese a ello, la aplicación de esas normas al caso concreto exige identificar a la trabajadora como víctima de violencia de género con una medida cautelar (orden de alejamiento), tener en cuenta que esa condición podía influir en la relación laboral, identificar como un hecho relevante, la respuesta trivial de la jefa de sección ante la petición de la trabajadora de dos días de permiso para gestionar documentos relacionados con su condición de víctima de violencia de género. La sentencia no menciona explícitamente la relevancia de los estereotipos de género en este tipo de conductas, pero los reconoce implícitamente cuando valora esa conducta como un hecho relevante parar reforzar la consistencia del relato de la trabajadora y determinar el contexto de vulnerabilidad en el que se produjeron los mencionados mensajes. Todo ello justifica la razonabilidad y suficiencia de la prueba indiciaria, reflejando cómo el órgano judicial reconoce esas conductas como deslegitimadoras de las necesidades específicas de las mujeres en situaciones de violencia. El fallo, junto con su fundamentación, refuerza la eficacia de la normativa aplicable y contribuye a cumplir los objetivos que esta persigue.

5.2. El concepto de víctima de violencia de género y el acceso al Programa de Renta Activa de. Inserción: Sentencia del Tribunal Superior de Justicia de Galicia, Sala de lo Social, nº 5654/2022, de 15 de diciembre de 2022

Una mujer solicita al Servicio Público de Empleo Estatal ser incorporada al RAI, alegando ser víctima de violencia de género. Justifica esta condición demostrando que es víctima de trata de personas con fines de explotación sexual. Como pruebas, aporta su inclusión en un procedimiento judicial ante un juzgado de instrucción de Vigo, en el cual ha prestado varias declaraciones. Además, presenta un informe de identificación como víctima de trata de seres humanos con fines de explotación sexual elaborado por la UCRIF de la comisaría de policía nacional de Vigo – Redondela. En vía administrativa, se desestimó su solicitud, argumentando que la condición de víctima de trata de personas no encajaba dentro del concepto de víctima de violencia de género, requisito necesario para acceder a la renta solicitada. Sin embargo, en la vía judicial, se dio la razón a la demandante. Recurrido este fallo por parte del Servicio Público, el caso llegó ante el Tribunal Superior mediante un recurso de suplicación.

Dos fueron las principales controversias a resolver: 1) si las víctimas de trata de personas con fines de explotación sexual pueden ser consideradas dentro del concepto de víctimas de violencia de género utilizado en el Reglamento de 2006 que regula el programa de renta activa, y 2) si los documentos aportados eran suficientes para acreditar su situación de víctima de trata de personas. La segunda cuestión no dio lugar a grandes debates, ya que el tribunal estableció que las pruebas eran suficientes. No fue tan sencillo resolver la primera de las cuestiones, puesto que el concepto de víctima de violencia de género, establecido en la Ley de 2004 en España, es mucho más restrictivo que el adoptado posteriormente en la legislación internacional y nacional. Sin embargo, el Reglamento del año 2006 desarrollaba la ley de 2004 y, por lo tanto, tomaba la definición estrecha dada por esta última.

El Tribunal Superior analiza en su fallo las diferentes definiciones de la expresión “víctima de violencia de género”, haciendo constar varios extremos:1) que el concepto recogido en la Ley española de 2004 era más restringido que el aportado en documentos internacionales y en la jurisprudencia del TEDH; 2) que dicho concepto ha evolucionado tanto a nivel internacional como nacional, quedando desfasada la definición establecida en esa ley respecto a los estándares actuales; 3) que en el ordenamiento español y autonómico existen normas posteriores a la de 2004 que recogen un concepto más amplio y acorde con la normativa internacional; 4) que existe una conciencia social y política (Pacto de Estado contra la Violencia de Género) que respalda esa evolución; y 5) que la expresión “víctimas de trata de seres humanos” también ha experimentado una ampliación significativa en la normativa internacional y en la española, reflejando una relación directa con las cuestiones de género y los estereotipos discriminatorios impuestos a las mujeres por la sociedad. Una vez constatado estos extremos, el tribunal argumenta la necesidad de interpretar la expresión objeto de controversia, recogida en el artículo 1 del Reglamento de 2006, no de forma literal en función de la Ley de 2004, sino aplicando criterios interpretativos válidos según el Código Civil. En concreto, se optó por una interpretación evolutiva y teleológica, atendiendo a la finalidad del reglamento: ayudar a las personas desempleadas y sin recursos.

Cuando los tribunales eligen un criterio interpretativo sobre otro, deben justificar dos aspectos: primero, las razones para seleccionar ese criterio, justificando de forma expresa y con argumentos sólidos la elección, máxime si se aleja del sentido literal de la norma; y segundo, las razones que apoyan el resultado de aplicar dichos criterios interpretativos y su conformidad con el ordenamiento jurídico. En este caso, la evolución de los conceptos de víctimas de violencia de género y de trata de seres humanos en el ordenamiento jurídico y la sociedad, así como la constatación del desfase entre la definición de la Ley de 2004 y esta evolución, justifican la elección de los criterios evolutivos y teleológicos.

El tribunal también desarrolla un argumento analógico para sustentar la elección de los criterios interpretativos, especialmente el teleológico, aunque no lo expone de forma autónoma. En su fallo, destalla las similitudes entre las mujeres víctimas de violencia de género y las mujeres víctimas de trata con fines de explotación sexual, identificando características comunes en las conductas que originan estos delitos. En este sentido, el tribunal destaca la inclusión de la perspectiva de género, dado que ambas conductas obedecen a la aceptación y reproducción de estereotipos de género discriminatorios que colocan a las mujeres en situaciones de exclusión y explotación. Las causas y repercusiones de ambas situaciones son similares, especialmente en lo referente a sus vidas laborales y a su independencia económica. Así, si las mujeres víctimas de violencia de género son consideradas vulnerables según el Reglamento de 2006 y, por ende, beneficiarias de la renta activa, las mujeres víctimas de trata y explotación sexual, vulnerables por las mismas razones, también deberían serlo.

El fallo también argumenta que el resultado de aplicar estos criterios interpretativos es más conforme a derecho que seguir un criterio literal. La finalidad del Reglamento es proteger, mediante medidas asistenciales, a personas vulnerables en situación de desempleo y con necesidades económicas. En el caso objeto de litigio, la mujer cumplía con todos esos requisitos, y su situación, derivada de la discriminación de género, justifica atender a sus pretensiones. Esto asegura el reconocimiento de derechos hacia las mujeres, la garantía de igualdad en todas sus dimensiones (de oportunidad y de resultado) y evita perpetuar situaciones de vulnerabilidad generadas por discriminación de género, contrarias al ordenamiento constitucional. Aplicar un criterio literal, en cambio, supondría una definición restrictiva insuficiente para garantizar dicha igualdad, tanto sustantiva como estructural.

La justificación de un fallo requiere de dos actividades, por un lado, dar razones con las que se fundamenten cada una de las decisiones tomadas por el tribunal a la hora de resolver las cuestiones controvertidas, por otro, rebatir los argumentos con los que la parte, cuyas pretensiones se desechan, han sustentado sus escritos. En este caso, el argumento con el que los recurrentes sostuvieron la suplicación consistió en sostener que el juzgado de primera instancia se había extralimitado en sus competencias, puesto que había aplicado la normativa internacional no vinculante, por encima de la norma nacional (Ley de 2004) que expresamente dejaba fuera del ámbito de significado de la expresión víctima de violencia de género a todos aquellos casos donde la víctima no fuera una mujer que sufriera violencia por parte de hombres que fueran sus parejas o exparejas.

El tribunal superior niega que la sentencia de primera instancia, cuyo fallo ratifica, excediera sus competencias. Argumenta que los motivos del fallo no se sustentaron en la aplicación directa de la normativa internacional, sino que ésta fue utilizada como referencia para justificar los criterios interpretativos empleados. La delimitación del concepto de víctima de violencia de género, acorde con su evolución en el sistema jurídico, es una facultad propia del poder judicial. Este razonamiento se refuerza con normas recientes, como la Ley 19/2021, que regula el ingreso mínimo vital y equipara a las víctimas de trata con las de violencia de género. La ausencia de una mención expresa en el Real Decreto 1369/2006, permite aplicar la analogía (artículo 4 del Código Civil) e interpretar que las víctimas de trata con fines de explotación sexual son igualmente vulnerables. La interpretación del tribunal no supone crear una nueva norma jurídica, ya que no se aparta del marco normativo vigente, aplica principios constitucionales (artículo 10.2 y 14 CE) y normas interpretativas del Código Civil (artículo 3.1 y 4 CC), garantizando que su fallo sea conforme con el ordenamiento jurídico vigente.

VI. CONCLUSIONES

En España, las políticas públicas para combatir la violencia de género tuvieron como punto de inflexión la Ley Orgánica 1/2004, de Medidas de Protección Integral contra la Violencia de Género. Esta norma fue pionera al abordar este problema desde una perspectiva integral. A partir de su entrada en vigor, se han promulgado numerosas medidas destinadas a reforzar y ampliar su alcance. Junto a los cambios de carácter punitivo, se han implementado disposiciones que inciden en los ámbitos educativo, social, de sensibilización y laboral. La finalidad de estas últimas es asistir a las víctimas para garantizar una reparación integral, promoviendo sus derechos laborales. En este sentido, destacan iniciativas como la creación de normas específicas que establecen la nulidad de los despidos de mujeres víctimas de violencia de género o su inclusión en el programa de renta activa, diseñado para brindarles asistencia y protección. No obstante, la efectividad de estas políticas enfrenta barreras que dificultan su plena implementación y éxito en casos concretos.

El poder judicial desempeña un papel determinante en la superación de estos obstáculos, ya que la correcta interpretación de las normas y la incorporación de la perspectiva de género en la resolución de casos son esenciales para garantizar la protección efectiva de las víctimas. Este trabajo ha mostrado hasta qué punto los tribunales han sido clave en la eficacia y aplicación de estas disposiciones. Para ello, se analizaron dos casos paradigmáticos: uno relacionado con la nulidad de un despido por discriminación de género, y otro centrado en la interpretación del concepto de "víctima de violencia de género" para determinar la posibilidad de ser beneficiaria de la renta activa. Ambos fallos no solo refuerzan la legislación vigente, sino que también evidencian la necesidad de articular las decisiones judiciales con políticas públicas más amplias y transversales que integren los estándares internacionales de derechos humanos, a fin de garantizar una reinserción efectiva.

Por último, los problemas planteados en los casos analizados subrayan la importancia de complementar las medidas laborales con políticas públicas integrales que actúen en sinergia con las resoluciones judiciales. Incentivos para empresas, campañas de sensibilización social, redes de apoyo a las víctimas y programas de formación laboral deben reforzar el marco normativo existente, maximizando su impacto. Además, la formación continua en perspectiva de género para los miembros del poder judicial se presenta como una herramienta clave no solo para garantizar la aplicación equitativa de las normas, sino también para prevenir futuras discriminaciones. Solo mediante una estrategia integral, que combine políticas inclusivas con decisiones judiciales sólidas y coordinadas, será posible alcanzar el objetivo de proteger los derechos laborales de las mujeres víctimas de violencia de género y promover su plena integración en la sociedad.

VII. REFERENCIAS BIBLIOGRÁFICAS

Da Fonte, M; Novoa E. (2024). *Lecciones sobre teoría de la infracción penal con enfoque de género*, CEP.

Da Fonte, M. (2016). *El bien jurídico penal y el derecho de las mujeres a una vida libre de violencia: El derecho internacional de los derechos humanos de las mujeres y su impacto en las legislaciones argentinas, brasileña y ecuatoriana.* Universidad del Museo Social Argentino.

Echeburúa, E. (2019). Sobre el papel del género en la violencia de pareja contra la mujer. Comentario a Ferrer-Pérez y Bosch-Fiol, 2019. *Anuario de Psicología Jurídica, 29*, 77-79. https://doi.org/10.5093/apj2019a4. Recuperado el 14 de enero de 2025.

García Testal, E. (2021). Empleo y desempleo de las víctimas de violencia de género: garantías y facilidades de acceso y mantenimiento del empleo en España. *Labos, 2021.* https://doi.org/10.20318/labos.2021.6217. Recuperado el 15 de enero de 2025.

Gil y Gil, J. L. (2024). Los efectos de la violencia de género en el contrato de trabajo. *CIELO Laboral,* (7), 1-10. Recuperado de https://www.cielolaboral.com/wp-content/uploads/2024/07/gilgil_noticias_cielo_n7_2024-1.pdf. Recuperado el 8 de enero de 2025.

Gimeno Presa, Mª C. (2020). *¿Qué es juzgar con perspectiva de género?.* Thomson Aranzadi.

Gómez García, F. X. (2021). "Despido con vulneración de derechos fundamentales de víctima de violencia de género (Sobre la STSJ Comunidad Valenciana 21 abril 2021)". *Universidad de León.* https://fgomg@unileon.es. Recuperado el 8 de enero de 2025.

López Sánchez, C. (2021). "Derechos, ayudas económicas e inserción laboral de las víctimas de violencia de género: especial atención a las ayudas de la Junta de Andalucía". *Revista de Derecho Laboral y de la Seguridad Social,* 1(1), 1-10. Recuperado de:https://dialnet.unirioja.es/descarga/articulo/8928080.pdf. Recuperado el 16 de enero de 2025.

Molina Navarrete, C. (2020). *La doctrina jurisprudencial por discriminación de género en el orden social.* Wolters Kluwer.

Morant Torán, B., & García Testal, E. (2022). La protección frente a la extinción de la relación laboral de la trabajadora víctima de violencia de género. *Trabajo y Derecho: Nueva Revista de Actualidad y Relaciones Laborales,* (86), 58-81. Recuperado de https://dialnet.unirioja.es/servlet/articulo?codigo=8269218. Recuperado el 28 de enero de 2025.

Poyatos Matas, G. (2022). *Juzgar con perspectiva de género en el orden social.* Editorial Aranzadi.

Redorta, J. (2020). "Conflictos estructurales: elementos para intervención en conflictos crónicos", *Revista Latinoamericana,* 1(2), 92-110. DOI: 10.5377/rlpc.v1i2.9836.

Rodríguez Álvarez, M. (2024). *Perspectiva de género y prueba.* Aranzadi.

Capítulo 6.

La dimensión performativa del concepto de violación y las políticas públicas para combatir la violencia sexual[1]

PABLO BONORINO
Catedrático de Filosofía del Derecho
Universidade de Vigo

I. INTRODUCCIÓN

Los desacuerdos sobre la manera de entender el concepto de violación se han incrementado en los últimos años, impactando de lleno en el diseño de las políticas públicas para combatir la violencia sexual. Mientras algunas concepciones enfatizan la existencia de violencia para tipificar un acto como violación, otras sostienen que es la ausencia de consentimiento el criterio central para determinar la existencia de ese tipo de agresión sexual[2]. El debate se ha intensificado merced a la intervención de los movimientos feministas, sobre todo a partir de la segunda mitad del siglo XX. La discusión entre posiciones tradicionalistas y feministas permitió pasar de concebir la

---

1 Esta publicación es parte del Proyecto de I+D+i PID2022-136352NB-I00 financiado por MICIU/ AEI/10.13039/501100011033/ y "FEDER Una manera de hacer Europa".

2 También hay quienes, desde las propias filas del feminismo, cuestionan la apelación al consentimiento como criterio para definir estos actos de violencia sexual. Ver Cobo Bedia (2024).

violación como un ataque a la propiedad del hombre, a entenderla como una vulneración de la libertad sexual y de la dignidad de las mujeres. Pero dentro del propio feminismo también existen desacuerdos profundos sobre la manera de entender la violación.

Veamos un ejemplo reciente, en el que se pueden distinguir (sin pretensiones de exhaustividad) dos corrientes feministas según la posición que asumen sobre la cuestión: (1) la que sostiene que la violación es un acto violento de poder que busca dominar y degradar a la víctima, cuya principal motivación no es sexual (i.e. Brownmiller (1975): "violencia, no sexo"), y (2) la que afirma que la violación es la continuación natural de la sexualidad heterosexual y de la erotización de la masculinidad dominante en otras esferas de la vida social (i.e. MacKinnon (1989): "no es una excepción a la sexualidad heterosexual"). Pero existen posiciones alternativas, como la de Cahill (2001), que considera que las dos concepciones son insostenibles porque no pueden dar cuenta de la experiencia de la violación que tienen una gran cantidad de mujeres: para ellas no es equivalente a otro tipo de agresiones físicas y la pueden diferenciar claramente de un acto sexual consentido y deseado por ambas partes. Ninguna de las dos es capaz de dar cuenta de las intricadas conexiones de poder social y político, jerarquización sexual y encarnación [embodiment] que se ponen de manifiesto en la violación.

La posición (1) presupone que se puede distinguir claramente entre violencia (esencialmente política) y sexo (esencialmente natural). Para poder mantener esta distinción debe asumir que el cuerpo es algo natural en vez de social y que la sexualidad es una cuestión meramente biológica. Cahill considera que estas dicotomías resultan indefendibles si se toman en cuenta los aportes que las feministas han realizado sobre la naturaleza del cuerpo. En la medida que la propuesta de la posición (1) para comprender la violación presupone dicotomías indefendibles, resultan inadecuadas para iluminar la cuestión.

La posición (2), por su parte, supone que la estructura patriarcal que impone la heterosexualidad y construye la sexualidad femenina como una derivación de la sexualidad masculina es omnipotente –lo que hace imposible cualquier acción intencional sexual femenina–. Para la autora esta posición no tiene en cuenta la capacidad de las mujeres para resistir al modelo dominante ni tampoco el grado de implicación que tienen en esa estructura de poder. Si se considera al cuerpo como capaz de producir poder y de generar resistencia, entonces es posible sostener que la mujer toma decisiones sexuales y actúa intencionalmente en consecuencia.

El problema para ambas posiciones, según Cahill, es que se apoyan en dicotomías filosóficas insostenibles como naturaleza/cultura, individuo/sociedad, violencia/sexo. Abandonarlas no es tarea sencilla, porque exige reconsiderar ciertos conceptos centrales como "acción intencional" [agency], "fuerza", "poder" y también la manera en la que los individuos y la sociedad interactúan y se influyen mutuamente. Si aceptamos que vivimos en una "cultura de la violación" (aquella en la que la violación no sólo se tolera, sino que resulta necesaria para perpetuar la inequidad de género), entonces debemos reconocer que las mujeres no son meras víctimas de ella, sino que están profundamente implicadas en la formación y reproducción de esa misma cultura. Como momento de esta cultura, la violación se puede pensar como una acción muy presente y dominante, pero en ningún caso como propiedad definitoria de la experiencia femenina. Cahill aboga por una definición de violación que permita diferenciarla de otras agresiones sexuales (imposición de un acto sexual de penetración a una persona en contra de su voluntad), pero sin generar un campo de referencia demasiado acotado por el objeto de la penetración (la penetración no se limita a la vagina, incluye otros orificios) ni por el elemento empleado para llevarla a cabo (puede ser el pene, pero también otras partes del cuerpo o incluso otro tipo de objetos). Su posición no implica adoptar un modelo falocéntrico de sexualidad que no reconozca otros actos que no consisten en penetrar como actos de naturaleza sexual. La violación es una agresión sexual específica que se caracteriza por la penetración del cuerpo de la víctima (la más invasiva y destructiva), pero eso no lleva a negar la existencia de otro tipo de agresiones sexuales ni tampoco a restarles gravedad o importancia[3].

La persistencia de estos desacuerdos y sus consecuencias prácticas ha llevado recientemente a intentar explicarlos apelando a las características del propio concepto de violación. Una de las propuestas más interesantes es la que formula Reitan (2001), que sostiene que se pueden explicar mejor esas disputas si se entiende el concepto de violación como un "concepto esencialmente controvertido" (CEC). Los CEC, según Gallie (1956a), son aquellos que generan disputas constantes e interminables debido a diferencias valorativas, sin que exista una única definición aceptada como la correcta. Aplicar este marco teórico al concepto de violación nos permitiría comprender por qué las discusiones que genera no son meros desacuerdos terminológicos, sino disputas arraigadas en concepciones divergentes sobre autonomía, poder y justicia (Haslanger, 2012, pp. 100 y ss.). En la actualidad, los desacuerdos sobre la violación giran en torno a cuestiones clave como el papel del con-

---

3 A pesar de estas matizaciones, el acento en el cuerpo de la víctima para definir la violación la hizo objeto de serias críticas. "... Se ha centrado exclusivamente en los cuerpos femeninos en su debate sobre la violación, lo que, teniendo en cuenta el elevado número de violaciones masculinas en prisión o las agresiones sexuales a personas trans, no está en consonancia con las investigaciones recientes. Según su punto de vista, la violación no es un mero acto de violencia, ya que es instrumental en la construcción del cuerpo femenino. La violación es, por tanto, una experiencia corporal y sexualmente marcada que viola la integridad corporal femenina y constituye una amenaza para la identidad femenina." (Hänel, 2018, p. 20).

sentimiento expreso, la inclusión de la coerción psicológica y la influencia del contexto social y cultural en la determinación de la agresión sexual (Pineau, 1989). Estos debates no solo afectan a la legislación y a las políticas públicas, sino que también inciden en la percepción social de la violencia sexual. Por ello Reitan considera que explorar la posibilidad de interpretar el concepto de violación como un CEC no es solo un ejercicio teórico, sino una herramienta para entender mejor la complejidad del problema y las distintas formas de abordarlo, lo que podría dar lugar a consecuencias prácticas valiosas.

El propósito de este capítulo es valorar la viabilidad de la propuesta de Reitan, examinando los argumentos a favor y en contra de entender el concepto de violación como un CEC, y analizando las implicaciones prácticas en cada caso. Se argumentará que su posición es cuestionable principalmente por dos razones, (a) porque no parece ajustarse a la delimitación conceptual propuesta por Gallie para sus CEC, y (b) porque Reitan la interpreta como una concepción semántica internalista, ya que explica el significado como entidades en la mente de los individuos que los utilizan (Hänel, 2018), lo que resulta inadecuado en términos generales y en particular para un concepto que depende de ideologías y prácticas sociales e institucionales como el concepto de violación (Foucault, 1978). Sostendré que explorar la dimensión performativa del concepto puede llevar a una mejor comprensión de las disputas públicas que genera y al desarrollo de marcos normativos más equitativos (Butler, 1997). Además, se indagará cómo esta interpretación puede ofrecer herramientas teóricas y prácticas para la mejora de las políticas públicas sobre violencia contra las mujeres en nuestras comunidades (Nussbaum, 1999). Para justificar mi posición comenzaré exponiendo la propuesta originaria de Gallie (1956a), a quien se debe la introducción del concepto de CEC a mediados de la década del cincuenta del siglo pasado. Luego presentaré la aplicación que propone Reitan (2001) al concepto de violación con la finalidad de evaluar la viabilidad de su maniobra conceptual. Por último, una vez descartada esa vía, exploraré una alternativa pragmática para entender las disputas sobre el concepto de violación que permita una mejor explicación de por qué se producen y nos dé pistas sobre cómo deberíamos enfrentarnos a ellas.

II. LOS CONCEPTOS ESENCIALMENTE CONTROVERTIDOS

El filósofo W.B. Gallie introdujo el término "conceptos esencialmente controvertidos" (CEC) en un artículo publicado en 1956, con el propósito de describir aquellas nociones cuyo significado genera disputas constantes debido a su naturaleza valorativa y su complejidad interna[4]. Un CEC es aquel cuya definición no puede ser fijada de manera definitiva, ya que distintos grupos lo interpretan de forma incompatible[5]. Este tipo de conceptos son utilizados por lo general en la moral, la política, la religión y la filosofía, lo que permite explicar las disputas interminables que se producen en esos campos[6].

---

4 Gallie publicó un artículo el mismo año aplicando la noción al concepto de "arte" (Gallie, 1956b), y posteriormente dedicó al tema el capítulo ocho de su libro *Philosophy and the Historical Understanding* (Gallie, 1968). En ninguno de los dos altera sustancialmente las ideas defendidas en el primer trabajo. De hecho, en su libro las reproduce de manera literal, fusionando ambos trabajos. Pero, como veremos más adelante, algunas supresiones y agregados pueden ser muy relevantes para el objetivo que persigo.

5 "Esto es lo que quiero decir con que hay conceptos que son esencialmente controvertidos, conceptos cuyo uso adecuado implica inevitablemente disputas interminables sobre sus usos adecuados por parte de sus usuarios." (Gallie, 1956a, p. 169). Las traducciones de textos en inglés me pertenecen.

6 "Cuando examinamos los diferentes usos de estos términos y las discusiones características en los que aparecen, pronto vemos que no

La estrategia que desarrolla en su artículo parte de una situación hipotética sobre la aplicación del término "campeón" en una competencia deportiva (que al inicio del ejemplo es indeterminada, pero luego la ejemplifica con un juego en el que los equipos deben derribar bolos arrojando una bola), en la que se pone de manifiesto que es el peso relativo que le dan a distintos criterios para aplicar el concepto (como la velocidad, el estilo, etc.) lo que permite explicar los debates.

El experimento mental que propone es el siguiente. Supongamos que hay un torneo (el único requisito es que no se defina la victoria por un marcador ni existan jueces para elegir al "campeón") donde cada equipo adopta una estrategia diferente. El primer equipo (T1) se enfoca en la velocidad del lanzamiento, el segundo (T2) prioriza la precisión y el control, mientras que el tercero (T3) valora la creatividad y el estilo del tiro. Cada equipo y sus seguidores consideran que su enfoque representa la esencia del deporte y, por lo tanto, deberían ser reconocidos como los verdaderos campeones. Por ello las disputas sobre quien es el verdadero campeón son continuas y no tienen fin, lo que no ocurriría si el término "campeón" tuviera un único significado en el que todos sus usuarios estuvieran de acuerdo. Si se admite que el concepto de "campeón" es esencialmente controvertido, se percibiría claramente que el significado mismo del título al que se aspira es el aspecto central de la polémica. Si se ignora que es un CEC se producen ciertas consecuencias prácticas, como que cada equipo cree que su visión es la única válida, los debates se centran en probar que los otros enfoques están equivocados, y el torneo se vuelve un conflicto sin diálogo, donde solo importa imponer una versión del concepto. Si, en cambio, se reconoce como un CEC, se

hay un uso general claramente definible de ninguno de ellos que pueda establecerse como el uso correcto o estándar." (Gallie, 1956a, p. 168).

podría aceptar que hay múltiples formas legítimas de ser "campeón", lo que permitiría diseñar reglas que integren diferentes aspectos (por ejemplo, valoraciones por velocidad, precisión y estilo), y el debate enriquecería el deporte en lugar de ser una simple lucha de poder. El ejemplo de Gallie está planteado en términos generales, pero lo podemos ver reflejado en deportes como el patinaje artístico o la gimnasia, donde el criterio de victoria no es solo numérico, generando constantes debates sobre qué aspecto de la actividad desarrollada por los atletas debe valorarse más[7]. A partir del análisis de este ejemplo Gallie identifica siete condiciones que deben reunir los conceptos para ser considerados como esencialmente controvertidos:

I) Deben ser valorativos [appraisive]. Deben definir algún tipo de logro que se considera valioso.

II) Deben tener una estructura interna compleja. El logro valorado no puede definirse de manera simple, ya que incluye múltiples aspectos que pueden ordenarse de distintas maneras. Es decir, aunque el logro valorado se atribuya como un todo, dicha atribución depende distintos aspectos (o variables) internos que se relacionan entre sí de forma compleja.

---

7 El caso más similar a la dinámica que describe Gallie es de la atribución del título de "balón de oro" al mejor futbolista del año. "De forma más sencilla, ser considerado «el campeón» significa ser juzgado «el que mejor ha jugado»." (Gallie, 1956a, p. 170). Las disputas, la movilización de seguidores y el acento que unos y otros ponen en ciertas habilidades, destrezas o actitudes para defender al "campeón", es lo más parecido que encontramos en nuestro medio a los desacuerdos hipotéticos que utiliza en su artículo. El libro de García Figueroa *Moral de victoria* (García Figueroa, 2021) nos lleva a pensar que es quizás el propio concepto de "deporte" el que podría ser entendido como un CEC, dada las distintas concepciones que se analizan en el texto y la peculiar lectura moral que propone el autor como alternativa.

III) El logro valorado, como consecuencia de lo anterior, debe ser descrito de distintas maneras. Cualquier explicación de su valor debe incluir la referencia a la contribución relativa de cada una de las características internas de la que depende. Las descripciones rivales ordenan los elementos de su estructura interna dándoles distinto peso y jerarquía. En consecuencia –y esto resulta crucial—, no es en absoluto extraño que coexistan múltiples explicaciones incompatibles sobre el origen del valor del logro en cuestión[8].

IV) Deben ser conceptos "abiertos" o "potencialmente vagos", lo que significa que el logro "debe ser de un tipo que admita una modificación considerable a la luz de las circunstancias cambiantes; y tal modificación no

8 En la nota 1 ofrece una reescritura de esta condición: todo CEC debe ser –en principio – susceptible de ser ambiguo. "Cualquier concepto esencialmente controvertido es susceptible de ser –en principio– ambiguo, ya que un individuo determinado P, puede aplicarlo teniendo en mente la descripción D1, del logro que el concepto acredita, y su aplicación puede ser aceptada (o rechazada) por otras personas que tengan en mente descripciones diferentes, D2, D3, etc., del logro acreditado. Pero esta ambigüedad inicial debe considerarse conjuntamente con la condición (V) que figura a continuación." (Gallie, 1956a, p. 172). Pero en la versión final de su propuesta –diez años después (Gallie, 1968)– es una de las pocas afirmaciones que no transcribe. La razón es que en la reescritura utiliza un lenguaje "mentalista" [having in mind] para referirse a las descripciones que conducen a aplicar el concepto de diferente manera por los individuos que forman las facciones en disputa, lo que ha dado lugar a una serie de críticas que ven en ello la defensa de una cuestionable "semántica internalista" para los CEC. Lo mismo ocurre con la reescritura de la condición IV, como veremos a continuación.

pueda prescribirse o predecirse de antemano" (Gallie, 1956a, p. 172)[9].

V) Deben ser utilizados para atacar otras posiciones en un desacuerdo, además de servir para defender la posición controvertida en la disputa. Las partes contendientes deben reconocer recíprocamente que el uso que están haciendo del concepto es controvertido, así como el criterio con el que lo usan sus contrincantes. Esto significa que para ser CEC los conceptos se deben utilizar tanto de manera agresiva (contra otras concepciones) como defensivas (de la propia posición). Los defensores de una descripción del logro valorado reconocen la existencia de otras descripciones incompatibles del mismo logro y ofrecen su propia descripción en oposición consciente a esas otras descripciones[10].

---

9 En la misma nota del texto a la que aludí en la nota precedente, también ofrecer una reescritura de esta condición: "Cualquier concepto esencialmente controvertido es persistentemente vago, ya que un uso adecuado del mismo por parte de P1 en una situación S1 no ofrece ninguna guía segura a nadie más en cuanto al siguiente uso, y quizás igualmente adecuado, que P1 haga del mismo en alguna situación futura S2." (Gallie, 1956a, p. 172). También fue eliminada en el capítulo dedicado al tema en el libro posterior, aunque en este caso la palabra "vago" se introdujo como alternativa a "abierto" en el cuerpo del texto. La razón de la exclusión posiblemente sea la dependencia de esta reescritura de la realizada previamente de la condición III en términos mentales, ya que en la propia formulación no hay rastros de ninguna posible explicación mentalista del significado de los CEC.

10 "Feminismo" (en su sentido valorativo) podría satisfacer estas cinco condiciones de los CEC, pues tiene múltiples corrientes que describen su logro de forma incompatible, y algunas de las divisiones generadas por la posición frente a las personas transgénero hacen que los distintos grupos apelen al concepto para defenderse y atacarse mutuamente. Las distintas posiciones se consideran las auténticas "feministas" y acusan a las oponentes por no serlo.

VI) Los contendientes deben poder justificar el uso particular que dan al concepto mostrando su conexión con casos paradigmáticos de aplicación cuya autoridad sea reconocida por todos los grupos que participan en la disputa. Su uso se origina a partir de una tradición o un caso modelo que las distintas interpretaciones intentan reivindicar como antecedente directo de sus propias posiciones. Las concepciones en pugna se deben poder justificar como herederas directas de un "ejemplo originario" sobre el que exista un amplio acuerdo entre ellas. Este ejemplo es una instancia histórica del logro y funciona como la idea con referencia a la cual se juzgan todos los logros subsecuentes, pero no puede ser automáticamente replicado: sus elementos internos deben ser valorados y admiten –como consecuencia– distintas descripciones. Gallie incorpora esta condición, que en sentido estricto no es necesaria para definir la "controversialidad esencial" de un concepto, pero si para justificar su interpretación como un CEC, para poder distinguir los desacuerdos genuinos sobre el uso correcto de un CEC de aquellos desacuerdos meramente verbales que se originan porque los contendientes otorgan distintos significados a un mismo término (emplean en realidad distintos conceptos sin darse cuenta de ello). Los ejemplos originarios o casos paradigmáticos serían el mínimo acuerdo semántico necesario para entender que los grupos enfrentados por el uso correcto de un CEC en realidad atribuyen un mismo significado al concepto sobre el que gira la disputa[11].

---

11 Esta condición sirve para dar una respuesta positiva a la pregunta: "¿Hay, pues, algún motivo real para sostener que [el CEC] tiene un *único* significado, que *pueda* ser controvertido?». (Gallie, 1956a, p. 175).

VII) El debate sobre su significado debe tener un valor en sí mismo. Esta es la segunda condición justificadora para atribuir a un concepto disputado el carácter de CEC. Debe ser plausible afirmar que la competencia continua por ser reconocidos como quienes hacen un uso correcto de un CEC permite que el logro atribuido al ejemplo original sea concebido de manera óptima merced al desarrollo continuado de la propia controversia. Esto implica que la posibilidad de entender que la disputa gira en torno al significado a dar a un CEC depende de ciertos hechos contingentes de cada disputa en particular, en un lugar o momento determinado de su desarrollo. Si atribuir a los contendientes el uso de un CEC conduce a un empobrecimiento del debate, o a una involución en la consecución del logro valorado, esos hechos podrían justificar que (sin perjuicio de su "controversialidad esencial") no se los deba interpretar de esa manera en ese contexto en particular[12].

Gallie pone a prueba su caracterización de los CEC aplicándola a los conceptos de "arte", "democracia", "justicia social" y "vida cristiana". El ejemplo que explica con mayor detalle es el del concepto "arte", sobre todo en su artículo específico dedicado al tema (Gallie, 1956b), reproducido sin altera-

---

12 "La anterior defensa del uso continuado de un concepto esencialmente controvertido es condicional en extremo. Se introduce como una posibilidad que los hechos en determinados casos pueden excluir de plano." (Gallie, 1956a, p. 179). Esta característica es la que parece suponer Ehrenberg cuando afirma: "dado que el sentido de caracterizar un concepto como esencialmente controvertido es ayudar a explicar su uso, podemos evaluar si un concepto se entiende adecuadamente como esencialmente controvertido determinando lo útil que sería hacerlo." (Ehrenberg, 2011, p. 214). Esta forma de entender los CEC supone que, en última instancia, son razones pragmáticas y no semánticas las que podrían aconsejar su uso.

ciones sustanciales en su libro (Gallie, 1968). Gallie considera que los CEC son fundamentales en el pensamiento filosófico y social. Al reconocer su existencia, podemos entender por qué ciertos debates no llegan a una conclusión definitiva. También permite enriquecer nuestras discusiones en lugar de tratar de "ganarlas", y fomentar el desarrollo de políticas públicas más inclusivas y flexibles.

III. ARGUMENTOS A FAVOR DE ENTENDER LA VIOLACION COMO CEC

Reitan (2001) sostiene que el concepto de violación se puede entender como un concepto esencialmente controvertido porque cumple con las características establecidas por Gallie y porque, al hacerlo, se enriquecería la comprensión del debate mejorando la posibilidad de éxito de las concepciones feministas. Tradicionalmente, la violación ha sido definida de manera restringida, en principio conectada con la violación del derecho de propiedad del hombre sobre la mujer agredida sexualmente, y asociada al empleo de la violencia física y la penetración forzada (cuya prueba requería signos inequívocos de resistencia por parte de la mujer). Los desacuerdos comenzaron a hacerse irresolubles cuando las feministas han ampliado la definición para incluir formas de coerción psicológica, abuso de poder y la falta de consentimiento afirmativo, luchando por el reconocimiento –como casos centrales de aplicación del término– de la violación dentro del matrimonio y de la violación en citas concertadas voluntariamente, entre otras situaciones que la concepción tradicional hacía "conceptualmente imposibles" (Pineau, 1989). Si se lo entiende como un CEC queda en evidencia que ampliar sus límites es parte del uso propio del término, por lo que formular definiciones más amplias es un movimiento lingüístico legítimo en el juego del lenguaje de la violación[13]. El objetivo final es responder a quienes tratan de silenciar estas concepciones feministas tachándolas de ilegítimas por violar las reglas básicas del uso del término[14]. Refutar estos intentos de silenciar el disenso es un paso importante para que las disputas en torno al concepto de violación puedan ser resueltas.

Los desacuerdos sobre el concepto de violación no se pueden explicar apelando a su vaguedad[15]. Los conceptos vagos son aquellos que se aplican de manera no problemática a una gran cantidad de casos, pero admiten una gama variable de casos marginales en los que no resulta posible afirmar o negar su aplicación. Da igual la manera en la que entendamos la vaguedad (como una propiedad epistémica, óntica o derivada del uso de ciertas características cuya posesión es una cuestión de grado como propiedades definitorias), la explicación que ofrece de las controversias sobre la violación es insatisfactoria. Porque el área de indeterminación del concepto se amplía o incluso se genera precisamente por las nuevas posiciones que

---

13 "Lo que quiero argumentar es que las pensadoras feministas han ampliado el significado de «violación» para incluir «toda una gama de relaciones sexuales que nunca antes en toda la experiencia humana [masculina] habían sido consideradas como violación», pero que con ello no están haciendo nada censurable." (Reitan, 2001, p. 45).

14 El exponente del neoconservadurismo Norman Podhoretz es un claro ejemplo de estas posiciones cuando acusa a las feministas de llevar adelante "una descarada campaña para redefinir la seducción como una forma de violación, y más astutamente para identificar prácticamente a todos los hombres como violadores" (Podhoretz, 1991, p. 30). Para este autor "la definición de violación... se está ampliando para incluir toda una serie de relaciones sexuales que nunca antes en toda la experiencia humana se habían considerado violación" (Podhoretz, 1992, pp. 6-7). Ver el uso irónico que hace Reitan de este último giro en la cita anterior.

15 Burgess-Jackson (1996, 1999) aboga por esta interpretación.

ingresan en el debate. No se trata de una propiedad previa del concepto sobre la que gire la discusión. Sino que es la discusión misma (y en particular algunas voces críticas que la avivan) la que crea –o amplia la lista de– esos casos marginales de aplicación. Esta vaguedad esencial puede ser explicada sin dificultad si consideramos al concepto de violación como un CEC, ya que los casos marginales son aquellos estados de cosas que están incluidos en algunas (pero no en todas) las posiciones que disputan sobre el uso correcto de la expresión.

Reitan considera que para Gallie, además de ser valorativos, los CEC son conceptos complejos desde el punto de vista intensional, "en el sentido de que los conceptos no se captan adecuadamente mediante una única caracterización intensional (o definición), sino más bien mediante una serie de caracterizaciones intensionales que compiten entre sí, unificadas por un significado valorativo común y un conjunto compartido de paradigmas complejos, y que difieren en función de qué elementos de esos paradigmas complejos se consideran más destacados o fundamentales para determinar la extensión del concepto." (Reitan, 2001, p. 49). El concepto de violación reúne todas las condiciones para que se lo pueda considerar un caso claro de CEC. Su naturaleza valorativa es innegable (aunque con el término se atribuya una propiedad negativa)[16]. Hay ejemplos originales que todos los contendientes reconocen como casos paradigmáticos de violación: un extraño que usa la fuerza física para dominar y penetrar vaginalmente a una mujer que se resiste. Pero cada posición puede describir y reordenar las características de ese ejemplo de manera que su propia concepción resulte la única y correcta heredera directa.

---

16 El concepto de violación se considera universalmente como un concepto valorativo y fuertemente negativo: existe una fuerte condena ligada a cualquier acto que se etiquete como violación." (Reitan, 2001, p. 49).

Hay posiciones que priorizan el uso de la fuerza, otros la resistencia de la mujer, otras la falta de consentimiento, otras el deseo de dominación masculina, etc. Todos los contendientes reconocen una violación en el ejemplo original, pero están en desacuerdo sobre qué es lo que hace de esas conductas una violación.

Las ventajas que entender el concepto de "violación" como un CEC trae aparejadas para la comprensión de estas discusiones resulta innegable para el autor. Uno de los aspectos centrales en la discusión sobre la violación es la necesidad de mantener cierta flexibilidad en su definición. Si se acepta su caracterización, se concluye que es crucial que las definiciones no sean rígidas, sino que permitan la inclusión de diversas perspectivas. Debemos entender que los casos en el límite de la definición se determinan a través del debate o desacuerdo sobre su extensión, dentro de los parámetros establecidos por el significado evaluativo del concepto. "La controversialidad esencial de los conceptos clave en un discurso normativo protege la integridad del discurso al garantizar que ninguna voz pueda, «por definición», excluir a otras voces." (Reitan, 2001, p. 50).

La evolución de los conceptos morales es un proceso continuo. En el caso de la violación implica reconocer cómo han cambiado las percepciones culturales y legales a lo largo del tiempo. Ver la violación como un CEC no significa que cualquier cosa pueda ser incluida en su definición, pero sí permite integrar nuevas comprensiones, en nuestro caso más amplias, del concepto. Además, facilita la incorporación de nuevas voces en el debate. A medida que la sociedad avanza, emergen perspectivas que pueden enriquecer la comprensión del problema. Este proceso de evolución conceptual también es crucial para garantizar que las leyes y normas sociales evolucionan hacia modelos más justos para abordar la violencia sexual contra las mujeres.

Las definiciones persuasivas juegan un rol fundamental en la evolución del concepto de violación. Estas definiciones buscan extender el alcance del término más allá de su significado tradicional, en función de las experiencias de aquellos que han sido históricamente marginados en el debate. Por ejemplo, el reconocimiento de la violación dentro del matrimonio o la coerción psicológica como formas de agresión sexual son avances importantes que surgen del uso de definiciones persuasivas. Las feministas sin duda han ampliado el concepto de violación más allá de los límites tradicionales, incluyendo situaciones de desigualdad de poder y coerción implícita. Sin embargo, aunque es importante permitir una evolución conceptual, también hay riesgos en definir la violación de forma demasiado amplia o demasiado restringida. Si se restringe la definición de violación solo a la violencia física, se dejan sin protección muchas víctimas; pero si se amplía demasiado, se corre el riesgo de perder la especificidad del término y generar inseguridad jurídica. El reto radica en encontrar un equilibrio entre una definición inclusiva y una que mantenga su claridad conceptual. El debate sobre la definición debe evitar tanto la rigidez como la vaguedad, asegurando que refleje con precisión la experiencia de las víctimas sin desdibujar el concepto.

En la evolución del concepto de violación, ha habido intentos de desacreditar o silenciar ciertas perspectivas, especialmente aquellas promovidas por movimientos feministas. Sin embargo, estas voces han sido cruciales para visibilizar formas de violencia que tradicionalmente fueron ignoradas. El reconocimiento de la experiencia de las mujeres en la discusión sobre la violación es un avance esencial en la justicia social. Incluir las voces de las víctimas en la definición de la violación contribuye a una comprensión más profunda del problema y permite abordar mejor la realidad de la violencia sexual.

Resumiendo, para Reitan el reconocimiento de la violación como un CEC permite un debate más abierto y equitativo sobre sus límites y definiciones[17]. La flexibilidad en la definición es necesaria para reflejar la evolución social y las nuevas perspectivas feministas. Es fundamental también para rechazar los intentos de silenciar perspectivas clave en este debate y asegurar que la discusión refleje una variedad de experiencias relevantes. Todos estos objetivos son valiosos en sí mismos, pero la manera de conseguirlos depende de la viabilidad de su punto de partida: ¿se puede interpretar el concepto de violación como un CEC a la luz de sus usos y de los debates realmente existentes que dichos usos han generado?.

IV. ARGUMENTOS EN CONTRA DE ENTENDER LA VIOLACIÓN COMO CEC

En esta sección exploraremos algunos argumentos para oponerse a la propuesta presentada anteriormente. Hänel (2018, p. 54 y ss.) dedica una sección entera de su libro a criticar la propuesta de Reitan, por las siguientes razones:

1. Se basa en un supuesto caso paradigmático que no es tal: un extraño que usa la fuerza física para doblegar y penetrar vaginalmente a una mujer que se resiste. Reitan identifica ese ejemplo como el caso en el que todos los que discuten se mostrarían de acuerdo en considerarlo una "violación", mientras

---

17 "Una manera de comprender la «violación» que no permita cambios de significado a lo largo del tiempo va a excluir ilegítimamente perspectivas importantes y, por lo tanto, sofocará el discurso abierto en lugar de facilitarlo. Al mismo tiempo, una manera de comprender la «violación» que permita cualquier definición socavará la utilidad del concepto para facilitar un discurso abierto. La mejor manera de evitar estos errores y, por lo tanto, de maximizar nuestra capacidad de lograr avances significativos en nuestros debates morales sobre la sexualidad humana, es tratar a la «violación» como un concepto esencialmente controvertido." (Reitan, 2001, p. 63).

que sus desacuerdos se podrían explicar por la manera diferente en la que enfatizan algunas de sus características. Esta afirmación es problemática porque ese paradigma no representa la mayoría de los casos de violación. "Aunque es empíricamente cierto que la violación por un desconocido con agravantes físicos es el caso de violación aceptado por casi todo el mundo, seguir centrándose en la violación por un desconocido con agravantes físicos como paradigma de violación enmascara formas de violación mucho más comunes y sutiles." (Hänel, 2018, p. 59). No todos los casos que las feministas luchan por incluir en la extensión del concepto se pueden justificar a partir de las propiedades presentes en ese caso paradigmático. Dado que el paradigma está sesgado falo céntricamente y excluye formas más sutiles de ausencia de consentimiento, no es adecuado para fundamentar el mínimo acuerdo que requiere la interpretación del concepto de violación como un CEC[18].

2. No todas las personas tienen el mismo acceso a que sus palabras sean tomadas en serio; las víctimas de violación suelen enfrentar "injusticias epistémicas" o "injusticias testimoniales". "Algunos individuos ocupan posiciones sociales que les dan un déficit de credibilidad, mientras que otros ocupan posiciones que les dan un exceso de credibilidad." (Hänsel, 2028, p. 62). Es la situación en la que se encuentran aquellas mujeres que defienden que sus experiencias sean consideradas casos de violación, aunque no se encuadren en la definición tradicional. Para que un concepto sea un CEC, se supone que todos los participantes en el debate tienen igualdad de condiciones para discutir y modificar su significado. Sin embargo, el testimonio de muchas víctimas es desestimado o no tiene impacto en la definición dominante de violación, lo que impide la existencia

---

18 "El problema es que, al construir una teoría en torno a este paradigma, caemos presa de la reproducción del paradigma, aunque esto no nos interese." (Hänel, 2018, p. 60).

de una disputa equitativa sobre su significado. “Pero dado que Reitan propone explícitamente su teoría con fines feministas, para que nosotras, como feministas, podamos ampliar el alcance de lo que cuenta como violación, es problemático que esas sugerencias feministas no logren aceptación.” (Hánsel, 2018, p. 62).

3. Reitan asume que la disputa sobre la violación es un problema de diferencias internas (mentales) en la manera en que las personas comprenden la definición del término. En otras palabras, supone alguna variante de “internalismo semántico” según la cual los significados están “en la cabeza” de quienes utilizan las expresiones lingüísticas. Su principal problema es que no tiene en cuenta la posición que defiende que los significados son fijados (al menos parcialmente) por algo que es externo a nuestras mentes –lo que se podría denominar “externalismo semántico”–, y que ha sido desarrollada como una crítica a las posiciones tradicionales de corte internalistas (Putnam, 1984). Esta característica se ve reflejada en la tesis del externalismo fundacionalista, para utilizar los términos de Putnam:

(EF) Para todo término de tipo natural ‘T’, y todo significado M, la totalidad de hechos que determinan que ‘T’ expresa M incluyen hechos externos.

Esto implica que los estados psicológicos del hablante por si solos no determinan la extensión del término “violación”. El significado de la violación no es solo una cuestión interna (mental), sino que está determinado por factores externos y contextuales, como prácticas sociales y normas legales. Si el significado de la violación depende en parte de factores externos, entonces no se trata de un concepto “esencialmente” controvertido, sino de uno cuyo significado puede ser modificado mediante cambios normativos y sociales[19].

4. Si aceptamos que la violación es un CEC, entonces no podemos establecer una definición estable del término. Esto impediría avanzar en la lucha feminista por expandir el concepto de violación para incluir coerciones no físicas, ya que cualquier intento de redefinir el término sería visto como parte de un debate irresoluble. En lugar de aceptar que la violación es esencialmente controvertida, es más útil considerarla como un concepto que puede y debe ser redefinido en función de criterios normativos y sociales.

Por todo ello, Hänel sostiene que (sin negar que hay elementos valiosos en la propuesta de Reitan) conviene explorar otras vías para comprender los debates sobre el concepto de violación. En lugar de aceptar la controversia como inherente al concepto, se debe trabajar en modificarlo para incluir formas de coerción más sutiles y reconocer las experiencias de todas las víctimas, además de examinar la manera en la que factores sociales (como los mitos en torno a la violación) influyen en el propio significado de la expresión. Por ello, puede resultar más interesante abandonar la dimensión semántica para explorar la dimensión pragmática del concepto.

---

19 "... Si nos basamos en el externalismo semántico para ofrecer un análisis conceptual de la violación, entonces puede darse el caso de que dos individuos tengan un conjunto diferente de descripciones que asocien con el término «violación», sin que se dé el caso de que la violación sea esencialmente controvertida" (Hänsel, 2018, p. 63). En el mismo sentido argumenta Gray: "Señalar un concepto como esencialmente controvertido sólo puede ser posible sobre la base de un conocimiento exacto del contexto sociológico y/o histórico en el que el concepto fue y es utilizado." (Gray, 1977, p. 336). Sin este conocimiento sobre ciertos hechos externos a los propios usuarios del concepto no podríamos distinguir entre conceptos esencialmente controvertidos y el uso confuso de ciertos conceptos.

V. PERFORMATIVIDAD, VIOLACIÓN Y POLÍTICAS PÚBLICAS

En esta sección trataremos de proyectar las reflexiones precedentes para analizar la dimensión performativa del concepto de "violación", explorando cómo este concepto no solo describe un hecho o sirve para valorar ciertos actos, sino que también estructura la forma en que las sociedades entienden, regulan y responden a la violencia sexual. Desde la perspectiva pragmática, el significado de los conceptos no es estático ni inherente a los términos que los representan. En cambio, se transforma a través de su uso en distintos contextos discursivos. La performatividad no es solo un acto lingüístico, sino un proceso reiterativo que produce normatividad. Aplicado a la violación, esto implica que no existe una definición esencial e inmutable de lo que constituye este acto, sino que su significado es el resultado de una interacción constante entre el derecho, la cultura y las prácticas sociales. Los discursos jurídicos, feministas y mediáticos desempeñan un papel clave en la delimitación de los límites de lo que se considera violación en distintos momentos históricos y espacios socioculturales.

El concepto de performatividad ha sido objeto de amplios debates en la filosofía del lenguaje, la teoría del discurso y los estudios culturales. Desde su formulación inicial en la obra de John Austin hasta sus reformulaciones en la teoría de Judith Butler y las críticas de Jacques Derrida, el término ha evolucionado significativamente, adquiriendo nuevas dimensiones. Comenzaremos con una breve exploración de las distintas posiciones sobre la performatividad, para concluir asumiendo la posición de Martín Pineda (2018): la necesidad de una comprensión integradora que supere la dicotomía entre discurso y *performance*, reconociendo la riqueza semántica del concepto.

La noción de performatividad se origina en la obra del filósofo anglosajón John L. Austin *Cómo hacer cosas con palabras* (Austin, 1962), donde distingue entre enunciados constatativos (que describen hechos) y enunciados performativos (que realizan una acción al ser pronunciados). Son ejemplos paradigmáticos de estos últimos las declaraciones ("los declaro marido y mujer", "declaro abierta la sesión") o las promesas ("prometo decir la verdad"). Para que un enunciado performativo sea exitoso, Austin establece ciertas condiciones de "acierto": un contexto adecuado, la autoridad del hablante y la intención de ejecutar la acción. Si alguna de estas condiciones falla, el enunciado es infeliz o desafortunado [*unhappy*]. Sin embargo, Austin mismo reconoce que la distinción entre constatativo y performativo es problemática, pues enunciados que parecen meramente descriptivos también pueden tener efectos pragmáticos.

Jacques Derrida, en su ensayo *Firma, acontecimiento, contexto* (Derrida, 1972), critica la teoría de Austin al señalar que los enunciados performativos no dependen únicamente del contexto inmediato o de la intención del hablante, sino que son iterables: pueden repetirse en distintos contextos sin perder su eficacia. Para Derrida, todo lenguaje es estructuralmente performativo, ya que el significado de un enunciado depende de su "citacionalidad" o "citabilidad" y de su capacidad de repetirse más allá de la intención original. Derrida también destaca la posibilidad inherente de falla en cualquier acto performativo, argumentando que el éxito de un enunciado no está garantizado por condiciones previas, sino que está sujeto a las relaciones de poder y a la estructura del lenguaje. Esta perspectiva amplía el concepto de performatividad, desplazándolo del acto singular de habla hacia una dimensión discursiva más amplia.

Judith Butler radicaliza la concepción de performatividad en *El género en disputa* (Butler, 1990) y *Cuerpos que importan* (Butler, 1993), aplicándola a la construcción de la identidad de género. Siguiendo a Derrida, Butler sostiene que el género no es una esencia inherente, sino el resultado de prácticas repetitivas de discurso y *performance* que producen la ilusión de una identidad estable. El género es performativo en el sentido de que se constituye a través de su reiteración: los actos de género no expresan una identidad preexistente, sino que la construyen. Esta visión implica que la normatividad de género puede subvertirse mediante la parodia y la resignificación de los signos de género, como ocurre en el *drag*. Sin embargo, Butler también enfatiza que la performatividad del género no es completamente voluntaria, pues está regulada por normas sociales que establecen qué expresiones son inteligibles y cuáles son excluidas. En este sentido, la performatividad del género está imbricada en relaciones de poder que determinan los límites de la inteligibilidad social.

La expansión del concepto de performatividad llevó a su integración en los estudios de la *performance*, donde teóricos como Richard Schechner (1988) y Victor Turner (1982) lo relacionaron con la teatralidad y los rituales sociales. En este contexto, la performatividad no se limita al lenguaje, sino que se extiende a las acciones corporales y a la construcción de identidades a través del acto de representación. Schechner sostiene que toda actividad social tiene un componente performativo, desde la política hasta las interacciones cotidianas. Turner, por su parte, examina los rituales como eventos performativos que refuerzan o transforman el orden social. Si aceptamos que la performatividad no es solo una dimensión del lenguaje sino un principio fundamental en la construcción del significado, entonces debemos reconsiderar cómo entendemos los conceptos en general. Una concepción del significado basada en la performatividad implica que los conceptos no tienen una esencia fija, sino que emergen y se consolidan a través de su uso y repetición en distintos contextos sociales. Quienes adoptan esta visión performativa del significado consideran que permite comprender mejor cómo evolucionan los conceptos y cómo pueden ser controvertidos en distintos contextos. La performatividad del lenguaje pone de relieve que este no solo describe la realidad, sino que la moldea activamente a través de su uso reiterado en distintas prácticas discursivas y sociales.

El significado de la violación ha cambiado a lo largo de la historia. En sociedades premodernas, la violación era conceptualizada principalmente como un daño a la propiedad de un hombre, ya fuera el padre o el esposo de la mujer agredida. El acto no era visto como una violación de la autonomía sexual de la víctima, sino como una transgresión de los derechos de su tutor masculino. La legislación reflejaba esta visión, considerando el matrimonio como un contrato irrevocable donde la mujer no podía negar el acceso sexual a su esposo. Con el avance del pensamiento liberal –y la consolidación de los derechos individuales–, el consentimiento se convirtió en el eje central para definir la violación. En lugar de entenderla como un atentado contra el honor o la propiedad, pasó a concebirse como una agresión a la autonomía sexual de la persona. Esta transformación discursiva permitió incluir en la categoría de violación actos que antes eran considerados legítimos, como la violación conyugal. Las teorías feministas han ampliado el concepto de violación más allá de la noción de fuerza física, incorporando dimensiones como la coerción psicológica, la desigualdad de poder y la falta de consentimiento explícito. Muchas autoras también han argumentado que, en un sistema patriarcal, el consentimiento femenino a menudo está condicionado por estructuras de opresión, lo que requiere una redefinición del concepto de violación para incluir contextos de dominación implícita (Cobo Bedia, 2024).

Desde la perspectiva de la teoría de los actos de habla de Austin y la "iterabilidad" de Derrida, la violación no solo es un acto físico, sino también un concepto que se reproduce y transforma a través de su uso en distintos contextos discursivos. Si consideramos que ciertos enunciados tienen la capacidad de realizar lo que enuncian, podríamos argumentar que la violación, en sí misma, es un acto performativo en el sentido de que impone significados y jerarquías sobre los cuerpos de quienes la sufren. Más allá del daño físico, la violación funciona como una imposición de poder que produce efectos duraderos en la subjetividad de la víctima, su relación con su propio cuerpo y su posicionamiento social. El discurso social y jurídico sobre la violación determina qué conductas se consideran violaciones y cuáles no. Esta construcción discursiva tiene efectos materiales, ya que incide en la forma en que las víctimas acceden a la justicia y en la percepción social de la violencia sexual. Un ejemplo claro es el debate en torno al consentimiento positivo, donde algunos sectores abogan por que la falta de una afirmación explícita sea suficiente para considerar que ha habido violación. Podemos identificar al menos tres efectos performativos clave del concepto de violación:

1. Producción de Subjetividades. Nombrar una experiencia como violación transforma la manera en que la víctima la comprende y la sitúa dentro de un marco de inteligibilidad social. Esto influye en su acceso a recursos legales, terapéuticos y políticos.
2. Legitimación o deslegitimación de experiencias. La manera en que se define la violación en la legislación y en el discurso público establece qué experiencias cuentan como violencia sexual y cuáles quedan fuera de esa categoría.
3. Transformación de normas y prácticas sociales. La evolución del concepto de violación ha llevado a cambios en la educación sexual, en las políticas públicas y en la conciencia social sobre el consentimiento y la coerción.

Desde la perspectiva de la performatividad, el concepto de violación no es simplemente un CEC, sino un término que se construye y transforma a través del discurso y la práctica social. La manera en que se define y utiliza este concepto tiene implicaciones directas en la vida de las personas, en la legislación y en la manera en que se comprende la autonomía sexual. Adoptar una visión performativa del concepto de violación permite reconocer cómo el lenguaje no solo refleja la realidad, sino que la configura activamente, estableciendo qué experiencias son reconocidas, qué conductas son sancionadas y qué subjetividades emergen en torno a la violencia sexual. En este sentido, el análisis de la violación desde la performatividad no solo contribuye a un entendimiento más profundo del fenómeno, sino que también abre la posibilidad de transformar las estructuras que lo sostienen.

Para terminar, regresaremos a la posición de Cahill (2001) sobre el tema, ya que constituye un ejemplo interesante de esta estrategia general que estamos analizando. Según la autora las teorías feministas recientes han redescubierto el cuerpo y su significado, han puesto en entredicho las tradicionales dicotomías entre cuerpo y mente (y las posiciones que apoyadas en ellas asociaban lo femenino con lo corporal y lo masculino con lo racional) y han defendido modelos más fluidos y complejos del yo. Tradicionalmente el cuerpo determina quién es hombre y quién mujer, por eso durante los años setenta del siglo pasado las feministas defendieron la distinción entre sexo (natural) y género (cultural), y sostuvieron que la feminidad estaba determinada cultural y no biológicamente. Suponían que los aspectos culturales podían ser cambiados y los hechos no (pero tampoco podían estar influidos por las estructuras patriarcales). Pero la biología demostró no resultar apta para fundar por sí sola la distinción entre hombre y mujer, pues distinguir entre sexos en base sólo al cuerpo se volvió cada vez más difícil. La caída de la dicotomía naturaleza/cultura dejo sin base al concepto de "mujer" – que no encontraba una clara delimitación en las prácticas culturales ni tampoco en los aspectos biológicos–.

Las teorías feministas que dirigieron su atención al cuerpo dejaron de preocuparse por lograr una definición clara de "mujer" y comenzaron a comprender el cuerpo femenino como un lugar en el que las dicotomías tradicionales (yo/otro, sociedad/yo, emoción/intelecto) no se oponían, sino que se definían mutuamente de manera reversible sin por eso dejar de diferenciarse entre sí. Esta concepción fluida del cuerpo femenino cuestionaba la exigencia patriarcal de unidad y verdad estática, y de esa manera también la naturaleza de la subjetividad y de la diferencia sexual. Según Cahill, esta forma de entender el cuerpo no pretende eliminar del discurso filosófico las categorías de "sexo" y "género", sino que permite comprender las importantes relaciones entre ambas experiencias. Las teorías recientes insisten en que la mujer debe ser entendida como personificada/corporalizada/encarnada [*embodied*] – porque las personas en general deben entenderse de esa manera–. Entender el cuerpo como un lugar donde se relacionan múltiples fuerzas es lo opuesto de considerar a los individuos como abstracciones, y es la manera de dar un sentido apropiado a sus atributos materiales, emocionales y físicos.

Las personas tienen sexo a través de su cuerpo, por ello se deben desarrollar enfoques teóricos que muestren al cuerpo como un sitio en el que los aspectos culturales y naturales coexisten y se influyen mutuamente –evitando el determinismo biológico y el relativismo cultural. Para la autora, el cuerpo es la única experiencia humana universal y es al mismo tiempo el origen de las diferencias sexuales y de otro tipo. Las teorías feministas que enfatizan la elasticidad del cuerpo femenino rechazan que se pueda definir con precisión la categoría "mujer", pero no por ello rechazan el uso de la categoría "género" con sentido. Para Cahill estas posiciones son una herramienta importante para enfrentarse al problema de la violación, pues permitirían ofrecer una teoría que diera cuenta de las experiencias de las mujeres: "Si entendemos la corporeidad como la condición de posibilidad de toda actividad humana, así como el lugar tanto de la diferencia sexual como de la inscripción del poder, podemos reconocer las ramificaciones corporales de la amenaza y el hecho de la violación, las diferentes formas en que la presencia de la violación funciona para hombres y mujeres, y las diferentes formas en que se expresan las diversas verdades relativas a la violación." (Cahill, 2001, p. 8).

La fundamentación jurídica de la incorrección de la violación ha variado con el tiempo (delito contra el honor, contra la propiedad, contra los derechos individuales). Si situamos al cuerpo en el centro de la identidad femenina podremos entender la violación como una agresión que va más allá de su sexualidad, puesto que vulnera aspectos fundamentales de su personalidad corporizada [*embodied selfhood*]. Pero también permite evitar las posiciones que pretenden explicar la violación como equiparable a otras agresiones físicas. En otras palabras: permite ofrecer una teoría de la violación capaz de superar las críticas que se formularon a las posiciones que solo se centran en aspectos semánticos, como la de Reitan o muchas feministas, pero manteniendo lo mejor de cada una de ellas. Desde esta concepción performativa, Cahill desarrolla una concepción de la violación como una experiencia corporalizada –lo que permite alumbrar el fenómeno de la violación y sus consecuencias–. Esta concepción del cuerpo le permite explicar la violación evitando su reducción a la violencia o a la sexualidad, como una agresión que incluye ambos aspectos[20]. Uno de los principales problemas de las teorías tradicionales era que no permitían dar cuenta de las diferentes formas de experimentar la violación de cada individuo víctima de ella. La posición de la autora evita este problema pues reconoce que la violación les ocurre sólo a cuerpos individuales, pero estos cuerpos están marcados y construidos por discursos sociales y culturales generales. Eso permite identificar los daños que genera la violación (reconociendo esos discursos) y los distintos sentidos corporales que puede tener (dado que la experiencia es única, pero esta corporalmente inscripta).

---

20 "...Mi teoría difuminará esas líneas argumentando que la violencia particular de la violación es sexual, y que la sexualidad inherente a ella es violenta" (Cahill, 2001, p. 9).

La otra dificultad de las posiciones feministas tradicionales era la de presentar a la mujer sólo como una víctima, resaltando su desprotección e impotencia, su falta de poder. Pero la teoría performativa de Cahill puede evitar esta consecuencia sin renunciar a denunciar la gravedad de las agresiones sexuales ni negar su alarmante frecuencia. El carácter intersubjetivo de la corporalidad nos permite comprender el terrible daño que la violación genera en el ser corporal de la víctima. Pero como esta intersubjetividad no es estática sino un proceso constante, la violación es una experiencia que transforma a la víctima pero que no es capaz de determinarla, pues dicha experiencia no constituye el final del desarrollo de su yo. Por esto la autora considera que su posición permite comprender a la víctima de una violación no sólo como víctima, sino como una persona que entre los elementos cruciales de su ser incluye una experiencia de victimización (entre muchas otras igual de cruciales para su desarrollo). El efecto performativo más directo que podría generar sería la desaparición de muchos sesgos de género en los procesos judiciales (como por ejemplo, el de la "víctima perfecta")[21].

Por último, esta concepción permite también identificar la particular y única incorrección que constituye la violación –una forma de entender su incorrección que ha sido eludida en todas las definiciones jurídicas–. No se trata de un robo u otro ataque a la propiedad, tampoco es una agresión física como cualquier otra, ni una extensión de la sexualidad heterosexual[22]. Esta amenaza permanente de violación afecta también la corporalidad

---

21 Ver al respecto (Gimeno Presa, 2020), (Gimeno Presa, 2021) y (Gimeno Presa, 2022).

22 "Entenderemos... la violación como un acto cargado de significados políticos y corporales, como una amenaza a la posibilidad de la integridad corporal de la mujer y, por tanto, como una amenaza a su condición de persona" (Cahill, 2001, p. 10).

femenina, pues no solo limita sus comportamientos sino la manera en la que las mujeres experimentan sus cuerpos –y en consecuencia construyen su identidad femenina–.

VI. CONCLUSIONES

El objetivo de este trabajo era explorar las discusiones sobre el concepto de violación y la manera en la que se podrían analizar desde el punto de vista de la filosofía del lenguaje contemporánea, teniendo cuenta el impacto que dichas interpretaciones podían tener sobre las políticas públicas para combatir la violencia sexual. Gallie introdujo la noción de "conceptos esencialmente controvertidos" (CEC) para describir aquellos términos cuyo significado está sujeto a disputas persistentes debido a diferencias en valores y marcos normativos. Dado que el concepto de violación ha sido redefinido a lo largo del tiempo y sigue siendo objeto de controversia, podría argumentarse –tal como hizo Reitan– que encaja en la categoría de CEC. Sin embargo, he mostrado que asumir esta caracterización es problemática por varias razones. Aunque el concepto de violación comparte algunas características con los CEC, su definición y función social dependen más de la evolución de ciertos hechos sociales e institucionales que de una disputa semántica esencialmente irresoluble. Desde la perspectiva de la performatividad, el concepto de violación no es simplemente una descripción de un hecho objetivo –como Hänel parecía suponer para cuestionar la posición de Reitan–, sino un término que se construye y transforma a través del discurso y la práctica social. Aunque podría parecer un CEC, su centralidad en la regulación de la autonomía sexual exige una precisión conceptual que lo aleja de esta categoría. Comprender su dimensión performativa permite no solo analizar sus efectos en la subjetividad y la legislación, sino también repensar políticas públicas para combatir la violencia sexual. Este trabajo es un primer intento de evaluar algunas estrategias recientes para lograr estos objetivos, y en él no he pretendido defender una tesis fuerte sobre el problema de fondo.

VII. REFERENCIAS BIBLIOGRÁFICAS

Austin, J. L. (1962). *How to Do Things with Words.* Harvard University Press.

Brownmiller, S. (1975). *Against Our Will. Men, Women and Rape.* Fawcett Books.

Burgerss-Jackson, K. (1996). *Rape: A Philosophical Investigation,* Darmouth.

Burgerss-Jackson, K. (1999). *A Most Detestable Crime: New Philosophical Essays on Rape,* OUP.

Butler, J. (1990). *Gender Trouble: Feminism and the Subversion of Identity.* Routledge.

Butler, J. (1993). *Bodies That Matter. On the Discursive Limits of Sex,* Routledge.

Butler, J. (1997). *Excitable Speech: A Politics of the Performative.* Routledge.

Cahill, A. J. (2001). *Rethinking Rape.* Cornell University Press.

Cobo Bedia, R. (2024). *La ficción del consentimiento sexual.* Catarata.

Derrida, J. (1972). *Signature Event Context.* Northwestern University Press.

Ehrenberg, KM (2011). "Law is not (Best Considered) an Essentially Contested Concept", *Journal of Law in Context,* 7(2), 209–232.

Estrich, S. (1987). *Real Rape.* Harvard University Press.

Foucault, M. (1978). *The History of Sexuality, Volume 1: An Introduction.* Pantheon Books.

Gallie, W. B. (1956a) "Essentially Contested Concepts", *Proceedings of the Aristotelian Society,* 56, 167-198.

Gallie, W. B. (1956b). "Art as an Essentially Contested Concept". *The Philosophical Quarterly,* 6(23), 97-114.

Gallie, W. B. (1968). *Philosophy and the Historical Understanding,* Schocken Books.

García Figueroa, A. (2021). *Moral de victoria. Una filosofía del deporte.* Hexis.

Gimeno Presa, M.C. (2020) *¿Qué es juzgar con perspectiva de género?,* Thomson Reuters-Aranzadi.

Gimeno Presa, M.C. (2021). "Sesgos discriminatorios en la interpretación y aplicación del derecho", en Sobrino, I. (coord.), *Justicia, Administración y Derecho: nuevos retos del derecho en el siglo XXI*. Aranzadi, pp. 213- 231.

Gimeno Presa, M.C. (2022) "Interpretación jurídica sin sesgos", en P. Bonorino (ed.), *Sesgos, argumentación y decisión judicial*, Thomson Reuters, pp. 57-84.

Gray, J. N. (1977): "On the Contestability of Social and Political Concepts", *Political Theory*, 5(3), 331-348.

Hänel, H. C. (2018). *What is Rape? Social Theory and Conceptual Analysis*. Transcript.

Haslanger, Sally. (2012). *Resisting Reality: Social Construction and Social Critique*. Oxford University Press.

MacKinnon, C. (1989). *Toward a Feminist Theory of the State*. Harvard University Press.

Marín Pineda, A. (2018). "Entre el discurso y el performance: Sobre el concepto de performatividad y sus transformaciones". *Estudios del discurso*, 4(2), 21-53.

Nussbaum, M. (1999). *Sex and Social Justice*. Oxford University Press.

Pineau, L. (1989). "Date Rape: A Feminist Analysis", *Law and Philosophy*, 8(2), 217-243.

Podhoretz, N. (1991). "Rape in Feminist Eyes", Commentary, 92(4), 29-35.

Podhoretz, N. (1992). "Rape and the Feminists", Commentary, 93(3), 6-7.

Putnam, H. (1984). *El significado de "significado"*. UNAM.

Reitan, E. (2001). "Rape as Essentially Contested Concept". *Hypatia*, *16*(2), 43-66.

Schechner, R. (1988). *Performance Theory*. Routledge.

Turner, V. (1982). *From Ritual to Theatre: The Human Seriousness of Play*. PAJ Publications.

Capítulo 7.

A prática de atos "contra a vontade cognoscível da vítima" nos crimes de coação sexual e de violação em constante revisão legislativa: breves apontamentos à margem da jurisprudência portuguesa.

MARGARIDA SANTOS
Professora Auxiliar da Escola de Direito
Universidade do Minho

I. CONSIDERAÇÕES INICIAIS

A matéria dos crimes sexuais tem sido objeto de constantes revisões legislativas, destacando-se, mais recentemente, as revisões ocorridas em 2015 (Lei n.º 83/2015, de 5 de agosto), 2019 (Lei n.º 101/2019, de 6 de setembro) e 2023 (Lei n.º 45/2023, de 17 de agosto), promovidas, nomeadamente, pelas imposições internacionais, designadamente pela Convenção do Conselho da Europa para a Prevenção e o Combate à Violência contra as Mulheres e a Violência Doméstica (Convenção de Istambul)[1]. A estas alterações legislativas muito provavelmen-

---

1 A esta matéria, em parte, já nos dedicámos (Santos, Margarida, "A configuração dos crimes de coação sexual e de violação, a vontade cognoscível da vítima, e a Convenção de Istambul: breves apontamentos à margem das recentes alterações do Código Penal portu-

te juntar-se-ão outras, face à recentemente publicada Diretiva (UE) 2024/1385 de 14 de maio de 2024 relativa ao combate à

guês", in Iglesias Canle, Ines e Bravo Bosch, Maria Josè (dir.), *Violencia Sexual y libertad sexual*, Valencia, Tirant Lo Blanch, 2022), pelo que para lá remetemos para maiores desenvolvimentos. Ver, entre outros, também, Dias, Maria do Carmo Silva, "Repercussões da Lei n.º 59/2007, de 4/9 nos «crimes contra a liberdade sexual»", *Revista do CEJ*, Lisboa, n.º 8, 2008. Para uma análise das principais alterações ocorridas em 2015 no âmbito em matéria de crimes contra a liberdade e autodeterminação sexuais, ver Leite, André Lamas, "As alterações de 2015 ao Código Penal em matéria de crimes contra a liberdade e autodeterminação sexuais – nótulas esparsas", *Julgar*, n.º 28, 2016. Ver também Beleza, Teresa, "«Consent – It´s as simple as tea»: notas sobre a relevância do dissentimento nos crimes sexuais, em especial na violação", in Maria da Conceição Ferreira da Cunha (Org.ª), *Combate à Violência de Género. Da Convenção de Istambul à Nova Legislação Penal*, Lisboa, Universidade Católica Editora, 2016, e Cunha, Maria da Conceição Ferreira da, "Do Dissentimento à falta de capacidade para consentir", in Maria da Conceição Ferreira da Cunha (Coord.), *Combate à violência de género – da Convenção de Istambul à nova legislação penal*, Porto, Universidade Católica Portuguesa, 2016. No contexto das alterações de 2019, ver, entre outros, Caeiro, Pedro, "Observações sobre a projetada reforma do regime dos crimes sexuais e do crime de violência doméstica", *Revista Portuguesa de Ciência Criminal*, set-dez 2019, pp. 644 e ss. Ver também Rodrigues, Anabela, "A reforma permanente dos crimes sexuais no ordenamento jurídico-penal português", in Maria Acale Sánchez; Rodrigues, Anabela; Adán Nieto Martín (ed.) *Reformas penales en la Península Ibérica: A 'jangada de pedra'?*,Agencia Estatal Boletín Oficial del Estado, 2021 e Cunha, Conceição, "A tutela da liberdade sexual e o problema da configuração dos crimes de coação sexual e de violação – reflexão à luz da Convenção de Istambul", in *Crimes sexuais*, 2.º edição, Lisboa, Centro de Estudos Judiciários, 2021, *ebook,* disponível em https://cej.justica.gov.pt/LinkClick.aspx?fileticket=uMxjnSJ_t24%3d&portalid=30.

violência contra as mulheres e à violência doméstica, que, estamos em crer, impulsionará uma nova reflexão neste âmbito[2].

Numa altura em que o Grupo de Peritos sobre o Combate à Violência contra as Mulheres e a Violência Doméstica (GREVIO) realizou recentemente a sua visita de avaliação de acompanhamento a Portugal (24 a 28 de junho de 2024), centrada no tema "Building trust by delivering support, protection and justice", uma das etapas da primeira ronda de avaliação temática para monitorizar a implementação por Portugal da Convenção de Istambul[3], importa refletir sobre o *status quo* da imple-

---

2 Com efeito, embora a incorporação, por exemplo, do tipo legal de violação prevista na proposta inicial não tenha sido concretizada devido à falta de consenso sobre a definição (*e.g.* a questão do consentimento), a diretiva dá passos relevantes para prevenir e criminalizar formas de ciberviolência, sobre os quais importa verificar se existem exigências adicionais ao ordenamento jurídico nacional. Também o procedimento, por exemplo, poderá exigir um ajuste superior aquele já alcançado. Sobre este tema ver o nosso Santos, Margarida, "A natureza semipública (mitigada) do crime de violação/coação sexual e as implicações da Convenção de Istambul - reflexões à luz do direito penal português", in Maria José Bravo Bosch (dir.), Ana I. González Fernández (coord.), *Justicia y género*, Valencia, Tirant Lo Blanch, 2023, pp. 515-538.

3 Esta primeira ronda de avaliação temática visa analisar a forma como a legislação e as políticas públicas criam confiança, prestam apoio e proporcionam acesso à justiça para as mulheres vítimas de violência, com base no questionário adotado pelo GREVIO em 13 de outubro de 2022. Em especial, a visita visa permitir à delegação obter informações mais aprofundadas sobre a aplicação de determinadas disposições nas áreas da prevenção, proteção, ação penal e políticas coordenadas, em que o relatório de avaliação de base sobre Portugal e as conclusões sobre a aplicação das recomendações do Comité das Partes na Convenção de Istambul revelaram desafios e a necessidade de tomar medidas adicionais. O GREVIO planeia publicar o seu primeiro relatório de avaliação temática sobre Portugal em 2025 – cf. a informação disponível em https://www.coe.int/

mentação da Convenção no ordenamento jurídico português, em especial no que diz respeito ao crime de coação sexual/violação (artigos 163.º e 164.º do Código Penal), avaliando em que medida a jurisprudência portuguesa tem interpretado as recentes alterações aos tipos legais de violação/coação sexual.

No Relatório do GREVIO publicado em 2019[4] salienta-se que as alterações legislativas ocorridas nos crimes de coação sexual e de violação em 2015, em que o número 2 destes artigos foi remodelado para abranger a conduta de coação sexual e de violação cometida "por qualquer outro meio não previsto no número anterior", ou seja, sem violência ou ameaça, e sem ter suprimido a capacidade de resistência da vítima, não foram suficientes. Com efeito, "[o] GREVIO nota (...) que estas alterações legislativas não dispensaram definitivamente a exigência do uso da força, visto que nos números 2 dos artigos 163 e 164 do PCC [CP], a conduta ofensiva é qualificada pelo uso do verbo «constranger». O GREVIO considera que tal formulação não é suficiente para romper definitivamente com a prática de longa data dos tribunais portugueses de exigir a prova da resistência da vítima para condenar o autor do crime"[5]. E nes-

---

en/web/istanbul-convention/-/grevio-carries-out-its-first-thematic-evaluation-visit-to-portugal.

4 Cf. Relatório do GREVIO, publicado no dia 21 de janeiro de 2019, disponível em https://www.coe.int/en/web/istanbul-convention/newsroom/-/asset_publisher/anlInZ5mw6yX/content/grevio-publishes-its-reports-on-portugal-and-swed-1?inheritRedirect=false&redirect=https%3A%2F%2Fwww.coe.int%2Fen%2Fweb%2Fistanbul-convention%2Fnewsroom%3Fp_p_id%3D101_INSTANCE_anlInZ5mw6yX%26p_p_lifecycle%3D0%26p_p_state%3Dnormal%26p_p_mode%3Dview%26p_p_col_id%3Dcolumn-1%26p_p_col_count%3D2, p. 49 (parágrafo 173).

5 *Idem, ibidem.* Acompanhamos a crítica de Pedro Caeiro quando se refere à insuficiente sustentação empírica e à desconformidade com a necessidade de "resistência da vítima" – ver Pedro Caeiro, "Observações sobre a projetada reforma do regime dos crimes sexuais e do

sa medida o GREVIO insta as autoridades portuguesas a "[a]lterar[em] a sua legislação criminal sobre crimes sexuais para garantir que tais ofensas sejam baseadas na ausência de consentimento livre da vítima"[6].

Como em escrito anterior já referimos, e vale a pena aqui sintetizar para enquadramento[7], em virtude do relatório do

---

crime de violência doméstica", *Revista Portuguesa de Ciência Criminal*, set-dez 2019, pp. 644 e ss. Ver também Conceição Cunha, "A tutela da liberdade sexual e o problema da configuração dos crimes de coação sexual e de violação – reflexão à luz da Convenção de Istambul", in *Crimes sexuais*, 2.º edição, Lisboa, Centro de Estudos Judiciários, 2021, *ebook*, disponível em https://cej.justica.gov.pt/LinkClick.aspx?fileticket=uMxjnSJ_t24%3d&portalid=30, pp. 26.

6 Cf. Relatório do GREVIO, *cit.*,p. 49, parágrafo 175. Uma das problemáticas mais controversas no âmbito dos crimes sexuais prende-se, desde logo, com a adoção do modelo a seguir (o do constrangimento/consentimento/dissentimento) e se a adoção do modelo de *constrangimento* assenta, desde logo, na violência ou se basta a falta de consentimento/dissentimento. Em escrito anterior, já nos dedicámos à analise destas problemáticas, sobretudo avaliando as alterações legislativas de 2015, no nosso "Convenção de Istambul, crimes sexuais e consentimento: breves apontamentos", in Margarida Santos, Helena Grangeia (coord.), *Novos desafios em torno da proteção da vítima: uma perspetiva multidisciplinar*, Braga, Centro de Investigação Interdisciplinar em Direitos Humanos/Escola de Direito da Universidade do Minho, 2017, disponível em http://www.jusgov.uminho.pt/publicacoes/novos-desafios-em-torno-da-protecao-da-vitima-uma-perspetiva-multidisciplinar/, pp. 117-128. E, já incorporando a revisão operada pela Lei n.º 83/2015, de 5 de agosto, nos crimes de coação sexual e de violação, e a alteração legislativa ocorrida em 2019, através da Lei n.º 101/2019, de 6 de setembro

7 Para maiores desenvolvimentos ver o nosso "A configuração dos crimes de coação sexual e de violação, a vontade cognoscível da vítima, e a Convenção de Istambul: breves apontamentos à margem das recentes alterações do Código Penal português", in Ines Iglesias Canle e Maria Josè Bravo Bosch (dir.), *Violencia Sexual y libertad sexual*, Valencia, Tirant Lo Blanch, 2022, pp. 559-579.

GREVIO, a Lei n.º 101/2019, de 6 de setembro, promoveu uma nova alteração legislativa. Desta revisão legislativa resultam três modificações principais, sendo que a alteração substancial tem que ver com a inserção de um n.º 3 nos artigos 163.º e 164, do Código Penal. Este novo n.º 3 descreve o que se deverá entender como constrangimento para efeitos do tipo fundamental, complementando o tipo objetivo: "qualquer meio, não previsto no número anterior [ou seja, violência, ameaça grave ou colocação da vítima na impossibilidade de resistir], empregue para a prática de ato sexual de relevo contra a vontade cognoscível da vítima".

Esta inovação levantou-nos dúvidas e inquietações, desde logo face aos acrescidos desafios em torno da prova da vontade contrária da vítima quanto à prática do ato e da tutela da liberdade sexual. É certo que, como sublinha Pedro Caeiro, é "...essencial que as disposições interiores das pessoas se exteriorizem e sejam cognoscíveis, de modo que se possam ordenar reciprocamente as expectativas e condutas"[8]. Mas é igualmente essencial que esta vontade contrária da vítima seja avaliada de forma a compreender todas as razões e respetivas reações possíveis da vítima do crime – nomeadamente a sua inércia associada ao medo, absorvendo os contributos de várias ciências, nomeadamente da psicologia. A contrariedade da vontade da vítima inclui, portanto, todas as situações em que a prática do ato não corresponde à sua vontade, colocando, por isso em causa o bem jurídico protegido, seja por ausência de vontade ou porque a vontade estava condicionada. Numa palavra, quando exista uma falta de sintonia entre a prática sexual e a vontade interior, que seja "cognoscível", residindo aqui o nosso

---

[8] Pedro Caeiro, "Observações sobre a projetada reforma do regime dos crimes sexuais e do crime de violência doméstica", *Revista Portuguesa de Ciência Criminal*, set-dez 2019, pp. 649 e 650.

desconforto quanto ao texto legislativo, face à sua ambiguidade, potenciadora de incertezas.

O legislador em 2023, através da Lei n.º 45/2023, de 17/8[9], promoveu uma nova alteração, corrigindo omissões relevantes da versão anterior (inserindo-se o "sofrer", passando a constar da norma o "constranger outra pessoa a *sofrer* ou a praticar"), nos artigos 163.º e 164.º do CP e alterando sobretudo no que diz respeito ao prazo de extinção do direito de queixa (artigo 115.º, n.º1, do CP)[10] e prazo para início do procedimento penal, no caso da nova possibilidade inserida em 2015, que dotou o crime de violação/coação sexual de uma natureza semipública mitigada (artigo 178.º, n.º2, do CP)[11].

---

9 Esta lei pretende reforçar a proteção das vítimas de crimes contra a liberdade sexual, procedendo à alteração ao Código Penal; à Lei n.º 34/2004, de 29 de julho, que altera o regime de acesso ao direito e aos tribunais, e ao Estatuto da Vítima, aprovado em anexo à Lei n.º 130/2015, de 4 de setembro.

10 Nas situações contempladas no artigo 178.º, n. º1, do CP, o direito de queixa extingue-se no prazo de um ano (ao contrário da regra geral, em que o direito de queixa extingue-se no prazo de seis meses a contar da data em que o titular tiver tido conhecimento do facto e dos seus autores, ou a partir da morte do ofendido, ou da data em que ele se tiver tornado incapaz – primeira parte do artigo 115.º, n.º1, do CP).

11 De acordo com a nova formula legal, "Quando o procedimento pelos crimes previstos nos artigos 163.º e 164.º depender de queixa, o Ministério Público pode dar início ao mesmo, no prazo de *um* ano a contar da data em que tiver tido conhecimento do facto e dos seus autores, sempre que o interesse da vítima o aconselhe". Sobre esta alteração advinda de 2015 (anteriormente com o prazo de 6 meses e agora, alargado com a revisão de 2023 para 1 ano), ver Santos, Margarida, "A natureza semipública (mitigada) do crime de violação/coação sexual e as implicações da Convenção de Istambul - reflexões à luz do direito penal português", in Maria José Bravo Bosch (dir.), Ana I. González Fernández (coord.), *Justicia y género,* Valencia, Tirant Lo Blanch, 2023, pp. 515-538.

Não obstante as críticas à arquitetura legal constante sobretudo do n.º 3 dos artigos 163.º e 164.º do CP (*coacção sexual* e *violação*, respetivamente) e as dúvidas que expressámos em torno da prova desta vontade da vítima contrária à prática dos factos que colocam em causa a liberdade sexual, o certo é são vários os exemplos jurisprudenciais que nos revelam uma interpretação da fórmula legal coerente com as possíveis "manifestações" da vítima, revelando mudanças neste âmbito. É sobre esta linha de entendimento que no âmbito deste artigo pretendemos focar o nosso olhar, sem prejuízo de uma leitura mais aprofundada sobre as decisões dos tribunais portuguesas, que inclua sobretudo a análise das decisões de primeira instância, que, na sua maioria, ainda não dispomos.

II. A INTERPRETAÇÃO DA FÓRMULA LEGAL "CONTRA A VONTADE COGNOSCÍVEL DA VÍTIMA" – A CAMINHO DE UMA EVOLUÇÃO JURISPRUDENCIAL?

Para aferir a cognoscibilidade, - e independentemente das críticas que se apontem ao texto legislativo –, vários são os acórdãos que nos evidenciam uma adequada leitura desta formulação, não exigindo um dissentimento evidente para haver preenchimento do tipo de crime, valorando as circunstâncias envolventes, em linha com as exigências impostas pela Convenção de Istambul. Neste sentido, apesar das críticas que têm sido endereçadas no que toca à proteção da vítima, e à dificuldade de valoração do seu depoimento/declarações, desde logo face à compatibilização com o princípio da presunção de inocência, o certo é que verificamos um esforço para melhor realizar esta valoração probatória. Com efeito, têm sido solicitadas mais perícias para avaliar a credibilidade, embora nem sempre são estes relatórios periciais efetivamente relevantes na tomada da decisão judicial[12].

---

[12] Como se sublinha, por exemplo, na análise levada a acabo pelas ONG - *NGO contribution to the 1st GREVIO thematic evaluation round procedure Portugal,* 2024, disponível em https://rm.coe.int/shadow-report-reflecting-the-consolidated-views-of-10-ngos-a-platform--/1680b0638c, p. 62: "...the testimonial credibility expertise that began to be requested to assess the credibility of victims' statements are very little valued by the courts, which despite privileging the expertise of the Institute of Legal Medicine, also do not value them to the point of considering them proven the facts reported by the victims". Naturalmente que esta valoração probatória cabe, em última análise, à magistratura judicial realizar. Não obstante, revela-se mister um verdadeiro reconhecimento da importância desta avaliação e do seu eventual contributo para a descoberta da verdade material. Com feito, o legislador reconhece, desde logo, a importância do auxílio de outras ciências, nomeadamente nas situações respeitantes a ilícitos contra a liberdade e autodeterminação sexual de menores, em que pode ter lugar a perícia sobre a personalidade (artigo 131.º, n.º 3, do CPP). Assim, na avaliação da credibilidade é essencial verificarem-se as características de personalidade e características psicológicas da testemunha/da vítima, para que, a final, se possa fazer uma apreciação das declarações/depoimentos prestados, bem como dos fatores suscetíveis de os influenciar, auxiliando-se, assim, o juiz na difícil tarefa de valoração do depoimento/declarações. Neste âmbito, parece-nos fundamental uma melhor compreensão das potencialidades, limitações e campos de atuação do perito, clarificando-se, com contornos mais definidos, o que se espera compreender com o seu auxílio. De outra banda, seria fundamental a garantia de um quadro normativo que permita a verificação formal das competências, experiência ou formação técnica do perito. Assim, a Associação Portuguesa de Ciências Forenses (APCF) propôs, por exemplo, um modelo de certificação estruturado em cinco níveis de especialização, com critérios objetivos que abrangem desde a experiência até ao doutoramento em diferentes domínios das ciências forenses, como Genética, Biomecânica Forense e Sinistralidade, ou Toxicologia. Este modelo, inspirado em sistemas internacionais de acreditação de peritos, visa assegurar que apenas profissionais com

No que respeita à formação dos magistrados, por exemplo, importa sublinhar que a Lei n.º 80/2019, de 2 de setembro, veio assegurar a formação obrigatória dos magistrados sobre direitos humanos e violência de género[13]. Podemos adiantar, sem prejuízo de uma leitura mais aprofundada, que desde as alterações legislativas verificadas mais recentemente nos crimes sexuais, tem existido uma "evolução positiva" jurisprudencial[14], relativamente à perspetiva anterior, assente igualmente na antecedente fórmula legal, e que já tivemos oportunidade de retratar, com expressão, desde logo, na compreensão mais

---

as qualificações e certificações adequadas possam usar o título de "Perito" e sejam elegíveis para a nomeação em atividades periciais, conferindo assim maior solidez e credibilidade ao sistema judicial – cf. Paulo Vieira Pinto, "O papel dos peritos na Justiça em Portugal", Observador, 25-11-2024, disponível em https://observador.pt/opiniao/o-papel-dos-peritos-na-justica-em-portugal/. Ver também Ricardo Dinis Oliveira et al, "The Portuguese Association of Forensic Sciences Model for Forensic Expert Certification: An Urgent Need and Regulation Proposal", *Forensic Sci.* 2022, *2*(2), disponível em https://doi.org/10.3390/forensicsci2020031, 417-422. A este assunto - que carece de uma reflexão mais aprofundada - esperemos voltar a breve trecho. Para uma análise crítica sobre como deve entender-se o grau de influência deste meio de prova na decisão judicial, ver já, com muito interesse, Lourenço, Maria João, *Regime da prova pericial no ordenamento jurídico português: contributos para o seu aperfeiçoamento*, Coimbra, Almedina, 2024.

13 Esta lei procede à terceira alteração à Lei n.º 2/2008, de 14 de janeiro, que regula o ingresso nas magistraturas, a formação de magistrados e a natureza, estrutura e funcionamento do Centro de Estudos Judiciários, assegurando formação obrigatória dos magistrados em matéria de direitos humanos e violência doméstica (cfr. art. 1.º).

14 Assim também a Associação Portuguesa de Mulheres Juristas, *Contribution to the Questionnaire for the evaluation of the implementation of the Council of Europe Convention on Preventing and Combating Violence against Women and Domestic Violence by the Parties*, disponível em https://rm.coe.int/apmj-associacao-portuguesa-de-mulheres-juristas-contribution-questionn/1680afc9d5, pp. 26 e ss (nomeadamente p. 28).

abrangente da reação da vítima contrária à realização do ato sexual e nesta medida na valoração do seu depoimento/declarações. Assim, podemos também nós avançar que relativamente aos comportamentos da vítima e aos mitos associados[15], tem havido uma evolução de destacar nesta matéria[16], compreendendo-se as várias formas de reação da vítima, à luz da evidencia científica, importando-se assim os ensinamentos, por exemplo, da Psicologia. Exemplo desta incorporação é, designadamente, o descrito nos acórdãos do Tribunal da Relação de Lisboa, de 1 de julho de 2020, processo n.º 1539/15.9PBCSC.L1-3; do Tribunal da Relação do Porto, de 21 de setembro de 2022, Processo n.º 3006/20.0JAPRT.P1; do Acórdão do Tribunal da Relação de Coimbra, de 7 de junho de 2023, Processo

15 Especificamente sobre os mitos associados à vítima, ao agressor e respetivo impacto na jurisprudência, ainda que a propósito das versões legislativas anteriores, ver Teresa Braga, Marlene Matos, "Crimes sexuais : agravantes e atenuantes na determinação da medida da pena", Revista do CEJ, 2.º Semestre, n. 7, 2007, pp. 142 e ss. Entre outra literatura, ver, ainda, Marisalva Fávero *et al*, "Intervenção psicológica com vítimas de violência sexual (e sobreviventes na idade adulta)", in Alexandra Anciães, Rute Agulhas (coord.), *Grande Livro sobre a Violência Sexual – Compreensão, prevenção, avaliação e intervenção*, Sílabo, 2022, pp. 357-375, Carla Machado, "Avaliação da credibilidade de alegações de abuso sexual: consensos e controvérsias", in *Psicologia, Educação e Cultura*, vol. IX, n.º 2, 2005, pp. 513-533; Carla Machado; Sónia Caridade; Carla Antunes, "Avaliação psicológica de vítimas de abuso sexual", *in* Marlene Matos, Rui Abrunhosa Gonçalves e Carla Machado, *Manual de Psicologia Forense: contextos, práticas e desafios*, Braga, Psiquilíbrios Edições, 2011, pp. 91-122.

16 Assim também ver Associação Portuguesa de Mulheres Juristas, *Contribution to the Questionnaire for the evaluation of the implementation of the Council of Europe Convention on Preventing and Combating Violence against Women and Domestic Violence by the Parties*, disponível em https://rm.coe.int/apmj-associacao-portuguesa-de-mulheres-juristas-contribution-questionn/1680afc9d5, p. 28.

793/21.1JALRA.C1, que nos ilustram o que acabamos de perspetivar.

Por exemplo, no sumário do acórdão do Tribunal da Relação de Lisboa, de 1 de julho de 2020, processo n.º 1539/15.9PBCSC.L1-3, aponta-se que: "*Na valoração como meios de prova dos relatos contendo as descrições das experiências sexuais abusivas, é importante considerar que a vítima não tem de demonstrar que não contribuiu para a ocorrência do crime sexual que sofreu, mesmo que não viva de acordo com o papel social que lhe está atribuído pelos padrões culturais e históricos preestabelecidos, bem como, que todo o relacionamento sexual que não seja livremente consentido deve ser criminalizado – é a solução que resulta expressamente do art° 36° da Convenção de Istambul e das alterações aos n°s 2 dos artigos 163° e 164° do Código Penal, introduzidas pela Lei n° 83/2015 de 5 de Agosto (e também pela Lei 101/2019 de 6 de Setembro). Não é necessário, nem exigível que a vítima adote comportamentos heroicos de oposição ou defesa à atuação do agressor, correndo riscos ainda maiores do que o de lesão da sua liberdade ou da sua autodeterminação sexual, para se considerar o crime como consumado. Para a consideração do preenchimento do tipo de violação previsto no art° 164° n° 1 do CP, na versão da Lei 83/2015 de 5 de Agosto, é crucial ponderar que a paralisação ou inibição da vontade da vítima em resistir à agressão sexual não tem de ser feita através de violência irresistível ou invencível ou de gravidade extrema.*

Para além da reação expressa e ostensiva de oposição, o conceito de violência ali previsto é suficientemente amplo para incluir também o aparente assentimento oferecido como meio de evitar um mal superior, perante a ineficácia, a inaptidão ou inutilidade da resistência à prática sexual abusiva, para evitar a consumação desta".

Também, por exemplo, é de louvar a forma como foi interpretado a "reação" da vítima neste âmbito, a partir sobretudo do depoimento da vítima, valorizado em sede recurso, no Acórdão do Tribunal da Relação de Coimbra de 7 de junho de 2023, Processo 793/21.1JALRA.C1. Assim, entendeu este Tribunal, cujo sumário vale a pena aqui transcrever, que:

> *"1. O relato da vítima é muitas vezes o único elemento de prova e por isso é muito relevante a importância da avaliação da sua credibilidade, não havendo, por isso, obstáculo legal à valoração em audiência de julgamento das declarações de um qualquer ofendido, ainda que assistente ou demandante cível, no âmbito da imediação e na oralidade, mesmo que desacompanhadas de outra prova. (...)*
>
> *4. Não se deve diabolizar a não reacção da vítima, ao não gritar, perante um acto de violação, podendo o seu interior estar esmagado com o que lhe está a acontecer.*
>
> *5. Na agressão, a vontade do autor impõe-se pela força, seja através de violência ou de intimidação, não se podendo pedir à vítima uma constante atitude perigosamente heroica.*
>
> *6. A inexistência de qualquer reacção ou resistência de uma vítima de violência sexual radica no facto de estar a sentir a agressão como uma ofensa à sua integridade física, ou mesmo à sua vida, pelo que adopta um comportamento orientado para a sua preservação, podendo optar por diferentes estratégias de sobrevivência.*
>
> *7. Algumas das formas mais comuns de reacção das vítimas de violência sexual são precisamente aquelas que o público muitas vezes tem dificuldade em compreender, assente que as mulheres que sofrem violência sexual nem sempre são capazes de tomarem decisões que as protejam.*
>
> *8. Aqui, como em tantos outros aspectos, é mister da magistratura não se deixar levar por juízos de valor com base em apreciações pessoais ou mitos, que estão assentes em pura especulação e estereótipos".*

Neste aresto, a propósito da questão de saber se "*Foi ou não consensual esta relação sexual de cópula entre o arguido e a DD*", ao contrário da decisão *a quo*, entendeu-se que se deviam julgar os factos impugnados e dados como não provados no acórdão recorrido como provados (e a violência constante da acusação dada por provada, atendendo, desde logo, ao teor do depoimento da vítima). Aí se destaca, por exemplo, quanto à valoração do depoimento da vítima:

> *"(...) Para nós, o seu depoimento foi escorreito e sem hesitações. Quanto a C, diremos: Aquando da sua inquirição para memória futura (cfr. fls 241), a jovem, estando em ..., estava acompanhada pelo pai, como foi, aliás, autorizada por expresso despacho do JIC de Leiria (...), não nos parecendo que a presença do ascendente a tenha colocado em situação de poder mentir, assente que foi até o pai quem fez a denúncia à CPCJ relativamente ao que teria acontecido com a filha (...), não se visualizando razão plausível para um maior constrangimento da depoente (...). De facto, a interpretação feita pelo tribunal de julgamento desta inquirição é pouco apropriada - se isso tivesse acontecido, não teria o tribunal suspendido a inquirição? Além disso, o psicólogo refere na página 8 do seu relatório: «Finalmente, procurámos possíveis influências nas suas declarações: nenhuma foi encontrada». Acresce que se o Tribunal a quo tinha dúvidas quanto à sua espontaneidade e credibilidade, entendendo como entendeu que a presença do progenitor poderia ser susceptível de sugestionar a forma como a DD responderia às perguntas colocadas, impunha-se que chamasse a jovem a depor, a fim de dissipar qualquer dúvida a esse respeito (...). Quanto à credibilidade de um testemunho, sabemos que não existem técnicas seguras, ou suficientemente seguras, que permitam distinguir uma declaração verdadeira de uma declaração não verdadeira, mas existem certamente indicadores ou comportamentos, para além daqueles que podem ser observados num depoimento prestado em tribunal e directamente percepcionados pela autoridade judiciária, que estarão ao alcance do perito e que podem e devem contribuir para o julgador fundamentar a sua convicção quanto à credibilidade de determinado depoimento. Lido o relatório (...), ele é claro no cumprimento das tarefas que lhe foram atribuídas, não as extrapolando. (...) Quanto a E), diremos apenas que o facto de uma jovem ir às escuras para um local ermo com um rapaz não significa que vai consentir em qualquer acto ou avanço sexual que signifique uma «violação». Estamos muito longe de aceitar a perversa ideia de que as vítimas só o são porque se predispuseram ao avanço do predador, quer por actos ou até por vestimentas. Quanto a F), diremos que o facto de uma vítima não gritar alto que não quer uma cópula com alguém não significa que a aceite. Veja-se que a jovem refere*

no seu depoimento (bem como ao psicólogo) que teve medo que fosse pior se reagisse (note-se até o teor do documento de urgência hospitalar de fls 49, onde ficou registado que a DD alegou que «não ofereceu resistência por medo» (...) tu debateste-te? Ou seja, contorceste-te ou ficaste parada? DD: Eu, eu mexi-me, só que da maneira que ele estava, eu não me conseguia mexer e depois era o medo de fazer alguma coisa que ele não gostasse e de ele me bater. Eu não sabia... eu não o conhecia, não sabia se ele era agressivo, se ele me podia fazer mal, se não podia. MP: Pronto... Ok». Desta forma, não se diaboliza a não reacção da vítima, ao não gritar, podendo o seu interior estar esmagado com o que lhe estava a acontecer. Na agressão, a vontade do autor impõe-se pela força, seja através de violência ou de intimidação, não se podendo pedir à vítima uma constante atitude perigosamente heroica".

Ver, por exemplo, também o Acórdão da Relação de Lisboa, de 12 de junho de 2019, processo n.º 473/16.0JAPDL.L1-3, onde se descreve, no sumário, que:

"II - A inexistência de qualquer reação ou resistência de uma vítima de violência sexual radica no facto de esta (...) sentir a agressão como uma ofensa à sua integridade física, ou mesmo à sua vida, pelo que adota um comportamento orientado para a sua preservação, podendo optar por diferentes estratégias de sobrevivência.

III - Vítimas há em que o medo lhes impede a demonstração de qualquer reação, é a chamada imobilidade tónica, outras em que se opera uma dissociação da realidade, como se a agressão de que estão a ser vítimas não se passasse com elas e apenas estivessem a observá-la e outro grupo de vítimas decide não resistir para evitar ferimentos ou morte.

IV - A ausência de resistência física por parte de uma vítima de um crime de violação não pode ser considerada como uma forma de aceitação ou consentimento da agressão, mas pelo contrário expressa apenas o desejo de sobreviver a uma situação cujo controle não detém e relativamente à qual experimenta um sentimento de completa impotência.

VI - Ao introduzir os dedos na boca da ofendida, fazendo com que ficasse engasgada e com vómitos e posteriormente, ao a agarrar, colocando-a junto de uma mesa e baixando-lhe os calções que vestia, é utilizada a violência adequada a impedir a resistência da ofendida, assim impondo o agressor a sua vontade para a sujeitar e obrigar a sofrer um coito oral e um coito anal".

Também, por exemplo, o acórdão do Tribunal da Relação do Porto, de 21 de setembro de 2022, Processo n.º 3006/20.0JAPRT.P1, destacou que:

"A cognoscibilidade assenta no reconhecimento pelo agente, da recusa interna da vítima, segundo um padrão do homem médio colocado na posição do agente, de forma a que se possa afirmar o dolo. A vontade contrária da ofendida era perfeitamente cognoscível para o arguido, enquanto homem médio, razoável, consciente e cuidadoso, colocado naquela posição de terapeuta/osteopata, ciente que, de acordo com a legis artis, a introdução do seu dedo na vagina daquela, não fazendo parte do procedimento terapêutico, era contrária à sua vontade mais íntima e atentatório da sua liberdade sexual, quando formada de forma livre e esclarecida. (...)Daí que, caso a vítima se remeta ao silêncio aquando da prática dos atos, tal não significa necessariamente que não se preenche o tipo legal de violação, uma vez que não existiu uma oposição expressa ou tácita ao ato. Na verdade, equivalem ao dissentimento da vítima as situações equiparáveis de ausência de vontade livre e esclarecida, na formação da decisão e/ou na execução do ato, em que o «consentimento se mostra constrangido», como é o caso do consentimento viciado por fraude ou medo, bem assim consentimento viciado por indução em erro ou aproveitamento de erro. O silêncio ou passividade da vítima, nestas hipóteses, em tudo semelhantes ao caso aqui tratado, nunca poderá ser entendido(a) como forma colaborar ou consentir a relação sexual. (...)

Nenhum sentido faz apelar, como pretende o recorrente, ao dissentimento ostensivo da vítima para integração (única) típica do constrangimento, num crime que se exige doloso e cuja ocorrência habitual em ambientes privados onera ainda mais a vítima, quando confrontada com o princípio do in dubio pro reo e preconceitos estereotipados, como aquele trazido ao recurso, que alavancados no tolhimento da vítima alimentam a dificuldade da prova para assim a tentar descredibilizar, não obstante o mais profundo desrespeito pela liberdade sexual".

Estes excertos expressam a existência de uma interpretação alinhada com a tutela da liberdade sexual e uma integração de áreas fundamentais, como a Psicologia e a Vitimologia, caminho que tem de continuar a ser solidificado[17].

III. CONSIDERAÇÕES FINAIS

A contrariedade da vontade da vítima inclui todas as situações em que a prática do ato não corresponde à sua vontade, colocando, por isso, em causa o bem jurídico protegido, seja por ausência de vontade ou porque a vontade estava condicionada, designadamente quando exista uma falta de conformidade entre a prática sexual e a vontade íntima, que seja "cognoscível". Aqui residia sobretudo a nossa preocupação, como enunciámos. Para aferir a cognoscibilidade, e independentemente das críticas que se apontem ao texto legislativo, em permanente revisão, vários são os acórdãos dos Tribunais que nos evidenciam uma adequada leitura desta formulação, não exigindo um dissentimento ostensivo para haver preenchimento do tipo de crime, valorando as circunstâncias envolventes, em linha com as exigências impostas pela Convenção de Istambul. Neste sentido, apesar das críticas que têm sido endereçadas no que toca à proteção da vítima, e à dificuldade de valoração (e

---

17 Associação Portuguesa de Mulheres Juristas, *Contribution to the Questionnaire for the evaluation of the implementation of the Council of Europe Convention on Preventing and Combating Violence against Women and Domestic Violence by the Parties*, disponível em https://rm.coe.int/apmj-associacao-portuguesa-de-mulheres-juristas-contribution-questionn/1680afc9d5, 2024, p. 29.

valorização) do seu depoimento/declarações, sobretudo quando inexistem outros meios de prova, pela necessária compatibilização, desde logo com o princípio da presunção de inocência, o certo é que verificamos um esforço para melhor realizar esta valoração probatória.

Registam-se vários exemplos de acórdãos dos tribunais portugueses que espelham mudanças positivas no entendimento dos crimes sexuais e do comportamento da vítima, apesar de ser fundamental fazer uma análise mais pormenorizada, assente, por exemplo, nas decisões dos tribunais de primeira instância. Numa palavra, enfrentar os mitos e compreender o comportamento da vítima, interpretando, nomeadamente a fórmula legal advinda da revisão de 2019 - contra a vontade cognoscível da vítima - implica valorizar o caminho que está a ser trilhado mas que carece de constante consolidação: o da formação contínua dos operadores judiciários, e muito particularmente dos magistrados, e o da penetração de áreas como a Psicologia e a Vitimologia na compreensão e interpretação dos comportamentos da vítima.

Capítulo 8.

As políticas públicas de proteção de vítimas de violência sexual em contexto familiar - medidas cautelares de polícia em Portugal

FERNANDO DA COSTA GONÇALVES
Universidade da Maia

I. CONCEITUALIZAÇÃO DA PROBLEMÁTICA

O presente artigo surge a partir da comunicação apresentada no Congresso realizado na Universidade de Vigo[1], tem como objetivo analisar a problemática subjacente às Políticas Públicas de Proteção das Pessoas Vulneráveis (Mulheres e Crianças) vítimas de violência em Portugal e contribuir para o debate em torno de vulnerabilidade das vítimas de violência doméstica, sexual e de género. A violência doméstica pode ser definida como "qualquer ato, conduta ou omissão que sirva para infligir, reiteradamente e com intensidade, sofrimentos físicos, sexuais, mentais ou económicos, de modo direto ou indireto (por meio de ameaças, enganos, coação ou qualquer outro meio) a qualquer pessoa que habite no mesmo agregado doméstico privado (pessoas – crianças, jovens, mulheres adul-

[1] O presente artigo surge no seguimento da comunicação no Congresso - *Protección das mulleres e menores vítimas de violencia sexual,* organização pelo Instituto de Xustiza e Xénero em 2024 na Universidade de Vigo.

tas, homens adultos ou idosos – a viver em alojamento comum) ou que, não habitando no mesmo agregado doméstico privado que o agente da violência, seja cônjuge ou companheiro marital ou ex-cônjuge ou ex-companheiro marital"[2]

Mauro Paulino e Miguel Rodrigues apresentam como elementos fundamentais da violência doméstica o agressor, a vítima e o exercício do poder pela força. O agressor procura controlar a vítima seja através da agressão física ou psicológica, seja exercendo outros tipos de coação (social, económica ou sexual). Na tipificação das várias formas de violência estes autores designam por violência física o uso da força que o agressor dirige à vítima com o objetivo de a ferir (causar dano físico ou orgânico), podendo mesmo culminar em homicídio. Os referidos autores denominam como violência psicológica (emocional) as atitudes e os comportamentos que envolvam, entre outros, ameaças à integridade física da vítima. Também o uso de palavras injuriosas ou que revelem desprezo ou constante crítica negativa sobre o comportamento da vítima configuram formas de violência psicológica.

No que diz respeito à violência social, os autores entendem que se concretiza através de atos que o agressor utiliza para promover o isolamento da vítima, socorrendo-se de estratégias que visam afastá-la da sua rede social e familiar e, deste modo, mais facilmente conseguir controlá-la; já na violência económica, o agressor inibe a vítima de aceder a dinheiro ou mesmo aos bens de necessidade básica como (alimentação, roupas ou aquecimento), quartando assim a sua independência; relativamente à violência sexual é descrita como a imposição de práticas de cariz sexual contra a vontade da vítima, o que inclui não só o ato sexual mas igualmente a tentativa de ato sexual, os avanços ou comentários sexuais indesejados, assim como quais-

---

[2] PAULINO, Mauro, RODRIGUES, Miguel; *Violência Doméstica – Identificar – Avaliar – Intervir*, Califesa, Porto, 2016, pág. 37 a 41.

quer outras interações de natureza sexual, contra a vontade da vítima[3].

De acordo com Baldry, o ato delituoso de violência doméstica consiste, na violência conjugal também referida como violência existente nos relacionamentos. É definida como qualquer tipo de violência, tentativa ou ameaça física perpetrada por um homem ou uma mulher contra a pessoa com quem tem ou teve um relacionamento íntimo[4].

Relativamente a esta problemática, Daniela Sádio enquadra a violência doméstica, no campo mais amplo da violência que define como "qualquer forma de uso intencional da força, coação ou intimidação contra terceiro ou toda a forma de ação intencional que, de algum modo, lese a integridade, os direitos e necessidades dessa pessoa" e delimita o âmbito da violência doméstica a partir do "espaço" em que ela ocorre definindo-a como "toda a violência física, sexual ou psicológica que ocorre em ambiente familiar e que inclui, embora não se limitando a maus tratos, abuso sexual de mulheres e crianças, violação entre cônjuges, crimes passionais, mutilação sexual feminina e outras práticas tradicionais nefastas, incesto, ameaças, privação arbitrária de liberdade e exploração sexual e económica"[5]. Ressalta da definição a diversidade de comportamentos suscetíveis de serem enquadrados como violência doméstica, uma vez exercidos em contexto familiar ou doméstico.

---

3 PAULINO, Mauro, RODRIGUES, *Miguel, Violência Doméstica – Identificar – Avaliar – Intervir,* Califesa, Porto, 2016, págs. 37 a 41.

4 Baldry, A. C. (2003). "Stick and stones hurt my bones but his glance and words hurt more": The impact of psychological abuse and physical violence by current and former partners on battered women in Italy. International Journal of forensic Mental Health, 47-57.

5 PICO SÁDIO, Daniela, *O Crime de Violência Doméstica e o Estatuto da Vítima, Universidade Católica Portuguesa, Lisboa, 2021, pág. 5.*

A definição apresentada por Luísa Ouabdelkader enfatiza a dimensão histórica e sociológica da violência doméstica ao referir que este "não é um fenómeno próprio do período atual mas sim um problema social, tendo em vista que é uma problemática oriunda da construção social e da propagação da cultura pautada no ideal dos papéis do género numa sociedade inerentemente patriarcal e machista, considerando o homem uma figura de dominação e a mulher de submissão" [6]. Este construto social determinou que a violência doméstica até muito recentemente fosse encarada com pouca ou nenhuma censura social na sociedade portuguesa, como bem atestam os adágios populares que normalizam este tipo de comportamento.

Acrescenta Ouabdelkader que "dentro deste parâmetro social patriarcal, tem-se inserido também a figura da criança que, embora não seja o foco da violência, acaba por presenciar a mesma, sendo atingida indiretamente, torna-se também parte do problema que merece ser sanado, principalmente em observância à sua natureza vulnerável"[7]. A consideração da vulnerabilidade da criança exposta a um ambiente familiar de violência e dos efeitos nefastos no seu bem-estar psicológico, afetivo e social são hoje sobejamente estudados: no contexto português, estes impactos estão documentados em estudos académicos ou trabalhos institucionais que não só evidenciam a crescente preocupação com os efeitos da violência interparental nas crianças como chamam a atenção para a necessidade de políticas publicas que incluam a perspetiva infantil no combate a este fenómeno. De facto, Catarina Tomás, refere que "as crianças têm ocupado um lugar periférico como vítimas

---

6 MOTA OUABDELKADER, Luísa, *O crime de violência doméstica conjugal e o exercício das responsabilidades parentais em Portugal: uma análise crítica à luz da Convenção de Istambul,* Escola Direito Universidade do Minho, Universidade do Minho, Braga, 2021, pág. 1

7 MOTA OUABDELKADER, Luísa; *Op. cit., pág. 1*

reconhecidas de violência doméstica, face à centralidade dos adultos, geralmente mulheres. Sendo assim, é importante tornar a perspetiva do combate à violência doméstica inclusiva da criança e diferenciada, tendo em vista as suas necessidades específicas, diferentes da vítima adulta"[8]. Indo ao encontro destas preocupações, instituições como a Ordem dos Psicólogos ou a Comissão para a Cidadania e Igualdade de Género[9], têm apresentado relatórios e desenvolvido estratégias de intervenção que protejam e promovam o bem-estar das crianças que sofrem, direta ou indiretamente, violência doméstica.

A mudança na perceção social do fenómeno da violência doméstica tem-se materializado na produção legislativa e na implementação de políticas públicas que combatam este fenómeno social. Na base desta mudança estão fatores como a tomada de consciência do número significativo de vítimas, muitas delas mortais[10] e a assunção por parte do estado do dever de proteção às vítimas – a qual se concretiza, por exemplo, no estabelecimento de contactos próximos entre a vítima e as autoridades competentes. Estes são os principais fatores que terão estado na origem de uma maior atenção que foi concedida às vítimas na legislação Processual Penal em Portugal[11].

---

8 TOMÁS, Catarina, & outros. (2016). A (in)visibilidade das crianças na violência doméstica em Portugal. *SER Social, 18*(39), Brasil, pág. 388.

9 Comissão para a Igualdade de Género (2021) "O impacto da violência doméstica nas crianças e jovens".

10 Ver Relatório Anual Segurança Interna, Relatório Anual da Associação de Apoio à Vítima, e Comissão para Igualdade de Género.

11 PICO SÁDIO, Daniela; *Op. cit., pág. 5.*

II. A EVOLUÇÃO LEGISLATIVA DOS DIREITOS DAS VÍTIMAS DE CRIMES

A Diretiva 2012/29/UE, reconhecendo que *"(...) As vítimas da criminalidade devem ser protegidas contra a vitimização secundária e repetida, contra a intimidação e a retaliação, e devem beneficiar de apoio adequado para facilitar a sua recuperação e de acesso suficiente à justiça"*, veio atribuir um variado leque de direitos à vítima. Em Portugal, a Lei n.º 130/2015 procedeu à transposição da Diretiva, aprovando o Estatuto da Vítima, alterando os artigos 68.º, 212.º, 246.º, 247.º, 292.º e 495.º do Código de Processo Penal Português e procedendo ainda ao aditamento do artigo 67.º-A ao Código de Processo Penal, autonomizando o conceito de vítima e criando o sujeito processual "Vítima". Resulta claro da Lei, designadamente do artigo 152.º, n.º 1, alínea d) e do n.º 2 do mesmo artigo do Código Penal, que as crianças podem ser vítimas do crime de violência doméstica. Para além das situações em que a violência é praticada diretamente contra a criança, existem também circunstâncias em que estas são expostas à violência. Fala-se, neste último caso, de uma *"violência indireta, que ao fim e ao cabo os abrange* (as crianças)[12].

Resulta da lei que poderá ser atribuído o estatuto de vítima especialmente vulnerável à criança vítima do crime de violência doméstica, após uma avaliação individual, uma vez que a especial fragilidade da vítima pode resultar da sua idade. Importa lembrar que a Lei n.º 130/2015 consagra, especificamente no seu artigo 22.º, os direitos das crianças vítimas, concretamente o direito a serem ouvidas no processo penal.

Em relação a esta problemática das crianças Maria Silva, afirma que, em geral, o abuso sexual de crianças e menores (incluindo, portanto, todos os adolescentes) pode ser potenciado por vários fatores, designadamente sociais e pessoais.

---

12 PICO SÁDIO, Daniela; *Op. cit., pág. 5 e 6.*

Refere como fatores sociais a forma como a educação molda o jovem com base no seu género, a atribuição de papéis de género, a criação de relações de poder/dependência e a sexualização das relações. Como fatores pessoais, do lado da vítima, refere a forma como o menor encara a vivência e a autoridade dos adultos, e, do lado do agressor, os seus antecedentes, designadamente como vítima de abuso sexual, a infra valorização pessoal e as dificuldades em integrar-se na sociedade e família (famílias em que há isolamento, forte dependência, em que não há limites ou em que há funções especiais para cada membro que a compõe)[13]. Por sua vez, Ana Pinho, esclarece que, dos vários parâmetros da vida da criança, urge proteger o bem jurídico "auto determinação sexual", uma vez que se considera que aquela não é capaz de o fazer sozinha, face à sua idade, imaturidade e inexperiência. Dada a importância deste bem jurídico, o abuso sexual de crianças adquiriu espaço próprio na reforma de 1995, encontrando-se autonomizado no artigo 171.º do Código Penal Português[14].

O reconhecimento das crianças enquanto vítimas do crime de violência doméstica assume, de facto, a maior importância, uma vez que a exposição à violência acarreta riscos e efeitos nocivos nessa faixa etária, designadamente ao nível do seu desenvolvimento, podendo mesmo ter repercussões transgeracionais, pois tal crime pode *"perpetuar a violência, no presente e no futuro"*. Apesar da progressiva consciencialização e produção legislativa, há ainda um longo caminho a percorrer no sentido de combater o fenómeno e garantir uma especial proteção às

---

13 SILVA DIAS, Maria, (2016) *Crimes sexuais com adolescentes – Particularidades dos artigos 174.º e 175.º do Código Penal Português, Almedina, Coimbra. Págs. 314 e 315.*

14 PINHO, Ana, (2023), *Mulheres agressoras sexuais de crianças, papeis de género nas decisões judiciais,* Edições Almedina, Coimbra. Pág. 58.

crianças e, bem assim, salvaguardar os seus direitos[15]. Há que ter em consideração que a exposição direta ou indireta das crianças ao fenómeno da violência doméstica é uma realidade complexa e sensível, que parece requerer uma intervenção não só a jusante, mas também a montante da origem da problemática.

Relativamente a esta problemática, Eduardo Correia, autor do Projeto do Código Penal, propôs a autonomização do crime de maus tratos nos artigos 166.º e 167.º. Não se previa, porém, o crime de maus-tratos entre cônjuges, o qual foi introduzido pela Comissão Revisora na redação definitiva do Código Penal[16]. Ana Oliveira relativamente à Lei n.º 19/2013, de 21 de fevereiro, concretiza que as relações de namoro passaram a ser abrangidas na alínea b), do elenco das vítimas e foi alargado o conceito de pessoa particularmente indefesa. A pena acessória de proibição de contacto com a vítima deve agora incluir obrigatoriamente o afastamento da sua residência e/ou do seu local de trabalho e o cumprimento deve ser fiscalizado através de meios de controlo à distância[17]. A alteração introduzida pela Lei n.º 44/2018, de 9 de agosto, vem reforçar a proteção jurídico-penal da intimidade da vida privada na Internet, pelo que operou no campo das agravantes da pena. Esta passou a ser de dois a cinco anos de prisão se o agente "difundir através da Internet ou de outros meios de difusão pública generalizada, dados pessoais, designadamente imagem ou som, relativos à intimidade da vida privada de uma das vítimas sem o seu consentimento".

---

15 PICO SÁDIO, Daniela, *Op. cit., pág. 6.*

16 PICO SÁDIO, Daniela, Op. cit., Pág. 6 e7.

17 AMORIM OLIVEIRA, Ana, *Violência Doméstica: Um olhar critico sobre a figura da vítima e punição do Agente,* Universidade de Coimbra, Coimbra, 2021. Pág. 14.

Como podemos observar através das diferentes alterações legislativas introduzidas, há uma crescente preocupação com o crime de violência doméstica e com as diferentes vertentes que ele pode assumir, operando preferencialmente ao nível da prevenção, ao invés do que acontecia anteriormente, em que o campo de atuação principal era o da repressão. Através da alteração legislativa anteriormente referida, procedeu-se a um alargamento do quadro das vítimas tendo em conta os diversos moldes que as relações familiares e sociais podem assumir hoje em dia, e passaram a ser abrangidos também os factos difundidos através da internet que, como bem sabemos, constituem nos dias de hoje uma realidade cada vez mais presente nas relações íntimas e é, muitas vezes, utilizada como meio de chantagem, pressão ou humilhação sobre o companheiro.

Daniela Sádio concluiu que de todo este percurso legislativo se constata que tem sido intenção do legislador reforçar os esforços no que à prevenção e à repressão do fenómeno da violência doméstica diz respeito, com o objetivo de contribuir para uma consciencialização ético-social da gravidade da violência doméstica e das suas consequências devastadoras na família, em cada um dos seus membros individuais e, consequentemente, das repercussões que o fenómeno tem em toda a sociedade[18]. O tipo legal do crime de violência doméstica encontra-se hoje previsto no artigo 152.º do Código Penal. No que concerne a medidas que visam salvaguardar o interesse das vítimas, o legislador procedeu a alterações de relevo nos artigos 281.º e 282.º do Código de Processo Penal Português, artigos estes que referem à suspensão provisória do processo e seus efeitos. Nesse contexto, caberá ao Ministério Público aferir se o requerimento da vítima para a suspensão é livre e esclarecido, precavendo as situações em que tal requerimento seja condicionado, designadamente pelo medo da reação

---

18 PICO SÁDIO, Daniela, Op. cit., Pág. 5.

do arguido. A propósito do conceito de requerimento livre e esclarecido, atente-se no Acórdão do Tribunal da Relação de Coimbra, de 21 de junho de 2017, em cujo sumário pode ler-se que *"O requerimento livre e esclarecido (...) significa, desde logo, que o declarante, portanto, a vítima, a faz livre de qualquer coação. (...) a vítima, deve ter pleno conhecimento do que significa, relativamente a si e ao agressor, a aplicação do instituto, a fim de, sabedora de todos os dados relevantes, poder manifestar a sua vontade no sentido da aplicação ou não, da suspensão provisória do processo"*. Como já anteriormente referido, as consequências da violência doméstica interparental afeta também de forma severa as crianças e jovens, pois as ações ou omissões que consubstanciam em si um crime de violência doméstica numa relação de intimidade recaem também sobre outros, que não os sujeitos diretamente visados por esse crime. De facto, a prática de maus tratos interfere em todas as dinâmicas da vida da vítima (familiar, social e laboral) e de todos os que a rodeiam e lhe são próximos[19].

É especialmente gravosa e impactante a exposição das crianças e jovens aos episódios de violência doméstica, nomeadamente interparental, uma vez que os adultos de referência que deveriam ser os pilares basilares do seu desenvolvimento socio-afetivo não cumprem esse seu papel. Pelo contrário, eles apresentam-se como modelos sociais que comprometem o equilíbrio emocional e social desses menores, pois geram nela ambivalência de sentimentos ao assimilar que os seus progenitores, ambos figuras de vinculação, ocupam, simultaneamente, o lugar de agressor e vítima. Assim, o testemunho da violência interparental representa um risco "em várias áreas de funcionamento, nomeadamente ao nível comportamental, emocional, social, cognitivo e somático", refletindo-se ainda ao nível da perturbação de stress pós-traumático, podendo originar

---

19 AMORIM OLIVEIRA, Ana, Op. cit. Pág. 34.

pensamentos intrusivos, *hipervigilância,* pesadelos e embotamento afetivo.

Os estudos da Psicologia Social documentam amplamente a possibilidade de comprometimento do desenvolvimento individual a vários níveis: na dimensão comportamental destacamos o isolamento (ao nível da internalização), a desobediência e oposição, a agressividade, o comportamento delinquente e ainda o abuso de álcool e drogas (ao nível da externalização). Já na dimensão emocional a criança apresenta maior dificuldade em reconhecer emoções, desenvolve sentimentos de raiva, tristeza, preocupação, culpa e vergonha e apresenta baixa autoestima, depressão, ansiedade, entre outros. Ao nível social apresentam uma visão hostil e negativa das interações sociais e agem negativamente em relação aos outros. Pelo exposto, facilmente se compreende que o crime de violência doméstica tem impactos mais alargados e mesmo futuros e, atento a isso, o legislador prevê que as Leis de Política Criminal para os anos de 2020 a 2025, estabeleçam objetivos de prevenção de investigação prioritários relativamente a crimes violência doméstica e de género[20].

---

[20] Constituem objetivos específicos da política criminal, no período de 2020-2022 (Lei de Política Criminal n.º 55/2020 de 27 agosto): a) Prevenir, reprimir e reduzir a criminalidade violenta, grave e altamente organizada, incluindo o homicídio, a ofensa à integridade física grave, a violência doméstica, familiar e no contexto das relações de proximidade, os crimes contra a liberdade e a autodeterminação sexual. O artigo 3.º, da Lei 51/2023 de 28 de agosto 2023, que se ocupa dos objetivos específicos, está repartido em três alíneas. Destacamos a alínea a) que enumera as situações específicas que a Lei visa prevenir, reprimir e reduzir, dando, então, especial importância à criminalidade violenta, especialmente violenta ou altamente organizada, à criminalidade grupal, à violência juvenil, à fraude de identidade, à criminalidade económico-financeira, ao terrorismo e criminalidade conexa, à violência doméstica, à violência de género, aos crimes contra a liberdade e a autodeterminação sexual.

III. INSTRUMENTOS JURÍDICOS DE PROTEÇÃO DE VÍTIMAS VIOLÊNCIA DOMÉSTICA

Relativamente à delimitação do tipo legal, a Convenção do Conselho da Europa para a Prevenção,[21] definiu violência doméstica como: *Todos os atos de violência física, sexual, psicológica e económica que ocorrem na família ou no contexto doméstico, abrangendo a violência contra as crianças e os idosos, de acordo com as definições referenciadas nas convenções internacionais*[22]. Numa perspetiva mais abrangente podemos considerar que o legislador, ao positivar a norma do Código Penal Português, desejou abarcar as seguintes condutas: qualquer ação ou omissão, mais concretamente factos voluntários, contra pessoas que residam no mesmo espaço físico ou, não residindo, sejam ex-cônjuges, ex-companheiro/a, ex-namorado/a, progenitor de descendente comum, ascendente ou descendente.

No mesmo sentido a Declaração sobre a Eliminação da Violência Contra a Mulheres da Assembleia Geral das Nações Unidas, de 20 de Dezembro de 1993, definiu a violência contra as mulheres como "qualquer ato de violência baseado no género de que resulte ou possa resultar sofrimento ou lesão física, sexual ou psicológica para as mulheres, incluindo a ameaça da prática de tais atos, a coação ou a privação arbitrária da liberdade, quer ocorra na esfera pública ou na privada. De referir que o art.º 2.º da citada Declaração amplia esta definição para violência física, sexual e psicológica e identifica três contextos em que a violência contra as mulheres geralmente ocorre: na

---

21 Convenção do Conselho da Europa para a Prevenção e o Combate à Violência contra as Mulheres e a Violência Doméstica (2011), que estabelece medidas europeias de proteção, permite assegurar a proteção das vítimas de crime no espaço da União Europeia.

22 Relativamente aos crimes sexuais ver MOURAZ LOPES, José, CAIADO MILHEIRO, Tiago, (2023) *Crimes sexuais, análise substantiva e processual.* Almedina, 4ª Edição, Coimbra. Págs. 61 a 63.

família; na comunidade em geral e a que é perpetrada ou tolerada pelo Estado. A violência doméstica nas relações de intimidade está, portanto, enquadrada nesta definição de violência contra as mulheres que ocorre no contexto da família.

A Convenção de Istambul (Convenção do Conselho da Europa para a prevenção e o combate à violência contra as mulheres e a violência doméstica), ratificada pelo Estado Português a 5 de Fevereiro de 2013, preceitua que a violência doméstica: "abrange todos os atos de violência física, sexual, psicológica ou económica que ocorrem na família ou na unidade doméstica, ou entre cônjuges ou ex-cônjuges, ou entre companheiros ou ex-companheiros, quer o agressor coabite ou tenha coabitado, ou não, com a vítima". De entre os Instrumentos Jurídicos internacionais de proteção das vítimas de crimes destacamos, a Diretiva 2011/99/UE do Parlamento Europeu e do Conselho[23], que estabelece medidas europeias de proteção, permite assegurar a proteção das vítimas de crime no espaço da União Europeia. Deste modo as medidas de proteção aplicadas judicialmente são válidas para além das fronteiras do Estado onde foram determinadas. No mesmo sentido a Diretiva 2012/29/UE do Parlamento Europeu e do Conselho, de 25 de outubro

---

23 A Diretiva estabelece regras que permitem a uma autoridade judicial ou equivalente de um Estado-Membro, no qual foi adotada uma medida de proteção destinada a proteger uma pessoa contra um ato criminoso de outra pessoa que possa pôr em perigo a sua vida, integridade física ou psicológica, dignidade, liberdade pessoal ou integridade sexual, emitir uma decisão europeia de proteção que permita à autoridade competente de outro Estado-Membro dar continuidade à proteção da pessoa no território deste último, na sequência de uma conduta criminosa ou alegada conduta criminosa, de acordo com a legislação do Estado-Membro de emissão.

de 2012, vem estabelecer normas mínimas relativas aos direitos, ao apoio e à proteção das vítimas de criminalidade[24].

Plano Nacional Contra a violência de género e vítimas vulneráveis: Relativamente ao tipo de vítimas, apesar da legislação portuguesa, art.º 152º do Código Penal, e os Planos Nacionais contra a Violência Doméstica serem neutros quanto ao sexo das vítimas e dos agressores, o IV Plano Nacional Contra a Violência Doméstica e de género (Resolução do Conselho de Ministros nº 100/2010, de 17 de Dezembro), no Capítulo I, e tendo como alicerce os principais documentos internacionais, reconhece que: "A violência de género resulta de um desequilíbrio de poder entre homens e mulheres, que se traduz em atos de violência física, psicológica e sexual, cujas vítimas são na sua grande maioria mulheres, e que no seu extremo podem conduzir ao homicídio conjugal". No entanto, assiste-se atualmente a um ponto de viragem em relação a este ponto, uma vez que a proposta de V Plano para esta área, em vigor desde 2014, já integra a perspetiva de género, intitulando-se V Plano Nacional de Prevenção e Combate à Violência Doméstica e de Género, cumprindo os pressupostos da Convenção de Istambul de 2011.

---

[24] A Diretiva destina-se a garantir que as vítimas da criminalidade beneficiem de informação, apoio e proteção adequados e possam participar no processo penal.

Os Estados-Membros devem garantir que todas as vítimas sejam reconhecidas e tratadas com respeito, profissionalismo e de forma personalizada e não discriminatória em todos os contactos estabelecidos com serviços de apoio às vítimas ou de justiça restaurativa ou com as autoridades competentes que intervenham no contexto de processos penais. Os direitos previstos na diretiva aplicam-se às vítimas de forma não discriminatória.

IV. AS POLÍTICAS PÚBLICAS DE PROTEÇÃO DE VÍTIMAS DE VIOLÊNCIA DOMÉSTICA E SEXUAL

A Resolução do Conselho de Ministros[25] aprovou os Planos de Ação no âmbito da Estratégia nacional para a igualdade e a não discriminação em Portugal, para o período de 2023 a 2026, os quais definem objetivos estratégicos e específicos em matéria de não discriminação em razão do sexo e igualdade entre mulheres e homens, de prevenção e combate a todas as formas de violência contra as mulheres, violência de género e violência doméstica, e de combate à discriminação em razão da orientação sexual, identidade e expressão de género, e características sexuais. Estes Planos de Ação definiram as medidas concretas que foram prosseguidas no primeiro período de execução de quatro anos. Neste contexto, os novos planos dão continuidade à consolidação dos progressos até agora alcançados e perspetivam o futuro, tendo em vista o desenvolvimento do país que depende, também, da realização de uma efetiva igualdade substantiva e transformadora Assim, tendo em conta os resultados dos estudos, foram aprovados os Planos de Ação para o período de 2023 a 2026 através da Resolução do Conselho de Ministros n.º 61/2018, de 21 de maio, que estabelece o seguinte:

a) O Plano de Ação para a igualdade entre mulheres e homens que visa - garantir uma governança que integre o combate à discriminação em razão do sexo e a pro-

---

25 A Resolução do Conselho de Ministros n.º 92/2023, aprovou os Planos de Ação no âmbito da Estratégia nacional para a igualdade e a não discriminação em Portugal, que definem objetivos estratégicos e específicos em matéria de não discriminação em razão do sexo e igualdade entre mulheres e homens, de prevenção e combate a todas as formas de violência contra as mulheres, violência de género e violência doméstica, e de combate à discriminação em razão da orientação sexual.

moção da igualdade nas políticas e nas ações; garantir as condições para uma educação e uma formação livres de estereótipos de género; promover a igualdade e não discriminação na investigação e desenvolvimento (I&D) e no mundo digital; garantir as condições para uma participação plena e igualitária de mulheres e homens no mercado de trabalho e na atividade profissional; promover a conciliação entre a vida profissional, familiar e pessoal e resposta ao desafio demográfico; combater a pobreza e exclusão social e promover o acesso à saúde; promover a igualdade e não discriminação na cultura e na comunicação.

b) Plano de ação para a prevenção e o combate à violência contra as mulheres e à violência doméstica:[26]

c) Plano de ação para o combate à discriminação em razão da orientação sexual, identidade e expressão de género, e características sexuais que pretende - promover o conhecimento sobre a situação real das necessidades de comunidades de minorias sexuais e de género e da discriminação; garantir a *transversalização* das questões da temática da discriminação e combater e prevenir todas as formas de violência contra as comunidades de minorias sexuais e de género na vida pública e privada.

---

26 O Plano tem como objetivo prevenir e erradicar a tolerância social às várias manifestações da Violência, conscientizar sobre os seus impactos e promover uma cultura de não violência, de direitos humanos, de igualdade e não discriminação, apoiar e proteger — ampliar e consolidar a intervenção; Intervir junto das pessoas agressoras, promovendo uma cultura de responsabilização; Qualificar profissionais e serviços para a intervenção; Investigar, monitorizar e avaliar as políticas pública; Prevenir e combater as práticas tradicionais nefastas, nomeadamente a mutilação genital feminina e os casamentos infantis, precoces e forçados.

Além dos planos adotados a Resolução do Conselho de Ministros n.º 2/2024, aprovou a Estratégia Nacional para a proteção dos Direitos das Vítimas de Crime no período entre 2024 e 2028, e definiu a Estratégia Nacional, assumindo objetivos em matéria de vítimas de crime, predominantemente centrados na intervenção do Estado no domínio da violência de género e da violência doméstica. Não obstante os planos e estratégias, os dados estatísticos disponibilizados pela Comissão de Proteção às Vítimas de Crime revelam que as vítimas em Portugal necessitam de intervenções dirigidas aos concretos fenómenos criminais. A realidade dos dados demonstra a necessidade de assegurar que as pessoas em geral sejam capazes de identificar situações de *vitimação*, ao mesmo tempo que conhecem e sabem exercer os seus direitos enquanto vítimas. Para além disso, há que disponibilizar apoio multidisciplinar para as vítimas de crime, em especial no decurso do processo penal respetivo, independentemente da tipologia de crime em causa. Assim, torna-se necessário ter presente os princípios orientadores da Estratégia Nacional para os Direitos das Vítimas de Crime dos quais destacamos:

a) Comprometimento e alinhamento com as diretrizes europeias, que reconhece os direitos das vítimas de crime enquanto matéria prioritária para a União Europeia, nomeadamente pelas orientações definidas na Estratégia da União sobre os direitos das vítimas;

b) Perspetiva multidisciplinar, informada pela evidência científica, que parte do conhecimento multidisciplinar atualizado quanto à dimensão e à natureza do fenómeno crime e reconhece a sua inerente complexidade, bem como as necessidades atuais das vítimas de crime;

c) Abordagem multinível, abrangente e integrada para todas as vítimas de crime, que adequa as medidas a implementar em cada etapa de resposta, à luz das específicas características de cada vítima e/ou tipo de crime, nos mais diversos contextos;

d) Consciencialização e capacitação das vítimas e da comunidade, a partir da perspetiva dos direitos das vítimas, da especialização e do compromisso dos *stakeholders* e dos profissionais, que promovem bem-estar, garantindo proteção e resposta integral, atempada e eficaz a todas as necessidades das vítimas, incluindo a reparação;

e) Capacitação das respostas públicas e privadas dirigidas às vítimas e consolidação dos seus direitos, que garanta o pleno acesso das vítimas a uma rede de apoio, através da prestação de serviços especializados dedicados à proteção dos direitos das vítimas de crime, concedendo-lhes um tratamento justo, digno, empático, profissional e personalizado, orientado pela plena igualdade e inclusão;

f) Reforço do acesso e do apoio às vítimas na sua interação com o sistema de justiça, que reconhece a importância da capacitação das vítimas para a compreensão do sistema de justiça e para a sua participação no mesmo, fortalece o apoio às vítimas, promovendo a plena participação e defesa da vítima no sistema de justiça;

g) Coordenação institucional, partilha e rede de conhecimento, em que o pluralismo de entidades dedicadas às vítimas e à afirmação e proteção dos seus direitos recomenda o estabelecimento de práticas coordenadas e de mecanismos padronizados que promovam a cooperação e uma proteção transversalmente concedida às vítimas de crimes em tempo útil[27];

---

[27] Neste âmbito privilegia-se a otimização de uma rede multissetorial e territorialmente alargada, construída pelas entidades públicas e privadas, de forma integrada com as organizações da sociedade civil

h) Monitorização e avaliação contínua dos resultados, que reconhece a necessidade de ser criado um mecanismo de monitorização, que avalie os impactos alcançados através da implementação da estratégia e que produza propostas e recomendações;

i) Vítima especialmente vulnerável - Devido às suas características ou circunstâncias pessoais ou à natureza do crime sofrido, algumas vítimas são mais vulneráveis do que outras, por isso, vítimas que necessitam de apoio prioritário, especializado e integrado[28];

Tomando em linha de conta as orientações constantes da Estratégia da União Europeia sobre os direitos das vítimas entre 2020 e 2025, e ponderando igualmente a incidência estatística da criminalidade interna reportada à luz do Relatório Anual de Segurança Interna de 2022, para efeitos da presente Estratégia são consideradas especialmente vulneráveis, as vítimas de homicídio, de tráfico de pessoas e crimes conexos, de crimes contra a liberdade e a autodeterminação sexual, de crimes de ódio, de violência de género, de violência doméstica, de cibercriminalidade, de terrorismo, de outros ilícitos que também integrem a criminalidade violenta e especialmente violenta e ainda alguns grupos específicos, como as crianças e jovens, as pessoas idosas, os migrantes, as comunidades de minorias sexuais e de género e as pessoas com deficiência.

---

que, enquanto interlocutoras privilegiadas, permitem a formulação e a execução de políticas públicas direcionadas.

28 Neste quadro, e tomando o disposto no artigo 67.º -A do CPP, considera -se vítima especialmente vulnerável aquela cuja especial fragilidade resulte, nomeadamente, da sua idade, do seu estado de saúde ou de deficiência, bem como do facto de o tipo, o grau e a duração da vitimização ter resultado em lesões com consequências graves no seu equilíbrio psicológico ou nas condições da sua integração social.

Na promoção de uma cultura de prevenção, o Estado Português desenvolve uma estratégia de políticas públicas para o período 2024 a 2028[29], que procura responder a questões individuais ou específicas da vítima, mas também pretende contribuir para a construção de um ambiente sociocomunitário movido pela segurança, pela empatia e pelo respeito mútuo. Tendo em conta que a educação e a conscientização, a par da promoção de um diálogo aberto, na medida em que favorecem a literacia sobre a *vitimologia* e, ainda, o maior conhecimento da vítima, são também fatores integrantes de uma cultura de proteção das vítimas mais vulneráveis. Assim, no sentido da concretização desta política, foram definidos os objetivos: prevenir o crime, definir abordagens locais e setoriais de prevenção geral, promover literacia para prevenir o crime, consciencializar para a identificação das vítimas, consciencializar para as consequências do crime e reforço da informação de acesso à justiça. De notar que a Estratégia da União Europeia sobre os direitos das vítimas demonstra que, apesar dos notáveis progressos dos Estados-membros, a falta de informação e a insuficiência de apoio e de proteção limitam o exercício pleno dos direitos das vítimas de crime. Na convicção de que a capacitação das vítimas para o acesso à justiça lhes devolve o poder de que o crime as esbulhou e favorece a plena informação, o Estado Português tem como objetivo prioritário simplificar, desburocratizar e tornar próximos os mecanismos de iniciativa e participação das vítimas no processo penal.

Medidas cautelares e de polícia de proteção de vítimas vulneráveis: De acordo com o exposto anteriormente, verifica-se a

---

[29] O referido Plano vem definir para o período 2024 -2028 as políticas orientadas para a promoção dos direitos das vítimas de crime, definindo as medidas concretas a desenvolver para a consecução da promoção dos direitos das vítimas de crime no âmbito da prevenção e sensibilização pública sobre o crime.

necessidade de implementação de uma verdadeira campanha de prevenção da defesa das vítimas de violência doméstica (sexual) desde logo com formação dos alunos (novas gerações) nas escolas e adoção de ambiciosas medidas por parte das entidades públicas que têm o dever de estabelecer e executar os planos de proteção de vítimas de violência sexual. Por esse motivo, não deveriam os referidos planos e estratégias ficarem apenas pelo reforço das medidas já existentes pois desta forma será difícil a proteção efetiva dos direitos constitucionalmente consagrados das vítimas de crimes sexuais. Efetivamente e não obstante a implementação de estratégias e planos de prevenção e apoio às vítimas, a criação de estruturas de atendimento e de acolhimento de vítimas, a inserção de um módulo desta temática na formação de magistrados (Juízes e Procuradores), a adoção de medidas no acesso à justiça, com a isenção de taxas justiças, regulação das responsabilidades parentais, aprovação de novo modelo de estatuto da vítima, afiguram-se como possíveis estratégias eficazes para fazer face às elevadas taxas de criminalidade nesta temática que persistem ao longo dos anos na sociedade Portuguesa.

V. CONCLUSÕES

No presente artigo propusemo-nos oferecer contributos para a análise da problemática subjacente às Políticas Públicas de Proteção das Pessoas Vulneráveis (Mulheres e Crianças) vítimas de violências sexual em Portugal. Verificámos que o conceito de violência doméstica foi sendo ajustado pela Lei nas últimas décadas, fruto da evolução da perceção social a este respeito – o estereótipo de que a vítima de violência doméstica é a mulher não faz sentido na atualidade e, neste contexto, outras vítimas são particularmente vulneráveis: as crianças e jovens que sofrem diretamente ou de modo vicariante, a violência interparental, não olvidando que também os homens são vítimas mas em menor escala.

Resulta claro da Lei, designadamente do artigo 152.º, nº1, alínea d) e do n.º 2 do mesmo artigo do Código Penal, que as crianças podem ser vítimas do crime de violência doméstica. Para além das situações em que a violência é praticada diretamente contra a criança, existem também circunstâncias em que estas são expostas à violência.

De salientar a importância da Diretiva 2012/29/UE do Parlamento Europeu e do Conselho, de 25 de outubro de 2012, vem estabelecer normas mínimas relativas a Resolução do Conselho de Ministros n.º 92/2023, aprovou os Planos de Ação no âmbito da Estratégia nacional para a igualdade e a não discriminação em Portugal, para o período de 2023-2026, que definem objetivos estratégicos e específicos em matéria de não discriminação em razão do sexo e igualdade entre mulheres e homens, de prevenção e combate a todas as formas de violência contra as mulheres, violência de género e violência doméstica, e de combate à discriminação em razão da orientação sexual, identidade e expressão de género, e características sexuais.

Neste contexto, os novos planos dão continuidade à consolidação dos progressos até agora alcançados e perspetivam o futuro, tendo em vista o desenvolvimento sustentável do País que depende da realização de uma igualdade substantiva e transformativa, garantindo, simultaneamente, a adaptabilidade necessária à realidade portuguesa e sua evolução até 2030. Apesar das alterações legislativas operadas em Portugal, motivadas pelos normativos europeus, o avanço que se pretendia na defesa dos direitos das vítimas de violência de género e sexual não foi plenamente alcançado.

Embora se revele positiva a implementação de estratégias e planos de prevenção e apoio às vítimas de crimes de género e sexuais, a criação de estruturas de atendimento e de acolhimento de vítimas, a inserção de um módulo desta temática na formação de magistrados, a adoção de medidas no acesso à justiça, com a isenção de taxas justiças, a regulação das responsabilidades parentais, aprovação de novo modelo de estatuto da vítima, continuamos a assistir todos os anos a taxas de criminalidade neste âmbito muito elevadas.

Desta forma se não for adotada em Portugal uma verdadeira campanha de prevenção da defesa das vítimas de violência doméstica (sexual) desde logo com formação dos alunos (novas gerações) nas escolas e adoção de ambiciosas medidas por parte das entidades públicas que têm o dever de estabelecer e executar os planos de proteção de vítimas de violência sexual por esse motivo, não deveriam os referidos planos e estratégias apenas ficarem pelo reforço das medidas já existentes pois desta forma será difícil a proteção efetiva dos direitos constitucionais das vítimas de crimes em contexto familiar e (sexuais).

Por último revela-se fundamental uma maior atenção para as principais vítimas de crimes sexuais, (mulheres e crianças). Na verdade, estes grupos vulneráveis e indefesos não são protegidos como deveriam pelo Estados, constatando-se que também são vítimas no âmbito da violência doméstica, e para cumprir o previsto na Constituição da República Portuguesa impõe-se garantir uma proteção efetiva dos Direitos Liberdades e Garantias às vítimas Violência Doméstica, Sexual e de Género.

VI. REFERENCIAS BIBLIOGRÁFICAS

aLMEIDA, Cátia (2015). *A Proteção da Vítima de Violência Doméstica na Relação Conjugal,* Tese de Mestrado em Ciências Jurídico-Forenses, Universidade de Coimbra, Coimbra.

BACELAR GOUVEIA, J. (2018), *Direito da Segurança – Cidadania, Soberania e Cosmopolitismo* – Edições Almedina, Coimbra.

BALDRY, A. (2003). *Bullying in schools and exposure to domestic violence.* Child Abuse & Neglect, Roma.

CABRAL BARRETO, Ireneu, (2010), *A Convenção dos Direitos do Homem*, Coimbra Editora, Coimbra.

CARVALHO, Américo (2012). *Comentário Conimbricense do Código Penal parte especial.* 2ª edição, Coimbra Editora. Coimbra.

DIAS, SILVA (2007). *Materiais para o estudo da Parte Especial do Direito Penal, crimes contra a vida e integridade física.* 2ª edição, AAFDL. Lisboa.

DUARTE, Madalena (coord.), 2019, *Prevenção e Combate à Violência Contra as Mulheres e à Violência Doméstica nas Entidades Empregadoras:* Guião de Boas Práticas. Lisboa.

FERREIRA, Ana Catarina (2020). *A proteção da vítima de violência doméstica.* Tese de Mestrado em Ciências Jurídico-Forenses, Universidade de Coimbra, Coimbra.

FIGUEIREDO DIAS, Jorge (2016), *O "direito penal do bem jurídico" como princípio jurídico-constitucional implícito.* In: Revista de Legislação e de Jurisprudência, Ano 145 Nº 3998 O Crime de Violência Doméstica e o Estatuto da Vítima.

GARCIA, M. e RIO, J. (2018). *Código Penal Parte geral e especial.* 3ª edição, Almedina. Coimbra.

IGLESIAS CANLE, (2014), *Mediación, Justicia y Unión Europea,* Tirant lo Blanch, Valência.

LEITE, André Lamas (2010). *A violência relacional íntima: reflexões cruzadas entre o direito penal e a criminologia.* Universidade do Porto, Porto.

MORAIS, Teresa (2020). *Violência doméstica (o reconhecimento jurídico da vítima).* Almedina. Coimbra.

MOURAZ LOPES, José, CAIADO MILHEIRO, Tiago, *(2023) Crimes sexuais, análise substantiva e processual.* Almedina, 4ª Edição, Coimbra.

PAULINO, Mauro, RODRIGUES, Miguel, (2016) *Violência Doméstica – Identificar – Avaliar – Intervir,* Califesa, Porto.

PICO SÁDIO, Daniela, (2021), *O Crime de Violência Doméstica e o Estatuto da Vítima,* Universidade Católica Portuguesa, Lisboa.

PINHO, Ana, (2023), *Mulheres agressoras sexuais de crianças, papeis de género nas decisões judiciais,* Edições Almedina, Coimbra.

PINTO, Frederico da Costa (2015). *Delitos de bagatela.* In: Revista Penal. Universidade de Lisboa.

SILVA, Fernando (2011). *Direito penal especial os crimes contra as pessoas.* 3ª edição, Quid Juris. Lisboa.

SILVA DIAS, Maria, *(2016) Crimes sexuais com adolescentes – Particularidades dos artigos 174.º e 175.º do Código Penal Português, Almedina, Coimbra.*

SILVA, Germano Marques (2008). *Direito Penal Português Parte Geral III Teoria das penas e medidas de segurança.* 2ª Edição, Editorial Verbo. Lisboa.

SIMAS SANTOS, Manuel E LEAL HENRIQUES, Manuel, *Noções Elementares do Direito Penal,* 3ª edição, Rei dos Livros. Porto.

SIMAS SANTOS, Manuel *(2016), Liber Amicorum,* Rei dos Livros, Lisboa.

TAVARES, Sandra (2017). *Consagração formal da vítima no processo penal português.* In: Revista da Faculdade de Direito e Ciência Política, Lisboa

TOMÁS, Catarina e outros (2016). *A (in)visibilidade das crianças na violência doméstica em Portugal.* In: SER Social, Brasília.

VASCONCELOS, Teresa (2007). *A Importância da Educação na Construção da Cidadania.* In: Saber (e) Educar, Lisboa

VIEIRA, Pedro Miguel (2016). *A vítima enquanto sujeito processual e à luz das recentes alterações legislativas.* In: Julgar, Coimbra Editora.

Capítulo 9.

Herramientas jurídicas para abordar las situaciones de discriminación y violencia a la que se exponen mujeres y niñas en el contexto de los desplazamientos inducidos por el cambio climático[1]

SANTIAGO SALVADOR GIMENO
Universidade de Vigo

1 Esta publicación es parte del Proyecto de I+D+i PID2022-136352NB-I00 financiado por MCIN/ AEI/10.13039/501100011033/ y "FEDER Una manera de hacer Europa", así como del Proyecto de I+D+i TED2021-129152B-C44 financiado por MCIN/AEI /10.13039/501100011033 y por la Unión Europea NextGenerationEU/ PRTR. El autor del presente capítulo es integrante de "The Ibero-American Women Network for Climate Action (IBWO-CLIMA)" y beneficiario del Programa de axudas financiado pola Deputación de Pontevedra para o Desenvolvemento de iniciativas investigadoras por personal investigador dos Campus de Vigo e Pontevedra para o ano 2024.

I. INTRODUCCIÓN: CAMBIO CLIMÁTICO, DISCRIMINACIÓN, GÉNERO Y VIOLENCIA

Como señala el IPCC en su sexto informe de evaluación (AR6)[2], existe una correlación entre los efectos del cambio climático y el aumento de las desigualdades, afectando con una mayor incidencia a los colectivos especialmente vulnerables. En este sentido, ACNUR destaca cómo muchas mujeres y niñas que parten de una situación de pobreza y discriminación, sufren un empeoramiento de la misma como resultado del calentamiento global[3], al ver su capacidad de adaptación mermada. En la misma línea, la Asamblea General de Naciones Unidas[4] ha reconocido que esta particular incidencia de los impactos del cambio climático de forma más severa sobre las mujeres y niñas se debe a las situaciones preexistentes de desequilibrio, desigualdad, pobreza, discriminación y vulnerabilidad[5] de la que muchas parten —especialmente en países del sur glo-

---

2 IPCC (2023). Sexto Informe de Evaluación (AR6). Disponible en: https://www.ipcc.ch/assessment-report/ar6/. Recuperado el 29 de noviembre de 2024.

3 ACNUR (2024). Disponible en: https://www.acnur.org/sites/default/files/2024-07/genero-desplazamiento-y-cambio-climatico.pdf. Recuperado el 29 de noviembre de 2024.

4 Asamblea General de Naciones Unidas (A/RES/77/193) Resolución aprobada por la Asamblea General el 15 de diciembre de 2022 adoptada en el Septuagésimo séptimo período de sesiones. *Intensificación de los esfuerzos para prevenir y eliminar todas las formas de violencia contra las mujeres y las niñas: estereotipos de género y normas sociales negativas.* Disponible en: https://documents.un.org/doc/undoc/gen/n22/759/63/pdf/n2275963.pdf. Recuperado el 29 de noviembre de 2024.

5 Sobre el concepto de vulnerabilidad -y, en particular, el de población y personas vulnerables- en conexión con el cambio climático, *Vid.* ALENZA GARCÍA J.F. (2019) "Vulnerabilidad Ambiental y Vulnerabilidad Climática", *Revista Catalana de Dret Ambiental,*10 (1), pp. 31-32 y 40-41.

bal—, que precisamente se exacerban como resultado de estos fenómenos climáticos, tales como desertificación, sequías, falta de agua potable y alimentos disponibles[6], incremento de intensidad y frecuencia de los eventos meteorológicos extremos, inundaciones o subida nivel mar.

Y es que, en aquellos países más desfavorecidos (y, en particular, en espacios rurales), es habitual que mujeres y niñas se encarguen de las tareas de recogida de agua para el consumo doméstico y de recolección de alimentos producidos por el campo. Ello precisamente hace que resulten más afectadas por los impactos derivados de las sequías resultantes del cambio climático, dado que ello les fuerza a recorrer mayores distancias en busca de agua y comida, incrementando su carga de trabajo y exponiéndolas, al mismo tiempo, a un riesgo mayor de sufrir violencia sexual durante su tránsito a estos espacios más alejados[7]. Asimismo, los vestidos tradicionales que vienen obligadas a llevar en algunos de estos países, que en muchos casos limitan su movilidad, sumados a los condicionamientos

---

6 En este sentido RICOY CASAS destaca cómo los episodios climáticos extremos agravados por el cambio climático afectan a la seguridad alimentaria, y, con ello, a directamente a derechos humanos como el derecho la alimentación, siendo las personas marginadas económica, socioeconómica y culturalmente las más vulnerables a estos impactos. *Vid.* RICOY CASAS, R. M. (2024) "Eventos meteorológicos extremos y políticas públicas para la sostenibilidad ambiental" en GIMENO PRESA, M. C. (Dir.) *Derecho y cambio climático: cómo abordar los eventos meteorológicos extremos,* ISBN 978-84-1125-494-6 pp. 195-196.

7 FELIPE PÉREZ, B. (2019) *Perspectiva de Género en las Migraciones Climáticas. El cambio climático afecta a todas las personas, pero no por igual: desafíos específicos para mujeres y niñas.* ECODES, p. 31. Disponible en: https://migracionesclimaticas.org/wp-content/uploads/2019/11/Informe_ECODES_MC_Perspectiva_de_g%C3%A9nero_en_las_migraciones_clim%C3%A1ticas.pdf. Recuperado el 29 de noviembre de 2024.

sociales que hacen que en estas regiones no esté bien visto que las niñas naden o suban por los árboles (a diferencia de los niños), condicionan las tasas de supervivencia de las mujeres (más reducidas) en caso de graves inundaciones resultantes del cambio climático[8].

Esta especial vulnerabilidad a la que estamos haciendo referencia se agrava y agudiza aún más en el caso de los desplazamientos forzados a los que muchas se ven abocadas huyendo de los efectos devastadores del cambio climático, tal y como pone de manifiesto el Relator Especial sobre la promoción y protección de los derechos humanos en el contexto del cambio climático[9], incidiendo en el riesgo especial al que se enfrentan las mujeres y niñas de sufrir violencia, explotación y abusos al llevar a cabo estos traslados. En este mismo sentido, la Oficina de Naciones Unidas contra la Droga y el Delito (UNODC) señala cómo durante los procesos migratorios, las mujeres y las niñas corren mayor riesgo, debido a la violencia sexual y la trata de personas[10].

---

[8] FELIPE PÉREZ, B. (2019) *Perspectiva de Género en las Migraciones Climáticas. El cambio climático afecta a todas las personas, pero no por igual: desafíos específicos para mujeres y niñas.* ECODES, pp. 32-33. Disponible en: https://migracionesclimaticas.org/wp-content/uploads/2019/11/Informe_ECODES_MC_Perspectiva_de_g%C3%A9nero_en_las_migraciones_clim%C3%A1ticas.pdf. Recuperado el 29 de noviembre de 2024.

[9] *Vid.* UN General Assembly, *Providing legal options to protect the human rights of persons displaced across international borders due to climate change,* 18 April 2023, A/HRC/53/34. (párrafos 16, 18 y 21).

[10] UNODC (2020). *Global Report on Trafficking in persons 2020,* United Nations. Disponible en: https://www.unodc.org/documents/data-and-analysis/tip/2021/GLOTiP_2020_15jan_web.pdf. Recuperado el 29 de noviembre de 2024. *Vid.* OSWALD SPRING, U. (2022) "Climate-induced migrations in Mesoamerica with a gender perspective" *Revista Mexicana de Economía y Finanzas,* Nueva Época Volume 17 Issue 4, pp. 2, 8, 9, 17, e786.

En base a lo expuesto, y, en línea con la Agenda de Investigación propuesta por el Programa de las Naciones Unidas para el Medio Ambiente[11] y con la consecución de los objetivos 5 («igualdad de género») y 13 («acción por el clima») de la Agenda 2030 para el desarrollo sostenible de las Naciones Unidas[12], el presente capítulo pretende desarrollar un estudio jurídico abordando la incidencia del cambio climático sobre las mujeres que se ven forzadas a abandonar sus hogares como resultado de sus impactos, y, en particular, el incremento del riesgo de sufrir distintas formas violencia en las diferentes fases del desplazamiento (antes, durante y después). A estos efectos, se parte de una acepción amplia de "violencia", siguiendo el concepto recogido por la Declaración de Naciones Unidas sobre la Eliminación de la violencia contra la mujer de diciembre 1933, que abarca la violencia "física, sexual y psicológica", dentro de la que se consideran comprendidos los malos tratos, los matrimonios forzados, la mutilación genital femenina, las agresiones sexuales, el acoso e intimidación sexual en el trabajo, la explotación y trata de mujeres y la prostitución forzada[13].

---

[11] Que señala que hay una falta de estudios jurídicos centrados en el cambio climático y, en particular, los grupos y colectivos especialmente vulnerables frente al mismo, entre ellas, muchas mujeres y niñas que parten de una situación de pobreza y discriminación. UNEP (2020). *Global Climate Litigation Report: 2020 Status Review.* Nairobi. ISBN No: 978-92-807-3835-3.

[12] Los cuales también aparecen intrínsecamente interconectados con otros Objetivos de Desarrollo Sostenible como el número 1 («fin de la pobreza») o el 10 («reducción de las desigualdades»).

[13] *Vid.* SANZ HERMIDA, A. M. (2011) "Víctimas de violencia de género: el reconocimiento y protección de sus derechos" en LAMEIRAS FERNÁNDEZ, M., IGLESIAS CANLE, I. (Coords.): *Violencia de género. La violencia sexual a debate.* Tirant lo Blanch. ISBN: 978-84-9985-049-8, p. 235.

Para ello, en primer lugar, se van a identificar y poner de relieve las interconexiones entre los desplazamientos poblacionales inducidos por el cambio climático y el aumento del riesgo de sufrir diferentes formas de violencia (incluida la sexual) a la que se enfrentan las mujeres y niñas desplazadas que parten de una situación previa de desigualdad, discriminación, pobreza y de especial vulnerabilidad. A continuación, se va a realizar un estudio del marco jurídico internacional aplicable en la actualidad a estos supuestos, analizando sus principales retos y desafíos, a la par que se proponen diversos mecanismos interpretativos y político-normativos de mejora orientados a abordar ésta cuestión. Y es que, como advierte GIMENO PRESA[14], en ocasiones, un enunciado normativo aparentemente neutral (que a priori no excluye ni formal ni materialmente a determinados grupos sociales) puede, sin embargo, reforzar tácita —e incluso, a veces inconscientemente— un estereotipo de género aceptado en la práctica, contribuyendo a hacer perdurar en el tiempo una desigualdad estructural dada la situación inicial de discriminación preexistente de la que estos colectivos parten.

Es por ello que, a la hora de tanto de ejecutar (por parte de las autoridades de asilo integradas en las administraciones) como de interpretar (principalmente por parte de los jueces) la normativa aplicable a estos desplazamientos, se torna clave identificar previamente estas situaciones, teniendo en cuenta

---

14 *Vid.* GIMENO PRESA, M. C. (2020) *¿Qué es juzgar con perspectiva de género?* Thomson Reuters Aranzadi. ISBN 978-84-1308-808-2, p. 51; y GIMENO PRESA, M.C. (2021) "sesgos discriminatorios en la interpretación y aplicación del Derecho" en SOBRINO GARCÍA, I. (coord.), BONIRINO RAMÍREZ, P. R. (ed. lit.), FERNÁNDEZ ACEVEDO, R. (ed. lit.), VALCÁRCEL FERNÁNDEZ, P. (ed. lit.): *Justicia, administración y derecho Justicia, administración y derecho: nuevos retos del derecho en el siglo XXI*, Thomson Reuters Aranzadi, ISBN: 978-84-1345-884-7, pp. 238, 239, 243 y 244.

el contexto socioeconómico e histórico-cultural subyacente que explica la situación de discriminación y sometimiento de la que estas mujeres parten[15].

II. DESPLAZAMIENTOS INDUCIDOS POR EL CAMBIO CLIMÁTICO Y MANIFESTACIONES DE VIOLENCIA EX ANTE, DURANTE Y EX POST

2.1. Violencia previa al desplazamiento

Como pone de manifiesto la literatura científica, existen evidencias de que durante las crisis climáticas se produce un incremento de la violencia doméstica y un aumento del riesgo de abuso y de explotación sexual, así como de los matrimonios tempranos y forzados de niñas desde etapas tempranas[16]. En esta línea, FELIPE PÉREZ expone y analiza algunos casos concretos acaecidos en el sur global que muestran cómo algunos hombres, tras perder sus medios de vida como consecuencia de los desastres climáticos pueden experimentar una "crisis de masculinidad", aumentando su violencia contra las mujeres, al tiempo que crecen los matrimonios tempranos en que las familias obligan a casarse a sus hijas —tratando de obtener a cambio ganado o los ingresos económicos provenientes de una

---

15 Lo cual se alinea con la Resolución aprobada por la Asamblea General el 15 de diciembre de 2022 (A/RES/77/193), que insta a los Estados a afrontar *"los estereotipos de género y las normas sociales negativas a fin de crear un entorno propicio para el empoderamiento de las mujeres y las niñas en el contexto del cambio climático"*.

16 DESAI, B. H., MANDAL, M. (2021) "Role of Climate Change in Exacerbating Sexual and Gender-Based Violence against Women: A New Challenge for International Law", *Environmental Policy and Law*, Volume 51, Issue 3, p.139

dote y reducir los integrantes del hogar (y con ello los miembros a alimentar)—, a las que en ocasiones en este contexto se les somete a la mutilación genital femenina[17]. En la misma dirección el Secretario General de las Naciones Unidas reconoce la relación existente entre la pérdida de ingresos asociada a los eventos meteorológicos extremos agravados por el cambio climático y el aumento de los casos de matrimonio infantil, identificando diversos ejemplos en países de África Subsahariana[18]. En efecto, hechos como éstos han tenido lugar en Etiopía, donde, como consecuencia de una fuerte sequía, aumentó el número de uniones maritales forzadas, o en Malawi, tras la escasez de alimentos y el agravamiento de la pobreza resultante de los impactos del cambio climático[19].

En conexión con lo apuntado, el Secretario General de Naciones Unidas reconoce que son las mujeres y las niñas las que "pagan el precio más alto" cuando escasean el agua y los

---

17 *Vid.* FELIPE PÉREZ, B. (2019) *Perspectiva de Género en las Migraciones Climáticas. El cambio climático afecta a todas las personas, pero no por igual: desafíos específicos para mujeres y niñas.* ECODES, pp. 34-35. Disponible en: https://migracionesclimaticas.org/wp-content/uploads/2019/11/Informe_ECODES_MC_Perspectiva_de_g%C3%A9nero_en_las_migraciones_clim%C3%A1ticas.pdf. Recuperado el 29 de noviembre de 2024.

18 Informe del Secretario General (Asamblea General de Naciones Unidas) A/79/308 de 9 de agosto de 2024 *La cuestión del matrimonio infantil, precoz y forzado.* Disponible en: https://documents.un.org/doc/undoc/gen/n24/237/02/pdf/n2423702.pdf. Recuperado el 29 de noviembre de 2024.

19 UN Women (2023) *Ensuring safe and regular migration for women and girls in the context of climate change.* Policy Brief. Disponible en: https://www.unwomen.org/en/digital-library/publications/2023/06/policy-brief-ensuring-safe-and-regular-migration-for-women-and-girls-in-the-context-of-climate-change

alimentos en el contexto de desastres climáticos[20]. Y es que (como se apuntó al inicio) es una costumbre social arraigada en algunas de estas regiones afectadas que precisamente sean ellas las encargadas de recoger agua y comida para la familia, viéndose en la tesitura de recorrer distancias más largas en búsqueda de recursos en sitios alejados (en estos escenarios de escasez), lo que también las expone a sufrir un mayor riesgo violencia, incluyendo la sexual[21].

2.2. Violencia durante el desplazamiento y en los campos de refugiados

Es habitual que, ante eventos extremos y desastres climáticos repentinos, las personas afectadas se vean obligadas a dirigirse a campos de refugiados, tanto dentro como fuera de las fronteras de su país, los cuales pueden servir como asentamientos temporales (al menos hasta que cesan estos acontecimientos abruptos) o incluso —en muchos otros casos— cuasi-permanentes, considerando que hay estancias que pueden llegar a prolongarse incluso durante años. Desgraciadamente, en ocasiones, estos campos de refugio pueden llegar a ser un lugar hostil para muchas mujeres, dado que es habitual que

---

20 UN (2024) *Secretary-General's remarks to the Security Council High-level Open Debate on the Impact of Climate Change and Food Insecurity on the Maintenance of Int'l Peace and Security.* Disponible en: https://www.un.org/sg/en/content/sg/statement/2024-02-13/secretary-generals-remarks-the-security-council-high-level-open-debate-the-impact-of-climate-change-and-food-insecurity-the-maintenance-of-intl-peace-and-security#:~:text=The%20message%20is%20clear%3A%20we,Thank%20you.

21 DESAI, B. H., MANDAL, M. (2021) "Role of Climate Change in Exacerbating Sexual and Gender-Based Violence against Women: A New Challenge for International Law", *Environmental Policy and Law,* Volume 51, Issue 3, p.139.

dichos emplazamientos no tengan en cuenta sus necesidades específicas y diferenciadas (particularmente en situaciones de embarazo, lactancia o menstruación) ni les ofrezcan la posibilidad de contar con productos sanitarios, instalaciones y baños y específicos para ellas dirigidos a preservar su intimidad y seguridad, lo cual, sumado al hacinamiento debido al exceso de personas que en numerosas ocasiones albergan, les expone a un mayor riesgo de sufrir violencia sexual en estos asentamientos[22], particularmente mientras duermen, se mudan de ropa o hacen sus necesidades[23].

2.3. Violencia posterior al desplazamiento

En relación a los desplazamientos forzados transfronterizos, UN Women y diversos autores ponen de manifiesto cómo, ante la falta de alterativas legales y seguras y el cierre de rutas regulares y ordenadas por parte de los países desarrollados (más preocupados en controlar y vigilar sus fronteras que en facilitar la llegada de estas personas), muchos desplazados se ven obligados a realizar otros recorridos irregulares mucho más peligrosos, pudiendo quedar en manos de mafias y traficantes de seres humanos, con el consecuente riesgo (al que se enfrentan principalmente mujeres y niñas) de sufrir explotación laboral y sexual y de convertirse en víctimas de tráfico

---

[22] FELIPE PÉREZ, B. (2019) *Perspectiva de Género en las Migraciones Climáticas. El cambio climático afecta a todas las personas, pero no por igual: desafíos específicos para mujeres y niñas.* ECODES, p. 43. Disponible en: https://migracionesclimaticas.org/wp-content/uploads/2019/11/Informe_ECODES_MC_Perspectiva_de_g%C3%A9nero_en_las_migraciones_clim%C3%A1ticas.pdf. Recuperado el 29 de noviembre de 2024.

[23] HERNÁNDEZ PERIBÁÑEZ, M. E. (2023) "La migrante climática: Un enfoque desde la perspectiva de género" Papeles *El tiempo de los derechos,* Nº. 26, p. 5.

de órganos[24]. Fenómeno éste que tampoco es ajeno al caso de las desplazadas que se trasladan internamente (normalmente desde el campo —donde se han quedado sin recursos— hasta la ciudad) sin llegar a abandonar las fronteras del país. En este sentido, a modo de ejemplo, HERNÁNDEZ PERIBÁÑEZ pone de manifiesto cómo los desplazamientos internos de las zonas rurales a la capital resultantes del cambio climático en Bangladesh llevaron a algunas mujeres a caer en redes de explotación sexual ante la falta de alternativas y de medios de subsistencia para sí propias y para sus familias[25]. Asimismo, otros autores, como FELIPE PÉREZ apuntan la tendencia creciente principalmente en Asia y en América del número de mujeres y niñas que durante sus desplazamientos se han visto afectadas por el tráfico de personas con fines de explotación sexual[26].

---

24 *Vid.*, ORIHUELA CALATAYUD, E., VICENTE GIMÉNEZ, T. (2016) "Mujeres, infancia y refugio" en MORAES MENA, N., ROMERO RAMOS, H. (coords.): *la crisis de los refugiados y los deberes de Europa*, ISBN 978-84-9097-223-6, pp. 130-132 y 137. En la misma línea, *Vid.* United Nations Entity for Gender Equality and the Empowerment of Women: UN Women (2023) *Ensuring safe and regular migration for women and girls in the context of climate change*. Policy Brief. Disponible en: https://www.unwomen.org/en/digital-library/publications/2023/06/policy-brief-ensuring-safe-and-regular-migration-for-women-and-girls-in-the-context-of-climate-change. Recuperado el 29 de noviembre de 2024.

25 HERNÁNDEZ PERIBÁÑEZ, M.E. (2023) "La migrante climática: Un enfoque desde la perspectiva de género" Papeles *El tiempo de los derechos*, Nº. 26, p. 5.

26 FELIPE PÉREZ, B. (2019) *Perspectiva de Género en las Migraciones Climáticas. El cambio climático afecta a todas las personas, pero no por igual: desafíos específicos para mujeres y niñas*. ECODES, p. 44. Disponible en: https://migracionesclimaticas.org/wp-content/uploads/2019/11/Informe_ECODES_MC_Perspectiva_de_g%C3%A9nero_en_las_migraciones_clim%C3%A1ticas.pdf. Recuperado el 29 de noviembre de 2024.

Volviendo a los desplazamientos transfronterizos, incluso aquellas mujeres que consiguen llegar al país de destino sin ser objeto de los tratos inhumanos y degradantes apuntados, no siempre logran un reasentamiento y una integración adecuada en el mismo, sino que, en diversas ocasiones se enfrentan a situaciones de racismo, xenofobia y acoso sexual en el trabajo. En este sentido, como señalan las estadísticas y recogen algunos autores[27], dentro de las personas que sufren acoso sexual laboral, destacan las mujeres migrantes, que se encuentran en una situación de precariedad que las hace más vulnerables a este tipo de ataques, y, en particular, aquellas procedentes de países extracomunitarios, así como aquellas que trabajan sin contrato, aspecto éste que también aparece como factor de riesgo para el acoso. A ello se añaden otros factores, como el limitado acceso a trabajos bien remunerados (quedando relegadas a empleos precarios, como trabajadoras del hogar o en el sector de la hostelería), así como la posibilidad de sufrir una mayor discriminación y explotación laboral en el lugar de destino[28], lo cual se conecta también con un mayor riesgo de experimentar violencia, como consecuencia de esta precariedad y dependencia de sus empleadores[29].

Por todo lo anterior, se hace necesario, no solo garantizar un estatus de protección para estas personas y de abrir rutas regulares seguras y ordenadas (en particular, para estos co-

---

27 *Vid.* FERRER PÉREZ, V. A., BOSCH FIOL, E. (2011) "El acoso sexual" en LAMEIRAS FERNÁNDEZ, M., IGLESIAS CANLE, I. (Coords.): *Violencia de género. La violencia sexual a debate.* Tirant lo Blanch. ISBN: 978-84-9985-049-8, pp. 150-152.

28 HERNÁNDEZ PERIBÁÑEZ, M. E. (2023) "La migrante climática: Un enfoque desde la perspectiva de género" Papeles *El tiempo de los derechos,* Nº. 26, p. 5.

29 BRIDDICK, C. (2021) "When Does Migration Law Discriminate Against Women?" *Cambridge University Press. American Journal of International Law,* vol. 115, pp. 357 y 359.

lectivos especialmente vulnerables), sino también desarrollar medidas dirigidas a garantizar una integración efectiva de las mismas en el país de llegada, tanto a nivel social, como económico y laboral[30].

III. EL PROBLEMA DE LAS MUJERES Y NIÑAS QUE NO LOGRAN ABANDONAR SUS LUGARES DE ORIGEN

Por otro lado, tampoco podemos olvidar la situación de aquellas mujeres y niñas que, pese a los efectos devastadores del calentamiento global en su lugar de origen, por diversas causas (socioeconómicas, falta de medios financieros para iniciar el desplazamiento, obstáculos normativos o burocráticos...) se ven obligadas a permanecer allí y a continuar sufriendo en él los impactos resultantes del cambio climático, con el consecuente el incremento de las desigualdades socio-económicas, la discriminación y la situación de vulnerabilidad preexistentes. Y es que, con carácter general, existen evidencias de que en estas sociedades los hombres tienen una mayor facilidad para desplazarse en búsqueda de otros empleos que las mujeres, debido fundamentalmente a que son ellos los poseen la titularidad de las tierras y los recursos financieros suficientes como para poder migrar, mientras que ellas, aparte de carecer

---

30 Siguiendo a FELIPE PÉREZ, en el ámbito laboral, es interesante citar el Convenio OIT sobre las trabajadoras y los trabajadores domésticos (número. 189) de 2011. Si bien, como señala esta autora, su escasa ratificación por parte de los Estados merma la aplicación efectiva de sus previsiones en la práctica. *Vid.* FELIPE PÉREZ, B. (2019) *Perspectiva de Género en las Migraciones Climáticas. El cambio climático afecta a todas las personas, pero no por igual: desafíos específicos para mujeres y niñas.* ECODES, p. 46. Disponible en: https://migracionesclimaticas.org/wp-content/uploads/2019/11/Informe_ECODES_MC_Perspectiva_de_g%C3%A9nero_en_las_migraciones_clim%C3%A1ticas.pdf. Recuperado el 29 de noviembre de 2024.

de la financiación necesaria para realizar estos desplazamientos, pueden encontrar obstáculos y prohibiciones sociales para viajar o vivir solas, estando normalizado culturalmente que sea el hombre el que se desplace en búsqueda de trabajo mientras que las esposas sean la que se queden a tomar cuenta del hogar, los niños y el campo[31]. Incluso cuando hablamos de desplazamientos de corta distancia o de traslados internos dentro de las fronteras de un mismo país, éstas también se encuentran con estos obstáculos subyacentes. En este sentido, podemos citar el estudio llevado a cabo por KARTIKI[32], que analiza los movimientos poblacionales internos que se produjeron en varios pueblos costeros de Bangladesh como consecuencia del paso del ciclón tropical Aila en 2009, identificando cómo prácticamente ninguna de las mujeres se desplazó de forma independiente, quedando en todos los casos la decisión de trasladarse en manos del marido.

En esta misma línea, ORIHUELA y VICENTE[33] detectan cómo muchas mujeres en la práctica se encuentran con trabas normativas y burocráticas en el acceso a los procedimientos a

---

31 *Vid,* ORIHUELA CALATAYUD, E., VICENTE GIMÉNEZ, T. (2016) "Mujeres, infancia y refugio" en MORAES MENA, N., ROMERO RAMOS, H. (coords.): *la crisis de los refugiados y los deberes de Europa,* ISBN 978-84-9097-223-6, p. 139; y FELIPE PÉREZ, B. (2019) *Perspectiva de Género en las Migraciones Climáticas. El cambio climático afecta a todas las personas, pero no por igual: desafíos específicos para mujeres y niñas.* ECODES, pp. 41-42. Disponible en: https://migracionesclimaticas.org/wp-content/uploads/2019/11/Informe_ECODES_MC_Perspectiva_de_g%C3%A9nero_en_las_migraciones_clim%C3%A1ticas.pdf. Recuperado el 29 de noviembre de 2024.

32 KARTIKI, K. (2011) "Climate change and migration: a case study from rural Bangladesh" *Gender & Development,* 19:1, p. 31.

33 ORIHUELA CALATAYUD, E., VICENTE GIMÉNEZ, T. (2016) "Mujeres, infancia y refugio" en MORAES MENA, N., ROMERO RAMOS, H. (coords.): *la crisis de los refugiados y los deberes de Europa,* ISBN 978-84-9097-223-6, pp. 139-140.

la hora de presentar individualmente la solicitud de asilo, dado que se presupone que el esposo (o, en su caso, el padre) es el solicitante principal, a lo que se añade que para acompañar la solicitud suele requerirse la aportación de un documento identificativo del que algunas mujeres carecen, al no poseer una documentación de identidad independiente. Incluso algunos autores señalan que ciertas prácticas de control migratorio pueden, no solo discriminar a las mujeres, sino exponerles a situaciones de explotación y violencia, incluida la sexual[34].

IV. APLICACIÓN DE LOS MECANISMOS JURÍDICOS INTERNACIONALES EXISTENTES A LAS SITUACIONES DE DISCRIMINACIÓN Y VIOLENCIA A LAS QUE SE EXPONEN LAS DESPLAZADAS CLIMÁTICAS

4.1. Derecho ambiental

En el ámbito de la Convención Marco de las Naciones Unidas sobre el Cambio Climático de 1992 (CMNUCC) encontramos diversos Acuerdos adoptados por la Conferencia de las partes que son de relevancia en este punto. Así, en el Acuerdo de París de 2015 (adoptado en la COP 21) se hace referencia expresa a la necesidad de que, al hacer frente a los efectos del cambio climático, los Estados respeten, promuevan y tengan en cuenta sus respectivas obligaciones relativas (entre otros aspectos) a los *migrantes, los niños, las personas en situaciones la igualdad de género, el empoderamiento de la mujer* (preámbulo). En esta línea, se señala que, estos países, en la mejora de su

---

34 BRIDDICK, C. (2021) "When Does Migration Law Discriminate Against Women?" *Cambridge University Press. American Journal of International Law,* vol. 115, p. 359.

capacidad para para llevar a cabo una acción eficaz frente al cambio climático y el desarrollo de las medidas de adaptación, respondan a “las cuestiones de género” y tomen en consideración a los grupos y comunidades vulnerables (arts. 7.5 y 11.2). Asimismo, como resultado de dicho Acuerdo, y, en el marco del “Mecanismo Internacional de Varsovia de Pérdidas y Daños” (que se establece en 2013 en la COP19), se crea un Grupo de Trabajo sobre Desplazamiento, cuyo nuevo plan de trabajo prevé, entre otras actividades, la de recopilar datos migratorios desagregados por género[35]. Este último aspecto nos parece interesante dado que, como ponen de manifiesto UN Women y algunos autores[36], la escasez de datos y estadísticas suficientes desagregadas por género sobre migraciones internacionales relacionadas con el cambio climático dificulta el desarrollo e implementación de medidas político-normativas que incorporen estas situaciones concretas y brinden un soporte específico para cubrir las necesidades de las mujeres y niñas que se ven forzadas a desplazarse en estos contextos y ayudando a incrementar sus capacidades y resiliencia.

---

35 Vid. BORRÁS PENTINAT, S. (2022) “Retos jurídicos en la protección internacional de la migración climática desde una perspectiva sensible al género”. *Revista del Ministerio Público de la Defensa, n°*17. Personas en contexto de movilidad humana, p. 194. Información sobre el Grupo de Trabajo sobre Desplazamiento disponible en: https://unfccc.int/process/bodies/constituted-bodies/WIMExCom/TFD. Recuperado el 29 de noviembre de 2024.

36 UN WOMEN (2023) *Ensuring safe and regular migration for women and girls in the context of climate change.* Policy Brief, p. 3. Disponible en: https://www.unwomen.org/en/digital-library/publications/2023/06/policy-brief-ensuring-safe-and-regular-migration-for-women-and-girls-in-the-context-of-climate-change. Recuperado el 29 de noviembre de 2024. ORIHUELA CALATAYUD, E., VICENTE GIMÉNEZ, T. (2016) “Mujeres, infancia y refugio” en MORAES MENA, N., ROMERO RAMOS, H. (coords.): *la crisis de los refugiados y los deberes de Europa,* ISBN 978-84-9097-223-6, p. 130.

También conviene destacar en el ámbito de la CMNUCC, *el Lima Work Programme on Gender* establecido en el 2014 en el marco de la COP20 (Decisión 18/CP.20) y revisado en la COP25 (Decisión 21/CP.22)[37], dirigido a la promoción del equilibrio de género y la integración de la consideración de género en la implementación de la Convención y el Acuerdo de París a fin de lograr políticas y acciones climáticas con perspectiva de género. Éste, a su vez sirve de base para la implementación de un Plan de Acción de Género mejorado que establece objetivos y actividades en diversas áreas prioritarias[38].

No obstante, como ponen de manifiesto algunos autores, estos mecanismos jurídicos internacionales están centrados principalmente en la mitigación del cambio climático y no llegan a abordar de forma directa la realidad de los asuntos relacionados con el incremento resultante de la discriminación y la violencia frente a la mujer[39], y, pese a los avances apuntados, también es preciso que se adopten en este punto medidas específicas que concreten los objetivos genéricos consagrados y que vayan dirigidas a garantizar su aplicación e implementación efectiva en la práctica.

---

37 Información disponible en: https://unfccc.int/topics/gender/workstreams/the-enhanced-lima-work-programme-on-gender. Recuperado el 29 de noviembre de 2024.

38 Dentro de las que se incluye: mejorar la integración sistemática de las consideraciones de género en las políticas y acciones climáticas y alcanzar una participación plena, igualitaria y significativa de las mujeres en estas instancias deliberativas y decisorias.

39 *Vid.* DESAI, B. H., MANDAL, M. (2021) "Role of Climate Change in Exacerbating Sexual and Gender-Based Violence against Women: A New Challenge for International Law", *Environmental Policy and Law.* Volume 51, Issue 3, p. 142.

4.2. Derecho Humanitario de los Refugiados

A nivel internacional, la Convención sobre el Estatuto de los Refugiados (también denominada, Convención de Ginebra) de 1951 establece mecanismos de protección para aquellas personas solicitantes de asilo que entran dentro del concepto de "refugiado", que define en su artículo 1.A) y que podemos desgranar en los siguientes requisitos o elementos que han de concurrir para en la práctica entender incardinado un caso concreto dentro de dicha noción:

1. Encontrarse fuera del país de origen (y no poder regresar a él).
2. Temor fundado de ser perseguido.
3. Que esa persecución sea por motivos de "raza, religión, nacionalidad, pertenencia a determinado grupo social u opiniones políticas".

En cuanto al primer elemento de la definición, el precepto se refiere de forma expresa a los desplazamientos transfronterizos, quedando excluidos, por tanto, los movimientos internos de una región a otra dentro de un mismo país[40]. En rela-

---

[40] No obstante, pese a su carácter no vinculante, en el caso de los desplazamientos internos hay que tener en consideración la aplicación de los Principios Rectores de los Desplazamientos Internos de 1998 desarrollados por la Comisión de Derechos Humanos, que prevén su aplicación a aquellas personas que se ven obligadas a desplazarse dentro de su propio país debido, entre otras causas, a "desastres naturales o provocados por el hombre"(definición más amplia ésta, en la que podrían considerarse incluidos los desplazamientos a nivel interno inducidos por el cambio climático). Dentro de dichos Principios y, en particular, de los relativos a la protección durante el desplazamiento, podemos destacar, en el ámbito que nos ocupa, el principio número 11, que, tras recordar con carácter general el derecho a la dignidad y a la integridad física, mental o moral de todo ser humano, señala en el caso específico de los desplazados

ción con el segundo requisito, pensando en las personas que se desplazan internacionalmente huyendo de los efectos del calentamiento global en sus países de origen, se podría tratar de defender una argumentación basada en la idea de que los efectos derivados del cambio climático suponen de alguna manera una cierta "persecución" para aquellos que los sufren más intensamente[41].

Sin embargo, es en el cumplimiento del tercer elemento de la definición de "refugiado" (es decir: el que requiere que la persecución se deba a una de las razones discriminatorias enumeradas por el precepto) donde los desplazados climáticos encuentran un mayor obstáculo. En este sentido, los Jueces y Tribunales extranjeros que han sido conocedores de estos asuntos consideran que este requisito no concurre en dichos supuestos, al entender que los efectos del cambio climático son indiscriminados y afectan a todas las personas sin distinción

---

internos, que éstos serán protegidos en particular contra "la violación, la mutilación, la tortura, las penas o tratos crueles, inhumanos o degradantes y otros ultrajes a su dignidad personal, como los actos de violencia contra la mujer, la prostitución forzada o cualquier otra forma de ataque a la libertad sexual".

41 Tesis ésta, sostenida por los recurrentes en determinados litigios sobre la solicitud de asilo por parte de desplazados por causas climáticas, como el sustanciado por un ciudadano de Kiribati ante el Tribunal Supremo de Australia en el caso No. 0907346 [2009] RRTA 1168 (de 10 de diciembre de 2009) y defendida, asimismo, por otros autores, como SOLANES CORELLA, A (2021). "Desplazados y Refugiados Climáticos. La Necesidad de Protección por Causas Medioambientales". *Anales de la Cátedra Francisco Suárez* v. 55, p. 456. Habría que precisar, eso sí, quién es el perseguidor, dado que podría pensarse en la comunidad internacional o, en su caso, el Estado de destino, por no tomar medidas para evitar que las empresas sitas en ellos sigan contaminando, o bien en el propio Estado de origen, que no adopta las medidas necesarias para adaptarse a los impactos ocasionados por el cambio climático.

alguna[42]. No obstante, como se acaba de exponer en los epígrafes anteriores, existen evidencias científicas (y así también lo han reconocido las altas instancias y organismos internacionales) de que las mujeres y niñas son especialmente vulnerables a los impactos climáticos, lo cual entendemos que podría servir como razón de peso para defender —en el caso específico de las mujeres que se ven forzadas a desplazarse— que éstas forman parte de un "determinado grupo social", particularmente vulnerable frente a estos desastres y a las crisis resultantes de los efectos devastadores producidos como consecuencia del cambio climático[43]. Además, tal y como muestra la literatura

---

42 En este sentido, *Vid. Inter alia, AF (Kiribati) [2013] NZIPT 800413*, New Zealand: Immigration and Protection Tribunal, 25 June 2013, párrafos 56 y 67; High Court decision — Teitiota v The Chief Executive of the Ministry of Business Innovation and Employment [2013] NZHC 3125 de 26 de Noviembre de 2013, párrafos 26, 28 y 55.

43 Argumento este último de la especial vulnerabilidad por razones de género que ha sido admitido por algunos Jueces y Tribunales nacionales en el marco de los litigios climáticos frente a la inacción climática de los gobiernos, destacando, en relación con el caso *de Verein Klimaseniorinnen Schweiz and others v. Switzerland*, la reciente sentencia del Tribunal Europeo de Derechos Humanos de 9 de abril de 2024, estimando las pretensiones de la asociación *Klimaseniorinnen* (Mayores por el Clima), integrada por un grupo de mujeres de más de 70 años de media, las cuales argumentaban formar parte de un grupo especialmente vulnerable frente a las olas de calor extremas ocasionadas como consecuencia del cambio climático, basándose en evidencias científicas que mostraban un mayor riesgo asociado de muerte prematura y de enfermedades de las mujeres de edad avanzada (tomando como referencia estas variables de género y edad). Un análisis jurídico de este litigio se encuentra en el trabajo de HOFFMANN, A. (2024) "Five key points from the groundbreaking European Court of Human Rights climate judgment in Verein KlimaSeniorinnen Schweiz v Switzerland" *Environmental Law Review,* Volume 26, Issue 2, June 2024, pp. 91-99. Asimismo, encontramos otros ejemplos en el panorama internacional, como el caso de *Maria Khan et al. v. Pakistan,* donde las demandantes reclaman contra

jurídico-científica, el calentamiento global incide en el aumento del riesgo de violencia machista y de sufrir abusos y agresiones sexuales, lo cual confirma aún más esta argumentación, que también podría utilizarse para defender la inclusión de aquellas mujeres y niñas que se ven forzadas a abandonar su país de origen por estas causas asociadas dentro del concepto de "refugiado"[44].

Asimismo, considerando que, en algunas de estas sociedades, cuando las mujeres trasgreden costumbres arraigadas como las anteriormente referidas (entre ellas, la mutilación genital femenina o las uniones maritales forzadas) son percibidas negativamente y, como consecuencia de ello, corren el riesgo de enfrentarse a tratos inhumanos o degradantes como amenazas y a otras situaciones de violencia sexual, algunos autores también defienden la idea de otorgarles el estatuto de refugia-

---

la inacción climática del gobierno, argumentando que con esta falta de adopción de medidas dirigidas a protegerlas frente a los efectos del calentamiento global, se está vulnerando su derecho a la igualdad y a la no discriminación por razón de sexo, dados los impactos desproporcionados que el cambio climático tiene sobre las mujeres. En efecto, en la demanda se señala que éstas forman parte de un colectivo especialmente vulnerable frente a los impactos del cambio climático debido a su limitado acceso a recursos financieros, naturales, institucionales o sociales. Para un estudio detallado sobre este litigio, *Vid.* PEEL, J., OSOFSKY, H. M. (2018). "A Rights Turn in Climate Change Litigation?" *Transnational Environmental Law,* 7 (1), pp. 37–67; o GÓMEZ FERNÁNDEZ, I. (2024) "Aplicación de la litigación estratégica para las mujeres y las niñas migrantes por razón del cambio climático", *Revista de estudios políticos,* Nº 204, p. 184.

44 De hecho, como destaca BORRÀS PENTINAT, ya existen algunos países, como Luxemburgo, que, dentro de su legislación interna, consideran el "género" en la identificación de la pertenencia a un "grupo social" y como motivo de "persecución". *Vid.* BORRÁS PENTINAT, S. (2023) "Climate Migration: A Gendered Perspective" *Environmental Policy and Law,* n. 53, p. 393.

das bajo la doble argumentación de que son perseguidas tanto por pertenecer a un "determinado grupo social" como por sus "opiniones políticas"[45].

4.3. Derechos Humanos

Tal y como han puesto de manifiesto numerosos organismos internacionales[46], existe una clara interrelación entre el cambio climático y los derechos humanos partiendo de la base de que los impactos del calentamiento global (sequías, inundaciones, aumento de enfermedades, falta de alimentos y de agua potable...) pueden llegar a afectar negativamente al disfrute y goce efectivo de derechos humanos tan básicos como el derecho a la salud[47], a la vida[48], al agua[49], a la vivienda o a la alimentación[50].

---

45 *Vid.* ORIHUELA CALATAYUD, E., VICENTE GIMÉNEZ, T. (2016) "Mujeres, infancia y refugio" en MORAES MENA, N., ROMERO RAMOS, H. (coords.): *la crisis de los refugiados y los deberes de Europa,* ISBN 978-84-9097-223-6, p. 138. En la misma línea, *Vid.* ANKER, D. E., (2001). "Refugee Status and Violence Against Women in the 'Domestic Sphere'", *Georgetown Immigration Law Journal,* 15, pp. 391-392.

46 *Vid. inter alia,* el Informe del ex Relator Especial sobre los Derechos Humanos y el Medio Ambiente (John Knox) A/HRC/31/52 de 2016.

47 Especialmente si se conjugan otros factores interconectados como la corta o avanzada edad o las situaciones de embarazo o de incapacidad. Derecho éste recogido en el Pacto Internacional de Derechos Económicos, Sociales y Culturales (art. 7, 10 y 11).

48 Consagrado en el Pacto Internacional de Derechos Civiles y Políticos (art. 6), en la Declaración Universal de los Derechos Humanos (Art. 3) y en la Convención sobre los Derechos del niño (art. 6).

49 Recogido en el Pacto Internacional de Derechos Económicos, Sociales y Culturales (arts. 11 y 12).

50 Reconocidos en el Pacto Internacional de Derechos Económicos, Sociales y Culturales (arts. 11) y en la Declaración Universal de los

En esta línea, es paradigmático el caso del señor Mr. Teitiota, ciudadano originario de Kiribati, que, habiendo recibido una orden de expulsión por su situación irregular en Nueva Zelanda (y, tras haber visto desestimadas sus reclamaciones en vía judicial), acudió al Comité de Derechos Humanos de Naciones Unidas argumentando que el país de destino (Nueva Zelanda), al deportarle, estaba vulnerando su derecho a la vida (recogido en el Pacto Internacional de los Derechos Civiles y Políticos, art. 6), dadas las circunstancias de inhabitabilidad en que se encontraba su país de origen (Kiribati) como resultado de los impactos del cambio climático (dentro de los que enumera: inundaciones, destrucción de viviendas, falta de cosechas, alimentos y agua potable, pérdida de empleo e incremento de enfermedades y de conflictos violentos)[51]. A este respecto, si bien el Comité de Derechos Humanos no estimó sus pretensiones en el caso concreto (por entender que no se encontraba ante un riesgo "personal" para su vida diferente al de otro habitante de Kiribati, ni ante un "caso extremo" según la situación actual del país)[52], consideramos que su pronunciamiento supone un cierto avance en esta materia, dado que, por otro lado sí que reconoce y admite expresamente la posibilidad de que en un futuro próximo los impactos resultantes del cambio climático puedan llegar a exponer a las personas que los sufren a la violación de sus derechos humanos (como

---

Derechos Humanos (art. 25).

51 *Vid.* CCPR/C/127/D/2728/2016 Dictamen de 23 de septiembre de 2020; en conexión con la Observación General n 36 sobre el artículo 6 del Pacto Internacional de Derechos Civiles y Políticos, relativo al derecho a la Vida. Un análisis jurídico de este Dictamen puede encontrarse en SALVADOR GIMENO, Santiago (2023) "Los desplazamientos poblacionales inducidos por Cambio Climático: desafíos y propuestas jurídico-políticas para su regulación" *Actualidad Jurídica Ambiental,* 138, pp. 97-124.

52 Sin perjuicio de los votos particulares disidentes emitidos por Duncan Laki Muhumuza y Vasilka Sancin.

su derecho a la vida y a no ser sometidos a tratos crueles, inhumanos o degradantes), desencadenando las obligaciones de *non-refoulement* de los Estados de destino.

En este sentido, BORRÀS PENTINAT destaca cómo el Comité, en este contexto de impactos climáticos, extiende la interpretación del principio de *non refoulement* a la luz de los derechos humanos, ampliando su alcance, lo cual abre también la puerta a nuevas vías interpretativas y argumentativas que, puestas en conexión con las recomendaciones del Comité CEDAW en el marco de la Convención sobre la Eliminación de todas las formas de Discriminación contra la Mujer de 1979, pueden permitir extender esta obligación de no devolución (o *non-refoulement*) a los supuestos de las mujeres y niñas desplazadas como consecuencia de los desastres ocasionados por el cambio climático[53]. En este sentido, se puede argumentar y justificar que su vida se enfrenta a un riesgo extremo en su país de origen, dado que las discriminaciones preexistentes de las que parten por razón de género inciden directamente en su especial vulnerabilidad frente a los impactos del cambio climático, llevándolas a sufrir con mayor intensidad y severidad sus efectos, a lo que también se añade un aumento de las probabilidades de experimentar diferentes formas de violencia[54].

---

53 BORRÁS PENTINAT, S. (2022) "Retos jurídicos en la protección internacional de la migración climática desde una perspectiva sensible al género". Revista del Ministerio Público de la Defensa, n°17. Personas en contexto de movilidad humana, p. 196.

54 BORRÁS PENTINAT, S. (2023) "Migraciones climáticas y justicia de género: hacia la protección internacional desde una perspectiva sensible y receptiva al género" en PRIETO GODOY, C. A., PÉREZ OCAMPO, H.F., SERRANO MORÁN, J.A. (coords.) *Cambio climático, movilidad humana y justicia global*, Tirant Lo Blanch, ISBN 9788411831833, pp. 219-240; y BORRÁS PENTINAT, S. (2023) "Climate Migration: A Gendered Perspective" *Environmental Policy and Law*, n. 53, p. 396.

En efecto, la Convención sobre la Eliminación de todas las formas de Discriminación contra la Mujer de 1979 (CEDAW)[55], completada por las recomendaciones generales dictadas por el Comité CEDAW, nos ofrece a lo largo de su articulado relevantes preceptos que pueden ser de aplicación a estas situaciones concretas, destacando, entre otras[56], *la Recomendación general núm. 37 (2018) sobre las dimensiones de género de la reducción del riesgo de desastres en el contexto del cambio climático*[57]:

Dentro del bloque IV, relativo a "los Principios generales de la Convención aplicables a la reducción del riesgo de desastres y al cambio climático" señala que los Estados partes deben velar porque su marco político-normativo dirigido a la reducción del riesgo de desastres y el cambio climático considere el género y se apoye en principios basados en los derechos humanos, destacando el de igualdad y la no discriminación, concediendo prioridad a *"las desplazadas internas, las apátridas, las refugiadas, las solicitantes de asilo y las mujeres migrantes"*.

Asimismo, en el bloque VI, relativo a las "Esferas concretas de preocupación", dentro del que incluye los "derechos al trabajo y a la protección social" y el "derecho a la libertad de cir-

---

55 La cual, como resalta el propio Comité CEDAW, "forma parte de un amplio marco jurídico internacional de derechos humanos". *Vid.* Recomendación general núm. 32 sobre las dimensiones de género del estatuto de refugiada, el asilo, la nacionalidad y la apatridia de las mujeres.

56 Como las Recomendaciones Generales del Comité CEDAW número 26 (2008) sobre las trabajadoras migratorias y número 32 sobre las dimensiones de género del estatuto de refugiada, el asilo, la nacionalidad y la apatridia de las mujeres.

57 *Vid.* Comité CEDAW. Recomendación general núm. 37 (2018) sobre las dimensiones de género de la reducción del riesgo de desastres en el contexto del cambio climático CEDAW/C/GC/37 Disponible en: https://documents.un.org/doc/undoc/gen/n18/069/01/pdf/n1806901.pdf . Recuperado el 29 de noviembre de 2024.

culación", el Comité CEDAW también se refiere expresamente a "las desplazadas internas, las mujeres migrantes y refugiadas". En el primer caso, señala la obligación de los estados de *"Invertir en sistemas de protección social y servicios sociales con perspectiva de género"* de cara a reducir las desigualdades preexistentes y minimizar la vulnerabilidad de las mujeres ante los impactos del cambio climático, tratando de facilitar el acceso de las mismas a dichos regímenes de protección social eliminando barreras burocráticas y procedimentales. En cuanto al derecho a la libertad de circulación, es de especial relevancia el párrafo 75, que reconoce el mayor riesgo de violencia por razón de género (incluida la trata de personas y la violencia sexual) al que las mujeres migrantes se enfrentan a lo largo de las diferentes fases del desplazamiento, pudiendo ser víctimas de violaciones de sus derechos humanos y sufrir discriminación en el trabajo y en otros aspectos como el acceso a la vivienda.

En el caso particular de las niñas que sufren los impactos del cambio climático también es de particular relevancia tener en consideración la Convención Internacional sobre los Derechos del Niño de 1989, siendo la aplicación de diversos preceptos de interés al caso de estudio, como el artículo 19 que insta a los Estados parte a proteger a las niñas contra toda forma de violencia, perjuicio o abuso físico o mental, malos tratos o explotación, incluidos el abuso sexual y los secuestros para obligarlos a contraer matrimonio[58]; o el artículo 3, que,

58 En la misma línea del artículo 16 de la Convención CEDAW. *Vid.* En este sentido, el Informe del Secretario General (Asamblea General de Naciones Unidas) A/79/308 de 9 de agosto de 2024 *La cuestión del matrimonio infantil, precoz y forzado.* Disponible en: https://documents.un.org/doc/undoc/gen/n24/237/02/pdf/n2423702.pdf. Recuperado el 29 de noviembre de 2024; así como la Resolución A/HRC/RES/53/23 aprobada por el Consejo de Derechos Humanos (Naciones Unidas, Asamblea General) el 13 de julio de 2023 en su 53 periodo de sesiones. *Matrimonio infantil, precoz y forzado: elimina-*

con carácter general establece que: *"En todas las medidas concernientes a los niños que tomen las instituciones públicas o privadas de bienestar social, los tribunales, las autoridades administrativas o los órganos legislativos, una consideración primordial a que se atenderá será el interés superior del niño"*.

Precisamente, este último precepto fue clave en un litigio sustanciado ante los Tribunales neozelandeses por una familia de desplazados climáticos originaria de Tuvalu, donde el Tribunal tuvo en consideración en la decisión final "el interés superior de los menores", entendiendo que el mismo consistía en continuar viviendo con sus padres en Nueva Zelanda dada su temprana edad, que les hacía más vulnerables a los impactos derivados del cambio climático en Tuvalu, así como a su integración y los lazos familiares existentes en el país de destino[59].

En base a todo lo anteriormente expuesto, entendemos que, en el supuesto especial de las niñas, su particular vulnerabilidad por cuestiones de género y temprana edad, sumada a la especial cobertura brindada encontrar en la Convención de los Derechos del Niño, puede servir de justificación para apreciar una *obligación de non-refoulement* para los Estados más amplia que las que de forma genérica podría derivarse de la vulneración del derecho a la vida contenido en el Pacto Internacional de los Derechos Civiles y Políticos[60], aumentando, por tanto, las posibilidades de que obtener asilo en un país extranjero.

---

ción y prevención de los matrimonios forzados. Disponible en: https://documents.un.org/doc/undoc/gen/g23/150/26/pdf/g2315026.pdf. Recuperado el 29 de noviembre de 2024.

59 *Vid.* Inmigration and Protection tribunal New Zealand [2014] NZIPT 501370-371, párrafos 23 y 25.

60 *Vid.* MCADAM. J. (2020) "Current Developments-Protecting People Displaced By the Impacts of Climate Change: the UN Human Rights Committee and the Principle of Non-Refoulement" *The American Journal of International Law*, v. 114, n. 4, pp. 716-717.

V. CONCLUSIONES: PROPUESTAS POLÍTICO-NORMATIVAS E INTERPRETATIVAS

Pese a las evidencias expuestas a lo largo del trabajo que muestran un incremento de la vulnerabilidad de mujeres y niñas resultante del cambio climático y en particular de aquellas que se ven forzadas a trasladarse como consecuencia de sus efectos, exponiéndolas a un mayor riesgo de sufrir diferentes formas de violencia (incluida la sexual) durante las diferentes fases de los desplazamientos, aún no se ha desarrollado en la actualidad un marco jurídico internacional que aborde de forma directa este problema[61].

Es cierto que se han producido algunos avances normativos en la materia en el ámbito del derecho internacional del medio ambiente y de la lucha contra el cambio climático, principalmente a través de los acuerdos alcanzados en las Conferencias de las Partes celebradas en el marco del CMNUCC, que han servido de base para desarrollar programas, planes de acción y grupos de trabajo dirigidos a integrar la cuestión de género en la toma de decisiones. No obstante, estos mecanismos normativos no están específicamente dirigidos a abordar la violencia sexual frente a la mujer[62].

En el ámbito del derecho internacional humanitario, si bien dentro de la definición de "refugiado" que establece la Convención de Ginebra no se contempla el "cambio climático", ni

---

61 En la misma línea *Vid. Inter alia,* DESAI, B. H., MANDAL, M. (2021) "Role of Climate Change in Exacerbating Sexual and Gender-Based Violence against Women: A New Challenge for International Law", *Environmental Policy and Law.* Volume 51, Issue 3, p. 142.

62 DESAI, B. H., MANDAL, M. (2021) "Role of Climate Change in Exacerbating Sexual and Gender-Based Violence against Women: A New Challenge for International Law", *Environmental Policy and Law.* Volume 51, Issue 3, p. 142.

tampoco se prevén de forma expresa las razones o motivos de "género" dentro de las causas de "persecución" que originan el desplazamiento forzado, encontramos argumentos (especialmente en el caso de las mujeres y niñas desplazadas en un contexto migratorio en el que aparecen interconectados desastres climáticos, incremento de vulnerabilidad y de riesgo de sufrir violencia sexual) que se pueden hacer valer ante los tribunales buscando en vía judicial el reconocimiento de su condición "refugiadas", y, como consecuencia, la protección y asilo que se deriva de ello. Y es que existen evidencias de que estas mujeres y niñas en muchos casos se ven obligadas a desplazarse precisamente porque sufren con una especial intensidad los efectos derivados del cambio climático, dada la situación de desigualdad, desequilibrio, discriminación vulnerabilidad y pobreza de las que ya parten y que se ven agravadas como resultado del mismo, razones éstas que parecen justificar su consideración como integrantes de un "grupo social particular" que es "perseguido", al sufrir de una forma especialmente intensa los impactos del cambio climático.

En el campo de los derechos humanos, nos parece interesante su interpretación en conexión con las recomendaciones del Comité CEDAW. La Decisión del Comité en el caso Teitiota, si bien deniega sus pretensiones, nos parece interesante porque abre la puerta a avances, particularmente si realizamos una interpretación extensiva del Principio de no devolución (*non-refoulement*) en estos supuestos de mujeres y niñas que requieren de una especial protección en aras de garantizar su derecho a la vida. En todo caso, y en línea con UN Women y con otros autores[63], entendemos que es conveniente adoptar una

---

[63] UN Women (2023) *Ensuring safe and regular migration for women and girls in the context of climate change*. Policy Brief. Disponible en: https://www.unwomen.org/en/digital-library/publications/2023/06/policy-brief-ensuring-safe-and-regular-migration-for-women-and-girls-

visión integrada entre los diferentes regímenes jurídicos relativos al cambio climático, los derechos humanos y el derecho humanitario, lo cual ayudaría a brindar un abanico de posibilidades más amplio y eficaz a estas personas. Para concluir, como recomendaciones finales, entendemos que es conveniente:

tener en cuenta las necesidades particulares de las mujeres y niñas en los campos de refugiados que se montan temporalmente para hacer frente a los desastres climáticos, mejorar la vigilancia para evitar violencia sexual y violaciones (que sufren tanto por parte de las autoridades como de otros refugiados) y controlar la prostitución forzada y el tráfico de personas[64].

En relación con la integración en el país de destino (o de acogida) de las mujeres y niñas refugiadas y su protección frente a discriminación y abusos de todo tipo (incluidos los sexuales), es recomendable desarrollar marcos jurídicos que les reconozcan y garanticen derechos laborales y sociales.

Promover y facilitar la inclusión de las mujeres en los procesos de decisiones (en especial, en el ámbito que nos ocupa: en los asuntos relacionados con el cambio climático y desplazamientos forzados), no meramente en el plano formal asegurando una representación a priori paritaria, sino, garantizando una participación efectiva y significativa. Superando y transcen-

---

in-the-context-of-climate-change. Recuperado el 29 de noviembre de 2024. Asimismo, *Vid. Inter alia*, BORRÁS PENTINAT, S. (2023) "Climate Migration: A Gendered Perspective" *Environmental Policy and Law*, n. 53, p. 392.

64 En línea con los objetivos perseguidos por el Protocolo para prevenir, reprimir y sancionar la trata de personas, especialmente mujeres y niños, que complementa la Convención de las Naciones Unidas contra la Delincuencia Organizada Transnacional (Convención de Palermo de 2020) (Anexo II). Disponible en: https://www.unodc.org/documents/treaties/UNTOC/Publications/TOC%20Convention/TOCebook-s.pdf. Recuperado el 29 de noviembre de 2024.

diendo así la tradicional y rígida concepción de la mujer como simple víctima y pasando a adoptar un rol activo y protagonista en la lucha contra el calentamiento global y ayudando a visibilizar y a abordar los principales problemas específicos a los que éstas se enfrentan antes, durante y después de los desplazamientos forzados resultantes del mismo, y, en particular, el riesgo de sufrir violencia sexual. Ello ayudará a integrar la cuestión de género no solo en el ámbito interpretativo sino también en el normativo, planificador y decisorio (esto es, en las normas jurídicas, en los planes, y en las decisiones políticas).

VI. REFERENCIAS BIBLIOGRÁFICAS.

ALENZA GARCÍA J.F. (2019) "Vulnerabilidad Ambiental y Vulnerabilidad Climática", *Revista Catalana de Dret Ambiental* ,10 (1), pp. 1-46. DOI: 10.17345/rcda2579

ANKER, D. E., (2001). "Refugee Status and Violence Against Women in the 'Domestic Sphere'", *Georgetown Immigration Law Journal,* 15, pp. 391-392.

BORRÁS PENTINAT, S. (2023) "Climate Migration: A Gendered Perspective" *Environmental Policy and Law,* n. 53, pp. 385–399. DOI: 10.3233/EPL-239008

BORRÁS PENTINAT, S. (2023) "Migraciones climáticas y justicia de género: hacia la protección internacional desde una perspectiva sensible y receptiva al género" en PRIETO GODOY, C. A., PÉREZ OCAMPO, H.F., SERRANO MORÁN, J.A. (coords.) *Cambio climático, movilidad humana y justicia global,* Tirant Lo Blanch, ISBN 9788411831833, pp. 219-240.

BORRÁS PENTINAT, S. (2022) "Retos jurídicos en la protección internacional de la migración climática desde una perspectiva sensible al género". *Revista del Ministerio Público de la Defensa, n°*17. Personas en contexto de movilidad humana, pp. 187-204. Disponible en: https://repositorio.mpd.gov.ar/jspui/handle/123456789/4078.

BRIDDICK, C. (2021) "When Does Migration Law Discriminate Against Women?" Cambridge University Press. American Journal of International Law, vol. 115, pp. 356 – 361. DOI: https://doi.org/10.1017/aju.2021.50

DESAI, B. H., MANDAL, M. (2021) "Role of Climate Change in Exacerbating Sexual and Gender-Based Violence against Women: A New Challenge for International Law", Environmental Policy and Law. Volume 51, Issue 3, pp. 137-157. DOI:10.3233/EPL-210055

FELIPE PÉREZ, B. (2019) *Perspectiva de Género en las Migraciones Climáticas. El cambio climático afecta a todas las personas, pero no por igual: desafíos específicos para mujeres y niñas.* ECODES. Disponible en: https://migracionesclimaticas.org/wp-content/uploads/2019/11/Informe_ECODES_MC_Perspectiva_de_g%C3%A9nero_en_las_migraciones_clim%C3%A1ticas.pdf.Recuperado el 29.11.2024.

FERRER PÉREZ, V. A., BOSCH FIOL, E. (2011) "El acoso sexual" en LAMEIRAS FERNÁNDEZ, M., IGLESIAS CANLE, I. (Coords.): *Violencia de género. La violencia sexual a debate.* Tirant lo Blanch. ISBN: 978-84-9985-049-8, pp.127-160.

GIMENO PRESA, M.C. (2021) "sesgos discriminatorios en la interpretación y aplicación del Derecho" en SOBRINO GARCÍA, I. (coord.), BONIRINO RAMÍREZ, P. R. (ed. lit.), FERNÁNDEZ ACEVEDO, R. (ed. lit.), VALCÁRCEL FERNÁNDEZ, P. (ed. lit.): *Justicia, administración y derecho Justicia, administración y derecho: nuevos retos del derecho en el siglo XXI,* Thomson Reuters Aranzadi, ISBN: 978-84-1345-884-7, pp. 233-262.

GIMENO PRESA, M. C. (2020) *¿Qué es juzgar con perspectiva de género?* Thomson Reuters Aranzadi. ISBN 978-84-1308-808-2

GÓMEZ FERNÁNDEZ, I. (2024) "Aplicación de la litigación estratégica para las mujeres y las niñas migrantes por razón del cambio climático", *Revista de estudios políticos,* Nº 204, pp. 161-190.

HERNÁNDEZ PERIBÁÑEZ, M. E. (2023) "La migrante climática: Un enfoque desde la perspectiva de género" Papeles *El tiempo de los derechos,* Nº. 26, pp. 1-8.

HOFFMANN, A. (2024) "Five key points from the groundbreaking European Court of Human Rights climate judgment in Verein KlimaSeniorinnen Schweiz v Switzerland" *Environmental Law Review,* Volume 26, Issue 2, pp. 91-99. DOI: https://doi.org/10.1177/14614529241257112

KARTIKI, K. (2011) "Climate change and migration: a case study from rural Bangladesh" *Gender & Development,* 19:1, pp. 23-38. DOI: https://doi.org/10.1080/13552074.2011.554017

MCADAM. J. (2020) "Current Developments-Protecting People Displaced By the Impacts of Climate Change: the UN Human Rights Committee and the Principle of Non-Refoulement" *The American Jour-*

nal of International Law, v. 114, n. 4. DOI: https://doi.org/10.1017/ajil.2020.31

ORIHUELA CALATAYUD, E., VICENTE GIMÉNEZ, T. (2016) "Mujeres, infancia y refugio" en MORAES MENA, N., ROMERO RAMOS, H. (coord.): *la crisis de los refugiados y los deberes de Europa*, ISBN 978-84-9097-223-6, pp. 129- 143.

OSWALD SPRING, U. (2022) "Climate-induced migrations in Mesoamerica with a gender perspective" *Revista Mexicana de Economía y Finanzas*, Nueva Época Volume 17 Issue 4, pp. 1-27, e786. DOI: 10.21919/remef.v17i4.786

PEEL, J., OSOFSKY, H. M. (2018). "A Rights Turn in Climate Change Litigation?" *Transnational Environmental Law*, 7 (1), pp. 37–67. DOI: https://doi.org/10.1017/S2047102517000292

RICOY CASAS, R. M. (2024) "Eventos meteorológicos extremos y políticas públicas para la sostenibilidad ambiental" en GIMENO PRESA, M. C. (Dir.) *Derecho y cambio climático: cómo abordar los eventos meteorológicos extremos*, ISBN 978-84-1125-494-6 pp. 193-222.

SALVADOR GIMENO, Santiago (2023) "Los desplazamientos poblacionales inducidos por Cambio Climático: desafíos y propuestas jurídico-políticas para su regulación" *Actualidad Jurídica Ambiental*, 138, pp. 97-124. DOI: https://doi.org/10.56398/ajacieda.00341

SANZ HERMIDA, A. M. (2011) "Víctimas de violencia de género: el reconocimiento y protección de sus derechos" en LAMEIRAS FERNÁNDEZ, M., IGLESIAS CANLE, I. (Coords.): *Violencia de género. La violencia sexual a debate*. Tirant lo Blanch. ISBN: 978-84-9985-049-8, pp. 235-270.

SOLANES CORELLA, A (2021). "Desplazados y Refugiados Climáticos. La Necesidad de Protección por Causas Medioambientales". *Anales de la Cátedra Francisco Suárez* v. 55, pp. 433-460. DOI: https://doi.org/10.30827/acfs.v55i0.15534

Capítulo 10.

Enfoque interseccional para entender la vulnerabilidad, la desigualdad y la violencia sexual

SARA MARÍA TORRES OUTÓN
Profesora Ayudante Doctora
Universidad de Vigo

I. INTRODUCCIÓN

Desde el ámbito de la ciencia sociológica, la vulnerabilidad de ciertos grupos de mujeres a sufrir violencia sexual es consecuencia de la interrelación de sus múltiples identidades. No es simplemente una cuestión de género, sino que cada mujer, por su pertenencia a otros grupos de riesgo y exclusión, presenta no solo múltiples vulnerabilidades acumulativas, sino que la interacción entre ellas multiplica exponencialmente el riesgo de sufrir violencia sexual. A esta interacción de vulnerabilidades, o desigualdades u opresión según se ponga la mirada en el agente o en la víctima, se denomina interseccionalidad. Con este término no solo se subraya que las estructuras sociales generan vulnerabilidades diferenciadas entre las mujeres, sino que invita a realizar un análisis profundo y multidimensional de cómo se perpetúan las desigualdades y la violencia. La perspectiva interseccional permite abordar cómo diferentes sistemas de opresión, como el género, la etnia, la clase social u otras, interactúan y producen experiencias diferenciadas de vulnerabilidad frente a la violencia sexual. Este enfoque es esencial para entender que no todas las mujeres experimentan la violencia de la misma manera y que la interacción de diversas formas de desigualdad genera grados distintos de exposición y riesgo.

El sexo atraviesa todas las relaciones sociales y jurídicas, y ser mujer constituye no solo la causa de discriminación más extendida sino la que con mayor facilidad se acumula a otras (Lousada, 2024). Pese a esto, resulta insuficiente abordar la prevención de violencia sexual y/o el estudio de la vulnerabilidad femenina (que no es sino una condición de posibilidad) exclusivamente teniendo en cuenta el hecho de ser mujer; ya que no existe un único perfil y sí diversidad de vivencias y biografías individuales que permiten identificar grupos de mujeres que enfrentan un mayor riesgo de sufrir violencia sexual. Tener en cuenta una sola variable, género, significa reducir la realidad de todas las mujeres a una única experiencia. Es preciso evitar la simplificación que resulta de considerar únicamente el género y comprender las realidades múltiples, complejas y diversas que emanan de la pertenencia a otras categorías que son acumulativas, dimensiones que son interdependientes y procesos que resultan en nuevas capas o superposiciones que incrementan el riesgo de sufrir violencia sexual.

Esto, sin obviar que en la prevención y análisis de la violencia es fundamental considerar, también, el contexto social y estructural en la que ocurre. Una visión sesgada y parcial explica, en parte, cómo las políticas y los enfoques tradicionales de prevención a menudo han fracasado; implica no reconocer la diversidad de experiencias de las mujeres, aun cuando, en muchas ocasiones, se trata de grupos de mujeres históricamente marginadas y, en otros casos, responden a nuevos colectivos. Existe un desajuste entre el análisis, cada vez más común, de la intersección de múltiples desigualdades de exclusión que sufren las mujeres frente al enfoque unitario que se sigue aplicando en las políticas públicas españolas (Herranz, 2015). Sirvan de ejemplo los grupos de mujeres especialmente vulnerables en ciertos lugares del mundo identificados por Palm y Le Roux (2021) a partir del análisis de proyectos desarrollados en diferentes países en la lucha para eliminar la violencia de género contras las mujeres:

- Mujeres migrantes, mujeres con VIH, mujeres LBT (lesbianas, bisexuales y transgénero) y mujeres con discapacidad en Chile.
- Mujeres LBT y mujeres con VIH en China.
- Mujeres de determinadas etnias y en áreas rurales, como las mujeres indígenas y afrocolombianas, en Colombia.
- Mujeres migrantes trabajadoras sexuales en Guatemala.
- Mujeres LBT, mujeres y niñas con discapacidad, trabajadoras sexuales, mujeres con VIH y SIDA en Jamaica.
- Mujeres y niñas refugiadas sirias en Jordania.
- Mujeres pertenecientes a la tercera edad (ancianas) en Moldavia.
- Niñas y mujeres con problemas de salud mental e intelectual que viven en instituciones residenciales en Serbia.
- Mujeres con diversas identidades sexuales y de género (mujeres LBT) en Tailandia.
- Niñas y mujeres con discapacidad que viven en zonas rurales en Zimbabue.

Los grupos identificados en la relación anterior responden a un trabajo de campo realizado por organizaciones que prestan ayuda y conocen las múltiples realidades que viven las mujeres en los distintos países. Este tipo de trabajos sirven para superar aquellas visiones que, centrándose en categorías homogéneas, simplifican la complejidad de la violencia de género, sin tener en cuenta las experiencias de las mujeres que se encuentran en la intersección de múltiples formas de discriminación. Así, vienen a confirmar que es necesario adoptar un enfoque interseccional que aborde las causas de la violencia teniendo en consideración las particularidades de las vivencias de aquellas mujeres especialmente en riesgo de ser víctimas por razón de género en interrelación con otras identidades.

De hecho, es preciso prevenir, especialmente, las situaciones de extrema vulnerabilidad que afecta a aquellos grupos de mujeres a quienes múltiples capas de desigualdades las condenan a sufrir violencia estructural de discriminación y privación. Esto no se debe solo a las estructuras sociales estáticas de jerarquía sino a que, pese a los cambios en la estructura social, se consolidan y refuerzan las múltiples formas de desigualdad que mantiene el riesgo y la vulnerabilidad. A pesar de lo anterior, las relaciones de género y las manifestaciones de violencia no son simplemente el resultado de una cadena de causas y efectos, sino que responden a dinámicas más complejas y flexibles. Existen normas, valores y procesos que subyacen a las relaciones de género, como el patriarcado o la tradición, que se construyen y reconstruyen a medida que las mujeres y los hombres las aplican en sus vidas y a través de instituciones y procesos culturales y sociales (Guhathakurta, 2012). El enfoque interseccional se presenta como una herramienta crítica para comprender la complejidad de esta problemática. Por un lado, reconoce la interrelación de múltiples identidades y sistemas de opresión; por otro, permite analizar cómo influyen diversos factores, que no deben reducirse únicamente a la etnia y la clase social, sino que también incluyen otras identidades ligadas a la orientación sexual, la nacionalidad, la discapacidad u otras, interactúan, multiplicando la vulnerabilidad frente a la violencia, la desigualdad y la opresión.

La violencia contra las mujeres está presente en todas las sociedades, trasciende culturas, economías y sistemas políticos, y se manifiesta de diversas formas que incluyen la violencia física, sexual, emocional y económica. Las estructuras de poder de la sociedad que la perpetúan se caracterizan por su profundo arraigo y su intransigencia. Todavía hoy en día, en todo el mundo, la violencia o las amenazas de violencia niega a las mujeres sus derechos. A pesar de los avances en la sensibilización y la promoción de la igualdad de género, la violencia contra las mujeres sigue siendo una de las violaciones de derechos humanos más generalizadas y sistemáticas en el mundo. "Desde que nacen hasta que mueren, tanto en tiempo de paz como en la guerra, las mujeres se enfrentan a la discriminación y la violencia del Estado, la comunidad y la familia" (Amnistía Internacional, 2004, p. 18).

Este artículo propone explorar la violencia contra las mujeres desde una perspectiva interseccional, analizando cómo las diferentes formas de opresión se entrelazan y contribuyen a la perpetuación de la violencia. El objetivo de este trabajo de revisión bibliográfica es considerar la necesidad de desarrollar políticas públicas y estrategias de prevención que sean inclusivas y adaptadas a las realidades diversas de las mujeres y las niñas, teniendo en cuenta la interrelación de vulnerabilidades derivadas de cada una de las identidades que se identifican en cada mujer. A través de esta reflexión, se busca contribuir a una comprensión más profunda de la violencia de género y fomentar un compromiso renovado hacia su erradicación, reconociendo que solo a través de un enfoque integral de la multidimensionalidad identitaria, esto es, interseccional, se puede abordar eficazmente esta grave violación de los derechos humanos.

II. REFLEXIÓN EN TORNO AL CONCEPTO DE VIOLENCIA Y VIOLENCIA SEXUAL

El término violencia es un concepto amplio que ha sido definido y abordado desde múltiples perspectivas y áreas de conocimiento como la ciencia política, la sociología, la psicológica, la antropología y las ciencias de la salud, entre otros. En términos generales, se entiende por violencia el uso de la fuerza, para dominar, someter o dañar a otras personas, comunidades o bienes. Aunque la forma de violencia más explícita y visible es la física, por uso de la fuerza se entiende no solo el empleo de la fuerza corporal, sino también otras formas de coacción, como la psicológica, moral o simbólica, que pueden resultar igualmente dañinas (Martínez Pacheco, 2016). La Organización Mundial de la Salud (OMS) define la violencia como "el uso intencional de la fuerza física o el poder ya sea en grado de amenaza o efectivo, contra uno mismo, otra persona, un grupo o una comunidad, que cause o tenga una alta probabilidad de causar lesiones, muerte, daño psicológico, trastornos del desarrollo o privaciones" (2002, p. 3). Si bien, como señala Elsa Blair "no creo que sea posible establecer un concepto de violencia que sea unívoco y simple" (2009, p. 32). Respecto a la violencia contras las mujeres, es importante incidir en que la violencia (en la esfera pública, social y política) no es fruto de una acción individual sino resultado de la estructura social, política y cultural.

2.1. Violencia

En el contexto de este artículo y el ámbito de conocimiento de la sociología interesan conceptos como la violencia estructural, la violencia cultural, la violencia simbólica, la violencia moral y la violencia patriarcal. Estos diferentes términos subrayan principalmente que no siempre es necesario el uso de la fuerza física y que, por ello, ciertas formas de violencia son más difíciles de identificar. Además, están profundamente arraigadas en las estructuras sociales por lo que son más difíciles de combatir y se precisan intervenciones que tengan en consideración las interacciones entre las diferentes identidades que identifica a cada persona.

La violencia estructural, término acuñado por Johan Galtung en 1969, hace referencia a una forma de violencia, más sutil y oculta, manifestada en las desigualdades sistémicas y las injusticias arraigadas en las instituciones sociales, económicas y políticas; lo que le otorga "cierta estabilidad" (p. 173). Posteriormente, Galtung (1990) emplea el término de violencia cultural para insistir en que se utiliza "la religión, la ideología, la lengua, el arte, y las ciencias empíricas y formales" (p. 291) para justificar y legitimar tanto la violencia directa como la estructural. El primer tipo de violencia, la estructural, limita el acceso de ciertos grupos a su pleno desarrollo debido a que estas estructuras desiguales y la cultura perpetúan la opresión al convertir en normal o natural las prácticas violentas. Mientras que el segundo, la cultural, perpetúa la opresión al normalizar o naturalizar dichas prácticas violentas dando lugar a racismo, sexismo o cualquier otra forma institucionalizada de violencia y desigualdad.

La violencia simbólica, concepto desarrollado por Pierre Bourdieu en 1979, se refiere a una forma de dominación (o violencia cotidiana) que opera de manera invisible y sutil, sin recurrir a la coerción física directa. Esta violencia se manifiesta a través de la imposición de esquemas de pensamiento, valores y normas culturales por parte de los grupos dominantes, los cuales son interiorizados por los grupos dominados como naturales y legítimos. En este proceso de naturalización de la dominación, las relaciones de poder se perpetúan sin ser cuestionadas, ya que los individuos aceptan su posición subordinada como algo dado. Es un tipo de "violencia amortiguada, insensible e invisible para sus propias víctimas" (Bourdieu, 2000, p. 5). Según esto, las estructuras de poder se reproducen no solo a través de la violencia explícita o la coerción directa, sino también mediante mecanismos simbólicos que legitiman y refuerzan las desigualdades sociales con la complicidad inconsciente de las personas dominadas, quienes reproducen estas estructuras de dominación al considerar que su sometimiento es parte del orden social inevitable.

La violencia moral, expresión utilizada por Rita Laura Segato, hace referencia a aquella forma de violencia que busca destruir el entramado ético y emocional que sostiene a las personas en su sentido de pertenencia y dignidad dentro de una comunidad. Esta dimensión moral de la violencia, como indica Blair (2009), no solo trasciende todas las formas de violencia (políticas, sociales o sexuales) sino que abarca todas ellas. Es un término especialmente útil en el contexto de las relaciones de género y las violencias patriarcales ya que ser refiere a una violencia dirigida a la integridad moral de las personas a través de acciones que humillan, degradan y deshumanizan al otro, afectando profundamente la subjetividad y la autoestima de las víctimas. Es preciso destacar que este tipo de violencia subraya que más allá del acto individual hay una estructura patriarcal que legitima y normaliza la desvalorización de ciertos cuerpos y subjetividades; impidiendo que las mujeres sean vistas como sujetos de pleno derecho. Por ello, en el caso de la violencia de género, "la violencia moral es el más eficiente de los mecanismos de control social y de reproducción de las desigualdades" (Segato, 2003, p. 114).

Por último, el movimiento feminista utiliza, para referirse a las múltiples formas de opresión que perpetúan la subordinación de las mujeres en diferentes ámbitos de la vida, el término violencia patriarcal que incluye diferentes tipos de violencia (física, económica, simbólica y estructural). Esta se manifiesta a través de la explotación, la cosificación y la desigualdad de género constituyendo delitos como la violación, el acoso, el maltrato, el feminicidio, la prostitución forzada, así como otras formas de opresión como la pornografía, las desigualdades económicas y laborales, y la trata de personas (Posada, 2018, citado por Aguilar Barriga, 2020).

2.2. Violencia Sexual

La violencia sexual es una forma específica de violencia que involucra actos o tentativas de coerción sexual o acciones que vulneran la integridad sexual de una persona. Esta forma de violencia puede incluir agresión sexual, violación, explotación sexual o cualquier acto en el que la persona afectada no pueda dar su consentimiento libremente. La OMS define la violencia sexual como "todo acto sexual, la tentativa de consumar un acto sexual, los comentarios o insinuaciones sexuales no deseados, o las acciones para comercializar o utilizar de cualquier otro modo la sexualidad de una persona mediante coacción, cometidas por cualquier persona independientemente de su relación con la víctima, en cualquier ámbito, incluidos el hogar y el lugar de trabajo" (Organización Panamericana de la Salud, 2013).

El término violencia simbólica de Pierre Bourdieu, mencionado anteriormente, puede ser aplicado al campo de la violencia sexual, señalando que ciertas formas de dominación simbólica (a través de normas culturales y representaciones sociales) legitiman prácticas que perpetúan las dinámicas de poder entre los géneros. La violencia sexual, entonces, no es solo un acto físico, sino que también está ligada a la opresión estructural y cultural que posiciona a la mujer y a las personas vulnerables en una posición de desigualdad frente al abuso sexual. Por ello, "la mayor parte de las agresiones sexuales tienen como víctimas a mujeres y niñas, y son perpetradas por hombres y niños" (OMS, 2002, p. 13). Los casos de violaciones de hombres y niños por otros hombres y coacciones a hombres jóvenes para mantener relaciones sexuales por parte de mujeres mayores existen, pero son significativamente menores, porcentualmente residuales. Cabe señalar que, en todos los casos, los datos oficiales pueden estar infrarrepresentados, ya que el estigma social, la falta de denuncias y las barreras culturales silencia y/u oculta este tipo de delitos. En la actualidad, la violencia sexual se erige como uno de los principales ejes de análisis y lucha dentro de la cuarta ola feminista. Este tipo de violencia constituye un problema estructural y crónico que afecta a las mujeres de manera global, independientemente de su localización geográfica, abarcando tanto los países periféricos como los centrales. "La violencia sexual es un poderoso mecanismo de control social que impide a las mujeres tanto apropiarse del espacio público como hacer uso de su autonomía y libertad" (Cobo, 2019, p. 138) y representa un grave atentado contra los derechos individuales de las mujeres (Aguilar Barriga, 2020).

Un caso claro de violencia sexual se halla en la pornografía y la prostitución, producto de la opresión estructural enraizadas en el patriarcado y el capitalismo neoliberal. Ambas formas parten de la cultura patriarcal y, por ello, son demandadas mayoritariamente por hombres, no por mujeres. Este tipo de violencia es masculinizante (de Stéfano, 2022). Los últimos datos disponibles para España no resultan nada halagüeños. Entre los prostituidores, cabe señalar que un 10% de los hombres entre 15 y 29 años han pagado, al menos una vez, por el consumo de sexo (Pérez Díaz, 2020), superando los porcentajes medios para el conjunto de hombres que se establece, según diferentes fuentes entre el 4 y 6 por ciento. Desde el punto de vista de las víctimas, hoy existen más dificultades para ayudar a las mujeres que son explotadas sexualmente, tanto por el menor acceso a redes de apoyo como por la reorganización del negocio (redes internacionales de trata) en nuevos lugares de encuentro (pisos, agencias e internet frente a la calle o clubes) que aísla e incrementa su vulnerabilidad (Agirregomezkorta et al., 2024). Además, la digitalización ha propiciado un proceso de naturalización y normalización de la prostitución con la utilización de un lenguaje (con el uso de palabras como "escorts", "sugar babies", "creadoras de contenido", "fans", etc,) que oculta la explotación sexual y la presenta como más aceptable socialmente (Samaniego, 2022, citado por Indexa Geodata S.L, 2024). Resulta crucial la dimensión política del debate sobre la prostitución con propuestas abolicionista, neoabolicionistas o prohibicionistas, que no solo cuestiona el sistema patriarcal, sino también las estructuras capitalistas y coloniales sobre las que se sostiene. Esta intersección de formas de violencia y explotación es clave para entender la complejidad del fenómeno, reconociendo cómo distintas categorías de opresión se entrecruzan en las experiencias de mujeres de diferentes contextos e identidades, total o parcialmente, compartidas.

Cabe señalar que las mujeres que son prostituidas experimentan violencia de género y son objeto de explotación económica y racial. Pero, además, es preciso destacar que todas las víctimas de violencia sexual se exponen a la revictimización que a menudo sufren a manos de sistemas judiciales que a través de la intersección de los conocimientos jurídicos, forenses y psiquiátricos en los juicios por violación minimizan o no reconocen adecuadamente su sufrimiento (Schneider, 2020); y especialmente por las cargas relacionadas con las exigencias probatorias (García, 2022). Por ello, los procesos de justicia han de tratarse de manera integrada y no de forma aislada o fragmentada; especialmente considerando el historial de omisiones e insuficiencias en la atención a los actos ilícitos en estos contextos, donde las víctimas de violencia, durante periodos de conflicto y represión, han experimentado con frecuencia la ausencia de una justicia significativa, perpetuando su victimización (Wexler et al., 2019).

III. ENFOQUE INTERSECCIONAL

La violencia sexual contra las mujeres no puede comprenderse exclusivamente desde la categoría de género. Como se indicó anteriormente, es necesario tener en cuenta las múltiples posiciones de subordinación que las mujeres ocupan dentro del sistema social y que incrementan su exposición a este tipo de agresiones. Por ello, en el estudio de la violencia sexual, se recomienda adoptar una óptica interseccional. Esto no solo permite abordar las dinámicas de poder estructural que atraviesan las sociedades contemporáneas. sino identificar nuevas formas de vulnerabilidad en relación con la violencia sexual como por ejemplo los casos de sumisión química. Incluso en el ámbito de la pareja, la violencia masculina contra las mujeres no se vincula únicamente al ejercicio del poder, sino también a la vulnerabilidad y a la intrincada relación que ambas dinámicas mantienen entre sí (de Stéfano, 2022).

En el ámbito académico, la interseccionalidad ha sido abordada desde múltiples perspectivas, siendo considerada un concepto, una metodología o una perspectiva de análisis (Hill-Collins y Bilge, 2016), o incluso una teoría o conjunto de teorías, una característica identitaria e incluso una experiencia vivida (Moira, 2021). Ofrece un marco multidimensional, no binarista y dinámico que permite analizar cómo operan las relaciones de poder y la distribución desigual de oportunidades, tomando en cuenta factores como la identidad, la corporalidad y la ubicación geopolítica, entre otros. Este enfoque permite superar "las limitaciones y los alcances del género como única vía de análisis frente a un hecho tan complejo como es la violencia contra las mujeres" (Guzmán y Jiménez, 2015, p. 608). Constituye «una herramienta para resolver el problema de prácticas excluyentes de pensar solo en términos de género, raza o clase» (Collins, 2019, citado por Martínez-Palacios y Ormazabal, 2022, p. 74); pese a las críticas recibidas por su excesivo occidentalismo y quedar relegado, en ocasiones, a mera descripción analítica (Roth, 2013).

El enfoque de análisis de la vulnerabilidad de las mujeres frente a la violencia de género, basado en el concepto de interseccionalidad, amplía el marco tradicional al mostrar cómo múltiples categorías sociales e identidades se interconectan y generan formas complejas de opresión. Factores como la etnia, el género, la clase social, la orientación sexual, la nacionalidad, la religión, la edad, la diversidad funcional, la profesión, la situación migratoria, el estado de salud u otras, interactúan y se entrelazan, creando vulnerabilidades específicas ante la violencia. Estas dimensiones de identidad no solo son acumulativas, sino que se potencian mutuamente, produciendo situaciones en las que las distintas formas de opresión se refuercen entre sí y perpetúen la violencia estructural (Palm y Le Rox, 2021).

Por ejemplo, mujeres racializadas, migrantes, con discapacidad o pertenecientes a colectivos LGTBI+ enfrentan barreras adicionales para acceder a la justicia, la protección y el apoyo, lo que agrava su situación de vulnerabilidad. Este enfoque más complejo y realista permite visibilizar cómo los factores económicos, políticos y culturales contribuyen a la continuidad de la violencia sexual y facilita la propuesta de soluciones más inclusivas y ajustadas a las realidades de estos colectivos. En definitiva, "la interseccionalidad se ha convertido en la expresión utilizada para designar la perspectiva teórica y metodológica que busca dar cuenta de la percepción cruzada o imbricada de las relaciones de poder" (Viveros, 2016, p. 2). Este enfoque es necesario ya que:

> La violencia contra las mujeres no es exclusiva de ningún sistema político o económico; se da en todas las sociedades del mundo y sin distinción de posición socioeconómica, religión, raza o cultura. No obstante, se reconoce que algunos grupos específicos de mujeres se encuentran en una situación de mayor vulnerabilidad ante la violencia basada en el género: Mujeres que pertenecen a minorías, mujeres indígenas, refugiadas y migrantes; mujeres pobres que viven en áreas rurales o remotas, mujeres indigentes, en instituciones o detenidas; niñas, mujeres con discapacidades y mujeres mayores; mujeres desplazadas, repatriadas, o viviendo en pobreza; y mujeres en situaciones de conflictos armados, ocupación extranjera, guerras de agresión, guerras civiles y terrorismo, incluyendo la toma de rehenes. (Toro, 2013, p. 217).

La perspectiva interseccional, al poner el énfasis en las dimensiones estructurales del poder, permite superar aproximaciones que individualizan problemas de naturaleza social e histórica. Desde esta perspectiva, las experiencias vivenciales se comprenden de manera más amplia teniendo en cuenta las múltiples identidades, las diversas características que conforman la identidad de una persona en las que además del género, se incluyen otras tales como orientación sexual, origen étnico, religión, discapacidad, edad, estado civil, lugar de procedencia, clase social, posición en el mercado laboral y/o situación migratoria, entre otros, como se ha relatado anteriormente. De este modo, la interseccionalidad facilita un análisis más profundo sobre qué sujetos y experiencias de desigualdad y vulnerabilidad se consideran cuando se habla de género, sexismo y violencia sexual, reconociendo las complejas relaciones de poder que influyen en la exposición diferencial a la violencia y la exclusión (Troncoso et al., 2019).

> La interseccionalidad critica los llamados enfoques aditivos de la opresión (Spelman, 1982) que enfatizan la separación entre binarios de categorías sociales (hombres/mujeres, negros/blancos, indígenas/no indígenas, urbano/rural, etc.). Las categorías sociales no pueden disociarse. Una persona no puede dejar de ser una mujer para ser campesina. (Baquero, 2017, p. 65).

Además, tal y como señaló Hill-Collins (1998) en su trabajo sobre las familias negras, las intersecciones entre raza, clase social, género y nación como categorías de análisis aportan nuevas perspectivas. De lo que se deduce que esta interseccionalidad ofrecerá una mayor comprensión de la vulnerabilidad de las mujeres y el riesgo de sufrir violencia de género en sus múltiples formas, al considerar las distintas ubicaciones sociales generadas, no por la acumulación de categorías sino por su interseccionalidad. Además, el trabajo de María Luisa Jiménez Rodrigo (2022) sobre las ventajas derivadas de la estrategia unitaria ampliada, multidimensional e interseccional aplicada a la elaboración de las políticas públicas concluye que, para las mujeres, o colectivos de mujeres, más vulnerables y desprotegidos como las migrantes, minorías étnicas o mujeres con discapacidad, el enfoque interseccional es el que permite establecer y promover medidas más eficaces y profundas. Desde el punto de vista jurídico, con esta perspectiva se pone el foco en la subordinación grupal subyacente a las desigualdades y no en el trato individual (Lousada, 2024). Importa tanto su aplicación en la implantación de políticas públicas como en los contextos en los que estas se diseñan y ejecutan, en los que es necesario preguntarse por las poblaciones destinatarias, superando ideas hegemónicas arraigadas asociadas a género, raza y clase (Lazcano et al., 2019).

3.1. Etnia, género y clase social

El término interseccionalidad fue acuñado por la feminista afroamericana Kimberlé Crenshaw (1991) para referirse a las conexiones entre género y raza en la violencia sufrida por las mujeres negras (términos empleados por la autora en su obra). La autora denunciaba que los discursos sobre la discriminación racial y de género solían invisibilizar las experiencias particulares de las mujeres negras, cuyo sufrimiento derivaba tanto de su raza como de su género, pero de manera que no podían ser entendidas completamente en un análisis aislado de una u otra categoría. Hoy en día, esta perspectiva es un concepto clave dentro de los estudios de género y de la sociología crítica, pero en un sentido más abierto que incluye múltiples categorías.

No es objeto de este trabajo centrar la atención en los agresores; sin embargo, es importante recordar que el racismo también ha perseguido a los hombres de color mediante imágenes sexualizadas que les atribuyen un impulso sexual primitivo e incontrolable (Stoler, 1991, citado por Baxi, 2014). Con este tipo de narrativas que se circunscriben a un perfil de agresor determinado, se ignora que la violencia sexual es una cuestión de opresión estructural que trasciende la etnia y afecta a diversas identidades en nuestra sociedad, buscando solucionar el problema mediante la condena de acciones individuales. Las diferentes formas de opresión están interconectadas y la interseccionalidad abarca no solo el racismo y el sexismo, sino también otras formas de discriminación, como las desigualdades de clase. De manera que no son casos de discriminación múltiple en los que se sufren discriminaciones separadas derivadas de cada una de las identidades identificadas. Tampoco discriminación compuesta en las que un motivo de discriminación se ve agravado por otro/s; sino de discriminación intersectorial en los que las diferentes identidades interactúan entre sí, de manera inseparable dando lugar a una nueva forma de discriminación, difícil de identificar, denunciar y juzgar (Frías, 2022). Interseccionalidad se refiere, por tanto, a "la confluencia de diferentes factores de violencia y discriminación, que se funden al mismo tiempo sobre determinada mujer víctima, sólo por su condición de mujer" (Mas, 2022, p .767).

En algunos casos, la interacción entre identidades sirve para amortiguar o reducir la vulnerabilidad como en el caso de figuras públicas como Kamala Harris y Oprah Winfrey, dos mujeres de color que han alcanzado posiciones prominentes de poder y visibilidad en contextos de clase y posición económica privilegiados, lo que permite observar cómo se despliegan —y en algunos casos se mitigan— las dinámicas interseccionales de opresión. Estos casos sirven de ejemplo de cómo la clase social, al igual que otras variables, afectan, modulan y varían las oportunidades y vivencias atribuidas a las identidades de género y etnia; de mismo modo que en otros casos operan como potenciadores de esa vulnerabilidad. Kamala Harris, como la primera mujer afrodescendiente y de ascendencia india en ocupar la vicepresidencia de los Estados Unidos, desestabiliza las narrativas hegemónicas sobre el poder político. Sin embargo, su éxito no la protege de formas particulares de racismo y sexismo. La cobertura mediática y las críticas que ha recibido a lo largo de su carrera política frecuentemente están teñidas de estereotipos raciales y de género. Al mismo tiempo, su acceso a una posición económica y política de élite la sitúa en una situación en la que ciertas formas de opresión pueden mitigarse o transformarse, creando un espacio único para reflexionar sobre cómo interactúan el género, la etnia y la clase. De manera similar, Oprah Winfrey es una de las mujeres más ricas y poderosas del mundo, cuya carrera en los medios de comunicación la ha convertido en una figura influyente. Ella ha utilizado su plataforma para discutir temas de justicia social y bienestar, a menudo incorporando reflexiones sobre su propia identidad como mujer negra. A pesar de su poder económico y su visibilidad en la cultura popular, también ha enfrentado episodios de racismo, lo que evidencia que el ascenso socioeconómico no necesariamente elimina las formas de opresión racial y de género. No obstante, su riqueza y poder le han permitido sortear ciertos obstáculos que otras mujeres de color en situaciones de mayor vulnerabilidad socioeconómica no pueden evadir.

Como tantas otras *mujeres negras ricas* (lenguaje sin eufemismos) la influencia de su clase social y su posición económica las protege de sufrir las dinámicas de opresión racial y de género que afectan a otras mujeres no blancas. El acceso a recursos, redes de apoyo y oportunidades han mitigado las formas más agudas de discriminación que enfrentan las mujeres de color situadas en posiciones socioeconómicas menos favorecidas y, por tanto, con menos recursos (materiales y simbólicos). Esto no implica que estén exentas de sufrir racismo o sexismo, como lo demuestran las críticas y estereotipos que en ocasiones escuchan. Estos ejemplos ilustran cómo la interseccionalidad supera el binomio etnia y género. No son un caso único, sino un ejemplo de cómo, en este caso, la vulnerabilidad de mujeres de color se reduce al interaccionar con una clase social privilegiada, una posición de liderazgo y alta visibilidad.

3.2. Identificación de causas comunes: movilización social

Aunque los primeros estudios sobre interseccionalidad se centraban en la experiencia de las mujeres de color, subrayando la intersección entre género y etnia como ejes clave de opresión, la violencia sexual es una realidad que puede afectar a cualquier mujer, independientemente de su etnia, clase social o estatus económico. De ahí la explosión reciente de movimientos sociales que denuncian la violencia sexual como una lacra que atraviesa todas las divisiones sociales, afectando tanto a mujeres de grupos marginalizados como a aquellas en posiciones de poder o privilegio. A pesar de lo indicado en los párrafos preferentes sobre la mitigación de la vulnerabilidad con acceso a información y recursos, esto no garantiza la no exposición a este tipo de violencia ni asegura la erradicación total del riesgo. Para Hill-Collins (1993) los mecanismos de opresión pueden operar para producir formas de movilización social si bien esta no es fácil de conseguir. Por un lado, no todo el mundo vive las formas de opresión de la misma manera y, por otro, existen asimetrías de poder entre personas que se oponen a diversas formas de opresión. Sin embargo, las personas y los grupos diversos buscan causas comunes y crean coaliciones para poder movilizarse.

En el ámbito internacional, el movimiento #MeToo (octubre, 2017) ha reforzado esta idea al evidenciar que ni la clase social ni el éxito profesional protegen a las mujeres de ser objeto de agresiones sexuales. Las declaraciones de mujeres reconocidas e influyentes que han decidido hablar públicamente sobre sus experiencias de abuso en entornos laborales de alta visibilidad, como la industria cinematográfica, el periodismo o la política, ha generado un aumento significativo en la concienciación sobre los abusos y las conductas sexuales indebidas, lo que ha influido en la decisión personal de muchas mujeres de denunciar, resultando en un incremento notable en el número de casos documentados (Levy y Mattsson, 2023). Además, han puesto de relieve que la violencia sexual no afecta exclusivamente a mujeres en situación de desventaja económica o social, subrayando que esta puede ejercerse en contextos, donde el poder y el prestigio de los agresores funcionan como mecanismos de silencio y control. A través del #MeToo se ha logrado trascender las barreras que históricamente han limitado a las mujeres a compartir sus experiencias de abuso, permitiendo que las voces de las víctimas resuenen con mayor fuerza en la sociedad, desafiando el silencio y la estigmatización que a menudo rodean la violencia sexual (Tuerkheimer, 2019).

El movimiento español "Hermana, yo sí te creo" (abril, 2018) ha desempeñado un papel clave en visibilizar una cuestión central en el debate sobre la violencia sexual: esta no es un fenómeno exclusivo de determinados grupos sociales, sino que atraviesa todas las capas de la sociedad. Tradicionalmente, los discursos sobre violencia sexual se han centrado en mujeres racializadas, inmigrantes o en situaciones de pobreza, sugiriendo que la vulnerabilidad está profundamente ligada a la marginalización socioeconómica o racial. Sin embargo, el movimiento ha insistido en que las mujeres blancas, de clase media o alta, y con estudios o acceso a mayores recursos, también pueden ser víctimas de violencia sexual. En este sentido, este movimiento desafía los estereotipos que restringen la violencia sexual a contextos de exclusión, subrayando que cualquier mujer, independientemente de su posición social, puede verse afectada por esta problemática. Es más, pone el foco en la necesidad de erradicar discursos estigmatizadores (disciplina del terror sexual) que contribuyen a perpetuar los estereotipos de género a través de la narrativa y los relatos utilizados bien por la judicatura, bien por los medios (Angulo, 2019).

Estos ejemplos de movimientos sociales evidencian la necesidad de adoptar una óptica interseccional que abarque múltiples factores, más allá de la etnia o el estatus socioeconómico, para comprender la omnipresencia y complejidad de la violencia sexual en las sociedades contemporáneas. Ponen de manifiesto la importancia de no circunscribir la violencia sexual a ciertos grupos o condiciones específicas, ya que hacerlo no solo invisibiliza a un gran número de víctimas, sino que también contribuye a perpetuar los estereotipos que minimizan el alcance y la gravedad de este problema. En definitiva, estos movimientos han abierto un espacio para reflexionar sobre la universalidad de la violencia sexual y la urgencia de una respuesta integral y transversal, capaz de abarcar todas las manifestaciones de esta violencia, sin importar la etnia, la clase o el estatus. Esto invita a reconfigurar las políticas y estrategias de intervención, ya que la violencia sexual afecta a todas las mujeres en diferentes contextos y grados, y especialmente a aquellas que pertenecen a colectivos especialmente vulnerables. Pese a que "las desigualdades se manifiestan a través de la intersección de formas de desigualdad por clase, raza, género y etnicidad (entre otros)" (Baquero, 2017, p. 62), existen múltiples desigualdades que, según el tipo de opresión referido o momento espacio-temporal analizando, resultan relevantes. Por ejemplo, en el caso de la prostitución en España, el país de procedencia influye significativamente en la vulnerabilidad de las mujeres. Esto se debe a que la violencia o la falta de oportunidades en sus países de origen promueven la migración, inicialmente hacia el servicio doméstico y, en última instancia, hacia el trabajo sexual, de mujeres especialmente desprotegidas procedentes de Colombia y Ecuador (Bonelli y Ulloa, 2001). Datos recientes muestran que, según nacionalidad, el mayor porcentaje de mujeres prostituidas, 28,22%, proviene de Colombia (Indexa Geodata S.L., 2024)

IV. DISCUSIÓN

El enfoque interseccional resulta apropiado para analizar la vulnerabilidad de mujeres y niñas frente a la violencia sexual. La incorporación del enfoque interseccional del género junto con otros ejes de desigualdad, tales como la clase social, la edad, las identidades sexuales no heteronormativas, la diversidad funcional, la etnia, la ciudadanía y el lugar de procedencia, entre otros, permite una comprensión más profunda y multidimensional del fenómeno. Esta ampliación analítica facilita la visibilización y el análisis de las experiencias que han sido marginadas y excluidas de las narrativas hegemónicas sobre la violencia de género (Guzmán y Jiménez, 2015). Además, esta aproximación ahonda no en los factores de riesgo como factores causales, sino en su interrelación con el trasfondo estructural de relaciones desiguales de género (Damonti, 2019). La interseccionalidad, concebida como una herramienta de análisis capaz de abordar múltiples formas de opresión de manera simultánea: facilita una comprensión más profunda de la realidad social y de la condición de todas las mujeres, genera conocimiento crítico, promueve la politización, fomenta el debate plural y permite avanzar en la democratización de las políticas de igualdad (Villar y Tasa, 2021) y, por tanto, también en las políticas para la erradicación de la violencia de género

Permite superar las visiones homogéneas que tradicionalmente han marcado los estudios de género, comprender el fenómeno y diseñar respuestas institucionales ante la violencia sexual que eviten reducir a las mujeres a una categoría homogénea de víctimas, reconociendo en su lugar la diversidad de experiencias y vulnerabilidades que enfrentan en función de su etnia, clase, orientación sexual y otras identidades interseccionales. Las políticas públicas deben proteger, especialmente, a aquellas mujeres que se encuentran en posiciones de mayor vulnerabilidad debido a su pertenencia a grupos históricamente oprimidos, pero sabiéndose que ser mujer implica estar expuesta a sufrir violencia sexual. De ahí, "la importancia de recopilar, presentar y analizar datos para identificar y abordar la discriminación interseccional en el proceso de construcción de políticas públicas (Frías, 2002, p. 62). Desde la perspectiva que considera la vulnerabilidad e las víctimas (y, por tanto, de las desigualdades, la discriminación y la opresión que incrementan el riesgo de sufrir violencia), este enfoque es el más recomendado, a pesar de las dificultades prácticas que supone su aplicación: conceptualización, subgrupos incluidos, etc. (Jiménez, 2022).

En la medida en que las formas de discriminación y las categorías que sustentan las desigualdades son interdependientes entre sí y se relacionan de manera compleja entre ellas, el enfoque interseccional resulta adecuado. Las discriminaciones derivadas de estas categorías no son simplemente acumulativas, sino que están profundamente conectadas y deben analizarse en conjunto (Roth, 2013). Al considerar estas desigualdades como interseccionalidades, se reconoce que el estudio de la desigualdad debe abarcar cómo estas distintas formas de discriminación se entrelazan, influyendo en las experiencias individuales. Esto implica que las políticas y soluciones para abordar estas desigualdades también deben ser integradas y comprensivas, teniendo en cuenta las complejidades de estas interacciones. Abordar el riesgo de sufrir violencia sexual con políticas públicas destinada a mujeres sin más connotaciones es insuficiente y no resolverá las complejas realidades que estas enfrentan, por lo que es fundamental considerar las interrelaciones entre las desigualdades que sufren. Si bien, esto requiere coordinación entre las instituciones y formación específica del personal de servicios (Lousada, 2024).

V. CONCLUSIONES

Las políticas públicas dirigidas a erradicar la violencia sexual se benefician del enfoque interseccional, al diseñar respuestas institucionales más inclusivas capaces de atender las necesidades específicas de mujeres en situaciones de mayor vulnerabilidad. Al tener en cuenta la interacción de múltiples desigualdades, este enfoque asegura que las intervenciones no perpetúen la exclusión de ciertos grupos, sino que promuevan una protección y asistencia más integrales. Además de mejorar la eficacia y equidad de las políticas públicas, el enfoque interseccional también fortalece el debate académico en los estudios de género y feminismos contemporáneos, proporcionando un marco analítico más inclusivo y transversal para comprender las diversas formas de violencia y vulnerabilidad que enfrentan las mujeres.

Desde la sociología, la deconstrucción de los discursos tradicionales sobre la violencia sexual es fundamental para visibilizar cómo las estructuras de poder afectan de manera diferenciada a las mujeres. La perspectiva interseccional enriquece esta comprensión al incluir múltiples dimensiones de opresión, permitiendo un análisis más realista y equitativo de los fenómenos de violencia. En un contexto global en el que las desigualdades sociales están más visibilizadas, resulta urgente abordar cómo estas desigualdades se traducen en formas diferenciadas de violencia, lo que hace crucial el diseño de estrategias más eficaces para la prevención y erradicación de la violencia sexual. En aras a implementar políticas públicas más inclusivas y justas se recomienda articular interseccionalidad, vulnerabilidad y violencia. Al superar los enfoques homogéneos que simplifican la complejidad de la violencia de género, el enfoque interseccional es clave para comprender las experiencias únicas de las mujeres que enfrentan múltiples formas de discriminación. No limitarse únicamente a centrarse en los agresores, las agresiones y los castigos punitivos (castigo a los infractores) sino en la prevención y, sobre todo, en la transformación profunda de la sociedad y la reducción de la opresión estructural. Parafraseando a Lesley Wexler, Jennifer K. Robbennolt y Colleen Murphy (2019) en su análisis sobre el impacto de los cambios sociales impulsados por el movimiento #MeToo, es posible afirmar que aún queda un largo camino por recorrer para erradicar la violencia sexual ya que las dinámicas de poder insertas en las estructuras sociales perpetúan la opresión de las mujeres.

Cabe señalar que tanto las transformaciones individuales como los cambios en la cultura de la opresión no se producen de la noche a la mañana. Se requieren acciones individuales y colectivas, tanto en el ámbito público como en el privado, para que se produzcan cambios verdaderamente transformadores. En definitiva, abordar la interseccionalidad en el estudio de la violencia contra las mujeres implica un cambio de paradigma con profundas implicaciones, tanto en la comprensión del fenómeno como en la formulación de estrategias políticas más adecuadas para su erradicación (Guzmán y Jiménez, 2015). En definitiva, la interseccionalidad no solo se ocupa de la relación entre las desigualdades y las diferencias, sino de la interacción entre las múltiples identidades que se entrecruzan aumentando la desigualdad, opresión y, por tanto, vulnerabilidad ante la violencia. Las diversas formas de discriminación social, basadas en el género, la etnicidad, la clase social, la ubicación social, la sexualidad, la creencia, y muchas otras identidades, se entrelazan y se multiplican, generando un efecto que va más allá de la simple suma de sus componentes. En cada momento y lugar, estas intersecciones determinan tanto el grado de vulnerabilidad de las personas como su acceso a protección o la dificultad de hacerlo.

VI. REFERENCIAS BIBLIOGRÁFICAS

Agirregomezkorta, R. S., Atencio, G, y de Blas, Ana (2024) *INFORME En respuesta a la Convocatoria de aportaciones para el informe de la Relatora Especial de Naciones Unidas sobre violencia contra mujeres y niñas al Consejo de Derechos Humanos sobre prostitución y violencia contra mujeres y niñas.* https://geoviolenciasexual.com/wp-content/uploads/2024/01/Informe_prostitucion_relatora_01_2024_final.pdf

Aguilar Barriga, N. (2020). Una aproximación teórica a las olas del feminismo: la cuarta ola. FEMERIS: *Revista Multidisciplinar de Estudios de Género*, 5(2), 121-146. https://e-revistas.uc3m.es/index.php/FEMERIS/article/view/5387

Amnistía Internacional (2004). *Está en nuestras manos. No más violencia contra las mujeres.* EDAI https://www.amnesty.org/es/wp-content/uploads/sites/4/2021/06/act770012004es.pdf

Angulo Egea, M. (2019). Subjetividad y violación social. El caso de la manada. *Tropelías: Revista de Teoría de la Literatura y Literatura Comparada,* (31), 86-96.. https://doi.org/10.26754/ojs_tropelias/tropelias.2019313197.

Baquero Melo, J. (2017). Desigualdades superpuestas, capas de desigualdad e interseccionalidad: consideraciones analíticas y aplicación al caso colombiano. *Análisis político,* 30(89), 59-75. https://dialnet.unirioja.es/servlet/articulo?codigo=9471753&orden=0&info=link

Baxi, P. (2014). Sexual violence and its discontents. *Annual Review of Anthropology,* 43(1), 139-154. https://doi.org/10.1146/annurev-anthro-102313-030247

Blair Trujillo, E. (2009). Aproximación teórica al concepto de violencia: avatares de una definición. *Política y cultura,* (32), 9-33. https://www.scielo.org.mx/scielo.php?pid=S0188-77422009000200002&script=sci_abstract&tlng=en

Bonelli Jáudenes, E. y Ulloa Jiménez, M. (2001). *Tráfico e inmigración de mujeres en España. Colombianas y ecuatorianas en los servicios domésticos y sexuales.* ACSUR-Las Segovias

Bourdieu, P. (2000) *La dominación masculina,* Barcelona, Anagrama. http://www.nomasviolenciacontramujeres.cl/wp-content/uploads/2015/09/Bondiu-Pierre-la-dominacion-masculina.pdf

Cobos, R. (2019). La cuarta ola feminista y la violencia sexual. *Revista Interuniversitaria de cultura Paradigma,* 22, 134-139. https://core.ac.uk/download/pdf/214839813.pdf

Crenshaw, K. W. (1991). Mapping the margins: Intersectionality, identity politics, and violence against women of color. *Stanford Law Review,* 43(6), 1241-129 https://api.taylorfrancis.com/content/chapters/edit/download?identifierName=doi&identifierValue=10.4324/9780203060902-6&type=chapterpdf

Damonti, P. S. (2019). Exclusión social como factor de riesgo de violencia de género en la pareja. *Papers,* 104 (3), 485-523. https://doi.org/10.5565/rev/papers.2570

de Stéfano Barbero, M. (2022). Por qué la vulnerabilidad importa. La relación entre masculinidad, emociones y vulnerabilidad en el ejercicio de violencia contra las mujeres en la pareja. *Anthropologica,* 40(49), 167-189. https://doi.org/10.18800/anthropologica.202202.008

Frías, M. (2022). *La interseccionalidad de la discriminación por razones de raza, etnia y género. Informe.* Vivre ensemble sans discrimination. https://www.inclusion.gob.es/oberaxe/ficheros/documentos/I_Interseccionalidad_ES.pdf

Galtung, J. (1969). Violence, Peace, and Peace Research. *Journal of Peace Research,* 6(3), 167-191. http://demilitarisation.org/IMG/pdf/galtung_violence_peace_and_peace_research.pdf

Galtung, J. (1990). Cultural Violence. *Journal of Peace Research,* 27(3), 291-305. https://opev.org/wp-content/uploads/2019/10/GALTUNG-Johan.-Cultural-Violence.pdf

García Medina, J. (2022). La violencia contra la mujer por razón de género en la Jurisprudencia del Tribunal Europeo de Derechos Humanos: El papel de los pronunciamientos de órganos de expertos. *Revista internacional de pensamiento político, 17,* 291-306. https://dialnet.unirioja.es/servlet/articulo?codigo=8765070&orden=0&info=link

Guhathakurta, M. (2012). *Addressing inequalities in a post MDG agenda: the location of minority women. Research initiatives, Bangladesh, addressing inequalities. The heart of the post-2015. Development agenda and the future we want for all,* United Nations https://idsn.org/wp-content/uploads/user_folder/pdf/New_files/Bangladesh/Addressing_Inequalities_in_a_Post-MDG_Agenda__The_Location_of_Minority_Women.pdf

Guzmán Ordaz, R. y Jiménez Rodrigo, M. (2015). La Interseccionalidad Como Instrumento Analítico De Interpelación En La Violencia De Género, *Oñati Socio-Legal Series,* 5 (2) https://ssrn.com/abstract=2611644 .

Herranz Muelas, C. (2016). Género, inmigración y discriminación múltiple: Un enfoque interseccional de las políticas públicas españolas. *Revista Jurídica Universidad Autónoma De Madrid,* (32). 239-247. https://revistas.uam.es/revistajuridica/article/view/6442

Hill-Collins, P. (1993). Toward a new vision: race, class and gender as categories of analysis and connection. *Race, Sex & Class: an Interdisciplinary Journal,* 1(1), pp. 25-46 https://wmbranchout.files.wordpress.com/2011/12/toward-a-new-vision-race-class-and-gender-patricia-hill-colins.pdf

Hill-Collins, P. (1998). Intersections of race, class, gender, and nation: some implications for black family studies. *Journal of Comparative Family Studies,* 29(1), pp. 27-36. https://www.proquest.com/scholarly-journals/intersections-race-class-gender-nation-some/docview/232584885/se-2

Hill-Collins, P. y Bilge, S. (2016). *Intersectionality.* Nueva Jersey: Wiley https://cjds.uwaterloo.ca/index.php/cjds/article/download/390/630/

Indexa Geodata S.L (2024). *Macroestudio. Trata, explotación sexual y prostitución de mujeres: una aproximación cuantitativa.* Ministerio de Igualdad https://violenciagenero.igualdad.gob.es/wp-content/uploads/Informe-macroestudio-trata-.pdf

Lazcano Vázquez, C., Fileguieras Toneli, M. J. y Oliveira, de Oliveira J. M. (2019). Necropolítica, políticas públicas interseccionales y ciudadanía trans*. *Ex aequo,* 40, 141-156. https://doi.org/10.22355/exaequo.2019.40.09

Levy, R. y Mattsson, M. (2023). *The Effects of Social Movements: Evidence from #MeToo.* http://dx.doi.org/10.2139/ssrn.3496903

Lousada Arochena, J. F. (2024). M*ujeres y discriminación interseccional: un ensayo sobre las mujeres en los márgenes.* Dykinson

Martínez Pacheco, A. (2016). La violencia. Conceptualización y elementos para su estudio. *Política y cultura,* (46), 7-31. https://www.scielo.org.mx/scielo.php?pid=S0188-77422016000200007&script=sci_abstract&tlng=pt

Martínez Palacios, J. y Ormazabal Gaston, A. (2022). La praxis interseccional en las políticas públicas: el poder de las metáforas. *Gestión y Análisis De Políticas Públicas,* (28), 71–80. https://doi.org/10.24965/gapp.i28.10906

Mas Mas, J. (2022). Análisis evolutivo del enfoque de interseccionalidad: en la violencia contra la mujer. *LATAM Revista Latinoamericana de Ciencias Sociales y Humanidades, 3*(2), 758-772. https://orcid.org/0000-0003-3594-6755

Moira Pérez (2021). Interseccionalidad. En: Gamba, S. y Diz, T.(coor.) *Nuevo diccionario de estudios de género y feminismos.* Biblos, 338-344 https://www.aacademica.org/moira.perez/83.pdf

Organización Mundial de la Salud (2002). *Informe mundial sobre la violencia y la salud.* OMS. https://iris.who.int/bitstream/10665/67411/1/

Organización Panamericana de la Salud (2013). *Comprender y abordar la violencia contra las mujeres. Violencia sexual.* OPS https://oig.cepal.org/sites/default/files/20184_violenciasexual.pdf

Palm, S. y Le Roux, E. (2021). *Explorar los enfoques interseccionales para prevenir la violencia contra las mujeres y las niñas.* Fondo Fiduciario de las Naciones Unidas para Eliminar la Violencia contra la Mujer, serie de resúmenes Learning from Practice, https://untf.unwomen.org/sites/default/files/2022-01/sp_summary_intersectionalapproaches_1.pdf

Pérez Díaz, M. T. (2020). *Informe Juventud 2020.* Instituto de la Juventud, Gobierno de España. https://www.injuve.es/observatorio/demografia-e-informacion-general/informe-juventud-en-espana-2020

Roth, J. (2013). Entangled Inequalities as Intersectionalities Towards an Epistemic Sensibilization, *desiguALdades.net Research Network on Interdependent Inequalities in Latin America,* 43, 1-41 http://dx.doi.org/10.17169/refubium-23360

Schneider, L. T. (2020). Sexual violence during research: How the unpredictability of fieldwork and the right to risk collide with academic bureaucracy and expectations. *Critique of Anthropology,* 40(2), 173-193. https://doi.org/10.1177/0308275X20917272

Segato, R. L. (2003) *Las estructuras elementales de la violencia; ensayos sobre género entre la antropología, el psicoanálisis y los derechos humanos,* Buenos Aires, Universidad Nacional de Quilmes https://redmovimientos.mx/wp-content/uploads/2020/04/Segato-Rita.-Las-Estructuras-elementales-de-la-violencia-comprimido.pdf

Toro Merlo, J. J. (2013). Violencia sexual. *Revista de Obstetricia y Ginecología de Venezuela,* 73(4), 217-220. http://ve.scielo.org/scielo.php?script=sci_arttext&pid=S0048-77322013000400001&lng=es&tlng=es

Troncoso Pérez, L., Follegati, L., y Stutzin, V. (2019). Más allá de una educación no sexista: aportes de pedagogías feministas interseccionales. *Pensamiento Educativo,* 56(1), 1–15. https://doi.org/10.7764/PEL.56.1.2019.1

Tuerkheimer, Deborah. (2019). *Beyond #metoo.* New York University Law Review, 94(5), 1146-1208. https://heinonline.org/hol-cgi-bin/get_pdf.cgi?handle=hein.journals/nylr94§ion=39

Villar Aguilar, A. y Tasa Fuster, V. (2021). Igualdad e inclusión desde la interseccionalidad. Retos para las políticas públicas. In Elena Bandrés Goldáraz (coord.), *Estudios de Género en tiempos de amenaza* (pp. 584-604). Dykinson. https://dialnet.unirioja.es/servlet/libro?codigo=830223&orden=0&info=open_link_libro

Viveros Vigoya, M. (2016). La interseccionalidad: una aproximación situada a la dominación. *Debate feminista,* 52, 1-17. https://doi.org/10.1016/j.df.2016.09.005 En Viveros, pg 15: como aviso de cómo aplicarlo: "al principio de apertura a las diferencias como una condición y no como un límite de la interseccionalidad" (Purtschert y Meyer, 2009,

Wexler, Lesley, Robbennolt, J. K. y Murphy, Colleen (I). (2019). #metoo, time's up, and theories of justice. *University of Illinois Law Review,* 2019(1), 45-110.https://heinonline.org/hol-cgi-bin/get_pdf.cgi?handle=hein.journals/unilllr2019§ion=6

Capítulo 11.

Un análisis de la violencia institucional en casos de violencia sexual

IRIA VÁZQUEZ SILVA
Profesora Ayudante doctora de Sociología. Universidad de Vigo
PAULA FRIEIRO
Contratada postdoctoral de la Xunta de Galicia
ANA MARÍA RODRÍGUEZ GONZÁLEZ
Trabajadora social del Servicio Gallego de Salud. Profesora en UNIR y UNED.

I. LAS VIOLENCIAS SEXUALES EN ESPAÑA EN CONTEXTO

A lo largo de este capítulo nos enfocaremos en la violencia sexual que sufren las mujeres en un contexto de relación heterosexual. La importante dimensión de este tipo de violencia contra las mujeres y las causas de este tipo de violencia merecen un abordaje no solo conceptual, sino también estadístico; objetivos que vamos a desarrollar a continuación. A nivel legislativo, según la Ley Orgánica 10/2022, de 6 de septiembre, de garantía integral de la libertad sexual, las violencias sexuales son entendidas como cualquier acto de naturaleza sexual no consentido o que condicione el libre desarrollo de la vida sexual en cualquier ámbito público o privado, incluyendo el ámbito digital. Esta ley señala que, en su expresión física y también simbólica, las violencias sexuales constituyen quizá una de las violaciones de derechos humanos más habituales y ocultas de cuantas se cometen en la sociedad española, que afectan de manera específica y desproporcionada a las mujeres y a las niñas, pero también a los niños.

Las violencias sexuales tienen como factor común el ejercicio de poder sobre la víctima. Siendo estas dinámicas legitimadas por el patriarcado y la cultura de violación. Entendemos como “cultura de violación” un contexto en el cual el conjunto de creencias y actitudes normalizan o minimizan la gravedad de las violaciones; o bien su existencia se niega por los mitos sexistas, ya sea no creyendo a la víctima, o ya sea culpabilizándola al justificar el comportamiento de los agresores (Guzmán y García-Dauder, 2024). En este sentido, se debe subrayar la necesidad de potenciar la educación sexual ya que es una herramienta fundamental para utilizar en la prevención y eliminación de las creencias erróneas en torno al consentimiento sexual (Hernández, 2023).

Vamos entonces a observar los últimos datos disponibles. Emplearemos la Macroencuesta de Violencia contra la Mujer (2019) y la Encuesta Europea de Violencia de Género (Eurostat, 2022) como fuentes principales de los datos por un motivo claro: los datos de recogida de denuncia de violencia sexual miden, evidentemente, las denuncias interpuestas por este tipo de violencia; pero no nos informan sobre el volumen de violencia sexual que sufren las mujeres en España, información que una encuesta sí puede abordar. Estas encuestas poseen, además, la virtud de encuestar tanto sobre las violencias dentro como fuera de la pareja, permitiéndonos una aproximación más específica a ambas violencias. Según dicha Macroencuesta (2019:25), del total de mujeres de 16 o más años residentes en España, el 8,9% ha sufrido violencia sexual de alguna pareja actual o pasada en algún momento de su vida. Extrapolando esta cifra a la población, se estima que 1.810.948 mujeres residentes en España de 16 o más años han sufrido violencia sexual de alguna pareja o expareja a lo largo de sus vidas. Estos porcentajes son casi idénticos a los que se obtuvieron en la Macroencuesta 2015. En 2019, si analizamos en detalle el tipo de violencia sexual destaca que el 6,7% de mujeres (mayores de 16 años) que tienen o han tenido pareja señalan que: "las han obligado a mantener relaciones sexuales cuando no querían". A continuación, destaca el siguiente dato: un 5,4% dc las mujeres que tienen o han tenido pareja "Les han tocado sus partes íntimas – genitales o pecho- o les han realizado algún otro tipo de tocamiento de tipo sexual cuando no querían". Además, esta encuesta arroja datos sobre la frecuencia de esta violencia sexual: la aplastante mayoría de las mujeres (más del 85%) que han sufrido algún tipo de violencia sexual dentro de la pareja, la han sufrido más de una vez.

Si analizamos los datos de violencia sexual fuera del ámbito de la pareja, la Macroencuesta de 2019 indica que del total de mujeres de 16 o más años residentes en España, el 6,5% ha sufrido violencia sexual en algún momento de su vida de alguna persona con la que no mantiene ni ha mantenido una relación de pareja (2019:153). La forma de violencia sexual más mencionada son los tocamientos a la mujer (los citan el 70,5% de las mujeres que han sufrido algún tipo de violencia sexual), seguidos de los intentos de violación (39,2% de las mujeres que han sufrido algún tipo de violencia sexual) (2019:154). Esta Macroencuesta dedica también un apartado específico a la violencia ejercida sobre mujeres jóvenes (entre 16 y 24 años). Los datos de violencia sexual reportados por las jóvenes son todavía más elevados; en concreto, el 19,3% de las mujeres jóvenes que han tenido pareja alguna vez ha sufrido violencia física y/o sexual de alguna de estas parejas a lo largo de la vida. Por otra parte, las mujeres jóvenes que han sufrido violencia física, sexual o emocional de la pareja denuncian en menor medida (14,5%) que las mujeres de 25 o más años (22,6%). Lo mismo sucede con la búsqueda de ayuda formal: las mujeres de 16 a 24 años acuden en menor medida a servicios de ayuda formal tras sufrir violencia de género, que las mujeres de 25 o más años. Sin embargo, en el caso de la ayuda informal sucede lo contrario: el 89,7% de las mujeres de 16 a 24 años han contado a personas de su entorno la violencia de género sufrida de alguna de sus parejas, frente al 75,7% de las mujeres de 25 o más años que la han sufrido (Ministerio de Igualdad, 2019:232).

Como señalábamos anteriormente, esta Macroencuesta (2019) posee la virtud de preguntar a las mujeres encuestadas sobre las violencias sufridas fuera del ámbito de la pareja. Así, con respecto a la violencia sexual sufrida fuera de la pareja, esta encuesta detecta que las mujeres jóvenes han sufrido esta violencia sexual a lo largo de sus vidas en mayor proporción (11,0%) que las mujeres de 25 o más años (6,0%). Por otro lado, si analizamos los datos proporcionados por la Encuesta Europea de Violencia de Género (Eurostat, 2022) se estima que un 6,7% de las mujeres residentes en España entre 16 y 74 años ha sufrido violencia sexual en algún momento en el ámbito de pareja, habiendo sido el 5,8% víctimas de violaciones alguna vez. Concretamente, un 4,3% se vieron obligadas a mantener relaciones sexuales por miedo a que le pasara algo en caso de negarse. Dentro de la pareja, la violencia sexual obtiene una prevalencia máxima de 11,2% en el grupo de 18 a 29 años, situándose la prevalencia mínima con el 3,7%, en el grupo de 65 a 74 años. Finalmente, la Encuesta Europea (Eurostat, 2022) señala que el 28,4% de mujeres residentes en España que tienen entre 16 y 74 años a lo largo de su vida laboral han sido víctimas en alguna ocasión de acoso sexual en el trabajo, como las miradas insistentes o lascivas, las bromas indecentes u ofensivas sobre su cuerpo o vida privada. Del total de las mujeres que han sido víctimas se estima que únicamente el 3,2% denunció el delito a la policía.

II. MASCULINIDAD HEGEMÓNICA, DINÁMICAS DE PODER Y VIOLENCIA SEXUAL

Hablar de violencia sexual nos obliga a hablar de masculinidad. El concepto de masculinidad hegemónica ha sido introducido por la socióloga Raewyn Connell como "la configuración de la práctica de género que encarna la respuesta actualmente aceptada al problema de la legitimidad del patriarcado, que garantiza (o se supone que garantiza) la posición dominante de los hombres y la subordinación de las mujeres" (1995:77). Este modelo de masculinidad hegemónica tradicional se ejerce al cosificar el cuerpo femenino convirtiéndolo en un objeto de satisfacción sexual y normalizando la violencia contra las mujeres. Las diferencias biológicas entre mujeres y hombres son usadas para legitimar la construcción de este modelo que justifica los estereotipos de género y construye una sexualidad asignando roles patriarcales (Ranea, 2016). Por ello, García y de la Cruz (2022) identifican a este modelo como el responsable de múltiples violencias machistas y de la cultura de la violación presente en la sociedad.

En las últimas dos décadas, la antropóloga Rita Segato (2003) ha dado un giro a la conceptualización de la violencia sexual. Segato expone el "eje horizontal" como una dimensión clave para el análisis de la violencia sexual. Este eje horizontal pone el foco en cómo los hombres utilizan la violencia contras las mujeres para enviarse un mensaje entre ellos mismos. Es decir, cómo emplean la violencia para formar parte de una masculinidad hegemónica caracterizada por el desprecio a las mujeres, dónde los hombres se reconocen como socios entre sus pares a través del uso de dicha violencia. Además, en segundo lugar, Segato nos pone en sobre aviso ante lo que ella denomina la "pedagogía de la crueldad", que atraviesa a la masculinidad hegemónica. En otras palabras, el uso de la violencia contra las mujeres se aprende, es una construcción social que requiere una pedagogía desde la infancia.

Como se ha ido comentado, las masculinidades hegemónicas refuerzan un sistema de poder que coloca a los hombres en una posición de dominio frente a las mujeres. Unido a ello, el miedo a sufrir violencia sexual forma parte del proceso de intimidación masculina en el que las mujeres son las víctimas

(Guilló, 2018). Además, se da una construcción social del espacio político, judicial y mediático que desarrolla la tendencia de culpabilizar a las víctimas y cuestionar la falta de consentimiento de la mujer (Sánchez, 2022). Por otra parte, las violaciones en grupo no dejan de poner en evidencia las dinámicas de poder de las que se ha hablado hasta el momento. El término "violación en grupo" o "violación grupal" hace referencia a un grupo de hombres, de número variable, que ejercen agresiones sexuales contra una mujer. La dinámica de interacción del grupo influye en la comisión del delito, no evidenciándose otra justificación como puede ser la existencia de trastornos mentales en los violadores que desencadenan el delito (Carvalho y Nobre, 2019). Si bien, este tipo de violencia sexual debe subrayarse por su brutalidad ya que, junto con el feminicidio, es considerada una de las expresiones más extremas de la violencia contra las mujeres (Masson, 2022).

III. VIOLENCIA INSTITUCIONAL E INJUSTICIA EPISTÉMICA

3.1. Aproximación conceptual y marco normativo de la violencia institucional

En este apartado se realizará una aproximación al concepto de violencia machista institucional desde el ámbito legislativo. En primer lugar, acudiremos a una conceptualización que nos parece muy pertinente y acertada, recogida en la Ley General de acceso de las mujeres a una vida libre de violencia de México (2007, última reforma publicada DOF 26-01-2024), que explicita y condena la violencia institucional, caracterizándola del siguiente modo:

> ARTÍCULO 18.- Violencia Institucional: Son los actos u omisiones de las y los servidores públicos de cualquier orden de

> gobierno que discriminen, utilicen estereotipos de género o tengan como fin dilatar, obstaculizar o impedir el goce y ejercicio de los derechos humanos de las mujeres, así como su acceso al disfrute de políticas públicas destinadas a prevenir, atender, investigar, sancionar y erradicar los diferentes tipos de violencia.

Como vemos, el foco de este concepto está puesto en la responsabilidad de la administración y en su negligencia cuando no asegura el ejercicio de los derechos de las mujeres. Sin embargo, el Estado Español no posee una legislación amplia y específica sobre la violencia machista institucional. No obstante, sí ha ratificado el convenio europeo contra la violencia contra las mujeres, conocido como Convenio de Estambul (Consejo de Europa, 2011), donde sí se recoge la violencia institucional; lo cual significa que esta violencia puede ser juzgada y condenada en nuestro contexto. Por otra parte, la Ley Orgánica 10/2022, de 6 de septiembre, de garantía integral de la libertad sexual sí ha supuesto un gran avance en este sentido, dado que recoge explícitamente la importancia entre sus principios rectores (artículo 2), entre otros, los siguientes: a) Respeto, protección y garantía de los derechos humanos y fundamentales; b) Diligencia debida; c) Enfoque de género. Se destacan estos principios porque explicitan la responsabilidad institucional en el trato hacia las víctimas de violencia sexual y han marcado un punto de inflexión en la necesidad de mejorar la atención que se brinda a nivel institucional. Además, esta Ley recoge otros principios que no desarrollaremos aquí por motivos de extensión, pero que son imprescindibles para el avance en la mejora de la atención institucional como, por ejemplo, la atención a la discriminación interseccional y múltiple.

En el contexto de las comunidades autónomas, Cataluña ha incorporado el concepto de violencia institucional a través de la Ley 5/2008, de 24 de abril, del derecho de las mujeres a erradicar la violencia machista, modificada por la Ley 17/2020, de 22 de diciembre. Esta normativa aborda específicamente la violencia institucional en su artículo 5, que se define como:

> ARTÍCULO 5. Acciones y omisiones de las autoridades, el personal público y los agentes de cualquier organismo o institución pública que tengan por finalidad retrasar, obstaculizar o impedir el acceso a las políticas públicas y al ejercicio de los derechos que reconoce la presente ley para asegurar una vida libre de violencia machista, de acuerdo con los supuestos incluidos en la legislación sectorial aplicable. La falta de diligencia debida, cuantitativa y cualitativa, en el abordaje de la violencia machista, si es conocida o promovida por las administraciones o deviene un patrón de discriminación reiterado y estructural, constituye una manifestación de violencia institucional. Esta violencia puede provenir de un solo acto o práctica grave, de la reiteración de actos o prácticas de menor alcance que generan un efecto acumulado, de la omisión de actuar cuando se conozca la existencia de un peligro real o inminente, y de las prácticas u omisiones revictimizadoras. La violencia institucional incluye la producción legislativa y la interpretación y aplicación del derecho que tenga por objeto o provoque este mismo resultado. La utilización del síndrome de alienación parental también es violencia institucional.

Es importante señalar que, hasta la fecha, Cataluña es la única comunidad autónoma que ha incorporado explícitamente y en detalle el concepto de violencia institucional en su legislación sobre violencia machista.

3.2. Perspectiva académica sobre violencia institucional e injusticia epistémica

Desde un plano más académico, la Red Asistencia a Víctimas (RAV, 2009:16) nos proporciona una definición de victimización secundaria que, si bien no es específica para las mujeres en situación de violencia, resulta de utilidad para seguir clarificando este concepto:

> Se denomina victimización secundaria porque puede constituirse en una segunda experiencia de victimización, posterior

> a la vivencia del delito, si en el contacto con el sistema, el/la ofendido/a experimenta la sensación de recibir trato objetivante; de desconocimiento de su calidad de sujeto de derechos; de pérdida de tiempo y excesiva burocratización; de incredulidad por parte de los operadores del sistema y/o simplemente de ser ignorado/a, entre otros (Red Asistencia a Víctimas, 2009:16).

Desde el derecho, autoras claves como Encarna Bodelón (2014) definen la violencia machista institucional como aquella que deriva de dinámicas y procesos administrativos burocráticos en los que el estado es directamente responsable por acción u omisión y que por sí mismos violan los derechos humanos de las mujeres quedando anulada cualquier expresión emocional o de inconformismo individual. Es relevante tener en cuenta que la gravedad de la violencia institucional se enraíza en la siguiente cuestión: las mujeres, al enfrentar esta violencia, reciben un trato inadecuado e injusto precisamente de las entidades de las que esperan apoyo y ayuda. Además, muchas mujeres tardan años en verbalizar la violencia que han sufrido; según datos de la Delegación del Gobierno para la Violencia de Género (2019), el tiempo promedio es de 8 años y 8 meses. Por ello, que las instituciones o servicios a los que acuden y a los que tienen derecho, cuestionen su relato o incluso las responsabilicen de lo sucedido constituye una negligencia inadmisible.

Adicionalmente, también desde el plano académico, la publicación de Miranda Fricker (2017), *Injusticia Epistémica*, ha supuesto una gran contribución a este debate. Desde un enfoque filosófico, Fricker (2017:17) señala la gravedad de la injusticia testimonial, que se produce "cuando los prejuicios llevan a un/a oyente a otorgar a las palabras de un/a hablante un grado de credibilidad disminuido". Vinculado a esta injusticia testimonial, Fricker desarrolla el concepto de "injusticia hermenéutica" que se produce en una fase anterior, cuando una brecha en los recursos de interpretación colectivos sitúa a una persona en una desventaja injusta en lo relativo a la comprensión de sus experiencias sociales. Un ejemplo de lo primero podría darse cuando la policía no nos cree por ser una persona negra (o mujer); un ejemplo de lo segundo podría darse cuando una persona ha sido víctima de acoso sexual en una cultura que todavía carece de ese concepto analítico. Toda injusticia epistémica lesiona a una persona en su condición de sujeto de conocimiento y, por tanto, "en una capacidad esencial para la dignidad humana; y el modo particular en que la injusticia testimonial lo produce es llevando a un/a oyente a lesionar a un/a hablante en su capacidad como portador/a de conocimiento, como informante" (Flicker, 2017:23).

Siguiendo con la perspectiva de la injusticia epistémica, el tratamiento y reconocimiento de la "victimidad" de las mujeres está condicionado a su conformidad con el perfil de la "víctima ideal"; lo que les impone cumplir expectativas que, si no se ajustan a ellas, tienden a invalidar su experiencia. Este tratamiento genera en la víctima una sensación de exclusión del sistema y refuerza su percepción de que el sistema opera con sesgos y estereotipos, dificultando que se reconozcan sus necesidades y experiencias de manera justa y neutral (Zuloaga et al., 2023). Sobre esto, Albertín-Carbó et al. (2018) observan que los testimonios de las mujeres son frecuentemente considerados "poco fiables" o "exagerados" debido a expectativas normativas sobre cómo una víctima "verdadera" debería comportarse. Además, se utiliza un estándar de "amor romántico" y estereotipos culturales para explicar o justificar la violencia, minimizando la agencia de las mujeres y negándoles voz en su propia narrativa de agresión.

Por el contrario, las buenas prácticas e intervenciones profesionales desde el respeto han de reflejar el reconocimiento de que cada superviviente posee conocimientos cruciales sobre sus necesidades y riesgos, los cuales han de utilizarse para desarrollar planes de seguridad individualizados, en lugar de imponer soluciones estandarizadas. Este enfoque contrasta con la violencia institucional que surge cuando las políticas obligatorias y las órdenes de protección impuestas por el sistema judicial desatienden las circunstancias únicas de cada mujer. Ante esto, se ha de abogar por cambios en el sistema para que todas las personas y actores en la intervención en violencia de género adopten prácticas centradas en la superviviente y, así, asegurar una respuesta que valide y proteja el conocimiento y la experiencia de las víctimas en la toma de decisiones (Nichols, 2013).

IV. LA PRÁCTICA DE LA VIOLENCIA INSTITUCIONAL

Una vez realizada esta aproximación conceptual, pasaremos a aportar algunos datos empíricos sobre esta violencia institucional. En particular, se aportan cifras vinculadas a la revictimización en el sistema judicial y en los servicios de atención pública. Según los datos de la *Macroencuesta de Violencia contra la Mujer 2019*, en el caso de las mujeres que han sufrido una violación, el 36,5% cita el temor a no ser creída. Por otra parte, en el *XVI Informe Anual del Observatorio Estatal de Violencia sobre la Mujer* de 2022 se destaca que, aunque se han realizado esfuerzos significativos en las formaciones en perspectiva de género, persisten deficiencias que requieren atención. El informe también subraya la necesidad de mejorar la capacitación para evitar la revictimización de las mujeres que buscan ayuda, enfatizando que una formación adecuada es esencial para garantizar una atención sensible y efectiva a las víctimas (Delegación del Gobierno contra la Violencia de Género, 2022). Por su parte, en el *Informe sobre la implementación del Pacto de Estado contra la Violencia de Género* (2023) también se destaca que existen diferencias significativas en la calidad y disponibilidad de servicios de atención a las víctimas según la comunidad autónoma de residencia. Esta disparidad puede traducirse en una atención insuficiente o inadecuada en ciertas regiones, evidenciando una forma de violencia institucional al no garantizarse una protección equitativa en todo el territorio.

En el marco gallego, la publicación de Iria Vázquez (2020)[1] ha desgranado a partir de acompañamientos con víctimas de violencia de género y la realización de entrevistas en profundidad con profesionales y mujeres en situación de violencia, una caracterización de la violencia machista institucional. En este sentido, hay que destacar que la entrada en vigor del Estatuto de la víctima (Ley 4/2015, del 27 de abril), ha permitido acompañar a las mujeres en las distintas etapas de denuncia y juicio en casos de violencia.

4.1. Barreras prácticas y empíricas de la violencia institucional en el contexto español

Como veremos, las principales barreras que conforman la violencia machista institucional tienen que ver con la falta de personal, la escasez de formación feminista especializada y con

---

1 Esta autora coordinó Cómplices (2020) donde detalla su metodología de investigación. Trabajó desde 2012 hasta 2016 en la asociación Rede de mulleres contra os malos tratos de Vigo, una entidad con una larga experiencia en la atención y acompañamiento a las mujeres en situación de violencia. Así mismo, posteriormente participó en dos proyectos de investigación dónde entrevistó a profesionales y mujeres en situación de violencia: Proyecto "Racionalización lingüística del trabajo" de la Universitat Rovira i Virgili (2012-2015); y el Proyecto "Investigación sobre las desigualdades y diversidades que desembocan en colectivos sociales marcados por las características especiales de vulnerabilidad y precariedad, con especial atención a la iniciativa de la violencia contra las mujeres" (2016-2017), coordinado por el Centro de Estudios de Género y Feministas (CEXEF) de la Universidade da Coruña. En el marco de sendos proyectos se realizaron 25 entrevistas en profundidad, que serán empleadas en este capítulo.

una ausencia de voluntad política para implementar una atención que garantice los derechos de las mujeres. De un modo específico, algunas de las barreras vinculadas a la violencia machista institucional detectadas en la investigación previa de Vázquez (2020), se recogen a continuación:

a) Dificultades en los espacios. Existen diversas dificultades, especialmente en los espacios judiciales y policiales, como la falta de privacidad en juzgados y comisarías, lo que afecta directamente a las víctimas. El derecho a no cruzarse con el agresor ha de ser reforzado, eliminando cualquier posibilidad de contacto en estos entornos. Esto implica garantizar espacios seguros en los juzgados, proporcionando también asistencia y acompañamiento adicional para que las mujeres puedan sentirse más seguras y acompañadas (Hasanbegovic, 2016). La ausencia de estas medidas no solo puede generar re-traumatización, sino también desincentivar la denuncia. En esta línea, Trias-Capella et al. (2023) resaltan la necesidad de mejorar la protección y también la confidencialidad en estos contextos para prevenir la revictimización. Sobre esto, la Ley 4/2015, de 27 de abril, del estatuto de la víctima del delito, establece en su artículo 20 que las dependencias donde se desarrollen actos del procedimiento penal deben estar dispuestas de manera que se evite el contacto directo entre víctima y acusado. Además, documentos como la *Guía de buenas prácticas judiciales para la declaración de las víctimas de violencia de género en todas las fases del procedimiento*, del Observatorio contra la Violencia Doméstica y de Género (2019), también considera la necesidad de implementar y recomendar medidas específicas para proteger la privacidad de las víctimas y evitar su revictimización durante el proceso judicial.

b) Ausencia de enfoque interseccional. Muchas supervivientes perciben al sistema como parcial, influenciado por prejuicios raciales, de clase y género, lo que reduce la probabilidad de que se les brinde apoyo efectivo, protección y justicia (Wu et al., 2020). La atención a mujeres de áreas rurales, mujeres migrantes, mujeres con discapacidad o mujeres consumidoras de drogas, carece frecuentemente de un enfoque que considere sus necesidades específicas. Por ejemplo, la falta de intérpretes capacitados en violencia de género puede representar un obstáculo significativo para las mujeres que no dominan el idioma, dificultando su acceso a recursos y servicios adecuados (Hasanbegovic, 2016).

En cuanto al ámbito rural, la Federación de Asociaciones de Mujeres Rurales (FADEMUR, 2019) ha señalado las carencias de servicios de apoyo cercanos y especializados. En su informe *Mujeres víctimas de violencia de género en el mundo rural*, FADEMUR señala que las mujeres en el mundo rural permanecen en relaciones de maltrato una media de 20 años, lo que evidencia la necesidad de servicios de apoyo más accesibles y especializados en estos territorios. Además, se ha detectado una falta de formación adecuada en las instituciones, lo que genera y perpetúa barreras significativas. Esto lleva a que algunas mujeres enfrenten juicios y cuestionamientos. Según Aujla (2020), esta falta de sensibilidad cultural y ética también contribuye a la revictimización, ya que los y las profesionales refuerzan dinámicas de poder y subordinación. Ante lo mencionado se subraya la necesidad de implementar una capacitación interseccional y culturalmente sensible para profesionales y miembros de la comunidad, además de instar a las organizaciones de ayuda a desarrollar prácticas éticas y libres de revictimización (Aujla, 2020).

Por su parte, la Organización Mundial de la Salud (OMS) ha señalado la necesidad de una atención diferenciada para mujeres con discapacidad. En su informe *Violencia contra las mujeres: estimaciones para 2018* se indica que las mujeres con discapacidades corren mayores riesgos de violencia de género. Además, otra revisión determinó tasas más altas de violencia sexual hacia las mujeres con discapacidad (Mailhot-Amborski et al., 2022). De manera que se evidencia la necesidad de una atención diferenciada para mujeres con discapacidad, destacando que enfrentan barreras para acceder a servicios de ayuda accesibles y comprensibles. En cuanto a casos de violencia de género y problemas de salud mental grave, la existencia de actitudes paternalistas entre algunos/as profesionales se refleja en su reticencia a abordar situaciones de violencia de género por temor a que la mujer "se descompense", "se ofenda" o "se sugestione". Este enfoque perpetúa una percepción limitante e infantilizadora, en la que la mujer es vista como incapaz de tomar decisiones informadas sobre su propia situación (Federación mujeres progresistas, 2020).

c) Discriminación relacionada con los mitos sobre la violencia de género y la violencia sexual por parte de algunos/as profesionales. En algunos casos, las supervivientes son tratadas como poco confiables y sus experiencias de agresión son minimizadas, especialmente cuando no presentan signos evidentes de violencia física. Este fenómeno es particularmente evidente con respecto a la violencia psicológica, lo que reduce la validez de las narrativas de las víctimas y distorsiona su acceso a la justicia (Gezinski y Gonzalez-Pons, 2021). Esta situación se agrava por la falta de formación especializada, lo que lleva a cometer actos de "injusticia testimonial", cuestionando en ocasiones la credibilidad de las mujeres y perpetuando su revictimización. Otra forma de injusticia testimonial surge cuando el sistema duda de las narrativas de las supervivientes que no cumplen con los estereotipos de agresión sexual (como la agresión violenta por parte de un extraño), minimizando sus testimonios. La evidencia muestra que cuando las supervivientes conocían a su agresor enfrentan escepticismo y victimización secundaria. Esto pone de manifiesto la falta de comprensión del sistema legal sobre la complejidad de las agresiones sexuales, especialmente en contextos de violencia relacional o situaciones de poder desigual (Lorenz et al., 2019).

Así mismo, se han de considerar aspectos como las expectativas y los estereotipos de género y el rol de la madre. En este sentido, el personal técnico tiende a esperar que las madres se comporten como "buenas víctimas", es decir, pasivas y sumisas, lo que repercute negativamente en el apoyo que reciben. Con frecuencia, las madres son tratadas como responsables de la violencia en lugar de ser objeto de un apoyo integral y adecuado. Este enfoque desatiende la vulnerabilidad y los riesgos a los que se enfrentan al salir de una relación violenta, especialmente cuando deben mediar la relación entre sus hijos/as y el agresor. Esto no solo refuerza los estereotipos de género, sino que también perpetúa la violencia en las prácticas de protección infantil. Una dinámica común de revictimización es la tendencia a responsabilizar a la madre por exponer a los hijos a la violencia, ignorando al agresor como el verdadero responsable. Este enfoque desplaza la culpa y la carga de la violencia hacia la víctima, generando un sistema de culpabilización estructural que pasa por alto las barreras emocionales, económicas y de seguridad que enfrentan las mujeres para abandonar al agresor (Fleckinger, 2020).

d) Falta de coordinación entre las diversas instituciones y escasez de sesiones en la atención psico-social. En primer lugar, haremos mención al documento de referencia del País Vasco *III Acuerdo Interinstitucional para la coordinación de la atención a víctimas de violencia machista contra las mujeres en la CAE.* El objetivo de este documento es lograr la máxima y mejor colaboración entre todas las instituciones involucradas en la atención a las víctimas. Esto implica mejorar la comunicación y el trabajo conjunto en sectores clave como el sanitario, policial, judicial, de servicios sociales, educativo, de vivienda y empleo, con el fin último de brindar un apoyo que permita a las víctimas reconstruir sus vidas sin violencia machista. La coordinación en la atención a víctimas de violencia machista en las comunidades autónomas puede mejorar mediante una intervención eficaz de las instituciones, logrando que todas actúen de manera homogénea en las fases de detección, atención, protección, recuperación y reparación de las víctimas.

Además, se han detectado limitaciones del sistema judicial para brindar respuestas adecuadas y el frecuente sobreseimiento de los casos generan una percepción de injusticia y desinterés institucional, llevando a que muchas mujeres desistan de sus denuncias (Zuloaga et al., 2023). Esto requiere una alineación en los principios y criterios de actuación entre organismos, promoviendo una visión compartida y coherente sobre la violencia machista. Finalmente, una revisión continua que identifique carencias y disfunciones en la actuación profesional y la coordinación optimizaría la calidad de la respuesta, garantizando así una atención más eficiente y humanizada para las víctimas (Gobierno Vasco, 2023).

Por otra parte, aumentar el número de sesiones de atención psicosocial y mejorar la coordinación interinstitucional permitiría no solo una respuesta más eficaz, sino también una atención más adaptada a las necesidades individuales de las víctimas. Resulta esencial atender la intervención psicosocial con mujeres víctimas que padecen problemas de salud mental grave y que enfrentan múltiples limitaciones, debido tanto a la complejidad de estos casos como a carencias en la respuesta institucional. En primer lugar, la falta de continuidad en la atención, junto con la escasez de recursos específicos, impide que muchas de estas mujeres superen la violencia y logren desarrollar un proyecto de vida independiente. Además, las casas de acogida, por ejemplo, suelen excluir a mujeres con trastornos mentales graves que puedan afectar la convivencia, lo que limita sus opciones de alojamiento seguro. Otro obstáculo importante es la aplicación del modelo biomédico, que predomina en la intervención con estas mujeres, y que minimiza los determinantes sociales y psicológicos de su situación (Federación mujeres progresistas, 2020).

V. TENDENCIAS EMERGENTES Y REFLEXIONES FINALES

A continuación, a modo de cierre de este capítulo, pasaremos a examinar algunos de los temas emergentes en relación a la violencia sexual, como su análisis en entornos digitales, con un énfasis en las mujeres jóvenes; recogiendo también la necesidad de medidas legislativas más efectivas y enfoques preventivos. Así mismo, se abordarán fenómenos como las agresiones sexuales grupales, la sumisión química y la violencia institucional, subrayando la urgencia de adoptar enfoques integrales que refuercen el apoyo a las víctimas. La violencia sexual en entornos digitales no representa necesariamente nuevos tipos de daños, pero la naturaleza, alcance y duración de estas conductas son particularmente preocupantes. Incluyen la distribución no consentida de imágenes íntimas, el acoso cibernético, y la explotación sexual en línea (como el "sextorsion" o chantaje con imágenes sexuales). El Informe sobre Cibercriminalidad 2022 del Ministerio del Interior destaca que los ciberdelitos representan un 16,1% de la criminalidad total, duplicando el 7,5% registrado en 2018. Los ciberdelitos sexuales son especialmente significativos en menores de edad, con una incidencia mayoritaria en chicas. De los 1.646 casos reportados, el 84% afectó a menores, y de ellos, el 65% fueron víctimas femeninas. En cuanto al perfil del perpetrador, el 97% de los detenidos o investigados fueron hombres, mientras que el 3% fueron mujeres. Este fenómeno subraya la vulnerabilidad de las menores a delitos como amenazas, coacciones y delitos sexuales en línea.

Frente a esto y a pesar de la creciente preocupación pública, existen lagunas legislativas significativas en muchas jurisdicciones para abordar adecuadamente estas formas de violencia. Las respuestas legislativas suelen ser reactivas y no necesariamente informadas por evidencia empírica suficiente, lo que refuerza la necesidad de más investigaciones sobre la prevalencia y dinámica de estos comportamientos (Henry y Powell, 2018). En cualquier caso, en el ámbito digital la visibilidad de la violencia sexual y la conciencia pública se han visto incrementadas a través de movimientos internacionales como #MeToo contra el acoso sexual. Hasta ese momento el miedo a la victimización secundaria dificultaba este tipo de denuncias (Brandariz y Sosa, 2022), lo que también convierte a las redes sociales como un lugar de lucha feminista (Sánchez y Fernández, 2017). En esta línea, en nuestro país se viralizó el hashtag #YoSíTeCreo en respuesta social a la violación grupal de una mujer en Pamplona (Núñez y Fernández, 2019).

Las violaciones en grupo, denominadas como *Multiple Perpetrator Rape (MPR)* o *gang rape*, tienen características distintivas que las diferencian de las agresiones sexuales individuales. Generalmente, estas suelen involucrar una mayor violencia física y verbal, y los agresores tienden a ser más jóvenes, especialmente en grupos de tres o más. Además, se produce desindividuación, un proceso psicológico en el que el individuo pierde su identidad en el grupo, lo que es clave para entender por qué muchos de estos atacantes no cometerían estos actos de forma aislada. En España, según el Servicio Estadístico de Criminalidad, el 4,2% de las agresiones sexuales denunciadas en 2019 fueron perpetradas por múltiples agresores. Según el informe "Violencia Sexual Ejercida en Grupo: Análisis Epidemiológico y Aspectos Criminológicos en España" (2023), entre 2016 y 2021, los delitos sexuales grupales conocidos —es decir, aquellos que llegan a conocimiento de las instituciones responsables, ya sea mediante denuncias formales, investigaciones abiertas por indicios de delito u otros medios que permitan su identificación— aumentaron un 54,5%. Sin embargo, su proporción respecto al total de delitos sexuales registrados disminuyó ligeramente, pasando del 4,8% en 2016 al 4,3% en 2021, Este descenso relativo se debe a que el crecimiento del total de delitos sexuales denunciados fue más pronunciado, alcanzando un 72,4% en el mismo periodo. Los estudios también señalan que los grupos de tres o más agresores utilizan con mayor frecuencia vehículos para transportar a las víctimas y cambiar la escena del delito, lo que puede amplificar la desorientación y el trauma para estas. Generalmente, las víctimas suelen ser mujeres jóvenes, con una edad entre los 13 y 19 años en más del 50% de los casos. Además, el impacto psicológico de estas agresiones es más grave que el de las cometidas por un solo agresor, dada la naturaleza prolongada y a menudo más humillante del ataque. La literatura especializada insiste en la importancia de desarrollar subtipos y análisis más detallados para abordar mejor este fenómeno desde una perspectiva preventiva y judicial (Lopez-Ossorio, 2023).

Por su parte, en la Macroencuesta de 2019 se indica que el 12,4% de las mujeres que sufrieron violencia sexual fuera de la pareja reportaron agresores múltiples. Según Geoviolenciasexual, las agresiones en grupo reflejan dinámicas de deshumanización femenina y jerarquías masculinas, asociándose a la normalización de la pornografía como modelo de antieducación sexual. Entre los casos analizados, el 10% involucró grabaciones, víctimas con discapacidad, o denuncias de drogadicción previa; el 16,2% de los agresores tenía antecedentes.

En España y otros países europeos, las jóvenes han comenzado a alertar sobre el uso de drogas para cometer agresiones sexuales, lo que exige mayor atención por parte de los servicios públicos. Un informe del Hospital Clínic de Barcelona (2021) reporta que en el 30% de las urgencias atendidas por violencia sexual hay indicios de sumisión química. Concretamente, la sumisión química se refiere al uso de drogas o fármacos para manipular la voluntad, impidiendo su capacidad de consentir o resistir agresiones. En España, la reforma del Código Penal en 2010, se ha considerado abuso sexual no consentido el realizado mediante la anulación de la voluntad de la víctima con fármacos o sustancias. Posteriormente, la disposición final cuarta de la Ley Orgánica 10/2022, de 6 de septiembre, de garantía integral de la libertad sexual modifica la Ley Orgánica 10/1995, de 23 de noviembre, del Código Penal ampliando la pena de prisión cuando para la comisión de la agresión sexual "el autor haya anulado la voluntad de la víctima suministrándole fármacos, drogas o cualquier otra sustancia natural o química idónea a tal efecto", de manera que la sumisión química ha de tenerse muy presente en las intervenciones judiciales. Además, el diagnóstico de sumisión química es compleja, ya que las víctimas tienen dificultades para recordar lo sucedido, por lo que la intervención rápida y la toma de muestras biológicas son cruciales para un diagnóstico preciso (Cruz Roja, 2024).

En conclusión, es urgente identificar y combatir tanto las modalidades tradicionales de violencia sexual como las tendencias emergentes. Estas últimas, las vinculadas al mundo digital, se encuentra en una precariedad normativa. En este sentido, se une la violencia sexual con la violencia institucional. Así mismo, debemos recordar que la capacitación en perspectiva de género y el reconocimiento de las dinámicas de poder inherentes son esenciales para garantizar un apoyo adecuado y evitar la revictimización. Finalmente, se sugiere una colaboración multisectorial más estrecha entre los servicios especializados de apoyo a víctimas de violencia de género y el sistema de protección infantil considerando aspectos socioculturales y jurídicos, así como la implementación de técnicas y metodologías adaptadas que respeten las necesidades específicas de cada caso y fortalezcan el empoderamiento de las madres sin hacerlas sentir juzgadas o culpables.

REFERENCIAS BIBLIOGRÁFICAS

Albertín-Carbó, P., Cubells, J., Peñaranda, M. C. y Martínez, L. (2018). A Feminist Law Meets an Androcentric Criminal Justice System: Gender-Based Violence in Spain. *Feminist Criminology, 15*(1), 70-96. DOI: https://doi.org/10.1177/1557085118789774

Aujla, W. (2020). "It Was Like Sugar-Coated Words": Revictimization When South Asian Immigrant Women Disclose Domestic Violence.

Affilia Feminist Inquiry in Social Work, 36(2), 182-203. DOI: https://doi.org/10.1177/0886109920916038

Bodelón, E. (2014). Violencia institucional y violencia de género. *Anales De La Cátedra Francisco Suárez, 48,* 131–155. DOI: https://doi.org/10.30827/acfs.v48i0.2783

Brandariz, T. y Sosa, R. P. (2022). Caracterización del# MeToo en España. Una aproximación a través del análisis de la prensa y su impacto en la ciudadanía. *Investigaciones feministas, 13*(1), 375-388. DOI: https://dx.doi.org/10.5209/infe.77820

Carvalho, J. y Nobre, P. J. (2019). Five-factor model of personality and sexual aggression. *International journal of offender therapy and comparative criminology,* 63, 797-814. DOI: https://doi.org/10.1177/0306624X13481941

Connell, R. W. (1995). *Masculinities.* University of California Press.

Consejo de Europa. (2011). *Convenio sobre prevención y lucha contra la violencia contra las mujeres y la violencia doméstica (Convenio de Estambul).* https://rm.coe.int/1680462545

Cruz Roja. (2024). *Sumisión Química: la manipulación de la voluntad.* https://www2.cruzroja.es/gl/-/sumision-quimica-la-manipulacion-de-la-voluntad-vit-blog- . Recuperado el 16 de noviembre de 2024.

Delegación del Gobierno contra la Violencia de Género. (2022). *XVI Informe Anual del Observatorio Estatal de Violencia sobre la Mujer 2022.* Ministerio de Igualdad

Delegación del Gobierno para la Violencia de Género. (2019). *Estudio sobre el Tiempo que Tardan las Mujeres Víctimas de Violencia de Género en Verbalizar su Situación.* Ministerio de la Presidencia, Relaciones con las Cortes e Igualdad. Centro de Publicaciones

Delegación del Gobierno para la Violencia de Género. (2019). *Macroencuesta de Violencia contra la Mujer 2019.* https://violenciagenero.igualdad.gob.es/macroencuesta2015/macroencuesta2019/

Eurostat. (2022). *Encuesta Europea de Violencia de Género 2022 Ministerio de Igualdad.* https://violenciagenero.igualdad.gob.es/violenciaencifras/encuesta_europea/ Recuperado el 16 de noviembre de 2024.

FADEMUR. (2019). *Mujeres víctimas de violencia de género en el mundo rural.* Delegación del Gobierno contra la Violencia de Género.

Federación mujeres progresistas. (2020). *Espacio de encuentro: Violencia de género y problemas de salud mental grave.* https://fmujeresprogresistas.

org/wp-content/uploads/2021/05/Violencia-de-genero-y-problemas-de-salud-mental-grave.pdf

Fleckinger, A. (2020). The Dynamics of Secondary Victimization: When Social Workers Blame Mothers. *Research on Social Work Practice, 30*(5), 515-523. DOI: https://doi.org/10.1177/1049731519898525

Fricker, M. (2017). *Injusticia epistémica.* Herder Editorial.

García, A. G. y de la Cruz, A. (2022). Masculinidad hegemónica versus masculinidades igualitarias: una aproximación teórica. *Revista de Estudios de Juventud, 125,* 33-47.

Geoviolenciasexual. (2020). *Agresiones sexuales múltiples en España desde 2016: casos actualizados.* https://geoviolenciasexual.com/agresiones-sexuales-multiples-en-espana-desde-2016-casos-actualizados/

Gezinski, L. y Gonzalez-Pons, K. (2021). Legal Barriers and Re-Victimization for Survivors of Intimate Partner Violence Navigating Courts in Utah, United States. *Women & Criminal Justice. 32*(5), 454-466. DOI: https://doi.org/10.1080/08974454.2021.1900991

Gobierno Vasco. (2023). *III Acuerdo Interinstitucional para la coordinación de la atención a víctimas de violencia machista contra las mujeres en la CAE.*

Guilló, C. I. (2018). *El sentido de ser víctima y la víctima como sentido: tecnologías de enunciación de la violencia de género* [Tesis doctoral]. Universidad Complutense de Madrid.

Guzmán, G. y García-Dauder, D. (2024). La cultura de la violación en entornos psi. *Psicoperspectivas. Individuo y Sociedad, 23*(1), 83-95. DOI: https://doi.org/10.5027/psicoperspectivas-vol23-issue1-fulltext-3038

Hasanbegovic, C. (2016). Violencia basada en el género y el rol del Poder Judicial. *Revista de la Facultad de Derecho,* (40), 119-158. DOI: https://doi.org/10.22187/rdf201616

Henry, N. y Powell, A. (2018). Technology-Facilitated Sexual Violence: A Literature Review of Empirical Research. *Trauma, Violence, & Abuse, 19*(2), 195-208. DOI: https://doi.org/10.1177/1524838016650189

Hernández, N. (2023). El enfoque positivo en la prevención de las violencias sexuales: proyecto ConSexUs de educación sexual integral. *Revista de Estudios de Juventud,* (128), 141-156.

Hospital Clínic de Barcelona. (2021). *Violencia sexual atendida en el Área de Urgencias del Hospital Clínic de Barcelona- 1 enero – 31 octubre 2021.* https://www.clinicbarcelona.org/noticias/las-agresiones-sexuales-atendidas-en-urgencias-del-clinic-vuelven-a-los-niveles-pre-pandemia . Recuperado el 14 de noviembre de 2024.

Ley 4/2015, de 27 de abril, del Estatuto de la víctima del delito. *BOE, 101,* de 28 de abril de 2015. https://www.boe.es/buscar/act.php?id=BOE-A-2015-4606

Ley 5/2008, de 24 de abril, del derecho de las mujeres a erradicar la violencia machista. *DOGC, 5123,* de 9 de mayo de 2008. https://www.boe.es/buscar/act.php?id=BOE-A-2008-9294

Ley General de acceso de las mujeres a una vida libre de violencia. *DOF, 26-01-2024,* de 1 de febrero de 2007. https://www.diputados.gob.mx/LeyesBiblio/pdf/LGAMVLV.pdf

Ley Orgánica 10/2022, de 6 de septiembre, de garantía integral de la libertad sexual. *BOE, 215,* de 7 de septiembre de 2022. https://www.boe.es/buscar/pdf/2022/BOE-A-2022-14630-consolidado.pdf

López-Ossorio, J. J., Santos-Hermoso, J., Cendoya-Pérez, N. y Sánchez-Camañ, A. (2023). *Violencia sexual ejercida en grupo. Análisis epidemiológico y aspectos criminológicos en España.* Ministerio del Interior.

Lorenz, K., Kirkner, A. y Ullman, S. (2019). A Qualitative Study Of Sexual Assault Survivors' Post-Assault Legal System Experiences. *J. Trauma & Dissociation, 20*(3) 263-287. DOI: https://doi.org/10.1080/15299732.2019.1592643

Mailhot-Amborski, A., Bussières, E.-L., Vaillancourt-Morel, M.-P. y Joyal, C. C. (2022). Sexual Violence Against Persons With Disabilities: A Meta-Analysis. T*rauma, Violence, & Abuse, 23*(4), 1330-1343. DOI: https://doi.org/10.1177/1524838021995975

Masson, L. (2022). Apuntes para pensar el abordaje de la violación en grupo desde la antropología y con compromiso público. *PUBLICAR-En Antropología y Ciencias Sociales,* (32), 7-15.

Ministerio de Igualdad. (2019). *Macroencuesta de Violencia contra la Mujer 2019.* https://violenciagenero.igualdad.gob.es/macroencuesta2015/macroencuesta2019/

Ministerio de Igualdad. (2023). Informe sobre la implementación del Pacto de Estado contra la Violencia de Género. https://violenciagenero.igualdad.gob.es/pacto-de-estado-contra-la-violencia-de-genero-2/informe-de-evaluacion-del-pacto-de-estado-contra-la-violencia-de-genero/

Nichols, A. (2013). Survivor-Defined Practices to Mitigate Revictimization of Battered Women in the Protective Order Process. *Journal of Interpersonal Violence, 28*(7), 1403-1423. DOI: https://doi.org/10.1177/0886260512468243

Núñez, S. y Fernández, D. (2019). Posverdad y victimización en Twitter ante el caso de La Manada: propuesta de un marco analítico a partir del testimonio ético. *Investigaciones feministas, 10*(2), 385-398. DOI: https://dx.doi.org/10.5209/infe.66501

Observatorio contra la Violencia Doméstica y de Género. (2019). *Guía de buenas prácticas para la toma de declaración de víctimas de violencia de género.* Consejo General del Poder Judicial.

OMS. (2018). *Violencia contra las mujeres: estimaciones para 2018.* https://www.who.int/es/publications/i/item/9789240026681

Ranea, B. (2016). Analizando la demanda: relación entre masculinidad hegemónica y prostitución femenina. *Investigaciones feministas: papeles de estudios de mujeres, feministas y de género, 7*(2), 313-330. DOI: https://doi.org/10.5209/rev_INFE.2016.v7.n1.50746

Red de Asistencia a Víctimas, RAV (2009). *Manual de capacitación en temas victimológicos para profesionales, técnicos y funcionarios policiales de la Red,* Ministerio de Interior.

Sánchez, B. (2022). La víctima ideal en los delitos de agresión y abuso sexual.¿ Es posible evitar la victimización secundaria?. *UNIVERSITAS. Revista de Filosofía, Derecho y Política,* (38), 2-22. DOI: https://doi.org/10.20318/universitas.2022.6576

Sánchez, J. M. y Fernández, D. (2017). Subactivismo feminista y repertorios de acción colectiva digitales: prácticas ciberfeministas en Twitter. *Profesional de la Información, 26*(5), 894-902. DOI: https://dx.doi.org/10.3145/epi.2017.sep.11

Segato, R. (2003). *Las estructuras elementales de la violencia. Ensayos sobre género entre la antropología, el psicoanálisis y los derechos humanos.* Universidad Nacional de Quilmes.

Trias-Capella, M. E., Guardia-Villalba, R. y Trias-Capella, R (2024). Tratamiento de la información de violencia de género. Con aportaciones de la inteligencia artificial. *Revista Española de Medicina Legal, 50*(1), 29-39. DOI: https://doi.org/10.1016/j.reml.2023.04.002

Vázquez, I. (coord.) (2020). *Cómplices. A violencia machista institucional.* Galaxia.

Wu, Y., Jie C., Hui F. y Yuehua W. (2020). Intimate Partner Violence: A Bibliometric Review of Literature. *International Journal of Environmental Research and Public Health, 17*(15), 5607. DOI: https://doi.org/10.3390/ijerph17155607

Zuloaga, L. y Alemán, E. (2023). Judicialización de los casos de violencia de género y construcción del sentido de justicia: factores y agentes institucionales intervinientes. *Revista Española De Investigación Criminológica, 20*(2), e695. DOI: https://doi.org/10.46381/reic.v20i2.695

Capítulo 12.

El acoso sexual y el acoso por razón de sexo/género en el ámbito de la administración general del estado y sus organismos públicos

ROSA MARÍA RICOY-CASAS[1]
Profesora Contratada Doctora
Universidad de Vigo
ANA ISABEL GONZÁLEZ FERNÁNDEZ
Profesora Ayudante Doctora
Universidade de Vigo

I. INTRODUCCIÓN

El acoso sexual y el acoso por razón de sexo/género, no sólo suponen un delito con repercusiones individuales (desde el punto de vista físico y psicosocial), sino que debe tratarse desde un enfoque grupal, pues afecta al ámbito laboral en el que se produce, y tiene consecuencias muy negativas en mu-

1 Rosa Ricoy ha realizado este trabajo como parte del Proyecto de I+D+i PID2022-136352NB-I00 financiado por MCIN/AEI/10.13039/501100011033/ y "FEDER Una manera de hacer Europa"; "UNESCO Chair: Transformative Education: Science, Communication and Society" 39 C/5; HYP Project (Hypothesis You Preserve) "Creative Europe Programme" Progr. Europa Creativa (UE)- 101131688 —HYP —CREA-CULT-2023-COOP; Grupo de innovación docente (InnovAcción) e Instituto de Justicia y Género (IXEX) Universidad de Vigo.

chas de las personas de dicho entorno. La ansiedad y el estrés también puede tener un efecto negativo sobre los empleados que no son objeto del mismo, pero que son testigos o saben de la existencia de dicho comportamiento indeseado. Afecta incluso directamente a la propia eficacia de la institución, cuyos trabajadores reducen su productividad al tener que trabajar en un clima en el que no se respeta la integridad del individuo, y muchos solicitan bajas por enfermedad o dimiten de sus empleos por estos motivos. Estas situaciones pueden prolongarse enormemente en el tiempo. Existen casos de acoso sexual donde, desgraciadamente, el miedo a sufrir represalias, o incluso a perder el empleo, provocan que la víctima "*aguante*" el hostigamiento sin denunciarlo durante meses e incluso años, pensando que con el tiempo estos indeseables incidentes desaparecerán (así, en la STS, Sala 5ª, de 06 de septiembre de 2016, el acoso sexual duró siete años). El acoso sexual contamina el entorno laboral y puede tener un efecto devastador sobre la salud, la confianza, la moral y el rendimiento de las personas que lo padecen. Las víctimas de acoso sexual laboral suelen desarrollar sentimientos de baja autoestima, indefensión, inseguridad, ira, etc. y comportamiento derivados que también van a afectar a sus relaciones personales y familiares. Resulta factible realizar un elenco de los bienes jurídicos protegidos: igualdad y no discriminación, honor, intimidad y propia imagen, integridad física y moral, salud y seguridad laboral, así como dignidad y libre desarrollo de la personalidad.

En España, el artículo 1.1 declara que son valores superiores de nuestro ordenamiento la libertad y la igualdad, ciudadanía, cuya convivencia y cohesión tiene que garantizarse a través del reconocimiento de la dignidad de la persona, los derechos fundamentales y el libre desarrollo de la personalidad, que, tal y como reconoce el artículo 10 de la Constitución, son fundamentos del orden público y la paz social. También han de considerarse, entre otros, los artículos 15 y 17, los derechos a la vida, a la integridad física y moral, a la libertad y seguridad. La Carta de Derechos Fundamentales de la Unión Europea (con efectos vinculantes a partir del Tratado de Lisboa de 2009) también recoge expresamente la obligación de la igualdad y no discriminación (especialmente en los artículos 21 y 23). En España se han desarrollado importantes avances normativos y de políticas públicas para promover la igualdad de género y combatir la violencia contra las mujeres. La Ley Orgánica 1/2004, de 28 de diciembre, de Medidas de Protección Integral contra a la Violencia de Género, supuso un gran paso adelante para garantizar una respuesta integral y coordinada frente a la violencia contra las mujeres cometida en el ámbito de las relaciones afectivas. Más recientemente, debe destacarse la Ley Orgánica de garantía integral de la libertad sexual[2],"en su expresión física y también simbólica, las violencias sexuales constituyen quizá una de las violaciones de derechos humanos más habituales y ocultas de cuantas se cometen en la sociedad española, que afectan de manera específica y desproporcionada a las mujeres", la cual considera violencia sexual, entre otros comportamientos, al acoso sexual.

La Ley Orgánica de libertad sexual, ha modificado el código penal, y entre sus novedades destacamos la eliminación de la distinción entre agresión y abuso sexual (considerándose agresiones sexuales todas aquellas conductas que atenten contra la libertad sexual sin el consentimiento de la otra persona); también se introduce expresamente como forma de comisión

---

2 Ley Orgánica 10/2022, de 6 de septiembre, de garantía integral de la libertad sexual. Esta ley considera "violencias sexuales" los actos de naturaleza sexual no consentidos o que condicionan el libre desarrollo de la vida sexual en cualquier ámbito público o privado", refiriéndose especialmente a supuesto como la violación, la agresión sexual, el acoso sexual y la explotación de la prostitución ajena, violencias sexuales cometidas en el ámbito digital, la mutilación genital femenina, el matrimonio forzado, la trata con fines de explotación sexual y el feminicidio sexual, etc.

de la agresión sexual la denominada "sumisión química" o mediante el uso de sustancias y psicofármacos que anulan la voluntad de la víctima; se castiga al que, sin consentimiento de su titular, utilice la imagen de una persona para realizar anuncios o abrir perfiles falsos en redes sociales, páginas de contacto o cualquier medio de difusión pública, ocasionándole a la misma situación de acoso, hostigamiento o humillación; y se introduce el denominado "acoso callejero" en el art. 173.4 del CP. Asimismo también modificó la Ley Orgánica 14/2015, de 14 de octubre, del Código Penal Militar, tipificando las violencias sexuales y el acoso sexual en este ámbito. Algo reclamado desde hace décadas (Ricoy-Casas, 2006).

La igualdad y no discriminación por razón de sexo es una obligación reconocida en la Constitución Española (CE) por ser un derecho fundamental (arts. 14, 15 y 18 entre otros), un derecho en el entorno laboral (art.35.1 CE) y una obligación de los poderes públicos su consecución (9.2 CE). La igualdad de trato y de oportunidades entre mujeres y hombres es un principio informador del ordenamiento jurídico y, como tal debe integrarse y observarse en la interpretación y aplicación de todas las normas jurídicas. En 2007 se aprobó la Ley Orgánica para la Igualdad efectiva de mujeres y hombres[3], que además de prohibir expresamente el acoso sexual y el acoso por razón de sexo, define estas conductas, establece que la persona acosada será la única legitimada en los litigios sobre

---

[3] Ley Orgánica 3/2007, de 22 de marzo, para la Igualdad efectiva de mujeres y hombres. Esta ley establece principios de actuación de los Poderes Públicos, regula derechos y deberes de las personas físicas y jurídicas, tanto públicas como privadas, y prevé medidas destinadas a eliminar y corregir en los sectores público y privado, toda forma de discriminación por razón de sexo. Las obligaciones establecidas en esta Ley serán de aplicación a toda persona, física o jurídica, que se encuentre o actúe en territorio español, cualquiera que fuese su nacionalidad, domicilio o residencia.

acoso sexual y acoso por razón de sexo (art. 12.3) y también la obligación de la adopción por parte de los poderes públicos de las medidas necesarias para la erradicación de acoso sexual y acoso por razón de sexo (14.5). Son las propias empresas de cincuenta o más trabajadores, las obligadas a aprobar un plan de igualdad (según convenio colectivo), materias entre las que se encuentra la regulación de estos aspectos (prevención del acoso sexual y por razón de sexo). El legislador ha querido plasmar que las propias condiciones de trabajo pueden evitar la comisión de estos delitos, e incide especialmente en relación a los cometidos en el ámbito digital (art. 48), dedica un título entero a la igualdad en el empleo público (Título V) y un artículo expresando el compromiso de establecer un protocolo de actuación frente al acoso sexual y al acoso por razón de sexo en dicho ámbito (AAPP) (art. 62)[4].

En diciembre de 2017 se aprobó el Pacto de Estado contra la Violencia de Género cuya importancia también lo supone el hecho de que este acuerdo haya sido aprobado entre partidos políticos de tendencias opuestas, los cuales entendieron la importancia de esta realidad, y consensuaron la acción del Estado a largo plazo en un asunto de tal trascendencia como este. Recuérdense por ejemplo los Pactos de la Moncloa en 1977, el Pacto de Toledo sobre el sistema de pensiones público en 1995, o el Pacto por las Libertades y contra el Terrorismo en el año 2000. Así, el Pacto de Estado contra la Violencia de Género de 2017, que incluye medidas en todos los ámbitos, aprobado sin ningún voto en contra, contenía ya decenas de medidas

4 El artículo 95.2.b) del Real Decreto Legislativo 5/2015, de 30 de octubre, por el que se aprueba el texto refundido de la Ley del Estatuto Básico del Empleado Público (aplicable a las empleadas y empleados públicos que trabajen en la Administración General del Estado (AGE) tipifica como falta muy grave toda actuación que suponga discriminación, así como el acoso por razón de sexo u orientación sexual y el acoso moral.

en ámbitos institucionales tan importantes como el Congreso de los Diputados o el Senado. Estas medidas fueron impulsadas desde la Delegación del Gobierno para la Violencia de Género, órgano del Gobierno encargado de coordinar e impulsar la ejecución de las medidas del Pacto de Estado. Ello supuso un punto de inflexión en la actuación de los poderes públicos para la erradicación de la Violencia de género, pues además se alcanzó un compromiso económico para llevarlo a cabo. También fue precisa la colaboración y coordinación institucional en el marco de la gobernanza multinivel que caracteriza al modelo territorial español, a través de la Conferencia Sectorial de Igualdad y el Observatorio Estatal de Violencia sobre la Mujer, en un permanente diálogo y proceso de escucha activa con los poderes públicos, la sociedad civil, medios de comunicación y otros actores implicados. En cuanto al seguimiento de las medidas del Pacto, se creó un grupo de trabajo con las Comunidades Autónomas para el diseño de un sistema de indicadores que permitiese controlar su desarrollo, y en el Congreso de los Diputados se creó la Comisión de Seguimiento del Pacto de Estado. En este sentido, la Ley Orgánica 10/2022, de 6 de septiembre, de garantía integral de la libertad sexual (LOGILS), establece la obligación de las Administraciones Públicas de "arbitrar procedimientos o protocolos específicos para la prevención, detección temprana, denuncia y asesoramiento a quienes hayan sido víctimas de estas conductas". Atendiendo a estas obligaciones, y al elenco de medidas, procedimientos y políticas públicas previas dispuestas en desarrollo a estas necesidades, entró en vigor el Real Decreto 247/2024, de 8 de marzo, por el que se aprobó el Protocolo de actuación frente al acoso sexual y al acoso por razón de sexo en el ámbito de la Administración General del Estado y de sus organismos públicos, el cual entró en vigor al día siguiente de su publicación en el BOE, sobre el que principalmente versa este estudio.

II. ACOTANDO ALGUNAS "VIOLENCIAS SEXUALES": "ACOSO SEXUAL", "ACOSO POR RAZÓN DE SEXO", "ACOSO POR RAZÓN DE GÉNERO" Y "ACOSO CALLEJERO"

La Ley 15/2022, de 12 de julio, integral para la igualdad de trato y la no discriminación, con vocación de convertirse en el mínimo común normativo que contenga las definiciones fundamentales del derecho antidiscriminatorio español y, al mismo tiempo, albergue sus garantías básicas, define el "Acoso discriminatorio" (al que considera infracción grave) como (art.4): "cualquier conducta realizada por razón de alguna de las causas de discriminación previstas en la misma, con el objetivo o la consecuencia de atentar contra la dignidad de una persona o grupo en que se integra y de crear un entorno intimidatorio, hostil, degradante, humillante u ofensivo". Establece medidas de protección y reparación (art.25.1) por cuanto si no se cumplen, considerará igualmente responsables del daño causado las personas empleadoras o prestadoras de bienes y servicios cuando la discriminación, incluido el acoso, se produzca en su ámbito de organización o dirección (art. 27.2). Igual que en la Ley Orgánica 3/2007, de 22 de marzo, establece que la persona acosada será la única legitimada en los litigios sobre acoso sexual y acoso discriminatorio (Disposición final tercera). En concreto nos vamos a referir a tres tipos de violencias sexuales, sin un detenimiento exhaustivo: El artículo 7 de la LO 3/2007 define el "acoso sexual" como: "cualquier comportamiento, verbal o físico, de naturaleza sexual que tenga el propósito o produzca el efecto de atentar contra la dignidad de una persona, en particular cuando se crea un entorno intimidatorio, degradante u ofensivo". Esta es la definición utilizada por el Real Decreto 247/2024, de 8 de marzo, por el que se aprueba el Protocolo de actuación frente al acoso sexual y al acoso por razón de sexo en el ámbito de la Administración General del Estado (AGE) y de sus organismos públicos (OOPP). El Código Penal actual lo regula en el artículo 184[5], el cual se introdujo por primera vez en el Código Penal de 1995 como tipo penal autónomo (art. 184). El tipo fusionaba en la misma figura, el acoso sexual vertical descendente o abuso de superioridad ("prevaleciéndose de una situación de superioridad") y el acoso sexual causal ("con el anuncio expreso o tácito de causar a la víctima un mal relaciona-

---

5 Artículo 184: 1. El que solicitare favores de naturaleza sexual, para sí o para un tercero, en el ámbito de una relación laboral, docente, de prestación de servicios o análoga, continuada o habitual, y con tal comportamiento provocare a la víctima una situación objetiva y gravemente intimidatoria, hostil o humillante, será castigado, como autor de acoso sexual, con la pena de prisión de seis a doce meses o multa de diez a quince meses e inhabilitación especial para el ejercicio de la profesión, oficio o actividad de doce a quince meses. 2. Si el culpable de acoso sexual hubiera cometido el hecho prevaliéndose de una situación de superioridad laboral, docente o jerárquica, o sobre persona sujeta a su guarda o custodia, o con el anuncio expreso o tácito de causar a la víctima un mal relacionado con las legítimas expectativas que aquella pueda tener en el ámbito de la indicada relación, la pena será de prisión de uno a dos años e inhabilitación especial para el ejercicio de la profesión, oficio o actividad de dieciocho a veinticuatro meses. 3. Asimismo, si el culpable de acoso sexual lo hubiera cometido en centros de protección o reforma de menores, centro de internamiento de personas extranjeras, o cualquier otro centro de detención, custodia o acogida, incluso de estancia temporal, la pena será de prisión de uno a dos años e inhabilitación especial para el ejercicio de la profesión, oficio o actividad de dieciocho a veinticuatro meses, sin perjuicio de lo establecido en el artículo 443.2. 4. Cuando la víctima se halle en una situación de especial vulnerabilidad por razón de su edad, enfermedad o discapacidad, la pena se impondrá en su mitad superior. 5. Cuando de acuerdo con lo establecido en el artículo 31 bis, una persona jurídica sea responsable de este delito, se le impondrá la pena de multa de seis meses a dos años. Atenidas las reglas establecidas en el artículo 66 bis, los jueces y tribunales podrán asimismo imponer las penas recogidas en las letras b) a g) del apartado 7 del artículo 33.

do con las legítimas expectativas que pueda tener en el ámbito de dicha relación"). La acción típica requería la presencia de tres elementos: a) que se soliciten favores de naturaleza sexual; b) que el sujeto se prevalezca de una situación de superioridad laboral, docente o análoga; y c) que anuncie al sujeto pasivo, de modo expreso o tácito, que de no acceder puede causarle un mal relacionado con las legítimas expectativas que pueda tener en el ámbito de dicha relación (STS 1135/2000, Sala 2ª, de 23 de Junio de 2000).

En 1999 se modificó el art. 184 del CP y se añade el denominado "acoso sexual ambiental" que no requiere prevalerse de una situación de superioridad, sino que basta que, debido al hostigamiento del acosador, el ambiente en el ámbito laboral, docente o de prestación de servicios se muestre gravemente intimidatorio, hostil o humillante para la víctima. Asimismo, se agrava la pena en consideración de determinadas circunstancias de la víctima como su vulnerabilidad por razón de edad, enfermedad o situación (Pozo, 2020). La sentencia en la que el TS se pronuncia por primera vez sobre el acoso sexual en el ámbito administrativo y disciplinario, y fija que su sanción no exige que el comportamiento, físico o verbal, de naturaleza sexual sea explícito, sino que puede ser implícito, siempre que resulte inequívoco es del año 2023 (STC, Sala de lo Contencioso-Administrativo, de 27 de noviembre de 2023). Asimismo, el TS define el acoso sexual como falta disciplinaria muy grave en el ámbito de la función pública (STS, 569/2023, Sala de lo Contencioso-administrativo, de 27 noviembre de 2023). Nos referimos a conductas verbales, no verbales y físicas. Presionar para tener citas o salir con la víctima; gestos obscenos, notas o mensajes de correo electrónico de carácter ofensivo de contenido sexual; contacto físico deliberado y no solicitado (pellizcar, tocar, masajes no deseados, etc....), o acercamiento físico excesivo o innecesario. Arrinconar o buscar deliberadamente quedarse a solas con la persona de forma innecesaria. Tocar intencionadamente los órganos sexuales; amenazar con represalias laborales si no se accede a sus propuestas sexuales; sexualizar a la víctima para perjudicar su rendimiento laboral; observar a la víctima en lugares reservados, y un largo etcétera. Y como señala la STS 721/2015 de 22 Oct. 2015 de lo Penal: "*las reglas de experiencia nos dicen que en un supuesto de acoso laboral prolongado, con múltiples episodios que se inician con injerencias de escasa entidad que van agravándose con el tiempo, es prácticamente imposible establecer con absoluta precisión temporal el momento en que se inició el acoso, o aquel en el que se rompe definitivamente la relación laboral de compañerismo educado que trata de conservar la víctima. Máxime cuando los episodios iniciales suelen tener escasa entidad, sin que la víctima les atribuya generalmente una excesiva importancia, confiando en que el rechazo sea suficiente para solucionar el problema sin necesidad de confrontación o denuncia*".

En la legislación militar, se tipificó expresamente en el Código Penal Militar (CPM) de 2015. Antes de esa fecha, el acoso sexual era castigado a través de dos delitos del CPM de 1985 como "abuso de autoridad" (si el acosador tenía más empleo que la víctima) y el "insulto a superior" (si el acosador tenía menos empleo que la víctima). En el caso de acoso entre compañeros, no podía aplicarse por el CPM de 1985, porque no existía tipo alguno en el que se pudiera incluir tal conducta, por lo que, en estos casos, intervenía la jurisdicción ordinaria y se aplicaba el Código Penal común. En la actualidad, el acoso sexual se castiga, dentro de las Fuerzas Armadas, a través del régimen disciplinario y el Código Penal Militar (especialmente artículos 48 -referido a personas jerárquicamente superiores- y 50 -cualquier militar, incluida la Guardia Civil-). También aquí se recogen "actos de acoso por razón de sexo"[6]. La Sentencia

---

[6] Artículo 48: El superior que, respecto de una persona subordinada, realizare actos de acoso tanto sexual y por razón de sexo como profesional, le amenazare, coaccionare, injuriare o calumniare, atentare de modo grave contra su intimidad, dignidad personal o

del Tribunal Militar Territorial Cuarto (La Coruña) de 05 de Noviembre de 2019, condenó a un Cabo por acoso sexual ejercido sobre una Cabo, habiéndose producido los hechos dentro de una instalación militar. Debido a que el CPM es más severo que el CP, en alguna ocasión el acosador ha alegado que los hechos han ocurrido fuera de la unidad y al margen del servicio, por lo que no tenía la condición de superior jerárquico de la víctima. Con tal alegación, pretendía la intervención de la jurisdicción ordinaria, con la consiguiente aplicación del CP y no del CPM. Ante esta alegación, el Tribunal Supremo ha considerado que la relación jerárquica entre los militares, con la correlativa superioridad y subordinación que de ésta se deriva, *tiene carácter permanente y se proyecta fuera del servicio* con independencia de cualquier condicionamiento, fijando el empleo la posición relativa entre los militares (STS, Sala 5ª, de 13 de enero de 2000; STS 08 de octubre de 2001; 01 de Julio de 2002; 17 de noviembre de 2005; 05 de diciembre de 2008,

en el trabajo, o realizare actos que supongan discriminación grave referente a la ideología, religión o creencias de la víctima, la etnia, raza o nación a la que pertenezca, su sexo, orientación o identidad sexual, razones de género, la enfermedad que padezca o su discapacidad, será castigado con la pena de seis meses a cuatro años de prisión, pudiendo imponerse, además, la pena de pérdida de empleo; Artículo 50: El militar que, sin incurrir en los delitos de insulto a superior o abuso de autoridad, públicamente, en lugares afectos a las Fuerzas Armadas o a la Guardia Civil o en acto de servicio, impidiere o limitare arbitrariamente a otro militar el ejercicio de los derechos fundamentales o libertades públicas, realizare actos de acoso tanto sexual y por razón de sexo como profesional, le amenazare o coaccionare, le injuriare gravemente o le calumniare, atentare de modo grave contra su intimidad, dignidad personal o en el trabajo, realizara actos que supongan grave discriminación por razón de nacimiento, origen racial o étnico, sexo, orientación sexual, religión, convicciones, opinión, discapacidad o cualquier otra condición o circunstancia personal o social, será castigado con la pena de seis meses a dos años de prisión.

17 de Junio de 2010, 03 de mayo de 2016; 10 de diciembre de 2019), entre otras, y citando a Pozo Vilches (2020).

Muchos de estos comportamientos han desembocado en abusos y/o agresiones sexuales. Como ejemplos de estos comportamientos, podemos señalar "la conducta de un Suboficial que, en el interior de un almacén, se sienta al lado de un soldado, le coge de una mano, le da un beso en el dedo pulgar y seguidamente efectúa tocamientos... (con actuaciones en fechas posteriores similares) (STS de 10 de diciembre de 1999); la acción de un suboficial forzando un beso en la boca de una marinero a bordo de un buque de la Armada (STS de 2 de octubre de 2001); la orden de un oficial que, con la excusa de llevar a cabo una denominada "prueba de frío" de madrugada, ordena a una aspirante que le acompañe y en el exterior que se quite las prendas del uniforme hasta quedar completamente desnuda, promoviendo insinuaciones posteriores (STS de 20 de septiembre de 2002; mensajes y tocamientos reiterados, alusiones a su estado "buen estado físico", y el envío de vídeos de contenido sexual entre un superior jerárquico y una cabo (STS 53/2021, de 1 de junio de 2021). Asimismo la STS 104/2016 de 6 de Septiembre de 2016 (en la que se ponen de manifiesto los requerimientos sexuales muy explícitos y reiterados, en este caso de acoso de un cabo hombre hacia otro cabo hombre). También hechos de este tipo entre dos hombres en la STS de 10 de diciembre de 1999. Como ha expresado la STS de 26 de abril de 2012, para entender que se ha producido acoso sexual (el comportamiento típico), debe existir una directa e inequívoca solicitud sexual a la víctima que esta rechaza (sin ser por lo tanto necesario que consiga sus objetivos -basta con la verbalización de la sugerencia-). Si se alcanzaran a la fuerza, su conducta podría desembocar en un abuso sexual o en una agresión sexual (concurso real entre los delitos: de acoso sexual y de abuso o agresión sexual) (STS de 22 de octubre de 2015) (STS de 17 de diciembre de 2019). En la STS 6/2025 de 12 Mar. 2025, Sala Quinta, de lo Militar, el recurrente durante un tiempo prolongado, realizó una serie de acciones con un claro contenido hostil y humillante al solicitar favores de naturaleza sexual, llegando a ofrecerle dinero, y a expresarle cómo debía vestir[7].

En relación con el "acoso por razón de sexo", el artículo 7 de la LO 3/2007 define el "acoso por razón de sexo" como "cualquier comportamiento realizado en función del sexo de una persona, con el propósito o el efecto de atentar contra su dignidad y de crear un entorno intimidatorio, degradante u ofensivo". Esta es la definición utilizada por el Real Decreto 247/2024, de 8 de marzo, por el que se aprueba el Protocolo de actuación frente al acoso sexual y al acoso por razón de sexo en el ámbito de la Administración General del Estado (AGE) y de sus organismos públicos (OOPP). Ha de tenerse en cuenta que, para que una situación sea calificable de acoso por razón de sexo, se requiere la concurrencia de una serie de elementos conformadores de un común denominador, entre los que des-

---

7 Como expresa literalmente la sentencia, el acusado *"comenzó con comentarios de carácter sexual y solicitudes veladas de favores sexuales, llegando a ofrecerle dinero; en otra ocasión le dijo que tenía que llevar minifalda mientras manejaba un vehículo; también pidió a un compañero que le pasasen el vídeo para "pajearse" por la noche. Realizó comentarios de carácter sexual como "qué buena está", "vaya culo" o sobre el aspecto que tendría en una determinada posición con una clara significación sexual. Intentaba hacerle regalos que la soldado siempre rechazaba. Constantemente intentaba mantenerse cerca de la soldado, procurando tocarla o agarrarle la mano, incluso apartando a los compañeros para ponerse a su lado. Enviaba mensajes al WhatsApp privado (no al del grupo de WhatsApp para asuntos laborales) enviando fotos o relativas a regalos que iba a hacerle; la soldado no contestaba y lo llegó a bloquear. La soldado le hizo saber que le molestaban tales conductas y le pidió al recurrente que la dejara en paz. Durante la realización de un ejercicio la intensidad y persistencia del acercamiento o contacto físico que el recurrente pretendía mantener llegó a un punto que finalmente la soldado, al no poder soportar más la situación, decidió poner los hechos en conocimiento de sus mandos".*

tacan: a) Hostigamiento, entendiendo como tal toda conducta intimidatoria, degradante, humillante y ofensiva que se origina externamente y que es percibida como tal por quien la sufre; 2) Atentado objetivo a la dignidad de la víctima y percibida subjetivamente por esta como tal; 3) Resultado pluriofensivo. El ataque a la dignidad de quien sufre acoso por razón de sexo no impide la concurrencia de daño a otros derechos fundamentales de la víctima, tales como el derecho a no sufrir discriminación, ni daños a la salud, psíquica o física.

El condicionamiento de un derecho o de una expectativa de derecho a la aceptación de una situación constitutiva de acoso sexual o de acoso por razón de sexo se considerará también acto de discriminación por razón de sexo. Todo trato desfavorable relacionado con el embarazo, la maternidad, paternidad o asunción de otros cuidados familiares estará amparado por la aplicación de este protocolo cuando se den los requisitos definidos. Se trata, por ejemplo, de la realización de conductas discriminatorias por el hecho de ser mujer u hombre; realizar bromas y comentarios sobre las personas que asumen tareas que tradicionalmente han sido desarrolladas por personas del otro sexo; uso de formas denigrantes u ofensivas para dirigirse a personas de un determinado sexo; utilización de humor sexista; ridiculizar y despreciar las capacidades, habilidades y potencial intelectual de las mujeres. La STS 1569/2023, Sala de lo Contencioso-Administrativo, de 27 de Noviembre de 2023, diferencia entre acoso sexual y acoso por razón de sexo, manifestando que*: "el acoso sexual es un comportamiento guiado por la libido o deseo sexual, elemento que no está presente en el acoso por razón de sexo. Este último consiste, más bien, en el menosprecio, el maltrato, la amenaza, la represalia y otras conductas ofensivas que están determinadas por el sexo de la persona afectada. En el acoso por razón de sexo, explica el Tribunal Supremo, el móvil no es la libido, sino el desprecio o la subestima del agente hacia personas de un sexo determinado. El fenómeno tradicionalmente más usual ha sido el de un hombre hacia las mujeres en general o, por decirlo brevemente, el machismo"*. No obstante, el Tribunal Supremo en esta misma sentencia reconoce que los contornos del acoso sexual no siempre son nítidos. Ello se debe a que las pautas y los usos del ser humano en el terreno sexual no son -ni han sido nunca- simples. Existe una notable variedad de formas de conducirse. Y si tal variedad existe en lo que -en cada tiempo y lugar- se considera correcto y lícito, también se da en lo que se considera inaceptable. El Tribunal concluye en que el "comportamiento de naturaleza sexual" no puede reducirse a lo atinente al acceso carnal, ni menos aún a su consumación, no puede ser interpretado únicamente como contacto físico o como requerimiento del mismo mediante palabras. Según el TS el comportamiento, verbal o físico, de naturaleza sexual no tiene porqué ser explícito, *"hay formas de conducirse que, aun siendo implícitas, resultan inequívocas dentro de un determinado ambiente cultural"*. Puede ser implícito, siempre que resulte inequívoco.

Aparte de que se trate de *"un comportamiento guiado o determinado por la libido o deseo sexual"*, el TS entiende que hay al menos tres órdenes de datos a valorar: *1) La existencia o inexistencia de aceptación libre por parte de la persona afectada. Además, incluso si hubiera consentimiento, un comportamiento objetiva y gravemente atentatorio contra la dignidad de la persona afectada podría constituir acoso sexual. 2) El contexto (profesional, docente, etc.) en que el comportamiento se produce, valorando hasta qué punto la persona afectada ha podido eludir los requerimientos y las molestias. 3) La dimensión temporal, pues a menudo no tiene el mismo significado -ni la misma gravedad- un suceso aislado que toda una serie sostenida y continuada de actos.* Obviamente, estos elementos han de valorarse a la vista de las circunstancias de cada caso. Resulta asimismo interesante que el TS señale que, si bien la jurisprudencia penal sobre el delito de acoso sexual (art. 184 del Código Penal) puede servir de orientación en esta sede, *"la definición del acoso sexual es más amplia a efectos disciplinarios que a efectos penales". Ello se debe no solo a que el Derecho Penal opera solo contra las transgresiones más graves de los bienes jurídicos, sino también a que en la esfera discipli-*

naria se tutela también el correcto funcionamiento de los servicios públicos y, por tanto, pueden y deben sancionarse conductas que no serían penalmente reprochables. Esta mayor amplitud de lo disciplinario no supone, como se ha visto, merma de la exigencia de tipicidad[8].

Debe diferenciarse el acoso sexual, del acoso por razón de sexo y ambos del denominado "acoso por razón de género". El acoso sexual se refiere únicamente al ámbito sexual, mientras que el acoso por razón de sexo o género abarcan situaciones discriminatorias mucho más amplias, sin necesidad de que exista una intención sexual por parte del agresor. El acoso por razón de orientación sexual, identidad de género y/o expresión de género, son también expresiones de violencia que se pueden manifestar en el ámbito laboral. Es acoso por identidad de género cualquier comportamiento, verbal o físico realizado en función de la identidad de género de la persona, que tenga el propósito o produzca el efecto de atentar contra la dignidad de una persona, en particular cuando se crea en

---

8 En el caso que se sustanciaba por el que se dicta esta STS, Sala de lo Contencioso-Administrativo, de 27 de Noviembre de 2023, se manifiesta que: "*así, dado que la sentencia impugnada razona muy atinadamente que el comportamiento del recurrente estuvo guiado por la libido, fue continuado durante dos años y no tuvo ninguna clase de acogida por parte de la persona afectada, que además era su subordinada, no cabe sino concluir que la calificación como infracción muy grave de acoso sexual es ajustada a Derecho*". Este caso es respuesta a la sentencia 1129/2021, de 11 de octubre, dictada por la Sección Octava de la Sala de lo Contencioso-Administrativo del Tribunal Superior de Justicia de Madrid en el recurso de apelación que estimó las pretensiones de la Universidad Rey Juan Carlos en un caso de acoso sexual en donde la institución universitaria tras los trámites administrativos pertinentes a tenor del protocolo de actuación impuso una sanción de suspensión de funciones durante seis meses a un docente por la comisión de una infracción muy grave de acoso sexual de carácter continuado. Resulta interesante, a efectos de comprender la importancia de esta sentencia, el trabajo de Torres Díaz (2024).

un entorno intimidatorio, degradante u ofensivo. Se entiende por identidad de género, la vivencia interna e individual del género tal y como cada persona la experimenta, la cual podría corresponder o no, con el sexo asignado en el momento del nacimiento, incluyendo la vivencia personal del cuerpo y otras experiencias de género como el habla, la manera de vestir, peinados, voz, características personales, etc.

Tuset del Pino (2022) ha comentado la STC 67/2022, de 2 de Junio, en lo relativo a la discriminación por razón de identidad de género y vinculada a la vestimenta laboral, en relación a un trabajador, que acudió a su centro de trabajo vistiendo unos días pantalón y otros días falda, a pocos días de publicarse la Ley 15/2022, de 12 de julio, integral para la igualdad de trato y la no discriminación. El Tribunal Constitucional resolvió la posible discriminación derivada del despido de una persona por razón de la identidad de género y su conexión con el artículo 14 CE, partiendo de la distinción entre las nociones de sexo y género, sin olvidar las condiciones personales como puedan serlo la orientación sexual y la identidad de género. Ha de advertirse no obstante, que estos conceptos no son pacíficos en la doctrina, y algún autor ha señalado discrepancias a que "*la perspectiva de género no es ideología según el Tribunal Constitucional" (con especial referencia a lo* resuelto por la STC 34/2023 o la STC 44/2023) (Álvarez Rodríguez, 2024a), y a colación de la STC 48/2024, de 8 de abril, que "la perspectiva de género, que tiene todo de ideológico y nada de jurídico" (Álvarez Rodríguez, 2024b). No obstante, analizando la misma sentencia, otra autora (Avi Moratalla, 2025) concluye que constituye una buena muestra de cómo la perspectiva de género como metodología de análisis no se aplica de manera homogénea en todas las instancias judiciales ni por parte de todos los miembros de la judicatura, lo cual lleva a resoluciones contradictorias que omiten valoraciones importantes en aspectos relevantes del caso. Todo ello le lleva a afirmar que todavía queda mucho por avanzar para que la igualdad y la no discriminación sean de facto reales y efectivas y podamos hablar de una Justicia libre de sesgos de género. Asimismo, ha de constatarse que en muchas ocasiones, se realizan comportamientos intimidatorios y de acoso que han sido calificados como "mobbing" (Ricoy-Casas, 2013). Losada Carreño (2024) cita una sentencia de lo Juzgado de lo Social que aborda una reclamación por acoso moral vertical en la función pública, y por ende, el estudio y enjuiciamiento de un supuesto de riesgo psicosocial generado en el seno de un Ayuntamiento español.

Asimismo, hay que tener en cuenta la reciente Directiva 2024/1385, de 14 de mayo de 2024, que incluye diversos tipos de violencia contra las mujeres: la mutilación genital femenina, el matrimonio forzado, la difusión no consentida de material íntimo o manipulado, el ciberacecho (cyber stalking), el ciberacoso (cyberharassment), el ciberexhibicionismo (cyber flashing), la incitación a la violencia o el odio por medios cibernéticos, el feminicidio, la violación, el acoso sexual, el acecho, el matrimonio precoz, el aborto forzado, la esterilización forzada, y las diferentes formas de ciberviolencia, como el acoso sexual en línea y el cibermatonismo. Es visible que realiza una especial inclusión de la materialización de la violencia de género a través de las nuevas tecnologías, que incluso ha creado nuevas figuras delictivas, bien recibidas en la mayoría de la doctrina debido a la frecuencia de dichos actos, la facilidad comisiva, y la dificultad de su encaje en típicos tipos como las coacciones y amenazas. Estos comportamientos suelen ser más fáciles de realizar y más difíciles de detectar, y existe una mayor dificultad en su investigación y castigo porque el agresor se esconde bajo pseudónimos o consigue realizarlos bajo el anonimato (de ahí el sentimiento de impunidad del agresor).

Es frecuente la mayor relevancia del daño que tiene que soportar la víctima, pues junto al desconocimiento en la utilización de cierta tecnología habilitadora de la consumación de estas tipologías delictuales, se suma la sensación de indefensión y efecto multiplicador, principalmente producida por la capacidad de expansión de esta información en un corto espacio de tiempo (muchas veces además entre su círculo más íntimo), y la dificultad de hacer desaparecer con rapidez esta información dañosa, por las propias características y funcionamiento de los contenidos que aparecen en la red. Tal vez por ello también se ha acogido bien por gran parte de la doctrina, especialmente en relación a algunos delitos, que para evitar un mayor daño, se establezca un adelantamiento de la prevención y represión a los primeros indicios de tal conducta. Es cierto también, como podremos observar, que en muchos otros casos, es precisamente gracias a estas nuevas tecnologías las que permiten un mejor esclarecimiento de los hechos y protección de la víctima. Su casuística y tipología tan diversa ha sido abarcada en diferentes denominaciones con ánimo de englobarla y caracterizarla, tales como "ciberviolencia", que referido específicamente a los injustos dirigidos contra las mujeres, también se conoce como "violencia de género digital". La nueva Directiva incluye expresamente, a los efectos que nos interesa considerar en este trabajo, la difusión no consentida de material íntimo o manipulado, el ciberacecho («cyber stalking»), el ciberacoso («cyber harassment»), el ciberexhibicionismo («cyber flashing»), o el acoso sexual en línea. Dos Magistrados del Tribunal Supremo han propuesto un listado en 2023 (Villegas García y Encinar del Pozo, 2023), entre los que incluían delitos específicamente referidos a menores en relación a las nuevas tecnologías como: los delitos de odio (art. 510.3 CP), y el ciberacoso sexual a menores (art. 183.1 CP); o los delitos relacionados con la pornografía infantil (arts. 189 CP). Por "grooming" u "online child grooming" nos referimos a la obtención de imágenes pornográficas de menores mediante embaucamiento o persuasión (art. 183 CP)[9]. La conducta ilícita de este artículo tal vez se

9 Art. 183 CP: Artículo 183: Comunicación con menores con fines sexuales: "1. El que a través de internet, del teléfono o de cualquier otra tecnología de la información y la comunicación contacte con

asemeja a la calificación de "seducción informática" (Queralt Jiménez, 2015), y por otros como "ciberacoso sexual"[10], a fin de cometer cualquiera de los delitos descritos en los artículos 181 al 189 (el bien jurídico protegido es la indemnidad sexual de los menores de 16 años -más allá de la libertad sexual que no puede predicarse en ese límite de edad).

Es patente la enorme desigualdad que suele existir entre víctima y autor, la común inexperiencia del menor, y la incapacidad para entender la naturaleza sexual de muchas conversaciones. No obstante, se señala como posible autor "el que",

---

un menor de dieciséis años y proponga concertar un encuentro con el mismo a fin de cometer cualquiera de los delitos descritos en los artículos 181 y 189, siempre que tal propuesta se acompañe de actos materiales encaminados al acercamiento, será castigado con la pena de uno a tres años de prisión o multa de doce a veinticuatro meses, sin perjuicio de las penas correspondientes a los delitos en su caso cometidos. Las penas se impondrán en su mitad superior cuando el acercamiento se obtenga mediante coacción , intimidación o engaño. 2. El que, a través de internet, del teléfono o de cualquier otra tecnología de la información y la comunicación contacte con un menor de dieciséis años y realice actos dirigidos a embaucarle para que le facilite material pornográfico o le muestre imágenes pornográficas en las que se represente o aparezca un menor, será castigado con una pena de prisión de seis meses a dos años". Este delito fue incluido en 2010, a través de la Ley Orgánica 5/2010, de 22 de junio, resultado de la trasposición al ordenamiento jurídico español de la Decisión Marco 2004/68/JAI del Consejo, de 22 de diciembre de 2003, relativa a la lucha contra la explotación sexual de los niños y la pornografía infantil.

[10] Algún autor define el "ciber-acoso con intención sexual" como "aquellas acciones preconcebidas que lleva a cabo un adulto a través de Internet para ganarse la confianza de un menor de edad y obtener su propia satisfacción sexual mediante imágenes eróticas o pornográficas que consigue del menor, pudiendo llegar incluso a concertar un encuentro físico y abusar sexualmente de él" (Panizo Galence, 2011).

por lo que puede cometerlo cualquiera persona, incluidos menores de dieciséis años y no necesariamente un adulto (Sáinz-Cantero, 2021), de forma que podría exigirse responsabilidad penal (según lo establecido por la LO 5/2000, de 12 de enero) a los mayores de catorce años. La voluntad, el ánimo de cometer el delito, incluye el conocimiento de la edad del menor. Por tanto, en caso de desconocimiento de la misma, se produciría un error de tipo del cual se derivaría la impunidad de la conducta (tiene que ser un menor que no hubiera alcanzado los dieciséis años de edad). Pensemos por ejemplo en el caso de el contacto se haga a través de una red social en la se requiera tener un mínimo de 16 años de edad, y por lo tanto el autor pensaba que tenía más edad. Al respecto, debe tenerse en cuenta la denominada "cláusula Romeo y Julieta" (art. 183 bis CP)[11], consistente en la posibilidad de contemplar eximente de responsabilidad penal (en algunos casos completa y otros incompleta, como atenuante analógica), aplicable en determinadas circunstancias, cuando tiene lugar una relación sexual

---

[11] Artículo 183 bis. "Consentimiento libre del menor de dieciséis años a actos de carácter sexual": "Salvo en los casos en que concurra alguna de las circunstancias previstas en el apartado segundo del artículo 178, el libre consentimiento del menor de dieciséis años excluirá la responsabilidad penal por los delitos previstos en este capítulo cuando el autor sea una persona próxima al menor por edad y grado de desarrollo o madurez física y psicológica". Como explica algún autor, "*a nivel doctrinal hay que remarcar que existe una importante discusión sobre la naturaleza jurídica de la citada cláusula de exoneración de responsabilidad penal, existiendo una importante parte de la doctrina que considera que la cláusula Romeo constituye una excusa absolutoria que supone una causa personal de exclusión de la pena (lo que afectaría a la punibilidad, no quedando condicionada la existencia misma del delito), mientras que otros autores mantienen que se trata de una causa de justificación que elimina la antijuridicidad de tal manera que la conducta sería típica, pero se encontraría justificada, no faltando, incluso, posturas que atribuyen a la las condiciones del art. 183bis la naturaleza de "causa de atipicidad"*" (Zaragoza-Tejada, 2023).

en la que interviene un menor. A pesar de la que en España la edad mínima legalmente establecida para consentir relaciones sexuales es la de 16 años (art. 181.1 CP) (anteriormente se situaba en 13 años), esta limitación se aleja bastante de la realidad, comenzando los jóvenes sus relaciones sexuales, en la mayoría de los casos, antes de los 16 años, es decir, por debajo de la edad fijada para el legislador penal. Ante este problema y en aras de no considerar como conductas ilícitas todas las relaciones sexuales consentidas entre adolescentes, el legislador introdujo en el Código Penal los requisitos acumulativos de que exista consentimiento mutuo y libremente prestado, proximidad de edad y desarrollo o madurez física y psicológica entre las partes.

Siguiendo con el delito de grooming, debe señalarse que también es posible que las conversaciones de tipo sexual no tengan ese carácter durante un prolongado tiempo inicial, pues el agresor pretende ganarse poco a poco su confianza, aprovechando su especial vulnerabilidad. La red puede favorecer comunicaciones más desinhibidas, y en muchas ocasiones la víctima es seleccionada por el "*groomer*" en función de sus fragilidades, pues suele focalizar su ataque en quienes observa que presentan debilidades en los ámbitos como el familiar o social (Miró-Llinares, 2012), lo cual a su vez puede dificultar a tiempo su detección. "Hemos de tener en cuenta que el legislador decidió solamente castigar la conducta del grooming en el entorno virtual, cuando también puede darse –y, de hecho, puede suceder incluso con mayor frecuencia– en el mundo real. Sin embargo, por la aparente peligrosidad de los medios utilizados en el embaucamiento de menores online y las serias consecuencias que de ello pueden derivarse, se ha decidido tipificar únicamente esta conducta" (Domingo Jaramillo, 2024).

Deben advertirse las consecuencias psicológicas y emocionales que pueden afectar gravemente o impedir la realización de un proyecto de vida personal a quienes lo padecen, o como han expresado nuestros Tribunales, "tratándose de menores de 16 años, los artículos citados establecen una presunción iuris et de iure sobre la ausencia de consentimiento por resultar los supuestos contemplados incompatibles con la consciencia y libre voluntad de acción exigibles" (STS 916/2021, de 24 de noviembre). Cabría perfectamente una conducta sexual real o simulada (algo que es fácilmente realizable hoy en día en el estadio de tecnología en el que nos encontramos), sin especificarse los concretos medios virtuales (una cláusula abierta necesaria dado el constante progreso tecnológico en el que vivimos), pero un ilícito que necesita la obtención de respuesta de la víctima para considerarse cometido, y bastaría con un solo contacto/propuesta para integrar el tipo, pese a que la casuística nos muestra que las comunicaciones acostumbran a ser reiteradas (Villacampa Estiarte, 2014). La respuesta del menor no define el menoscabo sexual, sino el comportamiento de quien actúa de forma creíble para que se produzca, de forma que se produce con la sola propuesta finalista (con independencia de que haya o no contacto físico posterior) (De la Mata Barranco, 2017), sin necesidad de contacto físico (STS 527/2015, de 22 de septiembre; STS 376/2023 de 18 de mayo), pues las redes sociales y los medios telemáticos en general, convierten la distancia física en presencia virtual. Así pues, debe destacarse el claro fin preventivo a que este tipo de conductas (que no se produzcan resultados sexuales), aunque "los actos deben ser ejecutados para que tal encuentro tenga lugar" (STS 376/2023 de 18 de mayo), que hubieran sido creíbles y suficientemente persuasivos como para que hubieran llegado a motivar a la víctima a acceder a un encuentro sexual (físico o virtual). *"El término Child Grooming se refiere a las acciones realizadas deliberadamente con el fin de establecer una relación y un control emocional sobre un menor con el fin de preparar el terreno para el abuso sexual del menor. En cuanto a su naturaleza, se trata de un supuesto en el que el derecho penal adelanta las barreras de protección, castigando la que, en realidad, es un acto preparatorio para la comisión de abusos sexuales a menores de 16 años"* (STS 916/2021, de 24 de noviembre)[12].

Para finalizar, por constituir una novedad normativa y por acotar algunas prácticas de acoso sexual, debe realizarse una breve referencia al denominado "acoso callejero": regulado en el art. 173.4 del CP. Este delito consiste en dirigir expresiones, realizar comportamientos o efectuar proposiciones de carácter sexual que sólo serán típicas si crean en la víctima una situación objetivamente humillante, hostil o intimidatoria y siempre que no constituyan otro delito de mayor gravedad. Probablemente será la jurisprudencia menor la que irá interpretándolo, y podría surgir la duda de si dirigirse a alguien con un piropo podría encajar en este tipo legal. Si atendemos al concepto que maneja la Real Academia Española de la Lengua, piropo es "un dicho breve con que se pondera alguna cualidad de alguien, especialmente la belleza de una mujer". Alemán López (2022) ha señado que la descripción del tipo delictivo incurre, en una aparente contradicción porque el tipo exige que la situación creada "sea objetivamente humillante, hostil o intimidatoria", y que el tipo no limita el lugar de realización del delito a la vía pública[13].

---

12 Otro ejemplo es el supuesto de la Sentencia del Juzgado de Menores de Orense de 13 de mayo de 2013, que condena por delito de *child grooming* a un menor de 17 años que había contactado, mediante la red social Tuenti a una menor de 12 años. Sentencia que es confirmada por la Audiencia (SAP Orense núm. 373/2013, de 4 de octubre).

13 Según Alemán López (2022), *"por un lado, la expresión, comportamiento o proposición de carácter sexual dirigida al sujeto pasivo debe crear en éste una situación humillante, hostil o intimidatoria. Por tanto, desde esta perspectiva bastaría con que la víctima se hubiera sentido humillada o intimidada en el caso concreto para subsumir la conducta en el tipo de acoso callejero. Sin embargo, el tipo exige que la situación creada sea objetivamente humillante, hostil o intimidatoria. La utilización del término "objetivamente" me lleva a considerar que lo que el legislador está exigiendo para la apreciación del tipo es que la expresión, comportamiento o proposición de carácter sexual*

Hemos mencionado normativa, pero también jurisprudencia del Tribunal Supremo y del Tribunal Constitucional en relación al acoso sexual y el acoso por razón de sexo/género en el ámbito de diversas administraciones e instituciones. Antes de abordar el análisis del nuevo Real Decreto 247/2024, cabe señalar que en diciembre de 2007 se aprobó el primer Plan Estratégico de Igualdad de Oportunidades (en adelante PEIO), para el período 2008–2011. Este Plan se creó para convertirse en el instrumento a través del cual, en el ámbito de la Administración General del Estado, se definiesen los objetivos y medidas prioritarias para eliminar cualquier tipo de discriminación por razón de sexo, que pudieran persistir en este ámbito. Con demora, se aprobó el 26 de noviembre de 2015, la resolución de la Secretaría de Estado de Administraciones Públicas, por la que se publicó el Acuerdo del Consejo de Ministros de 20 de noviembre de 2015 para aprobar el II Plan para la Igualdad entre mujeres y hombres en la Administración General del Estado y en sus organismos públicos. Su eje sexto, pretende contribuir

---

se pueda considerar humillante, hostil o intimidatoria para la generalidad de las personas, o dicho de otra forma, para una persona de estándares medios, no resultando esencial el sentimiento o situación que subjetivamente le genere a la víctima. De lo contrario, sería dejar al sentimiento subjetivo y particular del sujeto pasivo la existencia o no del delito". El tipo de acoso callejero, tal y como está redactado, no limita el lugar de realización del delito a la vía pública. Si lo que se quería por el legislador era castigar las conductas realizadas en este concreto espacio, por ser las más habituales, hubiera sido deseable una mayor concreción del tipo en ese sentido, acotando el lugar de realización del delito. Por tanto, la conducta típica podrá realizarse en cualquier espacio público (calle, parques, terrazas) o en cualquier recinto privado de acceso público (bar, pub, discoteca, sala de conciertos, teatros, cines, tiendas, centros comerciales o similar). De hecho, es la Ley Orgánica de garantía integral de la libertad sexual la que, en su exposición de motivos, introdujo esa denominación (acoso callejero). Resulta interesante el estudio de derecho comparado en relación al acoso callejero de Elliot Alonso (2019).

a la erradicación de la violencia de género y a velar por otras situaciones que requieran especial protección. El último de los ejes, el séptimo, recoge las medidas de carácter instrumental, es decir, aquéllas de carácter complementario que permitirán los objetivos propuestos y facilitar la consecución de las medidas de carácter sustantivo, además del imprescindible programa de evaluación sobre su implementación. La primera acción que señalaba era que se elaboraría un protocolo de actuación de la Administración General del Estado en el supuesto de acoso sexual y acoso por razón de sexo. Dicho Protocolo fue elaborado y aprobado mediante Resolución de 28 de julio de 2011 de la Secretaría de Estado para la Función Pública, que acordó la aprobación y publicación del acuerdo de 27 de julio de 2011 de la Mesa General de Negociación de la Administración General del Estado, y fue adaptado en diferentes Ministerios: Presidencia, Justicia, Educación, Cultura y Deporte, Agricultura, Alimentación y Medio Ambiente y Asuntos Exteriores y Cooperación y en organismos (CEJ, INE, ICAC, CIEMAT, IAC, ISCIII), Instituto Nacional de Innovación Agraria (INIA), IEO, Instituto Geológico y Minero de España (IGME), y CSIC). Es en este contexto en el que se aprobó el Real Decreto 247/2024 que analizamos brevemente a continuación.

III. EL REAL DECRETO 247/2024, DE 8 DE MARZO, POR EL QUE SE APRUEBA EL PROTOCOLO DE ACTUACIÓN FRENTE AL ACOSO SEXUAL Y AL ACOSO POR RAZÓN DE SEXO EN EL ÁMBITO DE LA ADMINISTRACIÓN GENERAL DEL ESTADO (AGE) Y DE SUS ORGANISMOS PÚBLICOS (OOPP)

Esta normativa se adecua a los principios de buena regulación previstos en el artículo 129 de la Ley 39/2015, de 1 de octubre, del Procedimiento Administrativo Común de las Administraciones Públicas. Dicho precepto dispone que, en el ejercicio de la iniciativa legislativa y la potestad reglamentaria, las administraciones públicas actuarán de acuerdo con los principios de necesidad, eficacia, proporcionalidad, seguridad jurídica, transparencia y eficiencia. En virtud de los principios de necesidad y eficacia, la iniciativa normativa está justificada por una razón de interés general, al basarse en una identificación clara de los fines perseguidos y ser el instrumento más adecuado para garantizar su consecución. En este sentido, la norma viene justificada por una razón de interés general tan poderosa como es la necesidad de erradicar las violencias sexuales que sufren las mujeres entre las que se encuentran el acoso sexual y el acoso por razón de sexo/género, una realidad innegable en nuestro país. Al tratarse de una norma de ámbito concreto, constituye el instrumento más adecuado para garantizar la consecución de dichos fines.

En virtud del principio de proporcionalidad, la iniciativa contiene la regulación imprescindible para atender la necesidad, tras constatar que no existen otras medidas menos restrictivas de derechos, o que impongan menos obligaciones a los destinatarios. La norma es respetuosa con el principio de intervención mínima del Derecho penal y al mismo tiempo facilita el acceso de las víctimas de violencias sexuales a los derechos garantizados. Queda, por tanto, expresamente prohibido cualquier comportamiento o conducta de esta naturaleza, pudiendo ser considerada, con independencia de lo establecido en la legislación penal, como falta muy grave, dando lugar a las sanciones que establece el Real Decreto Legislativo 5/2015, de 30 de octubre, por el que se aprueba el Texto Refundido de la Ley del Estatuto Básico del Empleado Público.

A fin de garantizar el principio de seguridad jurídica, introduce un marco normativo estable, predecible, integrado, claro y de certidumbre, que facilita su conocimiento y comprensión y, en consecuencia, la actuación y toma de decisiones, todo ello en coherencia con el resto del ordenamiento jurídico, nacional y de la Unión Europea, así como con las obligaciones asumidas por nuestro país a nivel internacional. Como se ha mencionado, ha sido negociado de manera transparente en la "Comisión Técnica para la igualdad de oportunidades y trato entre mujeres y hombres", y se aprobó por Acuerdo de 28 de febrero de 2024 de dicha Mesa General, pero tenía que tramitarse como real decreto, lo que finalmente se hizo a través del Real Decreto 247/2024, de 8 de marzo, mejorando la eficacia de las AAPP y mejorando la gestión de los recursos públicos[14]. A efecto de este protocolo, estará incluida toda forma en que

14 El ámbito de aplicación de este protocolo se extiende a todo el personal de la Administración General del Estado y de los organismos públicos vinculados o dependientes de la misma. También resulta de aplicación a las personas que, no teniendo una relación laboral, prestan servicios o colaboran con la Administración General del Estado o algunos de sus organismos, tales como personas en formación, las que realizan prácticas no laborales o aquellas que realizan cualquier tipo de colaboración análoga. Podrá activar el presente protocolo, de cara a la adopción de las medidas necesarias para su protección, el personal perteneciente a empresas externas que desarrollen su trabajo en centros de la Administración General del Estado que se consideren víctimas de acoso sexual o por razón de sexo por parte de personal bajo el ámbito de dirección y organización de la Administración. La Administración comunicará a la empresa de la víctima la activación del protocolo para que, en su ámbito, se adopten las medias y procedimientos que correspondan. Igualmente, de cara a la adopción de las medidas necesarias para su protección, podrá activar el presente protocolo el personal dentro del ámbito de aplicación del mismo y bajo el ámbito de dirección y organización de la Administración General del Estado, cuando se consideren víctimas de acoso sexual o por razón de sexo por parte de personal de empresas externas que desarrollen su trabajo en centros de la Administración General del Estado. La Administración comunicará a la empresa de la presunta persona acosadora la activación del protocolo para que, en su ámbito, se adopten las medidas y procedimientos que correspondan, que en todo caso garantizarán la separación física de las personas afectadas. Las empresas externas contratadas serán informadas de la existencia de este protocolo.

pueda producirse el acoso sexual o por razón de sexo, incluyendo el realizado a través de medios tecnológicos, informáticos o ciberacoso.

Entre sus garantías (que deben respetarse en todas las actuaciones), se encuentran: a) el respeto y protección a las personas (proceder con la discreción necesaria para proteger la intimidad y la dignidad de las personas implicadas); b) Confidencialidad y respeto a la intimidad 8de las personas que intervengan); c) Diligencia y celeridad, seguridad, coordinación y colaboración en el protocolo (las actuaciones deben ser completadas en el menor tiempo posible, -respetando las garantías debidas-); d) Imparcialidad; e) Protección de la dignidad de las personas implicadas; f) Derecho a la información (tanto de la persona afectada como la persona presunta acosadora); g) Prohibición de represalias; h) La adopción de medidas organizativas (reordenación del tiempo de trabajo, cambio del lugar de trabajo o de tareas administrativas encomendadas) no han de suponer, en ningún caso, un menoscabo de las condiciones de trabajo y/o salariales de la víctima, que habrán de ser expresamente aceptadas por esta; i) Apoyo a la persona que ha sufrido el acoso para evitar su victimización secundaria o revictimización y facilitarle, en su caso, el acceso al acompañamiento, hasta obtener su plena reparación; j) Si fuera necesario acompañamiento psicosocial para la víctima de acoso.

Tal y como establece el Protocolo, con el fin de dar cumplimiento a lo dispuesto en este artículo y para asegurar que todas las empleadas y empleados públicos disfruten de un entorno de trabajo en el que la dignidad de la persona sea respetada y no se vea afectada por ninguna conducta de acoso sexual y acoso por razón de sexo, el Protocolo exige que cada departamento ministerial y organismo o entidad pública: 1) Declarare formalmente por escrito y difundir el rechazo a cualquier actuación que pueda ser constitutiva de acoso sexual y acoso por razón de sexo, en todas sus formas y modalidades; 2) Difundir esta declaración a todas las personas que prestan servicio dentro de su ámbito de dirección y/o organización; 3) En relación a la prevención: realizar acciones formativas e informativas de sensibilización para todo su personal; 4) Comprometerse a comunicar, tramitar e investigar cualquier conducta que pueda ser constitutiva de acoso sexual y/o acoso por razón de sexo; 5) Apoyar y asesorar a las presuntas víctimas, aclarándose que el inicio de estas actuaciones no afecta al derecho de las personas implicadas a solicitar las actuaciones administrativas o de cualquier tipo que se estimen adecuadas. Tampoco a su derecho a la tutela judicial efectiva en los términos del artículo 24 de la Constitución española; 6) La representación sindical de la correspondiente comisión de igualdad departamental tendrá derecho a recibir información periódica sobre el número de veces que se ha activado el protocolo de acoso sexual y acoso por razón de sexo, de los resultados de las investigaciones, incluyendo el archivo de las actuaciones, las medidas que se adopten en virtud de lo previsto en el presente protocolo y a ser informada de cuantos estudios se realicen en este ámbito, siempre que estos no contengan datos de carácter personal de aquellas personas que hayan intervenido o intervengan como parte en dichas actuaciones. Asimismo, se informará del número de expedientes disciplinarios y acciones judiciales del que se tenga conocimiento como consecuencia de un acoso sexual o por razón de sexo o motivados por la activación del protocolo.

En relación al procedimiento de desarrollo de las actuaciones, es la persona titular de la jefatura superior de personal del departamento ministerial u organismo público, la que debe identificar, específicamente, la unidad responsable de la recepción de la comunicación de activación del protocolo (quien, previo conocimiento de la víctima, se lo comunicará cuando existan indicios suficientes de la existencia de acoso sexual o acoso por razón de sexo) y propondrá medidas que eviten que la situación de acoso perdure y genere un mayor daño a la víctima. También dispondrá de un listado actualizado de personas que hayan recibido la formación específica en asesoría confidencial. Asimismo, dispondrá de un buzón de correo electrónico de uso es exclusivo y confidencial para estos fines, y se tratarán los datos a través de códigos numéricos para anonimizar las comunicaciones (que se utilizará en todas las fases del protocolo). Las actuaciones previstas en este protocolo se inician por la remisión de una comunicación (verbal o escrita) a la unidad receptora y presentada por: a) La persona presuntamente acosada (víctima) y/o por su representante legal; b) La representación de las empleadas y empleados públicos en el ámbito en donde aquellos presten sus servicios; o c) Cualquier empleada y empleado público que tuviera conocimiento de situaciones que pudieran ser constitutivas de acoso sexual y/o de acoso por razón de sexo.

Una vez recibida dicha comunicación, la unidad receptora lo pondrá en conocimiento de la Asesoría Confidencial inmediatamente (24 horas), para que, en el marco de sus funciones, proceda a un análisis de los hechos descritos, acompañe, asesore e informe a la víctima sobre las distintas actuaciones posibles. La víctima podrá solicitar al asesor o asesora confidencial que considere, dentro de los existentes y siempre que las circunstancias del momento lo permitan. El proceso de investigación deberá desarrollarse con la mayor rapidez, máximas garantías y confidencialidad. Al finalizar la investigación, la asesoría confidencial emitirá un informe de valoración, con las conclusiones y propuestas que se deriven de la misma, con unos requisitos mínimos de información establecidos por el Real Decreto y propondrá una alternativa de las dispuestas normativamente, por ejemplo, propuesta para que el órgano competente acuerde el inicio de expediente disciplinario por acoso sexual o por razón de sexo. En el caso de que la víctima este en desacuerdo con las conclusiones, dispondrá en un plazo de diez días para presentar alegaciones a la unidad receptora y solicitar la intervención del comité de asesoramiento designado al efecto. Anualmente, cada departamento ministerial y organismo público, remitirá a la Dirección General de la Función

Pública, una memoria de las actividades realizadas a lo largo del año. Para cumplir con el Protocolo de actuación frente al acoso sexual y al acoso por razón de sexo en el ámbito de la AGE y de sus OOPP, diversas administraciones y organismos públicos han aprobado diversas normativas.

IV. CONCLUSIONES

Es fundamental comprender que estas medidas no sirven solamente para beneficiar a las mujeres, sino que forma parte de una apuesta más amplia a favor de la sostenibilidad social y la calidad de vida. La discriminación es una realidad negada por muchos, pero que evidencian las estadísticas. Según datos de la Delegación del Gobierno contra la Violencia de Género (2021), en 2018, el 71% de los convenios no tenían ni siquiera una definición de acoso sexual y el 79% no tenían definición de acoso por razón de sexo. En 2019 el 4% de los convenios de empresa y ninguno de los convenios sectoriales incorporan definiciones de acoso sexual ni de acoso por razón de sexo. Solo el 10% de los convenios revisados calificaban el acoso sexual como falta grave o muy grave; en el caso del acoso por razón de sexo ese porcentaje es inferior (3%). No siempre se incluye en qué consisten las sanciones. Es cierto que el hecho de que los convenios no incluyan los protocolos ante el acoso sexual y acoso por razón de sexo no implica necesariamente que las empresas no dispongan de ellos, dado que pueden estar anexados al plan de igualdad o pueden haber sido negociados en un momento distinto, pero incluso en estos casos, integrar esta información podrá hacerla más visible y accesible. De hecho, las referencias al acoso sexual y al acoso por razón de sexo están ausentes en el 31% de los planes de igualdad en el periodo 2018-2019, solo el 6% contempla algún tipo de medida preventiva, y en el 31% la redacción del protocolo es considerada como la única medida a implantar. Algún autor ya ha señalado en el ámbito empresarial, lo que denomina "laberinto" de los protocolos de acoso (Altés Tárrega, 2025), poniendo de relieve las superposiciones normativas, los desafíos en su aplicación y las deficiencias en la prevención y protección de las víctimas. Finalmente, se plantean propuestas para unificar y simplificar el marco regulador, con el objetivo de reforzar la seguridad jurídica y mejorar la eficacia en la prevención y erradicación del acoso en el ámbito laboral. Estos hechos, junto a los datos de la Macroencuesta de Violencia sobre la Mujer 2019[15], como las cifras que expone el Real Decreto 247/2024, justificando de manera alarmante su aprobación[16], revelan un panorama de necesidades a favor de la igualdad y no discriminación en España. De hecho, en la actualidad ni siquiera se ha conseguido una representación equilibrada entre mujeres y hombres, lo que ha requerido de nueva normativa más actualizada en 2024[17]. Es importante seguir apoyando las medidas que hagan posible la presencia de mujeres en los espacios donde se toman las decisiones, hasta ahora copados por los hombres (igualdad

---

15 El 57,3 % de las mujeres que viven en España ha sufrido algún tipo de violencia de género a lo largo de su vida, 11,3 millones: más de 4 millones ha padecido violencia física, 2,8 millones violencia sexual y más de 8 millones aseguran haber sido víctima de acoso sexual. Son algunos de los principales datos de la Macroencuesta de Violencia sobre la Mujer 2019, elaborado por la Delegación del Gobierno contra la Violencia de Género en colaboración con el Centro de Investigaciones Sociológicas a partir de 9.568 entrevistas a mujeres mayores de 16 años para conocer la incidencia de las violencias machistas en España.

16 Una de cada tres mujeres (32,4 %, 6,6 millones) ha sido maltratada física, sexual, psicológica o económicamente por una pareja o expareja y un 2,2 % fue violada. El 13,7 % de las mujeres ha sufrido violencia sexual: 1,3 millones (6,5 %) por una persona que no era su pareja y 704.000 cuando no habían cumplido los quince años.

17 Ley Orgánica 2/2024, de 1 de agosto, de representación paritaria y presencia equilibrada de mujeres y hombres.

real que redundaría a favor de estas políticas públicas). Tampoco se han acompasado en su justa medida las necesarias modificaciones legislativas en materia de especialización judicial y de garantía en relación a las víctimas de delitos contra la libertad sexual, también del derecho a la asistencia jurídica gratuita.

Asimismo, es necesario tener en cuenta a los colectivos excluidos, tanto por la sinrazón del modelo tradicional, como por los problemas asociados al cambio. El propio Real Decreto sólo se refiere al acoso por razón de sexo y no por razón de género. Arrondo Asensio (2025) ha señalado las múltiples barreras que enfrenta la comunidad LGTB en el mundo laboral, en particular, hace referencia a la discriminación en el acceso y permanencia en el empleo. Estas barreras no solo dificultan la estabilidad laboral, sino que también afectan negativamente al futuro de las personas LGBT, ya que la falta de empleo continuo y bien remunerado reduce sus contribuciones al sistema de pensiones. Además, el clima laboral percibido por las personas LGTB a menudo está marcado por un ambiente hostil o poco inclusivo, lo cual impacta negativamente en su bienestar y desempeño profesional. Tal vez deberían explicitarse medidas específicas de refuerzo para ciertos colectivos, y/o visibilizar sus dificultades.

VI. REFERENCIAS BIBLIOGRÁFICAS

Alemán López, M.A. (2022). Breves consideraciones sobre el nuevo delito de acoso callejero. ElDerecho.com.

Altés Tárrega, J. A. (2025). El laberinto empresarial de los protocolos de acoso. LABOS R*evista de Derecho del Trabajo y Protección Social*, 6(1), 62-95.

Álvarez Rodríguez, I. (2023a). Comulgar con ruedas de molino: la perspectiva de género no es ideología según el Tribunal constitucional, Diario La Ley, nº10506, Sección Doctrina, 16 de mayo de 2024.

Álvarez Rodríguez, I. (2024b). La soportable levedad de la perspectiva de género, Diario La Ley, nº10524, Sección Comentarios de Jurisprudencia, 12 de junio de 2024.

Arrondo Asensio, C. M. (2025). Desafíos laborales y de protección social del colectivo LGTBI: una mirada al presente y al futuro. *Revista de Derecho de la Seguridad Social, Laborum,* (42), 139-162.

Avi Moratalla, T. (2025). *Enjuiciamiento con perspectiva de género: una dimensión práctica. Análisis de la STC 48/2024, de 8 de abril de 2024.* Licencia Creative Commons Reconocimiento-NoComercial-SinObraDerivada 4.0. Universidad de Alicante. Departamento de Estudios Jurídicos del Estado.

Delegación del Gobierno contra la Violencia de Género, y Confederación Sindical de Comisiones Obreras (CCOO) (2021). *El acoso sexual y el acoso por razón de sexo en el ámbito laboral en España. https://violencia-genero.igualdad.gob.es/wp-content/uploads/estudioacososexual1.pdf*

De la Mata Barranco, N.J. El contacto tecnológico con menores del art. 183 ter 1 CP como delito de lesión contra su correcto proceso de formación y desarrollo personal sexual. Revista Electrónica de Ciencia Penal y Criminología, vol. 19, nº10, 2017. pp. 1-28. http://criminet.ugr.es/recpc/19/recpc19-10.pdf

Domingo Jaramillo, C. (2024). Dificultades de la tipificación del delito de *child grooming* en España: análisis y delimitación de los distintos elementos que lo componen. *Revista electrónica de ciencia penal y criminología,* vol. 26, 2024. Microsoft Word - recpc26-02.docx (ugr.es)

Elliot Alonso, E. (2019). Una mirada hacia el acoso callejero de carácter sexual en España: una visión comparada: ¿qué respuestas debe dar el ordenamiento jurídico?. Accésit al X Premio Enrique Ruano Casanova. *Foro. Revista de ciencias jurídicas y sociales,* 22(2), 11-48.

García Villegas, M.A. y Encinar del Pozo, M.A. (2023). Los ciberdelitos en la jurisprudencia del Tribunal Supremo. *Diario La Ley,* 2023, n.10283, p. 2. diariolaley - Documento relacionado (laleynext.es).

Losada Carreño, J. (2024). Reclamación por acoso moral vertical en la función pública, *Revista española de derecho del trabajo,* nº273, Aranzadi.

Miró-Llinares, F. (2012). El cibercrimen: fenomenología y criminología de la delincuencia en el ciberespacio. Marcial Pons, Barcelona.

Panizo Galence, V.P. (2011). El ciber-acoso con intención sexual y el child-grooming. *Quadernos de criminología: revista de criminología y ciencias forenses,* nº15.

Pozo Vilches, J. (2020). El acoso sexual en el Código Penal Militar. *Diario La Ley*, n.9746, 2.

Queralt Jiménez, J.J. (2015). *Derecho penal español. Parte especial (Revisado y puesto al día conforme a las Leyes Orgánicas 1/2015 y 2/2015, de 30 de marzo).* Tirant lo Blanch, Valencia.

Ricoy-Casas, R.M. (2006). La difícil presencia de la mujer en las Fuerzas Armadas: de la mera prohibición al techo de cristal para su promoción y ascenso en un mundo tradicionalmente masculino. *Dossiers feministes,* 225-243.

Ricoy-Casas, R.M. (2013). *Mobbing o acoso moral, laboral e inmobiliario: estrategias para su erradicación.* Servicio de Publicaciones de la Universidad de Vigo.

Sáinz-Cantero, J.E. "Delitos contra la libertad e indemnidad sexuales (I). Agresiones y abusos sexuales. Los abusos y agresiones sexuales a menores de 16 años". MORILLAS, L. (Dir.). *Sistema de Derecho penal. Parte Especial.* 4ª edición, Dykinson, Madrid, 2021.

Torres Díaz, M.C. (2024). ¿ Por qué es importante lo que ha dicho el Tribunal Supremo sobre los «comportamientos implícitos» de naturaleza sexual?. *Diario La Ley, 10542.*

Tuset del Pino, P. (2022). La discriminación por razón de sexo, por razón de identidad de género y la vinculada a la expresión de género con ocasión de la vestimenta laboral. A propósito de la Sentencia del Tribunal Constitucional núm. 67/2022, de 2 de junio, *Diario La Ley,* nº 10128, Sección Tribuna.

Villacampa Estiarte, C. (2014). Propuesta sexual telemática a menores u online child grooming: configuración presente del delito y perspectivas de modificación. *Estudios Penales y Criminológicos,* vol. 34, 2014, pp. 639-712. https://repositori.udl.cat/server/api/core/bitstreams/fc3778b9-bdb5-47e5-872a-b7b8bc017b37/content.

Zaragoza-Tejada, J.L. (2023) La cláusula "Romeo": El largo camino hacia la construcción de una nueva atenuante. *Revista Aranzadi Doctrinal,* n.8, 2023.

Capítulo 13.

Ejercicio terapéutico para mejorar la condición física y salud mental en mujeres víctimas de violencia de género. Diseño del programa: mujeres en movimiento

EVA MARÍA LANTARÓN CAEIRO
Profesora titular de Fisioterapia.
Universidad de Vigo
ROCÍO ABALO NÚÑEZ
Profesora contratada doctora de Fisioterapia.
Universidad de Vigo
LORENZO ANTONIO JUSTO COUSIÑO
Profesor Ayudante Doctor de Fisioterapia.
Universidad de Vigo

I. INTRODUCCIÓN

Las administraciones tienen la responsabilidad de impulsar acciones destinadas a promover la igualdad y eliminar la discriminación entre hombres y mujeres, así como combatir la violencia de género. Las acciones para la prevención y el tratamiento integral de la violencia de género deben incluir medidas de sensibilización, así como apoyo y protección para las mujeres que la sufren. El aumento de esta lacra social requiere que las medidas adoptadas involucren a todas las instituciones posibles, con el fin de desarrollar una respuesta adecuada frente a la violencia. Por ello, es fundamental diseñar mecanismos de colaboración entre las distintas administraciones, como sanidad y servicios sociales. La Secretaría de Estado de Igualdad contra la Violencia de Género (2023) en la resolución del 16 de marzo (BOE nº 67) establece un plan plurianual en materia de violencia contra las mujeres (2023-2027) que, en su anexo I, incluye el *catálogo de referencia de políticas y servicios en materia de violencia contra las mujeres conforme a los estándares internacionales de derechos humanos*. Además, de contemplar medidas relacionadas con la información, prevención, sensibilización y toma de conciencia, en el área Asistencia Social Integral y Reparación, se incluyen las siguientes actuaciones:

- Servicios de atención y recuperación integral, gratuitos, accesibles, seguros y confidenciales, que garanticen la intimidad y la dignidad de la víctima, para las víctimas de todas las formas de violencia contra las mujeres. Estos servicios podrán ser ambulatorios, residenciales, telefónicos y online,. En ellos se garantizarán las siguientes prestaciones destacando: servicio de atención e intervención social, psicológica y otras actuaciones; servicios especializados adaptados a las necesidades específicas de diferentes grupos de mujeres, incluyendo la salud mental. Esta adaptación busca facilitar el acceso a los servicios y garantizar que reciban atención y acompañamiento psicológico, en condiciones de igualdad.
- Servicios de salud: se impulsará que desde el Sistema Público de Salud se garantice a las víctimas de todas las formas de violencia contra las mujeres, con especial atención a la salud mental, de este modo se indica la necesidad de elaborar y difundir protocolos específicos para la atención, la detección, intervención y asistencia ante situaciones de violencia contra las mujeres en mujeres con discapacidad, consumo activo de substancias, y problemáticas de salud mental. También se fomentará la coordinación de los servicios sanitarios con la red de

servicios especializados de asistencia a víctimas de violencias contra las mujeres, previendo itinerarios específicos de atención.

Por todo ello, la administración competente debe fomentar recursos y medios destinados a informar y concienciar a la sociedad sobre la violencia de género. Además, es fundamental prevenirla proporcionando a las mujeres herramientas para identificar las conductas violentas y desarrollar acciones de tratamiento para las víctimas de violencia de género.

Según un estudio de la Organización Mundial de la Salud (2005), entre un 10% y un 69% de las mujeres han informado haber sido víctimas de violencia por parte de su pareja en algún momento de su vida (Organización Mundial de la Salud, 2005). Este estudio destaca la magnitud del problema y la necesidad de abordar la violencia de género de manera efectiva. Años más tarde, en España, la Delegación del Gobierno contra la Violencia de Género (2019) elaboró la 'Macroencuesta de Violencia contra la Mujer 2019', cuyos resultados indican que más de 6.500.000 mujeres son víctimas de violencia a manos de su pareja o expareja. Además, la encuesta revela un déficit de servicios de atención especializada para las víctimas de violencia sexual (Delegación del Gobierno contra la Violencia de Género, 2019).

La implementación de este programa tiene por objetivo dar respuesta al Convenio del Consejo de Europa (2011) sobre la prevención y lucha contra la violencia hacia las mujeres y la violencia doméstica, así como a las recomendaciones del Informe del GREVIO (Grupo de Expertas en la Lucha contra la Violencia y la Violencia Doméstica, 2020). También se alinea con el Pacto de Estado contra la Violencia de Género y con la Ley Orgánica 10/2022, del 6 de septiembre, cumpliendo así con la obligación de los poderes públicos de establecer servicios de atención integral a las víctimas. En su estudio fenomenológico, Taylor, Magnusem y Amundson (2001) identifican efectos físicos (lesiones o trastornos funcionales, como colon irritable, trastornos gastrointestinales, dolor crónico, etc.) y psicológicos (síntomas depresivos, sentimientos de ineficacia, hiperactivación, problemas de autoestima, pensamientos de culpa o distorsiones cognitivas) en mujeres maltratadas.

Se ha constatado que un tratamiento individual para mujeres con estrés postraumático, que incluye psicoeducación, entrenamiento en control de la activación, terapia cognitiva y terapia de exposición, produce mejoras significativas en la sintomatología postraumática y en problemas asociados como la depresión, la autoestima, la inadaptación social y las cogniciones postraumáticas (Labrador et al., 2009). La eficacia del ejercicio terapéutico en el tratamiento de la depresión (Bigarella et al., 2022) y la ansiedad (Chong et al., 2022) está ampliamente respaldada por la evidencia científica investigación. Además, se ha establecido una relación clara entre la violencia de género y el deterioro de la salud mental, evidenciada por un alto nivel de estrés postraumático. Sin embargo, el conocimiento sobre el impacto del ejercicio terapéutico en mujeres maltratadas sigue siendo muy limitado (Legrand & Crombez-Bequet, 2022). La dificultad para llevar a cabo estudios experimentales que establezcan relaciones de causa-efecto ha llevado a que los beneficios del ejercicio sobre la salud física estén mejor documentados que aquellos relacionados con el bienestar psicológico o social (Jiménez et al, 2008). Es importante señalar que el ejercicio físico no solo protege, sino que también contribuye a mejorar el bienestar psicológico (Netz, Wu et al, 2005). De hecho, una revisión exhaustiva de la literatura (Salmon, 2001) ha concluido que la actividad física regular es beneficiosa para la salud psicológica. No obstante, es necesario promover su implementación con mayor firmeza en este ámbito.

Taylor (2000) examina la relación entre los efectos psicológicos y la práctica del ejercicio, señalando que esta actividad tiene múltiples beneficios. Por un lado, el ejercicio puede aumentar la productividad tanto académica como laboral, así como fomentar la confianza, la estabilidad emocional y la independencia. Incluso, mejora el rendimiento intelectual, el control interno y la memoria, contribuyendo también a un mejor estado de ánimo y percepción. Asimismo, se ha observado que la práctica regular de ejercicio potencia la popularidad, la imagen corporal positiva, el autocontrol, la satisfacción sexual y la eficiencia en el trabajo. Por otro lado, el ejercicio también ayuda a disminuir una serie de problemas, como el absentismo laboral y el alcoholismo, así como la ira y la ansiedad. Igualmente, puede reducir síntomas de depresión, dolor menstrual, cefaleas y hostilidad, además de mitigar fobias, comportamientos psicóticos y la respuesta al estrés. En conjunto, estos hallazgos subrayan la importancia del ejercicio no solo para la salud física, sino también para el bienestar psicológico.

Con base en lo expuesto anteriormente, proponemos el *programa "Mujeres en Movimiento" (MM)*. Este programa será inclusivo y solidario, diseñado para que las mujeres que han sido víctimas de violencia de género se apoyen mutuamente mientras participan en ejercicios terapéuticos enfocados en fortalecer tanto su cuerpo como su mente. La implementación de este proyecto requerirá la colaboración de un equipo multidisciplinario compuesto por trabajadores/as sociales, psicólogos/as y fisioterapeutas. "*Mujeres en Movimiento*" no solo busca promover el bienestar físico y emocional, sino que también enfatiza el empoderamiento colectivo y la importancia de la comunidad en el proceso de recuperación y crecimiento personal.

II. OBJETIVOS DEL PROGRAMA MUJERES EN MOVIMIENTO

Teniendo en cuenta todo lo anterior se establece como objetivo principal el siguiente: Diseñar e Implementar un programa de ejercicio terapéutico específicamente dirigido a mujeres víctimas de violencia de género. Como objetivos secundarios se plantean los siguientes:

- Mejorar el estado de salud física: Incrementar la fuerza, resistencia y flexibilidad de las participantes, contribuyendo a la reducción del riesgo de enfermedades crónicas.
- Reducir el estrés y la ansiedad: Utilizar el ejercicio como una herramienta para disminuir los niveles de estrés y ansiedad, promoviendo una sensación de bienestar y calma.
- Aumentar la autoestima y la confianza: Fomentar una imagen corporal positiva y aumentar la confianza en sí mismas a través de logros físicos y la superación de retos personales.
- Fomentar la socialización y el apoyo mutuo: Crear un entorno seguro y de apoyo donde las participantes puedan compartir experiencias y construir redes de apoyo social.
- Mejorar la salud mental: Emplear el ejercicio para aliviar síntomas de depresión y mejorar el estado de ánimo general.
- Desarrollar habilidades de afrontamiento: Enseñar técnicas de relajación y manejo del estrés que las participantes puedan aplicar en situaciones difíciles.
- Promover la independencia y la autonomía: Capacitar a las mujeres para que se sientan más independientes y empoderadas en la toma de decisiones sobre su salud y bienestar.

III. INFORMACIÓN Y SELECCIÓN

Este programa irá dirigido a mujeres mayores de edad con antecedentes de violencia de género, que estén registradas a través de los servicios sociales de las administraciones, centros de información a la mujer e incluso asociaciones.

Sin embargo, quedarán excluidas de su inclusión en el programa las mujeres que cumplan estos criterios:

- Consumo de fármacos para la depresión y/o ansiedad (inhibidores de la recaptación de serotonina, antidepresivos tricíclicos, inhibidores de monoaminooxidasa y benzodiazepinas) en las horas previas a la realización del ejercicio siempre que las mujeres manifiesten una posible interacción con el mismo (somnolencia, pérdidas de equilibrio, mareos, etc.).
- Consumo de alcohol u otras drogas.
- Trastornos musculoesqueléticos, cirugía reciente, así como cualquier problema físico que impida la realización de ejercicio.
- Cualquier contraindicación médica para la realización de ejercicio.
- Embarazo.
- Tener alguna respuesta afirmativa en el cuestionario *Physical Activity Readiness Questionnare* (PARQ) (cuestionario de aptitud para la actividad física).
- Las participantes que no tengan capacidad para consentir su participación serán excluidas.

También se establecerá unos criterios de retirada del programa: la incapacidad para la realización de los ejercicios o aparición de dolor derivado de cualquier ejercicio supondrá la retirada del estudio. Las participantes podrán retirarse del programa en cualquier momento de forma voluntaria. El proceso de selección de las participantes en el programa serán las psicólogas y/o trabajadoras sociales de las entidades a las que acudan estas mujeres. Estas personas serán las responsables de verificar el cumplimiento de los criterios de selección en sus propias dependencias y para ello realizarán una entrevista dirigida. Las mujeres seleccionadas para el programa deberán firmar una hoja de consentimiento informado antes de su inicio. Para captar a las participantes, se llevarán a cabo las siguientes acciones:

- Distribución de folletos informativos que las mujeres puedan llevar a casa.
- Colocación de carteles informativos en diversas entidades, así como en centros de salud, juzgados, comisarías y administraciones.
- Creación de videos que se compartirá en las redes sociales de las entidades.
- Realización de charlas explicativas para posibles participantes, a cargo del equipo responsable del programa, que incluye a un/a psicólogo/a, un/a trabajador/a social y un/a fisioterapeuta.

IV. DESARROLLO Y PLANIFICACIÓN DEL PROGRAMA: "MUJERES EN MOVIMIENTO"

El ejercicio propuesto se basa en las directrices de la Organización Mundial de la Salud (OMS, 2011) y del Colegio Americano de Medicina Deportiva (ACSM, 2009). Este programa incluye ejercicios de fuerza, aeróbicos, flexibilidad y relajación, con sesiones de una hora supervisadas por un/a fisioterapeuta. El programa tendrá una duración de 9 meses, con dos sesiones semanales. Se podrán formar grupos de trabajo en horarios de mañana o tarde, según las necesidades de las participantes. Las sesiones se llevarán a cabo en instalaciones locales, como asociaciones, centros de atención a la mujer y salas multiusos de los ayuntamientos. Es fundamental encontrar un local que cumpla con los requisitos establecidos en la sección de recursos. Para aquellas mujeres que no puedan asistir de forma presencial, se ofrecerá el mismo programa con un seguimiento a través de una aplicación de ejercicio que las participantes podrán instalar en sus dispositivos electrónicos (teléfonos inteligentes o tabletas). Se llevará a cabo una sesión de presentación del programa, donde el equipo responsable explicará los objetivos de cada fase y las actividades que se desarrollarán. Además, se presentará la aplicación informática Rehbody, que se instalará en los dispositivos de las mujeres que lo soliciten. Esto permitirá que las participantes puedan realizar sesiones en casa en caso de no poder asistir de forma presencial.

Planificación

- Meses 1-3: Fase de Adaptación y Seguridad
    - Objetivo: Crear un ambiente seguro y fomentar la confianza.
    - Tipo de ejercicio: aeróbico suave (caminatas), fuerza ligera (ejercicio con peso corporal y/o bandas de resistencia), Flexibilidad y relajación (estiramientos, técnicas de respiración).
    - Evaluación inicial: condición física y emocional.
- Meses 4-6: Fase de progreso y empoderamiento
    - Objetivo: aumentar la intensidad del ejercicio y fomentar el empoderamiento
    - Tipo de ejercicio: aeróbico moderado (caminata rápida, carrera suave o ciclismo), fuerza moderada (ejercicio con pesas y ejercicios funcionales), Flexibilidad y relajación (pilates y mindfulnes).

  - Evaluación de los objetivos: Condición física y emocional

- Meses 7-9: Fase de consolidación y resilencia
  - Objetivo: mantener los logros y fortalecer la resilencia
  - Tipo de ejercicio: aeróbico variado (caminata, carrera, ciclismo, natación), fuerza avanzada (ejercicio pesas y circuitos), Flexibilidad y relajación (estiramientos, yoga).
  - Evaluación final: condición física y emocional.

Así mismo, se podrían plantear sesiones complementarias por parte de los profesionales del programa:

- Sesiones de apoyo emocional y empoderamiento.
- Actividades para mejorar la confianza y la autoimagen.
- Consejos para una alimentación saludable que apoye el bienestar físico y mental.

Seguimiento del programa – Evaluación de la implementación

La implementación de programas de ejercicio terapéutico en mujeres que han sido víctimas de violencia de género se proyecta como una herramienta para mejorar su salud mental y bienestar general. Para conocer su correcta implementación se evaluará la estructura, seguimiento y efectividad del programa diseñado específicamente para esta población.

Metodología de Implementación

El programa se evaluará a nivel individual, poniendo especial énfasis en la adherencia de las participantes a las prescripciones de ejercicio. Este aspecto será crucial para asegurar la efectividad del mismo y se determinará mediante los siguientes criterios:

1. Días de asistencia: Se registrará el número de días que las participantes permanezcan activamente en el programa, lo cual será un indicador clave de compromiso. Así mismo, se registrarán los motivos de abandono proporcionados por las participantes, lo cual ofrecerá valiosa información para mejorar el programa.
2. Asistencia a las sesiones de evaluación: Se controlará la asistencia a las sesiones para evaluar el progreso y realizar ajustes necesarios en el plan de ejercicio. El programa incluirá una evaluación antes y después de la intervención para medir cambios en el hábito de actividad física.
3. Cumplimiento de Prescripciones: Se verificará que las participantes sigan las recomendaciones en cuanto a frecuencia, duración, tipo e intensidad del ejercicio. Se considerará adherida a una participante si cumple al menos con el 50% de lo acordado.
4. La evaluación al sexto mes será de máxima importancia, dado que estudios previos indican que la mayoría de abandonos ocurren durante este período inicial. Aunque algunas participantes continuarán más allá de los seis meses, se considerará la adherencia solo si siguen el programa establecido.
5. Seguridad de la Intervención. Se valorará la seguridad del programa mediante el registro de efectos secundarios relacionados con el ejercicio. Estos se discutirán directamente con las participantes o a través de profesionales, asegurando así un enfoque centrado en la salud y el bienestar.
6. Mantenimiento del Programa. El mantenimiento del programa se evaluará a los 4 y 8 meses tras finalizar la

fase de intervención de 9 meses. Este seguimiento se realizará en colaboración con los Centros de atención a la mujer, administraciones y asociaciones donde se desarrolle el programa, asegurando un apoyo continuo para las participantes.

Antes, durante y al finalizar la implementación del programa, se evaluarán las siguientes variables:

Variables psicosociales

- Bienestar psicológico: evaluado por medio de la escala de bienestar psicológico de Ryff (Van D et al., 2006). Sintomatología relacionada con la depresión y la ansiedad:
- Depresión: evaluado por medio del inventario de depresión de Beck (BDI) (Sanz & Vázquez, 1998).
- Ansiedad: los síntomas de ansiedad y los niveles de gravedad se evaluarán mediante el Inventario de Evaluación de la Personalidad (PAI) (Morey et al., 2011).
- Trauma: se utilizará la escala de gravedad de síntomas DSM-V (Echeburúa et al., 2016).
- Escala de inadaptación: Escala de Gravedad de Síntomas Revisada (EGS-R) y del Trastorno de Estrés Postraumático según el DSM-5 (Echeburúa et al., 2016).

Aptitud física

Capacidad de ejercicio:

- Test de 6 minutos marcha, test utilizado para evaluar la capacidad funcional de ejercicio (Agarwala & Salzman, 2020; Bohannon & Crouch, 2017).

- Cuestionario de aptitud para la actividad f.sica (PARQ).

Otras variables psicosociales:

- Autoestima: evaluada mediante la escala de autoestima de Rosenberg (American Psychological Association, n.d.).
- Autoconcepto: evaluado mediante la escala AF5 (García & Musitu, 2014).

Otras:

- Consumo de fármacos mediante pregunta abierta.

Se recogerán y tratarán el mínimo de datos necesarios teniendo en consideración el Reglamento General de Protección de Datos (REGLAMENTO (UE) 679/2016 del Parlamento Europeo y del Consejo de 27 de abril de 2016), artículos 5 y 89.

Recursos materiales y humanos: A continuación, se indican los requisitos que debería tener la sala donde se desarrolle la mayor parte del programa:

- Espacio lo suficientemente grande para permitir el movimiento libre y evitar la sensación de claustrofobia.
- Preferiblemente luz natural, complementada con iluminación suave y cálida para crear un ambiente relajante.
- Buena ventilación para mantener un ambiente fresco y saludable.
- Una temperatura confortable, ni demasiado fría ni demasiado caliente.
- Espejos en las paredes para que las participantes puedan observar y corregir su postura durante los ejercicios.
- Su ubicación será en un lugar que garantice la privacidad de las participantes.

- Espacio esté libre de obstáculos y peligros, con suelos antideslizantes.
- Espacio con buena accesibilidad (rampas o ascensor).
- Disponibilidad de baños y vestuarios cercanos y accesibles.
- La decoración debiera ser en colores que transmitan calma y seguridad.

En ocasiones la localización puede cambiar según el ejercicio planteado (ciclismo, carrera, natación, etc.). Esto sucede en etapas más avanzadas del programa cuando las participantes ya están preparadas para este tipo de actividades. Estas condiciones ayudarán a crear un entorno seguro y de apoyo, facilitando la recuperación física y mental de las mujeres participantes. El equipamiento material mínimo necesario para llevar a cabo el programa será el siguiente:

- Colchonetas
- Bandas de resistencia
- Pesas ligeras
- Pelotas de ejercicio
- Equipo de música

En relación a los recursos humanos un/una fisioterapeuta, un/a trabajador/a social y un/a psicólogo/a son imprescindibles para abordar de manera integral las necesidades de las mujeres.

- Fisioterapeuta: a través del ejercicio supervisado las mujeres pueden recuperar su confianza, mejorar sus capacidades físicas y así sentirse más segura y fuerte. (Justo et al, 2024)

- Trabajador/a social: proporcionan apoyo emocional, ayudando a las mujeres a acceder a recursos y servicios necesarios.
- Psicólogo/a: ayuda a las mujeres a procesar el trauma y a desarrollar estrategias para manejar la autoestima y la confianza.

V. RESULTADOS Y DISCUSIÓN

El programa Mujeres en Movimiento (MM) busca reflejar su impacto en la salud mental de mujeres que han sufrido violencia de género. A través de una intervención estructurada y personalizada, se aspira a superar las limitaciones de enfoques centrados únicamente en consejos sobre actividad física, permitiendo comparaciones con otras intervenciones similares y ofreciendo una base sólida para futuras prácticas basadas en la evidencia. En 2024, el grupo de investigación Fisioterapia Clínica (FS1) de la Universidade de Vigo, publicó los resultados de un estudio piloto "Efecto de una intervención de fisioterapia basada en ejercicio terapéutico sobre el bienestar psicológico de mujeres víctimas de violencia de género", en el que se observaron los siguientes efectos: (Justo et al, 2024)

- Impacto en la Salud Pública: Los resultados preliminares de la aplicación del programa MM en el estudio piloto mostraron un potencial significativo para mejorar la salud pública. Al proporcionar una prescripción de ejercicio físico individualizada, se asegura un enfoque más efectivo y sostenible. Esto es crucial para establecer conexiones entre la investigación y la práctica profesional, fomentando la colaboración entre profesionales en lugar de depender únicamente de propuestas verticales.
- Autoestima de las usuarias del programa: La autoestima, medida mediante la escala de Rosenberg (Santandreu,

et al 2014), mostró mejoras significativas en el grupo de intervención. Antes de la intervención, el 66,7% de las participantes presentaba baja autoestima, reduciéndose al 33,4% tras el programa. Además, aquellas mujeres con mayor autoestima aumentaron del 16,7% al 66,7%. Estos resultados subrayan la eficacia del ejercicio físico en la mejora de la autoestima, coincidiendo con investigaciones previas, donde se muestra que las intervenciones con ejercicio físico son un método eficaz para mejorar la autoestima (Liu et al 2015) .

- Bienestar Subjetivo: El bienestar subjetivo, evaluado mediante la Escala de bienestar Subjetivo, mostró mejoras significativas en el grupo de intervención. El porcentaje de mujeres con bajo bienestar disminuyó del 14,3% al 0%, destacando la relación positiva entre el ejercicio y el bienestar subjetivo. Autores como Callahan et al. (2003) y Coker et al. (2000) señalan que una de las consecuencias de la violencia de género es la disminución del bienestar psicológico, la satisfacción con la vida y la calidad de vida. Además, Reyes-Molina et al. (2022) presentan hallazgos que indican que el ejercicio físico puede aumentar la satisfacción y calidad de vida. Este mismo estudio respalda que el porcentaje de la muestra que alcanzó un alto nivel de bienestar, inexistente antes de la intervención, puede deberse a la relación positiva entre el ejercicio y el bienestar subjetivo.

- Efectos sobre la Depresión: La depresión fue evaluada utilizando el Inventario de Depresión de Beck (BDI-2) (Beltrán et al., 2012), mostrando una disminución en los niveles de depresión grave en el grupo de intervención, del 42,9% al 28,6%. Los casos de depresión mínima aumentaron del 28,6% al 71,4%. Estos resultados están en línea con estudios que concluyen que el ejercicio es un tratamiento no farmacológico viable para la depresión y destacan que sus beneficios pueden perdurar más allá del fin del tratamiento, a diferencia de los medicamentos antidepresivos (Gujral et al., 2017).

- Estrés Postraumático: El estrés postraumático, medido con la Escala de Gravedad de Síntomas del trastorno de stress postraumático (EGS-R) (Echeburúa et al., 2016), mostró mejoras con la realización de ejercicio físico. Esto sugiere que el ejercicio aeróbico moderado podría reducir significativamente los síntomas de estrés postraumático, estudios anteriores han evidenciado que el ejercicio aeróbico moderado proporciona beneficios adicionales a las mujeres con trastorno de estrés postraumático, disminuyendo de manera significativa los estados de ánimo negativos (Crombie et al., 2021).
- Capacidad Física y Ejercicio: El test de 6 minutos de marcha (Vilaró, 2004), prueba que aporta una medición rápida del estado funcional de las personas evaluadas, mostró la variabilidad de la frecuencia cardíaca. Agarwala (2020) señala que la variabilidad de la frecuencia cardiaca durante el ejercicio sugiere que se realizó de manera eficaz (Agarwala, et al , 2020).

VI. LIMITACIONES Y FUTUROS ESTUDIOS

Una de las principales limitaciones en la prescripción de ejercicio, como señalan Himler et al. (2023), es la dificultad de mantener una adherencia constante. En nuestro estudio piloto, el grupo de intervención logró una asistencia media del 83,9%, lo cual es significativo. La adherencia al ejercicio es fundamental, ya que es uno de los principales predictores de su eficacia a largo plazo (Winckel et al., 2021). Este alto nivel de compromiso es crucial para maximizar los beneficios del programa y asegurar mejoras sostenibles en la salud. El tamaño de nuestra muestra (Justo et al, 2024), aunque reducido, es representativo de poblaciones con características específicas similares. Es fundamental considerar que investigaciones de esta naturaleza contemplan una pérdida de muestra del 30% (Philippot et al., 2022). Además, las particularidades de la población estudiada presentan desafíos en la captación de participantes.

Este estudio representa un avance pionero en la investigación sobre el impacto del ejercicio en la salud mental de mujeres sobrevivientes de violencia de género. Según nuestro conocimiento, es el primer estudio que examina el impacto del ejercicio en la salud mental de mujeres con estas características específicas. El programa MM nos ayudará a explorar diferentes tipos de ejercicio y cargas de trabajo para determinar su impacto relativo y realizar estudios con muestras mayores para evaluar los efectos a largo plazo. Proporciona una base robusta para futuras investigaciones, subrayando la importancia de integrar prácticas basadas en evidencia científica con la experiencia clínica para optimizar la eficacia de las intervenciones en salud mental. Además, ha servido como fundamento crítico para el diseño y la implementación del programa presentado en este documento.

VII. CONCLUSIÓN

El programa Mujeres en Movimiento (MM) ha sido diseñado como una intervención innovadora para mejorar la salud mental de mujeres que han sufrido violencia de género. Aunque la administración proporciona atención a las mujeres víctimas de esta violencia, nunca se ha considerado el ejercicio terapéutico como parte de dicha atención. A través de la implementación de un programa de ejercicio físico, se busca no solo mejorar el bienestar psicológico de las participantes, sino también ofrecer un modelo replicable que pueda integrarse en políticas de salud pública.

Los resultados preliminares sugieren mejoras significativas en la autoestima, bienestar subjetivo, y reducción de síntomas de depresión y estrés postraumático. Estos hallazgos subrayan el potencial del ejercicio como una herramienta terapéutica eficaz, alineándose con estudios previos que destacan sus beneficios duraderos. El programa MM no solo ofrece beneficios directos a las participantes, sino que también proporciona un modelo de intervención que puede ser adaptado y aplicado en diversos contextos. Este esfuerzo pionero marca un paso significativo hacia la integración de intervenciones basadas en evidencia en la atención a mujeres afectadas por la violencia de género, optimizando así la efectividad de las estrategias de salud mental. Los resultados de una intervención mayor que la ya realizada nos proporcionará información relevante cuyo objetivo será que las administraciones tomen en consideración la realización de este programa con profesionales de la salud entre otros.

VIII. REFERENCIAS BIBLIOGRÁFICAS

Agarwala, P., & Salzman, S. H. (2020). Six-Minute Walk Test: Clinical Role, Technique, Coding, and Reimbursement. *Chest, 157*(3), 603–611. https://doi.org/10.1016/j.chest.2019.10.014

American College of Sports Medicine. (2009). Progression models in resistance training for healthy adults. *Medicine and Science in Sports and Exercise, 41*(3), 687-708. https://doi.org/10.1249/MSS.0b013e3181915670

American Psychological Association. (n.d.). Rosenberg Self-Esteem Scale- APA PsycNet Direct. https://doi.org/10.1037/t01038-000

Beltrán, M.C., Freyre, M.-Á., & Hernández-Guzmán, L. (2012). El Inventario de Depresión de Beck: Su validez en población adolescente [The Beck Depression Inventory: Its validity in adolescent population]. *Terapia Psicológica, 30*(1), 5–13. https://doi.org/10.4067/S0718-48082012000100001

Bigarella, L. G., Ballotin, V. R., Mazurkiewicz, L. F., Ballardin, A. C., Rech, D. L., Bigarella, R. L., & Selistre, L. da S. (2022). Exercise for depression and depressive symptoms in older adults: An umbrella review of systematic reviews and meta-analyses. *Aging & Mental Health, 26*(8), 1503–1513. https://doi.org/10.1080/13607863.2021.1951660

Bohannon, R. W., & Crouch, R. (2017). Minimal clinically important difference for change in 6-minute walk test distance of adults with pathology: A systematic review. *Journal of Evaluation in Clinical Practice, 23*(2), 377-381. https://doi.org/10.1111/jep.12629

Callahan, M. R., Tolman, R. M., & Saunders, D. G. (2003). Adolescent dating violence victimization and psychological well-being. *Journal of Adolescent Research, 18*(6). https://doi.org/10.1177/0743558403254784

Chong, T. W. H., Kootar, S., Wilding, H., Berriman, S., Curran, E., Cox, K. L., Bahar-Fuchs, A., Peters, R., Anstey, K. J., Bryant, C., & Lautenschlager, N.

T. (2022). Exercise interventions to reduce anxiety in mid-life and late-life anxiety disorders and subthreshold anxiety disorder: A systematic review. *Therapeutic Advances in Psychopharmacology, 12,* 204512532211049.

https://doi.org/10.1177/20451253221104958

Coker, A. L., McKeown, R. E., Sanderson, M., Davis, K. E., Valois, R. F., & Huebner, E. S. (2000). Severe dating violence and quality of life among South

Carolina high school students. *American Journal of Preventive Medicine, 19*(4). https://doi.org/10.1016/S0749-3797(00)00227-0

Consejo de Europa. (2011). *Convenio del Consejo de Europa sobre prevención y lucha contra la violencia contra las mujeres y la violencia doméstica.* https://rm.coe.int/1680462543

Consejo de Europa. Grupo de expertas en la Lucha contra la Violencia contra la Mujer y la Violencia Doméstica (GREVIO). (2020). *Informe GREVIO sobre España.* https://violenciagenero.igualdad.gob.es/wp-content/uploads/InformeGrevioEspana-1.pdf

Crombie, K. M., Sartin-Tarm, L., Sellnow, K., Ahrenholtz, R., Lie, S., Matalamaki, M., Adams, T. G., & Cisler, J. M. (2021). Aerobic exercise and consolidation of fear extinction learning among women with posttraumatic stress disorder. *Behaviour Research a n d Therapy, 142.*

https://doi.org/10.1016/j.brat.2021.103867

Delegación del Gobierno contra la Violencia de Género. (2019). *Macroencuesta de Violencia contra la Mujer 2019.* Ministerio de igualdad. https://violenciagenero.igualdad.gob.es/macroencuesta2015/macroencuesta20 19/

Delegación del Gobierno contra la Violencia de Género. (2023). *Pacto de estado contra la violencia de género (2018-2022).* https://violenciagenero.igualdad.gob.es/pacto-de-estado-contra-la-violencia-de-genero/

Echeburúa, E., Amor, P. J., Sarasua, B., Zubizarreta, I., Holgado-Tello, F. P., & Muñoz, J. M. (2016). Escala de Gravedad de Síntomas Revisada (EGS-R) del Trastorno de Estrés Postraumático según el DSM-5: Propiedades psicométricas. *Terapeutica psicológica*, 34(2), 111-128.

https://doi.org/10.4067/S0718-48082016000200004

Enright, P. L., McBurnie, M. A., Bittner, V., Tracy, R. P., McNamara, R., Arnold, A., Newman, A. B., & Estudio de Salud Cardiovascular (2003). La prueba de caminata de 6 minutos: una medida rápida del estado funcional en adultos mayores. *Cofre, 123*(2), 387–398. https://doi.org/10.1378/chest.123.2.387

García, F., & Musitu, G. (2014). *Manual AF-5 Autoconcepto forma 5* (4.ª ed.). Madrid.

Gujral, S., Aizenstein, H., Reynolds, C. F., Butters, M. A., & Erickson, K. I. (2017). Exercise effects on depression: Possible neural mechanisms. *General Hospital Psychiatry.* https://doi.org/10.1016/j.genhosppsych.2017.04.012

Himler, P., Lee, G. T., Rhon, D. I., Young, J. L., Cook, C. E., & Rentmeester, C. (2023). Understanding barriers to adherence to home exercise programs in patients with musculoskeletal neck pain. *Musculoskeletal Science and Practice, 63.* https://doi.org/10.1016/j.msksp.2023.102722

Jiménez, M. G., Martínez, P., Miró, E., & Sánchez, A. I. (2008). Bienestar psicológico y hábitos saludables: ¿están asociados a la práctica de ejercicio físico? *International Journal of Clinical and Health Psychology, 8*(1), 185-202.

Justo-Cousiño, L. A., Abalo-Núnez, R., Soto-González, M., Da-Cuña- Carrera, I., & Lantarón-Caeiro, E. M. (2024). Efecto dunha intervención de fisioterapia baseada en exercicio terapéutico sobre o benestar psicológico de mulleres vítimas de violencia de xénero. En *Proxectos de investigación financiados pola Excma. Deputación de Pontevedra á Universidade de Vigo* (pp. 9-19). Universidade de Vigo. ISBN: 978-84-1188-011-4.

Labrador, F., Velasco, R., & Rincón, P. (2009). Evaluación de la eficacia de un tratamiento individual para mujeres víctimas de violencia de pareja con trastorno de estrés postraumático. *Pensamiento Psicológico, 6*, 23-34.

Legrand, F. D., & Crombez-Bequet, N. (2022). Physical exercise and self-esteem in women facing lockdown-related domestic violence. *Journal of Family Violence, 37*(6), 1005–1011. https://doi.org/10.1007/s10896-021-00308-y

Ley Orgánica 10/2022, de 6 de septiembre, de garantía integral de la libertad sexual. (2022). Boletín Oficial del Estado. https://www.boe.es/eli/es/lo/2022/09/06/10/con

Liu, M., Wu, L., & Ming, Q. (2015). How dual physical activity intervention improves self-esteem and self-concept in children and adolescents? Evidence from a meta-analysis. *PLoS One, 10*(8). https://doi.org/10.1371/journal.pone.0134804.

Morey, L. C., Ortiz-Tallo, M., & Pablo, A. et al. (2011). PAI Inventario de evaluación de la personalidad: Adaptación española: Manual de aplicación, corrección e interpretación. *Publicaciones Psicológicas Aplicadas.* https://web.teaediciones.com/Ejemplos/Manual_PAI_WEB.pdf

Netz, Y., Wu, M.-J., Becker, B. J., & Tenenbaum, G. (2005). Physical activity and psychological well-being in advanced age: A meta-analysis of intervention studies. *Psychology and Aging, 20*(2), 272–284. https://doi.org/10.1037/0882-7974.20.2.272

Organización Mundial de la Salud. (2005). *Estudio multipaís de la OMS sobre salud de la mujer y violencia doméstica contra la mujer.* Ginebra: OMS

Salmon, P. (2001). Effects of physical exercise on anxiety, depression, and sensitivity to stress: A unifying theory. *Clinical Psychology Review, 21*(1), 33-61. https://doi.org/10.1016/s0272-7358(99)00032-x

Philippot, A., Dubois, V., Lambrechts, K., Grogna, D., Robert, A., Jonckheer, U., Chakib, W., Beine, A., Bleyenheuft, Y., & De Volder, A. G. (2022). Impact of physical exercise on depression and anxiety in adolescent inpatients: A randomized controlled trial. *Journal of Affective Disorders, 301.* https://doi.org/10.1016/j.jad.2022.01.011

Reyes-Molina, D., Nazar, G., Cigarroa, I., Zapata-Lamana, R., Aguilar- Farias, N., Parra-Rizo, M. L., & Albornoz-Guerrero, J. (2022). Comportamiento de la actividad física durante la pandemia por COVID-19 y su asociación con el bienestar subjetivo y salud mental en estudiantes universitarios en Chile. *Terapia Psicológica, 40*(1), 23–26. https://doi.org/10.4067/s0718-48082022000100023

Santandreu, M., Laura, O., De, T., Llanos, L., & Vallejo, R. R. (2014). Violencia de género y autoestima: Efectividad de una intervención grupal. *Revista de Psicología, 32*(1), 57–63.

Sanz, J., & Vázquez, C. (1998). Fiabilidad, validez y datos normativos del inventario para depresión de Beck. *Psicothema,* 10(2), 303-318. http://dialnet.unirioja.es/servlet/articulo?codigo=2013628

Secretaría de Estado de Igualdad y contra la Violencia de Género. (2023). *Resolución de 16 de marzo de 2023, plan conjunto plurianual en materia de violencia contra las mujeres (2023-2027).* Boletín Oficial del Estado. https://www.boe.es/diario_boe/txt.php?id=BOE-A-2023-7326

Taylor, A. H. (2000). Physical activity, stress and anxiety: A review. En S.J. H. Biddle, K. R. Fox, & S. H. Boutcher (Eds.), *Physical activity and psychological well-being* (pp. 10-45). Routledge.

Taylor, W. K., Magnussen, L., & Amundson, M. J. (2001). The lived experience of battered women. *Violence Against Women,* 7(5), 563-585. https://doi.org/10.1177/10778010122182604

Van D, Díaz, D., Rodríguez-Carvajal, R., et al. (2006). Adaptación española de las escalas de bienestar psicológico de Ryff. *Psicothema, 18* (3), 572-577.

Vilaró, J (2004). Prueba de marcha de 6 minutos. *Manual SEPAR De procedimientos de evaluación de la Función pulmonar II.* (100-113). Barcelona. España. Permanyer

Winckel, L. Van De, Nawshin, T., & Byron, C. (2021). Combining a Hudl app with telehealth to increase home exercise program adherence in people with chronic diseases experiencing financial distress: Randomized controlled trial. *JMIR Formative Research,* 5(3). https://doi.org/10.2196/22659

World Health Organization. (2011). *Global recommendations on physical activity for health.* https://www.who.int/dietphysicalactivity/physical-activity- recommendations-18-64years.pdf?ua